商标法：原理与案例

刘　维　著

内容提要

本书尝试贯通商标法理论和实践，从原理、制度和案例三个角度展开，以文本制度为起点，以案例形式展开解释，最终揭示相关制度的底层原理并批判性地观察制度和案例。本书共分十章：概论、注册条件、取得和消灭、范围和利用、侵权行为、抗辩类型、驰名商标、其他商业标志、法律责任、损害赔偿。在撰写方式上遵循了商标权的取得、利用和保护的内在逻辑，同时介绍了驰名商标和其他商业标志等特殊的法律制度，体系较为周延。本书重点突出，基于商标侵权损害赔偿制度的特殊性，将损害赔偿的部分独立于法律责任的章节；对非传统商标、商品化权、恶意商标抢注、版权与商标权的边界、地理标志、商标许可、商标使用、商标权的地域性、商标权用尽等前沿问题进行了重点阐述。

图书在版编目(CIP)数据

商标法：原理与案例/ 刘维著．--上海：上海交通大学出版社，2024.7 -- ISBN 978-7-313-30895-5

Ⅰ．D923.43

中国国家版本馆 CIP 数据核字第 2024WL6892 号

商标法：原理与案例

SHANGBIAOFA：YUANLI YU ANLI

著　　者：刘　维

出版发行：上海交通大学出版社

地　　址：上海市番禺路 951 号

邮政编码：200030

电　　话：021-64071208

印　　制：上海颛辉印刷厂有限公司

经　　销：全国新华书店

开　　本：787 mm × 1092 mm　1/16

印　　张：23.25

字　　数：478 千字

版　　次：2024 年 7 月第 1 版

印　　次：2024 年 7 月第 1 次印刷

书　　号：ISBN 978-7-313-30895-5

定　　价：92.00 元

致谢与说明

本书第一版自从 2020 年面世之后，收获了不少读者的好评，也收到了一些读者的建议。这些年，作者持续投入于商标法的学术研究和教学工作，同时密切跟踪商标司法实践的发展，参与了一些商标法疑难问题的讨论，从中产生并积累了不少体会和心得。为了及时更新和同步，作者对本书做出了大幅度修改，现择其要点说明如下。

第一，继续保持十章的体系。体系性是法学著作区别于法律执业类出版物的重要区别。作者在根据教学研究过程中的思考，按照权利获得、权利利用和消灭、权利救济的内在逻辑，同时考虑驰名商标的延伸保护、其他商业标识保护的特殊性等，将本书内容确定为十章，使商标法的体系保持清晰、严谨。其中第九章和第十章同为商标侵权的法律责任部分，但基于内容比重的悬殊，特将商标侵权损害赔偿作为单独一章。此次修订的过程中保持了 2020 年版的体例，同时优化了第十章的内部体系，只保留了五节内容，删除了"合理开支""连带责任""证据责任"等三节内容，主要原因在于后三节内容过于操作性，且并非商标侵权损害赔偿的特色内容。

第二，更新重要规则的原理。商标热点案件层出不穷，制度性和学术性的争议也很多。中国商标从业人员不少，商标从业的门槛不高，市场上关于商标法律现象或法律制度的评论很多，兼具原理、案例和体系特色的著作也正在不断涌现，但毕竟学术研究具有较强的个人色彩，不同学者对原理、案例和体系的偏好各不相同，对相同制度或案例的基础原理的探索方法和研究层次等也有所不同，总体来说，中国商标法的原理化亟须持续推进。在修改过程中，作者结合最新的相关文献，着重对恶意抢注、商品化现象、商标功能、商标使用、服务商标、商标许可、共同侵权、驰名商标、地理标志、损害赔偿、版权法与商标法的区分等制度及其原理进行了探索，使得本书对商标法重要制度的内涵和原理的阐述更为清晰和准确。

第三，优化撰写体例。中国商标法的发展，应当整体从学术、立法和司法三个层次观察。学术讨论更具基础性和前瞻性，能够推动有关制度的科学建立和完善；司法过程是制度生命的延长，且中国知识产权诉讼多具有实验性和探索性，通过诉讼的方式明确法律规则，与制度建构、学术讨论之间的互动性强；立法则常表现为学术讨论和法律适用的结晶。本书以商标法的具体条文为线索，因此带有浓厚的案例和解说色彩，作者希望透过商标法原理对制度和案例做出准确的解释和有益的优化建议。在修改本书第一版的过程中，作者继续保留并更新了商标法的典型案例，以此衔接商标法的理论与实践，使本书能够与实践发展同步；同时尝试弱化这些案例的"地位"，进一步区分"原理"和"案例"，以与市面上纯粹执业类(例如案例解说或评论型)出版物相区别；在字体大小上对两者做出了不同处理，更方便读者的阅读。

作者多年前在美国乔治华盛顿大学和加州大学伯克利分校访学期间，有感于美国学者对法学教材撰写的投入和传承，这些年来深感一本成熟的法学教材对法学教育和法律实践的重要性。就教学方法而言，作者可以在课堂上减少对纯粹背景和知识的讲授时间，增加启发性和批判性的讨论。最后需要说明的是，陶钧和范静波法官因工作原因不能加入本书的修改工作中。经两位作者同意，本人对相关部分进行了大幅修改，作者感谢两位法官对本书的贡献。上海交通大学将本书纳入研究生教材资助计划，上海交通大学出版社将本书纳入出版计划，汪娜编辑认真严谨专业的风格令本书增色，特此致谢。一如既往，我的妻子和儿子为我的学术研究工作提供了爱的支持和动力。"改无止境"，作者在修订本书过程中仍然感到商标法一些制度和原理较为模糊，导致实践中不断涌现新问题和新案例，因此本书如有错漏之处，希望读者朋友能批判性地使用本书，多提建议性意见。

刘　维

上海交通大学凯原法学楼

2024 年 4 月

Foreword 第一版序言

我国是商标大国。随着我国对商标法的不断实践与探索，与商标有关的各类新问题层出不穷。这些新问题在引起社会广泛关注的同时，也为丰富和完善商标法律制度提供了契机，为商标法律制度的研究提供了鲜活的素材。在处理一些疑难复杂的商标法律纠纷过程中，法官裁判说理越来越透彻，当然还有诸多提升空间。我国商标法律理论研究迅速发展，但对很多问题尚未达成共识，甚至还没有形成一定的讨论具体问题的范式，未能为司法裁判和立法完善提供足够丰富的营养，有时难以为市场主体提供可预测的行为指引。

商标法教材是商标法律理论研究成果中最为重要的类型之一。一部高质量的教材通常是一个学科走向成熟的标志，它汇集了这个学科最具共识的研究成果，能够为多数法学院所接受，能够滋养一代代的入门者，能够为定分止争和完善制度提供权威的参考。我国不少商标法学者都在努力贡献高质量的商标法教材，本书就是一个很好的尝试。第一，体系性。本书涵盖了商标法的整个制度体系，几乎覆盖了我国《商标法》中所有重要的条文。本书通过案例的形式加以阐释其中的争点问题，这对帮助初学者真正理解我国商标法律制度和掌握商标法律体系很有裨益。第二，前沿性。本书在展现商标法律体系的过程中，将理论和实务上争议的一些前沿问题融入相关制度的理解中，因此兼具体系性和前沿性。本书紧跟我国商标法律司法实践，呈现了最具代表性和前沿性的商标法律案件和理论争议，对商标法律执业者也具有积极的参考意义。第三，国际视野。我国商标法律制度多借鉴于国际上的规定，这些年则基于本土产生的诸多特色问题予以完善，商标法律制度背后的问题和解决思路多具有国际比较的意义。本书在阐释有关商标法律制度的过程中，提供和解读了不少欧美国家的对应制度和经典案件，对理解和掌握相关制度的含义及发展、剖析一些疑难复杂案件的解决思路具有启发意义。

本书三位作者多年从事知识产权法律理论研究或案件裁判，在商标法律领域具有较为丰富的积累和经验，在撰写本书过程中各有侧重又相互补充，使本书兼具理论性和实务性，焕发本土和国际的气息，在追求体系性的同时又不乏趣味性。古希腊先哲苏格拉底说过，“教育不是灌输，而是点燃火焰”，教育和教科书的一个重要功能可能是提出问题供学生思考或供读者研究。我相信三位作者在本书中采取的提问式撰写方式能够实现这个目的。当然，商标法律制度在不断发展，期待三位作者能持续性地将最新问题、理论、制度、政策和案件的研究和实践思考呈现在本书中，使本书成为一部经典的商标法教科书。

是为序。

孔祥俊

2020 年 4 月 2 日

Contents

目　录

第一章 商标概论

商标的概念、要素和功能在商标法中具有基础地位，是理解商标法具体制度的前提。例如商标的概念与商标使用行为、商标侵权行为的识别相互勾连，商标的要素直接决定了商标授权的结论，服务商标的内涵影响着有关罪名的判断，商标功能与商标侵权判断的模式、商标权的范围等密切相关。本章将这些内容统称为商标概论。

第一节 商标概念

一、商标的概念

《世界知识产权组织公约》第 2 条第 8 款规定：与商品商标、服务商标、商号及其他商业标记有关的权利应纳入知识产权范畴。可见，商业标记是商标的上位概念。商业标记是一种在商业活动中具有识别性或区别性的标识，国际保护工业产权协会在 1992 年东京大会上称其为“识别性标记”，“识别性”是商业标记的特质，即受法律保护的商业标记必须具有“识别性”的特征。

不同种类的商业标记具有不同的区分对象。按照我国《反不正当竞争法》第 6 条的分类，企业名称、字号是对不同经营主体的区分，一个企业名称在特定管辖区域内指向特定的经营主体，字号或商号则是这个企业名称中最具有识别力的部分，域名主体部分、网站名称等则是网络环境中区分不同经营活动的标记。姓名、虚拟角色形象等在特定条件下也可以成为商业标记，成为《反不正当竞争法》第 6 条的保护对象，商标具有独特的区分对象和内涵。我国《商标法》第 8 条规定：任何能够将自然人、法人或者其他组织的商品与他人的商品区别开的标志，包括文字、图形、字母、数字、三维标志、颜色组合和声音等，以及上述要素的组合，均可以作为商标申请注册。本条前半句规定了商标的区分对象，即商标是对商品或服务来源的区分。这种区分对象的限定，使商标成为一种独特的商业标记，才产生了商标使用行为、商标侵权行为等特定概念和规则。

二、商标的种类

根据不同的划分标准，可以将商标划分为不同的种类。下面介绍三对重要的类型。

（一）商品商标和服务商标

根据区分对象的不同，可以将商标分为商品商标和服务商标。商品商标贴附或制作在商品上，用以将商品生产者或经营者的商品同他人的商品区别开来。商品呈现液体形状或其他因无法直接贴附和制作商标的商品，商标通常还可贴附在这些商品的包装容器上。服务商标使用在服务上，用于将服务提供者的服务同他人的服务区别开来。随着服务产业在国内经济和国际贸易的比重上升，服务商标的重要性愈发突出。服务本身属于无形的劳务，无法直接贴附商标，需要借助于有形物体来标示。例如为了提供餐饮服务而将商标贴附在有关招牌、菜单、杯具上，或者为了提供酒店住宿服务而将商标贴附在桌椅、床柜、洗浴物品上，但这些有形物并非商标所标示的对象，餐厅和酒店并不销售这些有形物，而只是借着这些有形物向相关公众提供膳宿服务。

（二）集体商标和证明商标

集体商标，是指以团体、协会或者其他组织名义注册，供该组织成员在商事活动中使用，以表明使用者在该组织中的成员资格的标志。证明商标，是指由对某种商品或者服务具有监督能力的组织所控制，而由该组织以外的单位或者个人使用其商品或者服务，用以证明该商品或者服务的原产地、原料、制造方法、质量或者其他特定品质的标志。集体商标和证明商标的申请，都应当遵循普通商标的授权规则，例如应当具有显著性且不得与在先权利相冲突，但又有其特殊性。

证明商标或集体商标持有人通常都会制定使用其商标的具体条件、方法等规则，以确保相关商品的质量。《集体商标、证明商标注册和管理办法》第十条第（二）项的规定：集体商标的使用管理规则应当包括使用该集体商标所指定商品的品质。证明商标的申请也存在如是要求，例如中国制笔协会申请的“CWIA＋图形”商标，在指定商品“铅笔”上的品质标准为：“铅笔（考试用和涂卡用铅笔要符合并高于 GB/T 26698—2011 标准）：1. 考试用铅笔‘2B’字样清晰可见；断面平整、铅芯居中；杆径均匀、长短统一；漆面光亮、色彩均匀；卷削时铅芯不易断，铅芯性能达到或超过铅笔标准，即芯尖受力/N≥9.31；滑度（摩擦系数）≤0.175；2. 揿动式涂卡笔按 QB/T 1023—2007 中的第 4 章铅芯公称直径为1.0 mm 的揿动式活动铅笔要求”。[①]《集体商标、证明商标注册和管理办法》第 10 条规定，集体商标和证明商标的使用管理规则应当包括注册人对使用该集体商标商品的检验监督制度，

① 《集体证明商标注册申请十五问》，国际知识产权局商标局 2021 年 7 月 30 日发布。

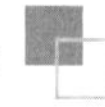

集体商标注册人有权自己或委托他人检测使用该证明商标商品的质量。

集体商标和证明商标的注册人均为组织，且注册人和使用人分离，但是集体商标的注册人和使用人之间存在集体和成员之间的关系，注册人不得许可非成员单位使用，集体商标专用权属于该集体组织全体成员共同享有。而证明商标的注册人一定对商品或服务本身有控制能力且注册人本身不能使用该商标，例如由中国绿色食品发展中心申请注册的"绿色食品"商标是证明商标。

(三) 注册商标和未注册商标

按照商标是否已经注册，可以分为注册商标和未注册商标。《商标法》第 9 条第 2 款规定：商标注册人有权标明"注册商标"或者"注册标记"。经营者在品牌右上方打上®标记，就是行使这项权利的体现。《商标法》主要规范商标注册申请、使用、保护等，但也有不少条文涉及对未注册商标的保护，例如《商标法》第 32 条后段、第 59 条第 3 款，《商标法》第 13 条中还涉及对未注册驰名商标的保护，《反不正当竞争法》第 6 条也主要针对未注册商标提供保护。

第二节 商标要素

一、商标要素的种类

传统商标多由文字、图形、字母、数字，或它们的组合构成，这就是商标的构成要素。我国《商标法》第 8 条还明确规定了三维标志、声音、颜色组合等非传统商标的构成要素。《商标法》第 8 条毕竟采取了列举技术，未能涵盖所有情形，需要从原理层面理解该条的本质内涵。

市场经济倡导不受扭曲的竞争，这就要求商标的注册不能对权利人授予一种竞争优势，不能阻止他人从事竞争的机会。这种阻止竞争的风险与客体的宽幅度和替代选择的稀缺性之间成比例，商标法应当避免对概念、思想和方法的保护。因此，"有关商标要素的规定之目的只是为了防止滥用商标法以获得一种不正当的竞争优势。"[①]为此，欧洲法院认为商标的可注册性包含三个条件：必须是一个标识(sign)；必须能以图文的形式表述(represented graphically)；必须能够区分不同市场主体的商品或服务。商标要素的判断与上述三个条件都有相关性。

对商标构成要素的判断，是审查商标注册的前提基础，影响可注册性的结论。如果商标

① Dyson v. Registrar of Trade Marks, case C321/03, para. 34.

要素是一种概念、功能或者思想，则其不满足可注册性的第一个条件，即不是一个标识。[①]

“红底高跟鞋”案

就“使用在鞋底位置的红色”究竟是三维标志还是单一颜色，如果是三维标志，《商标法》是否因其可能具有功能性而排除其可注册性？一审法院认为，克里斯提·鲁布托使用虚线系表达高跟鞋商品的外形，本商标标志应当属于三维标志，表示了高跟鞋商品本身的外形，并在局部位置填涂红色。二审法院认为申请商标系限定使用位置的单一颜色商标，虽然该案申请商标的标志构成要素不属于《商标法》第八条中明确列举的内容，但其并未被商标法明确排除在可以作为商标注册的标志之外，应当重新就申请商标是否具备显著特征做出认定。[②] 这表明我国法院对《商标法》第八条的商标构成要素持开放性的理解立场，不因为本条对构成要素的封闭性列举而排除可注册性。

对商标构成要素的判断，还会影响商标显著性的审查结论。

“迪奥尔香水瓶”案

在迪奥尔公司申请注册的圆锥形香水瓶的显著性审查中，构成要素究竟是图形商标还是立体商标，存在一些不同认识。商标局和商评委认为，申请商标是一个由瓶子构成的图形，不具有显著性；再审法院认为，申请商标请求在中国获得注册的商标类型为“三维立体商标”，应当考虑申请商标进入中国市场的时间，在案证据能够证明的实际使用与宣传推广的情况，以及申请商标因此而产生识别商品来源功能的可能性。[③] 可见，图形商标和立体商标的不同认定，对该商标显著性的判断存在完全不同的影响。

二、商标客体特定化

（一）商标客体特定化的要求

只有当申请商标明确特定，商标局才能准确检索在先商标或权利进而对申请商标进行审查，其他市场主体才能清楚、明确地提前了解申请商标的存在，进而做出相关的市场行为。商标客体特定化的要求，确保了商标法不保护思想或抽象的方案。正因为如此，商标要素在类别方面没有限制，但内在具有特定化的要求，《欧盟商标指令》第 3 条规定了商标构成要素的特定化原则：商标可以由任何符号组成，特别是文字，包括个人姓名或设计、字母、数字、颜色、商品或商品包装的形状或声音，只要这些标志能够：(a) 将一个企业的商品或服务与其他企业的商品或服务区分开来；(b) 在登记册上的表述方式使主管当

① Dyson v. Registrar of Trade Marks, case C321/03, para. 29.

② 北京市高级人民法院(2018)京行终 2631 号行政判决书。

③ 最高人民法院(2018)最高法行再 26 号行政判决书。

局和公众能够确定向其所有人提供的保护范围的明确而准确的客体。欧洲法由此衍生出"图文表述"(graphical representation)的要求：由一个标志组成的、本身并不能够被视觉感知的商标可以用图形加以表述，特别是通过图像、线条或字符的手段，前提是这种表述"清晰、精确、独立、易于访问、可理解、持久和客观"。[①]

欧盟法院的"戴森"案

申请商标不是一个特定类型的透明收集箱，申请人无意在一个或多个特定形状的透明收集箱上获取商标注册，申请书中的图文形状只是这种收集箱的一个例子，申请人以一种泛泛的、抽象的方式表达了这种收集箱的所有可以想象到的形状，它试图就该收集箱本身获得商标注册。这种透明设计能够使消费者观察到收集箱中的灰尘量进而判断何时满箱[②]……这种非特定客体的商标持有人可获取一种不正当竞争优势(被授予对一种解决方案或者功能性特征的垄断)，违反商标指令第2条，其将被授权禁止竞争者销售在外表面载有任何透明收集箱的吸尘器，而不论该收集箱的形状。因此，这种收集箱不是一个标识，不具有可注册性。[③]

(二) 商标客体特定化的审查

传统商标的特定化通常不成问题，非传统商标的特定化难度更大，因此存在其可否作为商标构成要素的争议。

1. 声音商标

根据《声音商标形式和实质审查标准(试行)》的规定，声音商标，是指由足以区别商品或服务来源的声音本身构成的商标。声音商标可以由具有音乐性质的声音构成，例如一段乐曲；可以由非音乐性质的声音构成，例如自然界的声音、人或动物的声音，也可以由音乐性质与非音乐性质兼有的声音。我国商标局核准注册的第一例声音商标是"中国国际广播电台节目开始曲"，之后，商标局核准了多例声音商标，例如苏菲广告、小霸王广告、雅虎广告、诺基亚广告等。《商标法实施条例》第13条第5款规定：以声音标志申请商标注册的，应当在申请书中予以声明，提交符合要求的声音样本，对申请注册的声音商标进行描述，说明商标的使用方式。对声音商标进行描述时，应当以五线谱或者简谱对申请用作商标的声音加以描述并附加文字说明；无法以五线谱或者简谱描述的，应当以文字加以描述；商标描述与声音样本应当一致。如果只是自然界的声音，或者虚构人物的声音，那么可能不满足"独立、持久、精确、容易被访问"的要求。

---

① Annette Kur, Martin Senftleben. *European Trade Mark Law: A Commentary*. Oxford University Press, 2017, p.168.

② Dyson v. Registrar of Trade Marks, case C321/03, para. 19, 20.

③ Dyson v. Registrar of Trade Marks, case C321/03, para. 38.

声音商标的注册还要接受商标注册的绝对条件和相对条件的审查，例如在判断声音商标的显著性时，一首完整或冗长的歌曲或乐曲往往不具有显著性，过于简单、普通的音调或旋律也缺乏显著性。

“嘀嘀嘀嘀嘀嘀”案[①]

商标评审委员会认为，申请商标为“嘀嘀嘀嘀嘀嘀”声音，该声音较为简单，缺乏独创性，指定使用在电视播放、信息传送等服务项目上缺乏商标应有的显著特征，难以起到区分服务来源的作用。[②] 法院认为，对于声音商标是否具有显著性的判断，除应遵循对传统商标是否具有显著性的基本判断原理、标准与规则外，还应结合声音商标声音的时长及其构成要素的复杂性等因素，综合考察其整体在听觉感知上是否具有可起到识别作用的特定节奏、旋律、音效，从而对其可否起到区分商品或服务来源的作用做出判断。本案申请商标虽然仅由同一声音元素“嘀”音构成且整体持续时间较短，但申请商标包含六声“嘀”音，且每个“嘀”音音调较高、各“嘀”音之间的间隔时间短且呈连续状态，申请商标整体在听觉感知上形成比较明快、连续、短促的效果，具有特定的节奏、音效，且并非生活中所常见。……申请商标已经由腾讯公司进行了长期、大量的使用……申请商标所依附的QQ软件作为即时通信软件持续使用的时间长、范围广泛、市场占比份额较大、使用群体所涉及的领域众多，随着QQ软件、“QQ”商标知名度的提升，申请商标作为QQ软件默认的新消息传来时的提示音已经与QQ软件之间形成了可相互指代的关系，申请商标的声音亦已经在即时通信领域建立了较高的知名度，其识别性进一步增强，申请商标与QQ软件、腾讯公司之间已经建立了稳定的对应关系，申请商标在指定使用的“信息传送”服务项目上起到了商标应有的标识服务来源的功能。

声音，即便不注册为一种商标，也可能因具有显著性受到反不正当竞争法的保护，但同样以其具有可特定化为前提。

“广告歌曲”案

本案中，[③]被告雇人尽可能像地模仿原告演唱的一首歌曲，并使用在其汽车的电视广告中，被告对歌曲的使用行为已经获得歌曲版权人授权，他既没有使用原告姓名，也没有使用其肖像，但这首广告歌曲达到了“以假乱真”的效果，多个证人出庭作证“以为是原告在演唱”。本案的争议焦点是对原告声音的保护。地区法院认为没有理由禁止模仿原告的声音。上诉法院认为，言论自由对媒体利用肖像或声音来说是最主要的价值。如果媒

---

① 北京知识产权法院(2016)京73行初3203号行政判决书。

② 商标评审委员会商评字[2016]第0000035304号《关于第14502527号“嘀嘀嘀嘀嘀嘀”(声音商标)商标驳回复审决定书》。

③ Midler v. Ford Motor Co., 849 F.2d 460, 462－464 (1988).

体使用某人身份的目的是“传递信息或文化”(informative or cultural)，则这种使用无责(immune)；如果并没有传递这种功能，而只是利用某人的身份，则不可免责。[①] 而且，版权法能够抵触(preempt)该领域的多数行为。美国国会司法委员会在17 U.S.A.114(b)中指出：“单纯模仿一段录制的表演，即便表演者有意从一开始尽可能像地模仿他人表演，也不构成版权侵权”。本院就是从第一修正案及与版权法的区分角度来解决这个问题。本案中，原告的理由是这首歌已经具有第二含义。本院在另一案件中指出，被告为了使用歌曲已经向版权人支付了费用，如果因使用这首歌还需要向原告支付费用，则与版权法冲突。[②] 本案中，原告请求保护的是“声音”，这不是版权法的保护对象，因为它没有“固定”在有形载体上。第一巡回法院还曾经在一个模仿具有显著性的声音、音调及鸭子卡通造型的案件中指出，被告的行为满足(saturate)了原告的观众，掠夺了其市场，因此构成不正当竞争。[③] 本案与该案尽管很相像，但并未构成不正当竞争。因为被告对这种类型声音及造型进行一分钟的商业利用，不可能满足原告的观众，也不可能替代原告的市场。原告从来没有进入电视行业广告，被告与原告之间没有竞争关系。

此外，根据《加州民法典》第3344条，被告在本案中也没有利用原告的声音，他只是专门雇人来模仿原告的声音。但是这并不妨碍原告在普通法上寻求救济……声音比Motschenbacher案中[④]的汽车装备(accouterments)更具显著性特征。声音就如脸庞一样具有显著性和个性。人的声音是展现身份的最为明显的方式之一。我们在电话中只要听到几个单词就知道是哪个朋友，就如此人站在面前。唱歌的时候也同样如此，尤其对一个著名的歌手而言。对其声音的模仿，就是盗用他的身份。我们没必要认为，基于广告商品目的对任何一种声音的模仿都具有可诉性。我们只是认为，当一个专业的、知名的歌手的显著性声音被有意地模仿以销售商品时，销售者利用了不属于他的价值并构成侵权行为。原告已经足以说明被告为销售产品利用原告身份特征的行为获利了。

2. 其他非传统商标

除声音商标之外，气味、味道商标也属于非传统商标。美国商标注册审查实践中涉及一些气味商标、[⑤]味道商标[⑥]的案件。在这些案件中，首先需要判断是否属于商标法的商标要素，然后再考虑这些非传统商标是否克服了功能性障碍(我国《商标法》只是限定了三维标志的功能性障碍)，最后考虑这些非传统商标是否获得了第二含义。气味标记不容易被表述，无论以化学配方、语言文字、气味样本的方式，都很难满足欧盟商标指令第三条中

① Peter L. Fletcher & Edward L. Rubin. Privacy, Publicity and the Portrayal of Real People by the Media. *Yale L.J.*, Vol. 88, 1979, pp.1577, 1596.

② Sinatra v. Goodyear Tire & Rubber Co., 435 F.2d 711, 717 - 718 (9th Cir. 1970).

③ Lahr v. Adell Chemical Co., 300 F.2d 256, 259 (1st Cir. 1962).

④ Motschenbacher v. R.J. Reynolds Tobacco Co., 498 F.2d 821 (9th Cir.1974).

⑤ In re Clarke, 17 USPQ2d 1238 (TTAB 1990).

⑥ In re N.V. Organon, 79 U.S.P.Q.2d 1639 (TTAB 2006).

“容易被访问、可理解、持久”的条件，数字技术发展到如今也无法设计出复制、保存气味，并将气味以精确、可信赖的远距离传输的方法。[①] 味觉标记与气味标记的地位相同，目前被排除在商标注册的范围之列。化妆品行业尤其是香水产业对克服上述障碍具有特别兴趣。香水产业和饮料厂商的传统做法是将香水或饮料的配方作为商业秘密，以获取无期限的排他权。但是，随着反向工程技术的发展，保持这些配方秘密性的难度越来越高。如何获得商标的保护，将成为相关产业的一个替代选择，但除了商标注册的特定化障碍之外，授予一种气味或者味觉以排他权将会导致特定商品具有不正当的竞争优势，这是导致拒绝注册的重要理由。

关于单一颜色商标，欧盟法院的担忧主要在于“持久性”，单一颜色可能随着时间而减损。但是，“使用国际认可的颜色识别码表述单一颜色，被视为构成图文表述，这样的代码被认为是精确和稳定的。”[②]在解决利用一种技术对单一颜色商标进行特定化的问题之后，接下来需要回答：在特定商品上授予单一颜色商标，是否会授予这种商品以不正当的竞争优势？消费者购买该产品的主要动力是否并未基于商品本身的质量、价格等竞争要素，而是负载于该商品上的单一颜色商标？这涉及商标注册的功能性要件。我国《商标法》第 12 条将功能性要件的考察限定为三维标志，原因可能在于三维标志更容易具有实用功能，因此特别需要排除商标保护过程中的实用功能特征。我国法院在审理单一颜色商标的反不正当竞争案件中未对单一颜色的功能性进行审查，而是直接判断单一颜色的显著性：两原告提交的在案证据可以证明涉案装潢及商品名称在消费者中已经与克里斯提公司建立了稳定的对应关系，可以认定涉案装潢及商品名称权益属于克里斯提公司。克里斯提公司的“红底鞋”商品名称以及鞋底颜色设计为红色的装潢属于《反不正当竞争法》第 6 条第(一)项所指的“有一定影响的”商品名称和装潢标识。[③] 实际上，单一颜色是否具有功能性，应该是一个前提问题。从理论上看，既然颜色组合可以作为商标的要素，那么，单一颜色也不应被排除为商标的构成要素，正如美国最高法院在 Qualitex 案中指出：很难从商标法的立法目的得出拒绝将单一颜色作为商标要素的理由，单一颜色可以作为区分商品来源的标志，不会具有其他重要的功能。[④] 在美国第三巡回上诉法院(二审法院)审理的“红底鞋案”中，单一颜色商标在时尚产业中是否能受到保护，并没有绝对规则可以适用，而需要根据个案中的具体事实判断；单一颜色通常不具有固有显著性，但高跟鞋底的红色作为鞋子其他部分的对照使用时，其已经获得了第二含义。[⑤] 可见，美国法

---

① Annette Kur, Martin Senftleben. *European Trade Mark Law: A Commentary*. Oxford University Press, 2017, pp.169 - 170.

② case C - 104/01, Libertel v. Benelux Trade Mark Office, para. 37.

③ 万超：《判赔 500 万！北京知产法院一审认定“红底鞋”构成有一定影响的商品名称和包装装潢》，“知产北京”微信公众号，最后访问日期：2022 年 9 月 11 日。

④ Qualitex Co. v. Jacobson Products Co., 514 U.S. 159, 164, 166. (1995).

⑤ Christian Louboutin v. Yves Saint Laurent America, 696 F.3d 206, 225(2012).

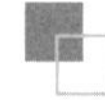

院偏保守，实质上是将鞋底的红色与鞋身的其他颜色组合进行保护，同时设有断然否定单一颜色的可注册性。

“橘子口感”(orange flavor)的商标审查

本案中涉及在药品上注册“橘子口感”(orange flavor)的商标。本委员会首先考察功能性。联邦巡回上诉法院使用 Morton-Norwich① 因素来分析功能性问题，本委员会从之。这个分析框架中的第二个因素——申请人在广告资料中宣传过“橘子口感”的实用优势，这对本案中的分析尤其重要。尽管申请人意图在商业中使用该标记，但是在案证据包括申请人官方网站中阐述其药丸橘子口味实用优势的一段摘录。申请人的官网指出，患者不服药是治疗抑郁症的主要障碍：“超过一半的受访医师说与常规抗抑郁药相比，更大的给药自由度和令人愉悦的口感是重要的优势。”申请人在其官网指出，其抗抑郁药丸具有“令人愉悦(橘子)的口感”，“目前令人愉悦的橘子口感”是“相对传统抗抑郁药的重要优势”。申请人的药丸就是为了解决患者口感而设计，因此这种药物具有吸引人的口感是实际需要的。申请人网站所要表达的是，申请人的橘子味使药物具有优越性，而不是有效性(患者服用该药从而使该药物有效)。显然，除非患者服用，否则无论其潜在疗效如何，药物都是无用的。确实，更大的患者依从性可以导致更快的康复。因此，由于申请人药物的橘子口味会导致患者依从性，因此橙色味道会间接提高药物的功效。

至于第三个要素，联邦巡回上诉法院指出，“替代设计”的存在并不必然意味着申请人的外观不具有功能性。存在替代口味的事实不足为奇，或者就其本身而言，在法律上不足以确定申请人的橘子口味没有功能性。问题不在于是否存在可以实现相同基本功能的替代口味，而是这些口味是否“同样有效”。申请人称其“令人愉悦的橘子口味”是“相对于传统抗抑郁药的重要优势。”虽然可能有其他口味可用于抗抑郁药，但申请人实质上是在宣传其橘子口味比其他口味更好。此外，有证据表明，橘子口味一直被用在制药行业。尽管我们不能确切地说橘子口味是最受欢迎的风味，但它肯定会出现在最受欢迎的风味的简短清单(short list)上。因此，并不存在真正的替代品，或者至少不存在多种可接受的替代品。

根据 Morton-Norwich 因素的分析，尤其是考虑到申请人对其橙色风味的功能性质的强调，以及没有可接受的替代品的证据，这些均支持在这种情况下认定其具有实用功能。另外两个因素是中立的，不影响结论的成立。不要求四个因素必须成立才能认定具有实用功能。

---

① 见本书第二章第一节第三部分。

第三节 商标功能

商标的功能是指商标在商品生产、交换或提供服务的过程中所具有的价值。商标保护规则的构造就是围绕商标功能来设计的，保护商标的核心是确保商标功能不受侵害。因此，判断商标侵权行为是否成立可以根据是否妨碍商标功能的正常发挥为条件，在传统商标法上形成以损害识别功能为基础的混淆保护机制和以损害广告功能、信誉承载功能为基础的淡化保护机制。

一、来源识别功能

（一）概念

商标的基本功能是区别不同商品或服务的来源，标明商品或服务的出处，这就是商标来源识别功能。在商标法发展的早期，商标被认为仅向顾客表示产品或者服务的物理来源。现代商标法上，商标指示着单一的、匿名的、稳定的来源。只要在商品或服务上载有相同商标，则意味着这些商品或服务具有统一的来源。判断商标来源识别功能是否受到损害，以相关公众是否受到混淆或误认之虞作为标准，一旦某商标的使用使相关公众对商品来源的出处产生了混淆可能，则商标来源识别功能将受到侵害。我国《商标法》第 57 条第 2 项规定以商标来源识别功能的损害作为商标侵权的判断标准：未经商标注册人的许可，在同一种商品上使用与其注册商标近似的商标，或者在类似商品上使用与其注册商标相同或者近似的商标，容易导致混淆的，均构成商标侵权行为。

（二）种类

商标法通过确保市场中的正确信息，减少因误解和欺诈所产生的损害，使消费者和商人相信市场信息的真实性；反之，对公众产生混淆可能性的行为则构成损害商标基本功能的行为。根据混淆内涵的不同进行划分，可以分为直接混淆和间接混淆；依据产生混淆的时间点不同，可分为售前混淆、售中混淆及售后混淆；依照混淆的方向不同，可以分为正向混淆和反向混淆；以是否实际产生混淆划分，可以分为实际混淆和可能混淆。

1. 直接混淆和间接混淆

直接混淆是指狭义的来源混淆，相关公众误以为不同商家生产或提供的商品具有相同的来源出处。相关公众不一定能指出载有特定商标的商品或服务的生产者或提供者的具体名称和地址，事实上他（她）也不关心，商标只是指向一个稳定而特定的来源。间接混淆是指联属混淆或关联关系的混淆，消费者不太可能会误以为这些商品具有同一生产来

源，但可能误以为原告批准、许可或同意被告使用其商标，以致误认为原被告之间具有赞助、许可或隶属等关联关系，这种关联混淆是现代混淆理论中的重要组成。例如，摩托车与摩托车润滑油不属同一市场，按照传统混淆理论，消费者不太可能会认为这两种商品具有同一来源，但消费者却仍然可能会对这两种商品的生产者的关系产生混淆。《反不正当竞争法》第6条接受了间接混淆：经营者不得实施下列混淆行为，引人误认为是他人商品或者与他人存在特定联系。

2. 售前混淆、售中混淆和售后混淆

售中混淆，即消费者在购买商品或接受服务时对商品或服务的来源发生了混淆误认，其肇始于美国法院，售前混淆和售后混淆也逐渐被中国法院接受，但存在较大争议。后文将结合关键词竞价排名案件对售前混淆和售后混淆的争议进行分析。

售前混淆是指消费者最初对商品或服务的来源产生了混淆，但在实际作出购买决定时没有发生混淆，例如寺库公司使用“大悦城”商标进行推广，在百度网搜索栏内输入“大悦城”，点击“百度一下”进行搜索，搜索结果第一项显示的链接标题为“寺库北京朝阳大悦城100%正品保证，全场低折抢购!”这种行为系发生在用户进入寺库公司网站之前(即发生在寺库公司实际提供服务之前)，而用户点击被诉内容后进入的寺库网站中并未使用“大悦城”，故虽然被诉行为会使部分公众误认为寺库商城为北京朝阳大悦城自行开设或与寺库共同开设的购物网站，从而具有混淆可能性，但该情形属于售前混淆。①

售后混淆是指实际购买的消费者没有对商品的来源产生混淆，但在使用商品的过程中使其他人产生了混淆。售后混淆通常发生在奢侈品行业，由于价差悬殊，购买者在购买时不会产生混淆，但买回去后使其他消费者产生了混淆，例如有法院认为，虽然被控侵权商品上标明了其他商标，而且售价远低于原告正品的销售价格，购买者在实际购买时可能不会对来源产生混淆，但购买者在实际使用时可能会使其他潜在消费者对商品来源产生混淆，造成售后混淆。②

3. 正向混淆和反向混淆

正向混淆，即相关公众误以为在后商标使用人的商品来自在先注册商标权人。反向混淆是指，相关公众误认为在先注册的商标权人的商品来源于在后商标使用人，此时，原告通常是知名度比较低的商标权人，被告是知名度较高的在后使用人，例如广东省高级人民法院在“新百伦案”中指出，被告新百伦公司在实体专卖店、网上专卖店、官方网站、新浪微博、宣传手册及视频广告等处使用“新百伦”标识，非法阻止了注册商标权人周乐伦在核定使用的商品上使用自己注册商标的权利，致使周乐伦在其制造、销售的鞋类产品上使用

① 北京知识产权法院(2015)京知民终字第1828号民事判决书。
② 深圳市福田区人民法院(2015)深福法知民初字第240号民事判决书。

其"百伦""新百伦"注册商标时，相关公众会产生关于周乐伦使用的商标是假冒新百伦公司的商标、周乐伦攀附了新百伦公司的商誉，并侵害了新百伦公司的商标权等错误认识。[①]

4. 实际混淆和混淆可能

实际混淆不能替代混淆可能而成为商标侵权的判断标准，混淆可能性是一个抽象的、规范的标准，它基于登记簿上的注册商标与实际使用的侵权标识之间进行比对，实际混淆不能替代混淆可能而成为商标侵权的判断标准，但实际混淆的证据可用于证明相关公众存在混淆可能。在一些案件中，原告往往会提交消费者调查问卷、消费者的投诉情况等实际混淆的证据，用于证明混淆可能性要件。

二、质量保证功能

（一）概念

近代以来，商品生产者或服务提供者从事跨界经营的现象越来越多，商品的生产和服务的提供成为一个全球性的经营活动。在商品或服务上载有相同商标，不仅意味着这些商品或服务具有相同的来源出处，而且代表着一致的、稳定的质量，故产生了商标质量保证功能。同样品牌的商品或服务，消费者不用担心在上海、北京、东京、巴黎、纽约等不同地点的购买会存在质量差异。为了确保商标质量保证功能得到维系，《商标法》第 42 条第 1 款、第 43 条第 1 款等明确要求商标受让人、被许可人保证使用注册商标的商品质量。质量保证功能并不向消费者保证载有相同商标的商品或服务具有高水准的质量，也不约束商标权人只能固守原有商品的原料配方或服务提供方式，而只是保证具有统一的、稳定的并符合消费者期待的质量。

"怕上火就喝王老吉"案

加多宝公司请求王老吉公司停止使用"怕上火就喝王老吉"广告语，认为广大消费者会误以为被告刚生产的且配方根本不同的此红罐"王老吉"就是过去原告生产经营的彼红罐"王老吉"。法院指出，反不正当竞争法禁止的是因使用标识所造成的商品来源的混淆或误认，即商品提供者的混淆或误认，以及商品提供者关系的混淆或误认，而不是两种不同配方的产品特性的混淆或误认。即使会导致相关消费者误认为新产品是沿用原来配方，这种混淆并非商标法和反不正当竞争法意义上的混淆。标识具有质量保证功能，标识权人也负有保证商品质量的义务，但这并不意味着标识权人生产的产品只能固守一种配方。标识的质量保证功能，是指标识在消费者心目中代表了特定商品或服务的质量，并保

① 广东省高级人民法院(2015)粤高法民三终字第 444 号民事判决书。

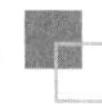

证它们能达到他所期望的水平。虽然标识具有质量保证功能，但这并不意味着标识就是质量的保证书，更不意味着商品只能按照原有的工艺、流程、配方等来生产，标识权人完全可以改进产品，亦有权根据现实生活的需要，生产多种不同配方和口味的产品，当然也有权放弃原来配方而生产新的产品。①

在大量涉及商品状况改变的案件中（例如商品转售案件），质量保证功能的适用极具争议，我国一些法院认为质量保证功能是商标侵权认定的独立标准，例如被告人出售翻新机，但却明确告知购买人该手机为全新机的行为，法院基于质量保证功能进行分析："对于注册商标而言，商标法首先保护的是商标的识别区分功能，即禁止他人未经许可对注册商标进行混淆性使用，而商标的质量保证功能和广告宣传功能是从商标的识别区分功能中派生出来的。消费者之所以要'认牌购物'，即通过商标来购买商品（或接受服务），其基本的交易心理在于，在通常情况下，标注同一商标的商品（或服务）来自同一企业或者是经过该企业商标授权许可的其他企业，标注同一商标的商品（或服务）的质量应该基本一致或基本稳定，依靠商品（或服务）上的商标可以购买到自己信得过的商品（或服务）。与新手机相比，翻新手机在部件、形态和品质功能等方面已经发生了重大变化，如此一来，被告人将翻新手机作为全新手机销售的行为已经使三星公司的商标的质量保证功能遭到破坏，导致消费者将翻新手机与全新手机的来源产生混淆。"②

（二）质疑

质量保证功能作为商标侵权判断的独立标准，存在诸多疑点，宜慎用。

1. 作为衍生功能的商标质量保证功能

虽然销售商"改变商品状况"的行为导致权利人无法控制商品的状况，但这项行为的违法性不为《商标法》所明确，权利人因该行为导致的可能损害应当通过其他法律寻求救济。商标法立法目的虽包含保障商品质量的意义，③但其宣示意义大于裁判意义，质量保证功能或者信誉承载功能只是商标的衍生功能，消费者利益并非商标法直接保护的利益，商品质量利益和消费者利益都属于保护商标法中的反射利益。首先，根据我国《商标法》关于商标授权确权的条款，商品质量瑕疵或优劣、消费者的利益受损等事由不是撤销或无效商标的事由。《商标法》第 57 条关于商标侵权的规定，没有将商品质量受损或者消费者利益受损作为商标侵权的标准。其次，商标质量保证功能只是保证具有统一的、稳定的商品质量。消费者的购买动力并非来自法律对商品质量的强制规定，而是根源于商标来源

---

① 重庆市第一中级人民法院（2012）渝一中法民初字第 00777 号民事判决书；重庆市高级人民法院（2014）渝高法民终字第 00068 号民事判决书。

② 深圳市罗湖区人民法院（2014）深罗法知刑初字第 27 号刑事判决书；深圳市中级人民法院（2015）深中法知刑终字第 22 号民事判决书。

③ 为了加强商标管理，保护商标专用权，促使生产、经营者保证商品和服务质量，维护商标信誉，以保障消费者和生产、经营者的利益，促进社会主义市场经济的发展，特制定本法。

识别功能。由于商标指向匿名、稳定的商品来源，所以商标同时也传递出统一、稳定的商品质量信息。一旦消费者对商品来源形成了稳定认知，则消费者也能对商品质量的变化形成对应的认知；如果同一品牌的商品质量下降，则消费者可能不再购买，因此，生产商会努力确保商品的质量。质量保证功能实质附属于来源识别功能，其只是一种衍生功能。正因为此，关于商品质量方面的差异本质上都可以归入影响来源识别功能的因素，商标质量保证功能可以被来源识别功能所吸收。同样的逻辑可以用于解释来源识别功能与信誉承载功能之间的关系，由于来源识别功能确保了商标与企业之间的稳定联系，所以，基于市场推广等活动形成的消费者认知—商誉都指向该商标，信誉承载功能具有附属性。

事实上，很多法院对商品质量利益和消费者利益在商标法中的附属地位都有精彩论述。欧洲法院在“错误标注包装人信息”的案件中指出，权利人关于“消费者有权知道产品真实包装人、消费者被错误标注的信息误导”的主张不能成立，商标权复活规则是为了保护商标权人，不是消费者；消费者应当依赖其他法律工具以保护其利益；在缺乏对商品原始状态作出实质改变(material changes)的情况下，权利人不能仅基于标注的“进口商指令其姐妹公司从事重新包装”的信息就阻止重新包装药品的平行进口。[①] 我国法院也有类似表述：“一般来说，除直接销售假货外，撕码销售行为往往损害的是消费者对产品真伪的查验，以及生产者对产品质量的管控及追踪，不直接涉及商标的管理制度。……产品的品质统一性并未因二维码的缺失而受到破坏，且通过网店对撕码原因的介绍，消费者应当知悉撕码商品价格、渠道等与生产者直销可能存在差异。”[②]

2. 质量保证功能在商标许可关系中的非强制性

商标许可关系隐含了许可人对被许可人的商品实施质量控制的权利和责任，我国《商标法》第 43 条规定被许可人应当保证使用该注册商标的商品质量，这是商标质量保证功能的体现，但商标许可中的质量控制理论不构成商标侵权判断的基准。

首先，质量监控规则并非商标侵权标准。在许可关系中，被许可人只要使用了许可人的商标，就意味着许可人控制着该商标项下商品或服务的性质和质量，则相关公众对商品或服务的来源具有唯一、确定的认知，即该商品或服务源于作为质量控制者的许可人；反之，如果被许可人未履行质量保证义务，则被许可人生产的商品或服务不能称为“正品”，被许可人同时构成对许可合同的违反和对商标权的侵犯。[③] 申言之，被许可人构成商标侵权的理由在于其没有遵循质量保证义务，导致相关商品的生产、相关商标的使用成为“未经授权”的状态而构成侵权。但是，由于质量监控权利或义务并非《商标法》中的一项

---

① C－400/09 and C－207/10, Orifarm and Others, para. 36.

② 江苏省高级人民法院(2020)苏民终 898 号民事判决书。

③ J. Thomas McCarthy. *McCarthy on Trademarks and Unfair Competition* (Fifth Edition), June 2020 Update, § 18: 42. Modern rule of licensing —— Licensing with quality control.

普遍规则，因此不能适用《商标法》第 57 条。

其次，质量监控规则因立法政策的原因存在不同立法例，使不少国家或地区甚至没有在商标许可关系中采纳质量监控规则，例如法国、西班牙等地，立法者认为市场竞争可以解决因商标许可所带来的产品质量问题。如果商标许可人不进行质量监督，则被许可人的劣质产品必然会被市场淘汰，商标的商誉亦会不复存在。市场机制能给商标权人进行质量监督的动力，无需法律的强制性规定。“在商品或服务上贴附商标，只不过为消费者在将来选择同样或不同商品提供了参考而已。商品质量变化的唯一制裁是，消费者如果失望了，他下次就会选择不同商品。”[①]这足以说明，即便在商标许可关系中，商标质量保证功能也并非毫无争议，而是充满争议。

最后，商标许可关系中的质量保证规则对第三人无约束力。被许可人提供的产品对第三人产生损害时，第三人只能基于产品质量责任向许可人和被许可人追索，而不能基于商标的质量保证功能。许可人承担连带责任的基础在于利益与风险相统一的原则，被许可人因使用商标使商标增值的利益归于许可人，许可人亦应就被许可人使用商标所具有的风险承担相应责任。我国最高人民法院在个案批复中对这一规则进行了确认。[②] 美国学者指出，许可人或特许人就被许可人或被特许人的侵权行为而担责，这种侵权责任包括源于产品或服务缺陷导致的人身损害和财产损害责任。[③] 该种责任的性质，乃因商品质量瑕疵对第三人造成损害而产生的商品质量责任，并非基于商标质量保证功能。如果第三人仅因被许可人的商品质量不符合许可人的要求，则该第三人不享有商标侵权损害赔偿请求权。可见，商标许可关系中的质量保证规则，仅发生在许可关系的当事人之间，不能约束第三人。

3. 质量保证功能在商标侵权结构中的非法定性

由于立法者没有在《商标法》第 57 条中规定质量保证功能，故质量保证功能不是商标侵权判断的独立事由。

第一，《商标法》缺乏要件化的规范构成。商标的基本功能在商标法中已经具有较为成熟的规范构成，因此混淆可能性的分析要素和分析思路已经要件化。与之相比，由于《商标法》第 57 条没有明确其他商标功能，因此其他商标功能没有对应的规范构成，当然不应将其作为商标侵权的判断标准。即使“改变商品状况”的行为可能导致商标权人对商品质量和信誉的控制能力下降，但并不意味着这种行为构成商标侵权，商标权人不拥有绝对控制商品质量和信誉的权利。我国《商标法》第 57 条第 5 项禁止他人利用商品的质量

① Tobias Cohen Jehoram. *Constant Van Nispen & Tony Huydecoper*, *European Trademark Law*. Wolters Kluwer, 2010, p.584.

② 《最高人民法院关于产品侵权案件的受害人能否以产品的商标所有人为被告提起民事诉讼的批复》(法释〔2002〕22 号)。

③ J. Thomas McCarthy. *McCarthy on Trademarks and Unfair Competition* (Fifth Edition), June 2020 Update, § 18: 74. Tort liability of trademark licensors and franchisors.

以获得不当利益，本项规定的性质构成一项立法拟制，即该项行为不构成商标使用，但立法者将其拟制为商标侵权行为。在缺乏立法拟制的情形下，不应通过《商标法》第57条兜底条款将“非商标使用行为”或“其他商标功能”纳入商标权的控制范围，不应当使“其他商标功能”成为判断商标侵权的独立事由。

第二，商标质量保证功能的适用缺乏商标使用行为的外在制约。商标基本功能的损害受到商标使用行为的外在制约，忽略商标使用行为的前置性而直接判断混淆可能性或商标功能，犹如“隔山打牛”。[①] 商标质量保证功能将导致权利人宽泛地控制任何有关商品属性的变化，因此商标权既失去了商标性使用的外在制约，又缺乏构成要件或判断因素的内在制约。如果将任何涉及“商品的改动”都纳入“损害质量保证功能或其他商标功能”中，那么，商标权的保护范围将被任意扩大，这违背《商标法》第57条第3项的立法初衷，破坏了商标保护与转售自由之间的恰当平衡。正如欧洲学者指出：“商标所有人总是尝试着控制其商品在首次销售之后的转售，但是商标法和政策从未意图授予权利人如此控制。”[②]

正因为上述原因，质量保证功能在商标侵权判断中一直存在争议，我国法院不应将其作为商标侵权的判断标准。欧洲法和美国法均有不少持谨慎立场的判决，值得借鉴。欧洲法院的一些案例对商标功能理论存在不同看法甚至内部相互冲突，质量保证功能、广告功能或者投资功能带来了更多的模糊性而不是清晰性，因此受到一些代表性学者的质疑。[③] 美国法院对质量保证功能理论的看法也存在争议，少数法院对此进行了严格限缩。

“Matrix”案

在一起重新包装案件中，原告称其包装对商品具有质量控制的功能，被告更换其包装将导致商品容易破碎或剥落，最终影响消费者对商品质量的评价。法院指出被告未能披露重新包装的信息，会导致相关公众对被告在重新包装（不充分的透明塑料包装）中的角色产生混淆。但是，原告所谓“质量失控的主张”超出了质量控制理论的边界，该项理论的核心在于相关公众是否可能因为质量控制的缺失而产生混淆（先例[④]都涉及产品本身存在缺陷或可能缺陷且消费者无力察觉）。[⑤] 还有一些法院否认质量保证功能的可诉性。

---

① 刘维：《论商标使用行为的独立性》，《现代法学》2021年第6期，第72页。

② I. Calboli. Reviewing the (Shrinking) Principle of Trademark Exhaustion in the European Union (Ten Years Later). *Marq. Intell. Prop.L. Rev.*, Vol. 16, 2012, p.280.

③ 刘维：《论商标使用行为的独立性》，《现代法学》2021年第6期，第73页。

④ Shell Oil Co. v. Commercial Petroleum, Inc., 928 F.2d 104 (4th Cir.1991)（壳牌公司关于清洗水槽泵的严格要求没有被遵守）；El Greco Leather Products Co. v. Shoe World, Inc. 806 F.2d 392, 1986（被告销售的鞋子没有经过原告质量检查）；Adolph Coors. C.O. v. A. Genderson Sons, Inc., 486 F.Supp.131 D. Colo. 1980（分销商对啤酒没有保持规定的冷藏标准）。

⑤ Enesco Corp.v. Price/Costco Inc., 146 F.3d 1083, 1086－87(9th Cir. 1998).

在一起涉及改变商品销售模式的案件中，美国法院认为这不会引起消费者对商品来源的混淆。生产商(Matrix)为了控制其护发产品的质量而采取了理发店专业美容师销售的方式，其每年在专业美容师使用和销售这款产品的培训上花费巨额的培训费用。Matrix 指控一家零售折扣店在销售这款产品的过程中没有配备专业美容师，规避了原告销售体系中的质量控制功能，这会影响产品的效果、损害原告产品的声誉。美国法院认为，没有任何一个消费者在进入被告场所购买这款产品时会对"是否获得美容师的咨询"产生误解。尽管 Matrix 主张消费者可能错误购买产品进而损害其产品的声誉，但是《兰哈姆法》缺乏对应的诉因，不能扩张《兰哈姆法》的边界。①

三、广告宣传功能

(一) 概念

只有当消费者能自由接触商品或服务信息时，竞争市场才能有效运作。消费者接触这些商品或服务信息的主要方式就是广告。广告的重要功能在于向消费者传递商品或服务的信息，其能成为协助消费者理性挑选商品的一种便捷和低成本的信息。② 商家的广告信息往往含有商标信息，如果权利人能为商标打造出一种受欢迎的形象，则商标本身可以成为促进销售的重要因素。有时候一些广告特点鲜明、朗朗上口、简洁明了，加上持续地推广宣传，这个广告语可能会产生识别性而成为一个商标。该类型商标便能成为传递商家信息的一种载体，具有向公众传达信息并影响消费者选择商品或服务行为的广告功能，商家可利用其功能打开销路。在欧盟法院，是否阻碍商标权利人利用商标告知和争取消费者的机会，成为判断商标广告功能是否被破坏的判断标准。③ 对此应作批判性解读。

"怕上火喝王老吉"案

"怕上火喝王老吉"的广告语，是由"王老吉"商标和"降火"的商品特点组成，借着"王老吉"商标对外传递了"降火"的商品特点，对这款凉茶商品起到了广告作用；反过来，这条广告语本身也推广了"王老吉"商标，两者相互成就。一方面，广告语本身因为成功的推广宣传而具有显著性和知名度，能够成为一个未注册商标；另一方面，当广告语中包含有一个知名度和显著性较强的注册商标时，广告语的使用及其产生的商誉可被该注册商标所吸收，此时广告语本身不能成为未注册商标。重庆第一中级人民法院对广告语与商标之间相互统一又有区别的关系作了精彩论述：广告语是市场主体为推销其商品或服务而使

① Matrix Essentials, Inc. v. Emporium Drug Mart, Inc., of Lafayette, 988 F.2d 587, 591 (1993).

② Restatement (Third) of Unfair Competition § 1 Comment d.

③ Case C 323/09, Interfrola v. Marks and Spences, para. 59. C－238/08, Google France and Google v. Louis Vuitton Malletier, paragraphs 96 and 97.

用的词语或语句，是经营者传递企业和商品（或服务）形象信息、提高企业和商品（或服务）知名度、刺激受众购买欲望的重要手段。广告语的确立和使用，凝聚着创作者和广告主的劳动和投入。一条成功的广告语，可以让广告受众印象深刻并与特定企业或产品形成稳定的联系，从而成为具有识别性和显著性的标识，能够为使用者带来经济利益……涉案广告语是对“王老吉”品牌的宣传，受众从该广告语的宣传中记住的是“王老吉”品牌及该品牌项下的产品。①

“怕上火喝”案

北京法院在论述“怕上火喝”的显著性时指出，“作为商标的识别”和“作为广告语的识别”之间的区别：申请商标“怕上火喝”含义简单、明确，指定使用在饮料制剂上，直接表示了产品具有降火的功能和用途，难以起到商标应当具有的识别商品来源的作用，不具有显著性。王老吉公司提交的证据显示“怕上火喝王老吉”作为完整广告进行宣传，而并未将“怕上火喝”与“王老吉”拆分使用，并且上述证据显示王老吉公司对“怕上火喝王老吉”的使用方式会使消费者将其作为广告语识别，而通常不会作为商标进行识别。②

需要指出的是，理论上并不存在“商标性使用”和“广告性使用”的区分，两者不能对立或并列，应当统一到商标性使用的判断过程中。

（二）驰名商标的广告功能

任何商标都能成为商品信息与消费者之间的沟通媒介，知名度一般的商标对商品信息的广告效果可能一般，驰名商标的广告效果则比较显著。因此，商标的广告功能最能体现在驰名商标上。商标法的立法者区分普通注册商标和驰名商标，为两者提供不同的保护强度，设定不同的侵权行为的构成。对普通注册商标专用权的侵犯行为，主要是对来源识别功能的破坏；对驰名商标的侵犯行为，通常体现为淡化、丑化驰名商标或搭驰名商标的便车。

“老干妈味”案

被告在涉案产品上印有“老干妈味”字样，涉案产品上也标注了被告贵州永红公司的自有商标。被告的行为虽然不属于识别性商标使用行为，但是，本案涉案商标为驰名商标，由于驰名商标本身的良好声誉，除了具备普通商标的识别功能，还具有广告功能，因此，其禁用权的边界大于专用权，还具有禁止他人淡化式使用该商标的行为意义。被告贵州永红公司将涉案驰名商标作为自己牛肉棒产品的系列名称，用涉案驰名商标来描述自己的产品，会使消费者误以为涉案产品与商标权人贵阳老干妈公司具有某种联系，被告贵

---

① 重庆市第一中级人民法院(2012)渝一中法民初字第00777号民事判决。

② 北京知识产权法院(2015)京知行初字第4522号行政判决书；北京市高级人民法院(2016)京行终3025号行政裁定书。

州永红公司将“老干妈味”作为一种口味，有可能导致涉案驰名商标的显著性减弱，弱化涉案驰名商标与原告贵阳老干妈公司的唯一对应关系，甚至会导致其名称通用化。因此，被告贵州永红公司标注“老干妈味”字样的行为构成对涉案商标的广告性商标使用。[①]

以上案件审理中的观点是否准确，值得思考。《商标法》第13条第3款为注册驰名商标提供了反淡化保护，[②]本款暗含对商标使用行为的要求，但上述案件的审理观点将商标使用割裂为“广告性商标使用”和“识别性商标使用”，实为对商标使用原理及驰名商标反淡化机制的误解。使用驰名商标的行为可能导致弱化驰名商标显著性、丑化驰名商标声誉或者不当利用驰名商标声誉，即产生损害驰名商标广告功能的后果，这是驰名商标反淡化保护机制的效果要件，与商标使用行为作为驰名商标反淡化机制的行为要件并不矛盾。换言之，商标使用行为可以产生淡化损害（而不局限于对混淆层面的损害），使用人将驰名商标“用于识别商品来源”与“该等使用产生了淡化驰名商标的后果”不会产生冲突。

驰名商标权本质属于商标权，立法者只是基于保护需求扩大了商标权的保护范围，从“防止消费者混淆可能”到“防止驰名商标的商誉被不当利用”，是商标权的延伸保护。由于都属于对商标权的保护，驰名商标反淡化的结构与注册商标侵权的结构相同，遵循“商标使用—混淆后果或淡化后果—正当使用抗辩”的判定过程。商标权的这种延伸保护没有改变驰名商标权利人作为商标权人控制商标使用行为的基本属性，只是扩大保护了“行为导致的损害后果”（商标功能相应得到扩张）。2006年《美国联邦反淡化法案》（*Federal Trademark Dilution Act*）第2条第1款规定了“在标识或者字号商务中的商业使用”（commercial use in commerce of a mark or trade name），麦卡锡认为这意味着被控使用行为应为“商标或者字号使用”，“法案非常明确地指出非商标性、非字号性使用被控标识的行为不构成淡化”，“该法案在对《兰哈姆法》43(c)(1)的介绍部分和43(c)(2)(B) & (C)关于弱化、丑化的界定部分两次强调了这一点”。[③] 这清楚地表明驰名商标反淡化背景中的“使用”亦为商标性使用，与《商标法》第48条中“商标使用”的实质要素相同。

四、信誉承载功能

（一）概念

企业通过使用商标，诚实经营，在消费者群体中建立良好形象，这是积累商誉过程。商誉得到建立和提升之后，反过来能够增加商标的价值，商标是商誉的重要载体，被用于

---

① 北京知识产权法院（2015）京知民初字第1944号民事判决书；北京市高级人民法院（2017）京民终28号民事判决书。

② 就不相同或者不相类似商品申请注册的商标是复制、摹仿或者翻译他人已经在中国注册的驰名商标，误导公众，致使该驰名商标注册人的利益可能受到损害的，不予注册并禁止使用。

③ J. Thomas McCarthy. *McCarthy on Trademarks and Unfair Competition* (Fifth Edition) (June 2020 Update), § 23: 11.50.

吸引消费者和保持消费者对品牌的忠诚度，从而获取或积累信誉。无论商标是在发挥来源识别功能，还是质量保证功能，或者广告功能，都是积累商誉的过程，积累信誉的手段不限于广告，而是包括各种商业手段，商标具有信誉承载功能。美国《兰哈姆法》将保护商人的投资作为商标保护的立法目的之一，立法报告指出：任何商标法律的目的都是双重的，一是保护公众。公众通过认牌购物，能够获得其真正想要的商品。二是如果商标所有人已经付出精力、时间和金钱向公众推出商品，那么他的投资不能被盗用。[①] 我国《商标法》第 1 条也将“维护商标信誉”作为立法目的之一。欧盟法院认为，如果一种被诉行为实质损害了权利人使用商标吸引消费者或者保持忠诚度以积累和获取信誉，则这种使用就损害了商标的信誉承载功能。对此应作严格解释，有法院指出，消费者被引流的事实还不足以说明信息承载功能受损。[②]

（二）争议[③]

就像商标的广告功能一样，任何一个商标都具有信誉承载功能，因为一个商标经过实际使用之后，或多或少都会积累商誉。驰名商标的信誉承载功能最为显著，各国商标法通常以驰名商标反淡化的方式予以其制度化保护。我国《商标法》第 13 条明确规定，不相同或者不相类似商品申请注册的商标是复制、摹仿或者翻译他人已经在中国注册的驰名商标，误导公众，致使该驰名商标注册人的利益可能受到损害的，不予注册并禁止使用。

我国有些法院为普通注册商标的信誉承载功能提供保护，但存在一定争议，主要担心其边界的不确定性会阻碍商品或服务的流通。

“不二家”案

被告将原告的糖果分装到不同包装盒，杭州余杭法院认为这是损害商标信誉承载功能的行为，构成侵权行为。法院指出，商标的功能是商标赖以存在的基础，对于商标的侵权足以达到损害其功能的程度的，不论其是否具有市场混淆的后果，均可以直接认定构成商标侵权行为。虽然被告分装、销售的三种规格的涉案产品中的糖果本身系源于不二家公司，且其使用的三种规格的外包装上也附着了与涉案商标相同或相近似的标识，从相关公众的角度来看，并未产生商品来源混淆的直接后果，但是商品的外包装除了发挥保护与盛载商品的基本功能外，还发挥着美化商品、宣传商品、提升商品价值等重要功能，而被告未经不二家公司许可擅自将不二家公司的商品分装到不同包装盒，且这些包装盒与不二家公司对包装盒的要求有明显差异，因此，被告的分装行为会降低相关公众对涉案商标所

① J. Thomas McCarthy. *McCarthy on Trademarks and Unfair Competition* (Fourth Edition), § 2: 33.
② Case C 323/09, Interfrola, para. 64.
③ 可结合本书第六章第六节“权利用尽抗辩”进行理解。

指向的商品信誉，从而损害涉案商标的信誉承载功能，属于“给他人的注册商标专用权造成其他损害的行为”，构成商标侵权。①

同样是杭州市中级人民法院，同样针对平行进口的商品，针对被告不改动商标、商品和包装的行为，杭州市中级人民法院认为不同市场的商品销售行为不会损害商标的信誉承载功能。

“大王”案

法院认为，首先，被告未对平行进口的大王婴儿纸尿裤重新包装，亦未对商标标识进行改变，商品、商标标识与大王制纸会社在日本国内销售的婴儿纸尿裤具有同一性，因此其行为并未损害商标标识来源的功能。

其次，产品存在差异是生产者根据市场的需求，所采取的细分市场的营销手段，而产品的品质则指商品本身所应该具有的质量。不同市场细分情形下的产品对应的是不同的消费习惯与消费层次的消费者，因此其商标所承载的信誉分别体现于不同的消费群体中。相关公众对商标信誉的评价，存在于各个等级、不同销售市场的产品上，不能认为产品分散于不同的销售市场就会损害其商标信誉。虽然被告在所销售产品的中文标签中标识了大王制纸会社在中国国内的进口商、总代理商大王用品公司的网址(而非大王制纸会社的网址)，但这不是对商品、商标的改动，并不损害涉案商标品质保证功能及商标所承载的信誉。回渗率仅为婴儿纸尿裤的一个指标并非全部，即便在日本国内销售大王婴儿纸尿裤与中国国内销售的大王婴儿纸尿裤上有所差别，在被告保证了商品的原产性，并未对商品进行任何人为的改动的情形下，商品的质量始终处于大王制纸会社所设置的管控条件下，商标品质保证功能并未受到影响，商标所承载的信誉亦未受到损害。②

参考文献

一、著作

[1] Annette Kur, Martin Senftleben. *European Trade Mark Law: A Commentary*. Oxford University Press, 2017.

[2] Tobias Cohen Jehoram, Constant Van Nispen & Tony Huydecoper. *European Trademark Law*. Wolters Kluwer, 2010.

[3] Nuno Pires De Carvalho. *The TRIPS Regime of Trademarks and Designs* (4th Edition). Wolters Kluwer, 2019.

① 杭州市余杭区人民法院(2015)杭余知初字第416号民事判决书。
② 杭州市中级人民法院(2016)浙01民终2178号民事判决书。

二、论文

[1] 刘维：《论商标使用行为的独立性》,《现代法学》2021 年第 6 期。

[2] 孙山：《重释知识产权法定原则》,《当代法学》2018 年第 6 期。

[3] 孔祥俊：《商标使用行为法律构造的实质主义,基于涉外贴牌加工商标侵权案的展开》,《中外法学》2020 年第 5 期。

[4] Peter L. Fletcher & Edward L. Rubin. Privacy, Publicity and the Portrayal of Real People by the Media. *Yale Law Journal*, Vol. 88, 1979.

[5] I. Calboli. Reviewing the (Shrinking) Principle of Trademark Exhaustion in the European Union (Ten Years Later). *Marquette intellectual property law review*, Vol. 16, 2012.

[6] M.R.F. Senftleben. Function Theory and International Exhaustion: Why it is Wise to Confine the Double Identity Rule in EU Trade Mark Law to Cases Affecting the Origin Function. *European Intellectual Property Review*, Vol. 36, 2014.

三、电子文献

[1] 国家知识产权局商标局：《集体证明商标注册申请十五问》,https://sbj.cnipa.gov.cn/sbj/ssbj_gzdt/202004/t20200423_21348.html,最后访问日期：2021 年 7 月 30 日。

[2] 万超：《判赔 500 万！北京知产法院一审认定"红底鞋"构成有一定影响的商品名称和包装装潢》,https://mp.weixin.qq.com/s?biz=MzI3OTA3MjQ3Mw==&mid=2650295928&idx=1&sn=64693fde5d7be749e0461a0f8bdf738a&chksm=f341b5 cec4363cd8fe4ce8ed709f2de28979a83ef75f0e9a2cc979c773637c0f1353740d3729&scen e=27,最后访问日期：2023 年 8 月 1 日。

[3] J. Thomas McCarthy. *McCarthy on Trademarks and Unfair Competition* (5th edition). Westlaw, June 2020 Update, https://www.westlaw.com/Browse/Home/SecondarySources/IntellectualPropertySecondarySources/IntellectualPropertyTextsTreatises/McCarthyonTrademarksUnfairCompetition?transitionType=Default&contextData=(sc.Default)&VR=3.0&RS=cblt1.最后访问日期：2020 年 8 月 1 日。

第二章 商标注册条件

《商标法》第 8 条规定，任何能够将自然人、法人或者其他组织的商品与他人的商品区别开的标志，包括文字、图形、字母、数字、三维标志、颜色组合和声音等，以及上述要素的组合，均可以作为商标申请注册。有些学者将上述条件概括为“显著性”“合法性”和“在先性”。[①] 商标注册的这些条件通常还可从绝对条件和相对条件的角度进行区分，不侵犯他人在先权益的条件，通常被称为相对事由，其他条件被称为绝对事由。[②] 本书采取这种区分标准。

第一节 商标注册的绝对事由

一、公序良俗

（一）《商标法》第 10 条

1.《商标法》第 10 条的性质

《商标法》第 10 条规定了“不得作为商标使用的标志及使用地名作商标的管理”，有观点将其概括为“公序良俗条款”，[③]也有观点概括为“合法性”条件。[④] 因“合法性”的内涵和外延较广，例如第 32 条侵犯在先权利、第 44 条商标注册程序合法、第 7 条遵守诚实信用原则、第 4 条不以使用为目的等都是“合法性”的范畴，因此本书称第 10 条为“公序良俗条款”。结合《商标法》的体系看，本条规制的标识有可能具有显著性，只是基于公序良俗的因素规定该类标识不得作为商标使用，但部分与政府相关的标识可以经相关组织同意而将其作为商标使用，其规定源于《巴黎公约》第 6 条之三。本条旨在保护公序良俗（公共利益），例如官方标识禁止条款保护的是所有其他经营者和相关商品的所有消费者，地名标

① 黄晖：《商标法》，法律出版社 2016 年版，第 43 页。
② 冯术杰：《商标法原理与应用》，中国人民大学出版社 2017 年版，第 41 页。
③ 冯术杰：《商标法原理与应用》，中国人民大学出版社 2017 年版，第 75 页。
④ 黄晖：《商标法》，法律出版社 2016 年版，第 43 页。

识禁止条款保护的是同地域所有经营者和(或)相关商品的消费者；欺骗性标识条款保护的是相关商品的所有消费者。[①] 在法律适用过程中，要谨防本条成为保护特定主体利益的条款。从含义看，这类标志理所当然地不应被注册，盖因商标注册是私权之设定，权利一经产生便具有对世性，必须经由严格的公共论证，经不起公共利益和公序良俗的检验，不能赋予法定所有权。[②] 第 11 和 12 条的规定涉及不具有显著性的标识，立法者规定不得作为商标注册，但不排除经过使用而获得显著性，因此这两条与第 10 条具有不同的法律后果。

《商标法》第 10 条规定，下列标志不得作为商标使用：① 同中华人民共和国的国家名称、国旗、国徽、国歌、军旗、军徽、军歌、勋章等相同或者近似的，以及同中央国家机关的名称、标志、所在地特定地点的名称或者标志性建筑物的名称、图形相同的；② 同外国的国家名称、国旗、国徽、军旗等相同或者近似的，但经该国政府同意的除外；③ 同政府间国际组织的名称、旗帜、徽记等相同或者近似的，但经该组织同意或者不易误导公众的除外；④ 与表明实施控制、予以保证的官方标志、检验印记相同或者近似的，但经授权的除外；⑤ 同“红十字”“红新月”的名称、标志相同或者近似的；⑥ 带有民族歧视性的；⑦ 带有欺骗性，容易使公众对商品的质量等特点或者产地产生误认的；⑧ 有害于社会主义道德风尚或者有其他不良影响的。(第二款)县级以上行政区划的地名或者公众知晓的外国地名，不得作为商标。但是，地名具有其他含义或者作为集体商标、证明商标组成部分的除外；已经注册的使用地名的商标继续有效。

可以看出，第 10 条在结构上分为两款，第 1 款的规制对象是官方标志、民族歧视性标志、欺骗性标志、不良影响标志四种类型，其中前两种标志更偏事实层面的比对，政府的官方标志(第 10 条第 1 款前两项)比国际组织的官方标志的审查更为严格和刚性，审查政府的官方标志不需要考虑“是否误导公众”。实践中，这种规定的适用并非毫无解释空间，规定中的“近似”及其“相关公众”的判断主体能够灵活应对实践中的难题，例如针对牙刷上的“中华”商标，商标局和复审委认为其含有汉字“中华”，与我国国名“中国”及全称“中华人民共和国”近似，不得作为商标使用，违反了《商标法》第 10 条第 1 款第①项之规定。[③] 这种行政决定容易导致一些已经长期使用并建立稳定市场格局的商标被无效或撤销，还是需要谨慎对待的。除此之外，《商标法》还有一种制度安排，尽量使已经稳定注册的商标持续有效。2001 年《商标法》第 64 条规定，在 2001 年 12 月 1 日施行之前已经注册的商标继续有效。基于这条规定，一些地名商标和官方标志继续有效，只要这些标志或其原始标志在 2001 年 12 月 1 日之前已经注册。

“中南海香烟”案

“香烟”等商品上的“中南海”商标于 2000 年 12 月提交申请，于 2001 年 12 月 21 日核

---

① 冯术杰：《商标法原理与应用》，中国人民大学出版社 2024 年版，第 81 页。
② 谢晓尧：《法律语词的意义寻绎——以〈反不正当竞争法〉为文本》，《知识产权》2022 年第 6 期。
③ 商标评审委员会商评字[2023]第 0000152666 号。

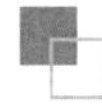

准注册。2019 年 9 月，第三人依照《商标法》第 10 条第 1 款第 1 项和第 8 项的规定向国家知识产权局提交无效宣告请求。权利人指出：以“中南海”为显著识别部分的系列商标早在 1996 年 1 月 21 日即获准注册，争议商标只是对原始商标的延伸注册；争议商标的初审公告日早于 2001 年 12 月 1 日，当时已经通过了商标局的审查，审查依据是 1993 年的《商标法》；经过将近 20 年的长期使用，表明争议商标不会产生不良影响。国家知识产权局在[2021]第 0000012945 号裁定中维持争议商标，但北京知识产权法院认为争议商标违反了《商标法》第 10 条第 1 款第 1 项规定，前述原始商标核定使用的商品仅为“卷烟”商品，而诉争商标指定使用的商品包括“烟草；香烟；雪茄烟；非贵重金属制香烟盒；非贵重金属制烟灰缸；火柴；吸烟用打火机；香烟滤嘴；卷烟纸；烟斗”商品，已远远超出前述两商标核定使用的商品范围。① 笔者认为一审法院的观点过于严苛，“卷烟”和“香烟”等商品构成类似，应当认为争议商标是原始商标的延伸注册。

《商标法》第 10 条第 1 款的后两种标志则蕴含价值判断，在审查过程中有更强的弹性和不确定性，本书重点介绍后两种标志的审查判断。第 10 条第 2 款的调整对象是地名商标，给出了地名商标的审查原则。还需要指出的是，第 10 条是不得作为商标使用的条款，第 11 条是不得作为商标注册的条款，两条都涉及“可商标性”的问题，理论上第 10 条的标志不得使用，也不得注册，第 11 条的标志则可以使用但不得注册。

2. 欺骗性标志

根据《最高人民法院关于审理商标授权确权行政案件若干问题的规定》第 3 条第 1 款，商标标志或者其构成要素带有欺骗性，是指容易使公众对商品的质量等特点或者产地产生误认。北京市高级人民法院曾经认为“零缺陷”商标是一种欺骗性标志，例如申请商标为“零缺陷”，使用在油漆、燃料等商品上。法院认为，按照相关公众的一般认知水平和认知能力，申请商标整体使用在指定商品上，容易使相关公众据此认为相关商品完美无缺、毫无缺陷，从而对商品的质量产生错误认识。②

究竟是否具有“欺骗性”，应当站在相关公众的立场进行判断。《最高人民法院关于审理商标授权确权行政案件若干问题的意见》第 2 条规定：有些标志或者其构成要素虽有夸大成分，但根据日常生活经验或者相关公众的通常认识等并不足以引人误解，对于这种情形，人民法院不宜将其认定为夸大宣传，并带有欺骗性的标志。鉴于对言论自由的保护，这一门槛的适用不宜太低，只有在“实际欺诈或者足够严重的被欺诈风险时”才能适用；③如果一个标识只是在文字意义上具有欺骗性，但相关公众一般不会作如此理解，则不应适用本条。例如，在矿泉水商品上注册“阿拉斯加”商标，如果相关公众只是将其理解

---

① 北京知识产权法院(2021)京 73 行初 3730 号判决书。

② 北京市高级人民法院(2016)京行终 2655 号行政判决书。

③ case C－259/04, Elizabeth Flonence Emanuel v. Continental Shelf 128 Ltd., para. 47.

一种暗示性词汇(想到水质的新鲜)而不指向某个地理来源，则该商标可以注册。[①] 我国商标审查实践应适当提高“相关公众”的认知标准，对明显属于公众认知判断范畴的对象，审查员不能简单代替相关公众判断，应允许相关公众“用脚投票”。一个商品上的商业标识众多，一个中等消费者具有相应的辨别力，例如被异议商标的主要识别部分为文字“奇宝”，使用在丝织美术品、纺织品壁挂、手绣、丝绒绢画等商品上，法院认为根据日常生活经验或相关公众的通常认识，被异议商标不会对商品质量、品质、特点等产生引人误解的认识。[②] 欧盟法院认为，包含“法国滑雪学校”并显示法国国旗颜色的图形商标，没有给普通消费者带来“法国滑雪学校”属于国家级学校的印象，即该标志的所有者是受法国国家正式委托提供滑雪教学服务的，或者它拥有竞争对手所缺乏的官方证书。有理由认为争议商标将被相关公众视为可能是历史上对一种特别是“法国”的滑雪指导方法的提及，而不是暗示该指导是由法国提供的或在其控制之下的。[③]

此外，本项适用的过程中应当避免将相对事由绝对化，不应把“来源混淆”解读为本项中的“欺骗性”(见图 2－1)。例如在“真功夫案”中，法院指出：“李小龙是一代武术宗师，中国功夫首位全球推广者，好莱坞的首位华人主角，被誉为‘功夫之王’，在争议商标申请注册之前，李小龙已是家喻户晓的公众人物，具有极高的知名度和广泛的影响力。

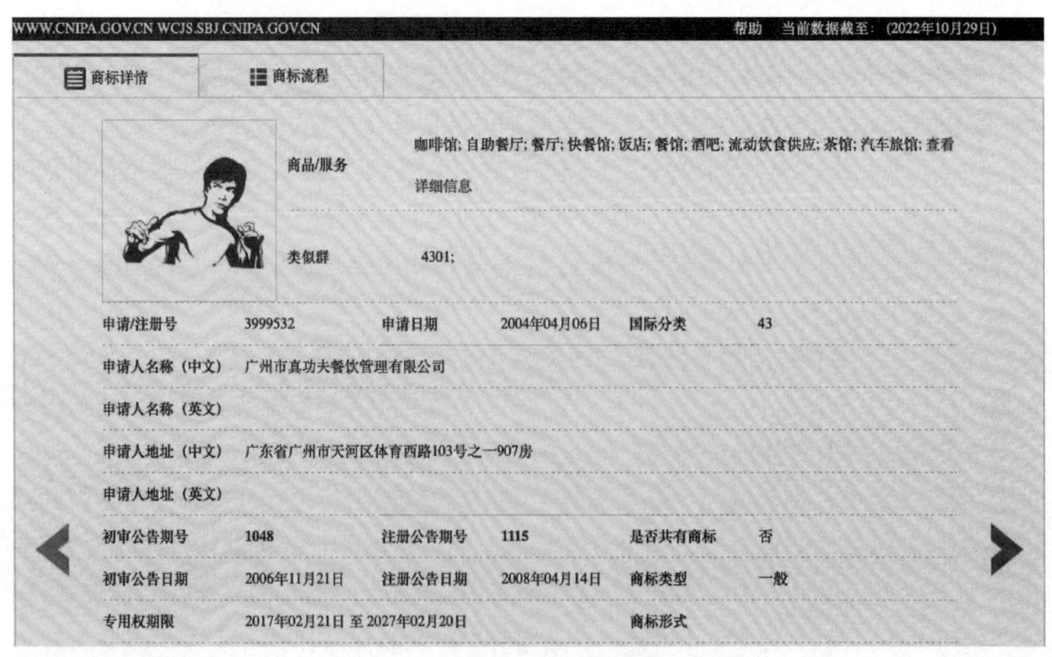
WWW.CNIPA.GOV.CN WCJS.SBJ.CNIPA.GOV.CN 帮助 当前数据截至：(2022年10月29日)

商标详情 商标流程

商品/服务 咖啡馆;自助餐厅;餐厅;快餐馆;饭店;餐馆;酒吧;流动饮食供应;茶馆;汽车旅馆;查看详细信息

类似群 4301;

申请/注册号	3999532	申请日期	2004年04月06日	国际分类	43
申请人名称（中文）	广州市真功夫餐饮管理有限公司				
申请人名称（英文）					
申请人地址（中文）	广东省广州市天河区体育西路103号之一907房				
申请人地址（英文）					
初审公告期号	1048	注册公告期号	1115	是否共有商标	否
初审公告日期	2006年11月21日	注册公告日期	2008年04月14日	商标类型	一般
专用权期限	2017年02月21日 至 2027年02月20日			商标形式	

图 2－1 “真功夫”商标注册

① Joined Cases T－225/08 and T－226/08, Mineralbrunnen Rhön-Sprudel Egon Schindel GM bH v. Office for Harmonisation in the Internal Market(ALASKA).

② 北京市高级人民法院(2015)高行(知)终字第 4469 号行政判决书。

③ Case T－41/01, Pérez Escolar v. Commission, para. 63.

争议商标与李小龙的肖像及经典动作几近相同，作为商标使用在核定服务上，易使消费者对服务的来源等特点产生误认，已构成2001《商标法》第10条第1款第7项所指情形，争议商标予以无效宣告。"[①]这份判决使作为相对事由的姓名权或者肖像权被绝对保护(成为《商标法》中的绝对事由)，值得研究。

3. 不良影响标志

"不良影响"条款具有高度抽象性，围绕这一条款近年产生了一些比较有争议的案件。我国司法机构一直在尝试划清本项的核心内涵和适用边界。最高人民法院《关于审理商标授权确权行政案件若干问题的规定》第5条规定，"不良影响"是指"商标标志或者其构成要素可能对我国社会公共利益和公共秩序产生消极、负面影响。将政治、经济、文化、宗教、民族等领域公众人物姓名等申请注册为商标，属于'其他不良影响'。" 基于该规定的文义，"不良影响"条款的核心内涵指向"公共利益和公共秩序"，"公众人物姓名"的保护应该只是其中一种示例。

在判断一项商标注册是否将损害公共利益和公共秩序时，一个总体原则是要确保竞争中性，尊重商业判断和商业投资，就像裁判者在版权法领域尽量不要对作品的艺术性进行判断一样，裁判者也尽量不要干涉商业判断，从而树立竞争中性的理念，从理念层面防止"不良影响"条款的滥用。比较法上，一些法治发达经济体通常将商标申请与言论自由联系起来，从而在判断一项商标申请是否消极影响公共政策时保持足够的谦抑，避免对言论自由产生损害。例如欧盟和美国称这种商标为冒犯性标识(offensive marks)，是指这种标识违反公共政策或者普遍认可的道德[《欧盟商标指令》第4(1)(f)条]，该条在欧盟的适用极为少见，[②]主要涉及言论自由的边界，不应拒绝注册一个只可能冒犯少数特别清高的公民的商标，也不应该仅因为一个商标不会冒犯另一端的少数人而允许该商标注册，这些人甚至认为严重的淫秽行为也是可以接受的。[③]

此外，在确定"不良影响"条款的核心含义时还需要确定"相关公众"的基准，从而在制度层面防止"不良影响"条款的滥用。因此，秉持中等智识公众的标准和竞争中性的价值理念对防止本项的滥用就很重要，宜从紧认定"公共利益和公共秩序"，紧扣相关词汇的核心内涵。从体系看，"不良影响"条款属于绝对事由，与"有害于社会主义道德风尚"的规定同为《商标法》第10条的核心内容，在解释上应当作基本相同的对待，理解为体现我国某些基本原则和基本价值的共识。在具体适用时，应当在确定相关公众通常理解的基础上，判断特定词汇违反了何种基本共识，这就是本项的核心要素。我国应当将本条与《民法典》中影响法律行为效力的公序良俗(公共秩序和善良风俗)相通，[④]主流民法学者通常认

① 关于第6895149号"真功夫及图"商标无效宣告请求裁定书，详见商标评审委员会商评字[2022]第0000269305号。

② Annette Kur, Martin Senftleben. *European Trade Mark Law: A Commentary*. Oxford University Press, 2017, p.224.

③ BoA, 6 July 2006, R 495/2005 - G, Jebaraj Kenneth trading as Screw You v. OHIM (SCREW YOU), paras. 21.

④ 《民法典》第143条：民事法律行为不应违反法律、行政法规的强制性规定，不违背公序良俗。

为公序良俗与社会公德、社会公共利益、公共秩序等表述具有相同含义。学说上应当对此类条款的适用进行案例类型化的整理，从实证研究看，民法上的此类案件多发生于“婚外情”“丧葬权”“祭奠权”等情形中，[①]法国商标法上的公序良俗原则被适用于涉及种族歧视、煽动仇恨、暗示毒品、官方标识等的商标驳回案件。[②] 可见，公序良俗在不同国家具有明显不同的核心内涵。总体而言，公序良俗应当具有足够包容性，既能承载优秀的中华传统文化，又能容纳新时代正在变化中的、多元化的、创新性的发展。[③] 正如有观点指出，当今社会越来越开放和价值多元，判断标准亦在不断变化，人们的思想宽容度在增加，“不良影响”的评断标准在总体上要从严把握，不宜过宽适用。[④]

以“公众人物姓名”的保护为例，最高法院上述规定中的“公众人物姓名”本质上仍为姓名权等人格权或人格利益，可以通过本人或者继承人维护相应权利，宜作为相对事由，不应被绝对事由化。《北京市高级人民法院关于商标授权确权行政案件的审理指南》第15条规定：将在世自然人的姓名作为商标申请注册从而损害该自然人姓名权的，不宜认定属于《商标法》第10条第1款第8项规定的“有其他不良影响”的情形。姓名是用以确定和代表自然人的符号，为该符号所表征的个人具有独立人格。[⑤] 自然人姓名权的性质不会因为“在世”和“过世”而有分别，死者姓名中的人格利益仍然受到法律保护，不会因为死亡而转化为一种公共利益，我国学说和实践将保护死者人格的实质理解为保护近亲属利益。[⑥] 因此，只有在极为少见和特殊的情况下，确实在政治、经济、文化、宗教、民族等领域存在重大影响，且有关公众人物的姓名被作为商标注册或使用将影响公众情感、颠覆公众认知时，才能适用本项。

“白富美”案

申请商标为“白富美”，指定使用的商品是：香皂、洗面奶、洗衣粉、洗衣液、口红、美容面膜、香水等。一审法院认为，“白富美”在现实社会中指向的是年轻、貌美、具有大量财富的女子，在一定程度上宣扬了不必通过艰苦奋斗、服务社会而获取大量财产的价值追求，该价值追求违背了我国人民共同生活及其行为的准则、规范及在一定时期内社会上流行的良好风气和习惯。因此。“白富美”属于有害于社会主义道德风尚的标识。二审法院持相反意见。“白富美”作为描述相貌姣好且具有大量财富的女性的词汇，其本身是中性的、

① 罗蓉蓉、肖攀诚：《公序良俗原则在背俗型侵权中的司法适用》，《民间法》2023年第31卷，第168页。

② 冯术杰：《商标法原理与应用》，中国人民大学出版社2024年版，第81页。

③ 中共中央、国务院印发《新时代公民道德建设实施纲要》，坚持在继承传统中创新发展，自觉传承中华传统美德，继承我们党领导人民在长期实践中形成的优良传统和革命道德，适应新时代改革开放和社会主义市场经济发展要求，积极推动创造性转化、创新性发展，不断增强道德建设的时代性实效性。

④ 孔祥俊：《商标法：原理与判例》，法律出版社2021年版，第248页。

⑤ 朱庆育：《民法总论》，北京大学出版社2013年版，第396页。

⑥ 朱庆育：《民法总论》，北京大学出版社2013年版，第401页。参见《民法典》第994条：死者的姓名、肖像、名誉、荣誉、隐私、遗体等受到侵害的，其配偶、子女、父母有权依法请求行为人承担民事责任；死者没有配偶、子女且父母已经死亡的，其他近亲属有权依法请求行为人承担民事责任。

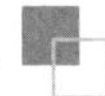

并无任何贬损含义，不存在有害于社会主义道德风尚或者有其他不良影响的情形。原审判决是对中国当代社会伦理道德的一个错误认识，是将裁判者自己所坚守的道德标准强加给了全体中国人。原审判决的这一认定也是对基本经济规律的漠视。

“叫个鸭子”案

法院认为，商标标志有悖于一定时期社会公认的行为准则、价值观念、道德标准的，属于该规定所指有害于社会主义道德风尚情形。判断商标标志是否构成上述情形，应综合考虑其文字组合、构词方式、应用语境、使用商品、接触人群等特点。“鸭子”通常指一种家禽，但在一定语境中也有“提供色情服务的男性”之第二含义。社会公众接触到“鸭子”一词时是将其作为通常含义认知，还是作为第二种含义认知，与其前后语境和作为商标使用的具体情境密切相关。“叫个鸭子”使用“叫”为谓语动词，使用“个”为量词，与餐饮行业中订餐时常用的谓语和量词明显不同，“叫个”+“鸭子”的特殊构词方式形成的语境容易使人将“鸭子”与前述第二种含义相联系，对“叫个鸭子”整体产生“购买男性色情服务”的低俗联想。此外，“叫个鸭子”品牌在营销过程中使用的广告宣传用语、营销战术等具有“引人遐想”的暗示性，申请人还同时申请注册了“满足你对鸭子的一切幻想”“招只鸡来”商标，强化了这种低俗联想。虽然诉争商标整体组合中尚有鸭子的具象图形，但是相比而言，文字的认读、呼叫和传播功能更强，更易产生社会影响，鸭子图形并不能冲淡或者抵消“叫个鸭子”文字所产生的低俗暗示。本案申请商标指定使用在“饭店”等服务上，其在公共领域中的实际接触者和影响力范围存在广泛性和不确定性。①

“Going Down”案

“Going Down”商标由达群公司于2017年3月20日申请，指定使用在第10类“阴道冲洗器；可生物降解的骨固定植入物；假牙；牙科设备和仪器；避孕套；非化学避孕用具；性爱娃娃；人造外科移植物；电动牙科设备；医疗器械和仪器”等商品上。北京知识产权法院进一步表示，“Going Down”为常用词汇，具有“下降、下沉”的含义；英文“Going Down”本身并无不良含义，相关公众一般也不会将“Going Down”解读为“够淫荡”。据此，北京知识产权法院认定该商标使用在指定商品上没有不良影响，判决撤销原商标评审委员会做出的相关驳回复审决定，并由原商标评审委员会重新做出决定。北京市高级人民法院指出，虽然该字母组合(Going Down)直译具有‘下降、下沉’的含义，但是结合其指定使用的商品在具体情境下存在不文明含义。为了引导我国公众树立积极向上的主流文化和价值观，制止以擦边球方式迎合“三俗”行为，发挥司法对主流文化意识传承和价值观引导的职责作用，被诉决定关于诉争商标本身存在含义消极、格调不高情形的认定并无不当，本院

① 最高人民法院(2018)最高法行再188号行政判决书。

予以确认。……商标除了指示商品来源、承载企业商誉之外，还承载着一定的价值传扬和文化传播功能，“Going Down”商标“指定使用在‘阴道冲洗器、避孕套、非化学避孕用具、性爱娃娃’等商品上，其在公共领域中的实际接触者和影响力范围存在广泛性和不确定性，商标所体现的文化格调和价值内涵能够通过其使用被广泛传播。申请人通过商标标志的低俗暗示打擦边球，制造营销噱头，吸引公众关注的行为本身也容易对公共秩序、营商文化、社会道德风尚产生不良影响”。[①]

4. 种族歧视的标志

商标申请注册是表达商业言论的一种自由，政府的审查要以竞争中性为原则，尽量尊重市场的客观实际，切忌对商标本身的含义做过分引申和联想，避免使本条的适用范围无限扩大，损害商业言论自由，干预商业判断、控制授权和司法机构借兜底条款滥用权力。当然需要指出的是，一些案件的审查往往不只是对单独的“文字”所蕴含的价值观或含义进行判断，当事人使用该文字的商品或服务、上下文语境、市场含义及当事人在该语境中所刻意追求的效果等因素也会对该“文字”含义的解释产生影响。在美国，当根据相关公众的立场确定该词汇的含义之后，还需要判断这一词汇作为商业言论，政府或法律对其审查是否违反言论自由原则，即这种审查是基于商业目的的考量还是基于内容的歧视。美国最高法院有两个案件提出了一致的立场。美国法典 15 U.S.C. §1052(a) 中规定有多种禁止注册商标的类型，例如申请商标不能贬损(disparage)他人，不得含有不道德或诽谤性(immoral or scandalous)内容等。其中，前者规定已经在 2017 年的 The Slants 一案中被美国最高法院认定违宪而被取消；后者规定则于 2019 年 6 月 24 日被最高法院在 In re Brunetti 案中被认定违宪而取消。

“The Slants”案

涉案商标是注册在乐队上的“The Slants”，审查员认为该商标具有贬低亚裔的含义。美国联邦最高法院认定《兰哈姆法》关于商标申请的贬损禁令，因违反第一修正案的言论自由而构成无效。商标是私人言论，不是政府言论；第一修正案禁止政府以支持某种观点的方式调整言论；审查员不可基于商标所表达的某种观点而拒绝其注册，他不必审查一个商标所传递的观点是否符合政府的政策。如果商标注册的禁止规定是基于观点的禁令，则违宪；贬损禁令是基于观点的禁令。[②]

“In re Brunetti”案

商标注册人 Erik Brunetti 拥有服装品牌“FUCT”并且将其申请注册商标，USPTO 根据

---

① 北京市高级人民法院(2019)京行终字第 1512 号行政判决书。

② Matal v. Tam, 137 S.Ct. 1744, 1757, 1758(2017).

“不道德或诽谤性禁令”驳回该商标注册。联邦最高法院多数意见认为，政府不应该因某言论传递出的某种观点或意见而歧视这种言论，不应该只允许含有对他人持肯定观点的商标注册，并驳回那些持否定或批评观点的商标注册。如果只允许赞颂社会正气的标志注册为商标，而不允许贬低或冒犯道德感受的标志注册，这是对于观点的歧视，违反了美国宪法第一修正案，政府并无任何实质性的利益在本案争议的注册程序中去监控那些冒犯性言论。[①]

在适用不良影响条款时不一定要采取美国最高法院的立场，但可以从中得到启发。我国国民心态对政府具有信任的传统，因此，我国对商业言论的审查尺度不可能采取类似美国最高法院的立场，但是为了避免对商业言论的干预，鼓励多样性，应当界定言论的核心内涵，尽量使政府对言论的审查限定在词汇的核心内涵，当其核心内涵确有误导公众价值取向的时候，才将其纳入“不良影响”的范畴，以避免不当联想，对创新和言论产生“寒蝉效应”。判断“不良影响”的“相关公众”，应当是具有中等智识的消费者，他们对商业吹嘘有正常的辨识能力，就夺人眼球、引人注目的流量词汇来说更有正常的分析能力，不会单纯地因为看到诸如“老妖精”“白富美”等商标而对人生观、价值观、世界观产生错误认识。即便有些词汇令人厌恶，但也应注意区分“不良影响”与公众厌恶之间的区别，相关公众自己能用脚投票，不必担心词汇本身对消费者的误导或者产生不良影响。

5. 地名商标

为了防止地名被某一产品或服务提供者通过商标权独占，从而妨碍相关地区的同行业竞争者使用该地名，[②]最高人民法院指出：“作为商标授权确权审查中的绝对理由条款，商标法禁止将一定范围内的地名作为商标注册与使用的主要理由在于，一是防止商标权人不正当地垄断公共资源。地名作为指代特定地理区域的一种符号表达形式，若为个人所独占，势必影响社会公众使用地名的表达自由。二是防止商标权人通过占用地名误导公众。地名还可能直接指代出产特定品质商品的产区，如果商标权人提供的产品并非源于该特定产区，社会公众将可能基于对商品品质、商品来源的错误认识，而产生误认误购的结果。三是维护商标的显著特征。地名对地理区域具有指代作用，如果商标标志从整体上即可无歧义地指向地名，显然不能发挥识别商品和服务来源的作用，除非符合法律另有规定的情形，否则不应作为商标核准注册。”[③]

原则上，县级以上行政区划的地名或者公众知晓的外国地名不得作为商标使用。由于相关公众看到一个地名时，通常不会将其理解为商品或服务的来源出处，即使地名商标被核准注册，权利人也不能禁止他人在该地名意义上使用其他商标。因此，只有当地名具有其他含义或者作为集体商标、证明商标时，才能被核准；当然，已经注册的使用地名的商

---

① Andrei IANCU, Under Secretary of Commerce for Intellectual Property and Director, Patent and Trademark Office, Petitioner v. Erik BRUNETTI, 139 S. Ct. 2294, 2300 (2019).

② 冯术杰：《商标法原理与应用》，中国人民大学出版社 2017 年版，第 114 页。

③ 最高人民法院(2020)最高法行再 370 号行政判决书。

标继续有效。所以，地名商标的申请审查，核心在于判断是否具有“其他含义”，以及“地名含义”与“其他含义”的高下之分。其他含义是指该地名具有明显有别于地名的、明确的、易于公众所接受的含义，从而足以使该地名起到商标所应具有的标识性作用。① 按照商标法原理，这包含两种情形：第一，地名商标本来就具有区别于地名本身的含义，这通常发生在地名商标与地理含义之间“距离较远”的情形；第二，地名商标经过使用之后产生了区别于地名的第二含义，这需要主张者提交“地名商标经大量、持续使用”的证据。

“神龙架”案

法院认为所谓“其他含义”，应当理解为包括以下两种情形：一是该地名名称本身就有除地名之外的其他为相关公众普遍知悉的固有含义，例如“朝阳”“灯塔”“武夷山”“都江堰”。这里“朝阳”和“灯塔”的其他含义与地理位置完全无关，而“武夷山”“都江堰”则是根据著名山脉和水利工程命名的地名，其“其他含义”与地理位置有一定的关联。对于地名的其他含义与地理位置完全无关的名称，因其不具备描述商品产地特性的功能，故一般可以考虑作为商标注册。但对于地名的其他含义与地理位置仍有关联的名称，因其可能使相关公众认为系对商品产地特性的描述，故并非可以作为商标注册，而要结合指定使用的商品具体分析。二是通过使用获得“其他含义”，即地名名称经过实际使用具有较高知名度，已被相关公众广为知晓，相关公众在认知该地名商标时，能首先意识到其指代了特定商品的来源而非地名，或者至少能在意识到其指代地名的同时也指代了特定商品的来源……虽然诉争商标标识“神农架”除作为湖北省下辖的县级以上行政区划的地名以外，还是原始森林的名称，即具有“其他含义”。但作为原始森林名称的“神农架”依然具备表征特定地理位置的功能，并且诉争商标指定使用的矿泉水等商品的特性与地理位置因素关系密切，故若将诉争商标注册使用在上述商品上，容易使相关公众认为相关商品源于特定地理区域，甚至具备某种特定品质和功能，故无法发挥商标应当具有的区分不同商品来源的作用。② 依照笔者之见，如果对相关公众的认知采取更为开放自由的立场，“神农架”商标之于矿泉水产品只是传递出一种“新鲜、原始”的含义，允许其注册也未尝不可。

(二)《商标法》第44条

《商标法》第44条第1款规定：违反本法第4、10、11、12、19条第4款规定的，或者是以欺骗手段或者其他不正当手段取得注册的，由商标局宣告该注册商标无效；其他单位或者个人可以请求商标评审委员会宣告该注册商标无效。《最高人民法院关于审理商标授

① 北京市高级人民法院(2003)高行终字第65号行政判决书。
② 北京知识产权法院(2015)京知行初字第2515号行政判决书。

权确权行政案件若干问题的规定》第 24 条规定：以欺骗手段以外的其他方式扰乱商标注册秩序、损害公共利益、不正当占用公共资源或者谋取不正当利益的，人民法院可以认定其属于《商标法》第 44 条第 1 款规定的“其他不正当手段”。司法实践针对《商标法》第 44 条第 1 款中“其他不正当手段取得注册”的理解比较稳定，是指扰乱商标注册秩序、损害公共利益、不正当占用公共资源或者谋取不正当利益的行为。在《商标法》第 4 条尚未修改及第 7 条还未被直接援引的背景中，第 44 条成为治理大量、恶意抢注他人商标等情形的条款。在《商标法》第 4 条已经立法的情况下，第 44 条第 1 款回归兜底性定位，而不必处理其他条款可以涵盖的行为。适用过程中，应注意与“欺骗”条款区分且保持相应比例，对大规模注册人的主观状态进行考察，不能泛泛地将本条转变为抢注禁止条款。

《北京市高级人民法院关于商标授权确权行政案件审理指南》第 17.2 条第 2 款规定，同时具备下列要件的，可以认定属于《商标法》第 44 条第 1 款规定的“以其他不正当手段取得注册”：① 适用主体是该商标的申请注册人，但有证据证明诉争商标现注册人与申请注册人之间具有特定关系，或对于申请注册诉争商标的行为具有意思联络的除外；② 适用对象既包括已经注册的商标，也包括申请注册的商标；③ 申请注册的行为扰乱商标注册秩序、损害社会公共利益或者属于不正当占用公共资源、以其他方式谋取不正当利益的；④ 申请注册行为未仅损害特定民事权益。第 17.3 条规定，“以其他不正当手段取得注册”的具体情形有：诉争商标申请人申请注册多件商标，且与他人具有较强显著性的商标或者较高知名度的商标构成相同或近似，既包括对不同商标权利人的商标在相同或类似商品、服务上申请注册的，也包括针对同一商标权利人的商标在不相同或不类似商品或者服务上申请注册的。北京市高级人民法院的上述规定虽然强调了不正当手段抢注条款与相对事由之间的区别，但过于重视“大规模注册”的客观事实，忽略了恶意的主观方面。如果申请人针对同一权利人注册了大量商标，但就某特定商标已经实际使用，权利人可否依据大量注册的事实，主张该特定商标注册无效？有观点认为：“所谓复制模仿、搭便车、囤积谋利等充其量是认定‘恶意’和是否有实际使用目的的考虑因素，不是保护的立足点和本体。如一味以在非类似商品上注册模仿复制他人有知名度的商标，不管是否实际使用均认为应认定无效，无异于在他人在先商标权利覆盖不到的领域给予变相的扩张保护。”①

本条是当事人在无效阶段可以援引的绝对事由，核心精神是引导当事人在商标申请、无效程序中贯彻诚实信用原则，维护良好的商标注册、管理秩序，营造良好的商标市场环境。《商标法》第 44 条因与诚实信用原则相通，可与《商标法》第 7、4 条一起成为商标注册、撤销、无效及相应诉讼的法律依据。依照该条款的文义，该规定适用于已注册商标的

---

① 孔祥俊：《论我国〈商标法〉的私权中心主义——〈商标法〉公法秩序与私权保护之定位》，《政法论丛》2023 年第 6 期。

无效程序，而不适用于商标申请审查及核准程序。但是，对于在商标申请审查及核准程序中发现的以欺骗手段或者其他不正当手段申请商标注册的行为，若不制止，等到商标注册程序完成后再启动无效程序予以规制，显然不利于及时制止前述不正当注册行为。因此，前述立法精神应当贯穿于商标申请审查、核准及无效程序的始终。商标局、商标评审委员会及人民法院在商标申请审查、核准及相应诉讼程序中，若发现商标注册申请人是以欺骗手段或者其他不正当手段申请注册商标的，可以参照前述规定，不予核准注册。

“灵隐”案

商评委经审理认为，灵隐寺是浙江省杭州市一座历史悠久的佛教寺院，在佛教界享有较高知名度，普通公众一般易将“灵隐”视为该寺庙的简称。“灵隐”一词含义独特，具有较强的独创性，被申请人将“灵隐”二字作为商标进行注册和商业使用，容易使普通消费者误认为争议商标标示服务与申请人之间存有某种特定联系，有损灵隐寺的对外形象、声誉，伤害宗教感情。且除争议商标外，被申请人还在第6、16、25、30、35、42类等多个类别的商品或服务上申请注册了“苏堤春晓”“南屏晚钟”“雷峰夕照”“断桥残雪”“六巡江南”“月上柳梢头”“人约黄昏后”“姚启圣”等上千件商标，多涉及景点名称、古诗古词等，考虑到灵隐寺的知名度以及被申请人对其申请注册大量商标的情况并无合理解释，据此，可以认定被申请人的注册行为违反了诚实信用原则，不仅会导致相关消费者对商品或服务来源产生误认，更扰乱了正常的商标注册管理秩序，并有损于公平竞争的市场秩序，被申请人申请注册争议商标的行为已构成修改前《商标法》第41条第1款规定的情形。争议商标依法应予以宣告无效。①

(三)《商标法》第7条

《商标法》第7条第1款规定，申请注册和使用商标，应当遵循诚实信用原则。此乃对商标真实使用原则的宣誓。诚实信用原则作为民法“帝王条款”，既可以用于指导和规范商标申请行为，也可以在商标侵权案件中，用于规制大量恶意抢注商标的行为。司法实践中有些判决基于诚实信用原则，根据权利不得滥用原理对恶意抢注商标的商标专用权人的商标侵权请求不予支持。例如最高人民法院关于指南针公司、中唯公司是否滥用其商标权的说理，就是以《商标法》第7条为基础展开的。“《商标法》第7条规定：申请注册和使用商标，应当遵循诚实信用原则。任何违背法律目的和精神，以损害他人正当权益为目的，恶意取得并行使权利、扰乱市场正当竞争秩序的行为均属于权利滥用，其相关主张不应得到法律的保护和支持。”②在商标授权确权行政案件中，也有观点认为商标行政部门

---

① 北京市高级人民法院(2011)高行终字第525号行政判决书。

② 最高人民法院(2018)最高法民再396号民事裁定书。

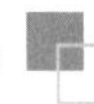

不可直接适用《商标法》第 7 条，以限制行政权力的行使。

诚实信用原则是民商事活动的基本原则，商标法通过对相关条款的修改完善，对这一原则予以细化，故该款是对申请注册和使用商标的总体要求，商标法的各项具体制度设计都应当以此为基础，体现并维护诚实信用原则。但是，依照 2014 年《商标法》的规定，此款不是提出商标异议、请求宣告注册商标无效或者撤销注册商标的具体依据，因此，实践中只能作为适用各项具体制度处理商标事宜的指导性原则。另外，2014 年《商标法》第 44 条第 1 款、第 45 条第 1 款已穷尽列举了商标宣告无效可援引的全部法律条款，但上述条款并不包含 2014 年《商标法》第 7 条第 1 款。因此，2014 年《商标法》第 7 条第 1 款并非具体的无效宣告理由。①

但是，北京市高级人民法院于 2019 年 4 月 24 日颁发《商标授权确权行政案件审理指南》，其中第 7.2 条是关于诚实信用原则的适用，该条款规定：商标行政案件，诉争商标的申请注册不应违背《商标法》第 7 条第 1 款的规定。笔者认为本条不应被理解为具有规则的性质，不应被行政机关单独引用，但本条在司法适用中具有独特价值。《商标法》的具体条文多针对具体事由，难免挂一漏万，本条能够在缺乏具体法律依据时用于制止恶意抢注商标和滥用商标权。商标权作为一种工业产权，其终极目标是促进竞争，制止不诚信的行为。巴西圣保罗刑事上诉法院在著名的 YKK 案中，针对该日本品牌被当地拉链厂商恶意抢注并被刑事起诉的情形，并没有保护原告的注册商标权。法院的主要理由就是诚信原则，即法律不能奖赏恶意，原告没有尊重司法权威，反而将司法权威作为一种窃取的工具。② 这与我国前述“指南针”案异曲同工。同理，我国法院在解释适用《商标法》有关条文时应当基于行为人的主观状态适当扩大或限缩条文的内涵，例如《最高人民法院关于审理商标授权确权行政案件若干问题的规定》第 15 条对《商标法》第 15 条第 1 款的适用范围做了限缩，即限定了商品或服务类别，这是不合理的。

(四)《商标法》第 4 条

2019 年修改的《商标法》第 4 条规定：自然人、法人或者其他组织在生产经营活动中，对其商品或者服务需要取得商标专用权的，应当向商标局申请商标注册。不以使用为目的的恶意商标注册申请，应当予以驳回。从《商标法》第 33 和 44 条的规定看，“不以使用为目的的恶意”成为商标注册、异议(第 33 条)和无效(第 44 条)的绝对事由。根据国家市场监督管理总局《规范商标申请注册行为若干规定》第 5 条，对申请注册的商标，商标注册部门发现属于违反《商标法》第 4 条规定的不以使用为目的的恶意商标注册申请，应当依法驳回，不予公告。

---

① 北京知识产权法院(2016)京 73 行初 3811 号行政判决书。

② Nuno Pires De Carvalho. *The TRIPS Regime of Trademarks and Designs* (4th Edition). Wolters Kluwer, 2019, p.418.

1. 恶意注册商标法律规制的体系

从规范文义和立法目的上看，我国《商标法》第4条第2句并非单纯禁止“不以使用为目的”的商标注册，而是要求“不以使用为目的”的恶意注册，换言之，有些“不以使用为目的”的注册也是能够被接纳的，例如防御商标的注册虽然不直接以使用为目的，但注册人不具有恶意，不是为了阻止他人，而且正商标的使用具有“传导效应”，正商标与联合商标只要使用其一，即符合商标之使用；正商标与防护商标使用其一者，其他商标亦具有使用之效力。[①] 因此，本条的重点在于判断“恶意”，“不以使用为目的”只是修饰语，但限制了本条对恶意抢注的规制范畴，即只限于“不以使用为目的”的恶意注册情形。由于本条是绝对禁注条款，因此本条只规范“不以使用为目的”且不当占用公共资源、扰乱商标注册秩序的恶意抢注情形。从立法技术看，宜将本条（本句）与第44条合并处理，而不在总则中作出单独规定。2023年国家知识产权局发布的《商标法修订草案（征求意见稿）》第22条前两项采纳了这种方案，将本句和第44条作为商标恶意注册的两种典型情形：申请人不得恶意申请商标注册，包括：① 不以使用为目的，大量申请商标注册，扰乱商标注册秩序的；② 以欺骗或者其他不正当手段申请商标注册的。这种方案能够从体系上理顺恶意注册商标的法律规制条款（侵害公共利益型和侵害特定主体利益型，前者再细分为两种类型）。

在我国，早期的商标恶意注册相对比较简单或者比较直观，在相同或类似商品服务上，通过加前缀、后缀去傍别人的商标，或者进行变形，故意造成混淆，还包括抢注未注册的商标，或者损害他人商业标志的权益，[②]即针对特定主体利益的恶意抢注。《商标法》第32、15、13条主要规制这种针对特定主体的恶意商标抢注，根据《最高人民法院关于审理商标授权确权行政案件若干问题的规定》第23和25条：“以不正当手段抢先注册”需要商标申请人“明知”或者“应知”，且具有利用在先使用商标商誉的恶意，[③]引证商标知名度高、诉争商标申请人没有正当理由的，人民法院可以推定其注册构成《商标法》第45条第1款所指的“恶意注册”。

商标恶意注册在近年出现了损害公共利益的注册、具有不正当占用公共资源意图、超出使用需求、在同一时间段内先后将大量地名和行业术语等公共资源作为商标进行申请的情形。此外，还出现了针对同一企业的商标恶意反复抢注、连续抢注、组合式注册或“蹭热点”的抢注。[④]《商标法》第4条就是应对这种恶意抢注的规定，可以回避利害关系人基于相对事由无效注册商标的五年争议期限，在实践中具有重要作用。本条立法意图在于遏制实践中的批量囤积注册商标、转卖牟利等能证成非使用目的，以及不适当占用公共资

① 参见曾陈明汝：《商标法原理》，中国人民大学出版社2003年版，第141页。
② 臧宝清：《商标恶意注册及法律规制》，《知产财经》2023年3月15日。
③ 《最高人民法院关于审理商标授权确权行政案件若干问题的规定》第23条。
④ 臧宝清：《商标恶意注册及法律规制》，《知产财经》2023年3月15日。

源、扰乱商标注册秩序,即针对损害公共利益的恶意抢注(与第44条相同)的情形。“不以使用为目的”的禁注规则属于绝对事由,确定了其从注册申请的审查核准到商标无效宣告的可适性,但不应把“囤积牟利”与“恶意”之间画上等号,“囤积牟利”的意图应当只是“恶意”的一种情形。

《北京市高级人民法院商标授权确权行政案件审理指南》第7.1条规定:商标申请人明显缺乏真实使用意图,且具有下列情形之一的,可以认定违反《商标法》第四条的规定:① 申请注册与不同主体具有一定知名度或者较强显著特征的商标相同或者近似的商标,且情节严重的;② 申请注册与同一主体具有一定知名度或者较强显著性特征的商标相同或者近似的商标,且情节严重的;③ 申请注册与他人除商标外的其他商业标识相同或者近似的商标,且情节严重的;④ 申请注册与具有一定知名度的地名、景点名称、建筑物名称等相同或者近似的商标,且情节严重的;⑤ 大量申请注册商标,且缺乏正当理由的。前述商标申请人主张具有真实使用意图,但未提交证据证明的,不予支持。

《商标审查审理指南》(下编)第二章第5条第1款第1—9项列举了适用《商标法》第4条的九种具体的典型情形,使用了“扰乱商标注册秩序”的限定:① 商标注册申请数量巨大,明显超出正常经营活动需求,缺乏真实使用意图,扰乱商标注册秩序的;② 大量复制、摹仿、抄袭多个主体在先具有一定知名度或者较强显著性的商标 ,扰乱商标注册秩序的;③ 对同一主体具有一定知名度或者较强显著性的特定商标反复申请注册,扰乱商标注册秩序的;④ 大量申请注册与他人企业字号、企业名称简称、电商名称、域名,有一定影响的商品名称、包装、装潢,他人知名并已产生识别性的广告语、外观设计等商业标识相同或者近似标志的;⑤ 大量申请注册与知名人物姓名、知名作品或者角色名称、他人知名并已产生识别性的美术作品等公共文化资源相同或者近似标志的;⑥ 大量申请注册与行政区划名称、山川名称、景点名称、建筑物名称等相同或者近似标志的;⑦ 大量申请注册指定商品或者服务上的通用名称、行业术语、直接表示商品或者服务的质量、主要原料、功能、用途、重量、数量等缺乏显著性的标志的;⑧ 大量提交商标注册申请,并大量转让商标,且受让人较为分散,扰乱商标注册秩序的;⑨ 申请人有以牟取不当利益为目的,大量售卖,向商标在先使用人或者他人强迫商业合作、索要高额转让费或者许可使用费、侵权赔偿金等行为的。

以上两个文件中的“情节严重”和“扰乱商标注册秩序”条件,表明本条是绝对禁止事由,不能混淆本条与侵犯在先权利等其他相对事由条款之间的界限。

2. “恶意抢注商标”的认定

“恶意”的内涵,应当包括“明知在先权利”或者“明知侵害注册秩序”的认知因素(可以分别从侵犯公益的认知和侵犯私利的认知两方面考察)和“仍然追求或放任侵害后果发生”的意志因素的两个方面,包括直接故意和间接故意。根据《最高人民法院关于审理侵害知识产权民事案件适用惩罚性赔偿的解释》第三条，对恶意的认定应当综合考虑被侵权商标的权利状态和相关商品知名度、被告与原告或者利害关系人之间的关系等因素，这实质上是从“侵犯私利”的认知因素方面进行的考察。另外，“短期内提交大量商标注册，且无法证明真实使用意图或其他正当理由”，[①]应当属于侵犯公益的认知。此时应当进一步考察相关意志因素。在欧盟商标注册的实践中，知悉特定在先权利的存在、没有商标使用的意图、知悉近似商标的存在都不应等同于“恶意”；“恶意”是指商标申请人的主观动机——不诚实或者其他险恶动机（sinister motive），尤其是以下三个方面：① 申请人知道或者应当知道他人在相同或类似商品上正在使用相同或近似商标，这种注册能与他人使用的标识产生混淆；② 申请人意图阻止他人继续使用该标识；③ 他人标识受法律保护的程度。[②] 其中第一项内容和第二项内容实质上已经包含了意志因素。

Sky plc., Sky International A.G., Sky U.K. Limited v Skykick U.K. Limited, Skykick Inc.案[③]

英国高等法院（High Court of Justice）在 2018 年提请欧盟法院初裁的第三个问题是：不以在特定商品或服务上使用为目的申请注册商标的行为，是否构成恶意？欧盟法院认为：“只有当存在客观、相关和一致的迹象表明商标申请人在申请时，或者意图以某种不符合诚实惯例的方式削弱第三方利益，或者在不针对第三人情形下，以不为发挥商标功能的方式意图获取排他权”。“不能仅仅因为申请人在申请之时就申请的商品或服务没有经济活动就推定其具有恶意”。“如果缺乏发挥商标功能的使用意图，只是针对注册申请中的部分产品或服务，则无效认定也只能针对这些产品或服务。”

3. “恶意抢注商标”之后的恶意诉讼

(1) 恶意诉讼中的“恶意”认定。恶意抢注商标的市场主体，后续对他人发起商标维权行动（可能进入诉讼程序，也可能尚未进入诉讼程序），这是否能认定该主体具有诋毁或者诉讼的恶意？

法谚有云：欺诈毁灭一切。市场主体抢注商标并反告在先使用人，通过行使商标权的方式阻止他人使用，通常引起损害赔偿或不正当竞争之诉。在处理这种案件过程中，需要注意划定不正当竞争或侵权行为的边界。如果申请人并未违反商标法的具体规定，抢先获得商标权之后，向真正的商标使用人发送侵权警告函，导致真正使用人发起商标异议、无效等救济程序，或发起一场诉讼，这应该不属于滥用商标权的范畴，而属于正当的权利行使行为，申请人获得商标专用权之后进行维权是商标专用权的应有之义。此外，也不

① 《北京知识产权法院规制商标恶意注册十大典型案例》，“中华商标杂志”微信公众号，最后访问日期：2023 年 12 月 19 日。

② Annette Kur, Martin Senftleben. *European Trade Mark Law: A Commentary*. Oxford University Press, 2017, p.617.

③ Case C - 371/18, paragraph 77, 78, 79.

能仅凭举报、起诉后又撤诉的行为，认定其起诉并非为维护自身权利而是以侵害他人为目的，只有在行为人明知其缺乏权利基础、事实根据、正当理由，或者对于被诉侵权人不构成侵权是明知的，但仍提起诉讼，并导致对方当事人损害时，才构成恶意诉讼。[①]《商标法》采取注册制度，并且规定了商标异议、无效等救济程序，通过在先使用抗辩等制度维护注册与使用之间的平衡，应当尽量维护商标注册制度的基本价值。如果轻易地将商标权行使的行为认定为不正当竞争行为或侵权行为，则可能会打破这种平衡。只有当申请人的抢注行为违反了商标法的具体规定，即该商标为“问题商标”，申请人利用该问题商标发送警告函或发起诉讼的行为，即同时满足了“恶意”的认识因素和意志因素，才应当受到否定评价。

《电子商务法》第 42 条关于错误投诉和恶意投诉的规定，以及司法实践中关于恶意投诉构成不正当竞争、滥用知识产权侵权警告函构成不正当竞争的裁判，法院一般认为只有在明知或应知投诉的基础权利存在瑕疵，却仍然故意发起投诉的情况下，才可能被认定为“恶意”。如果只是在结果意义上投诉未能被支持或者权利基础无效，则不能认定行为人具有主观恶意，这遵循了认识因素与意志因素的分析思路。杭州市余杭区人民法院认为：童某某明知其专利权具有较大的不稳定性，仍然通过变造的依据发起投诉，其侵权主观恶意明显；客观上，童某某的投诉造成了许某某的案涉商品链接被删，破坏了许某某的正常经营行为，也必然给许某某造成相应的经济损失，进而也损害了正常的市场经济秩序。[②]最高人民法院在侵权警告函的商业诋毁案件中指出：“由于专利权人熟知其专利权状况，且应当并一般有能力知道相关涉嫌侵权事实，在发送侵权警告时应当善尽谨慎注意义务，充分披露据以判断涉嫌构成专利侵权的必要信息。”[③]日本法学界的主流观点认为：当专利权人知道警告内容没有事实或法律依据，或者专利权人本应很容易得出结论——如果他通过对事实进行分析并展开必要的法律检索，这个警告函就应被认定为散布不实事实而具有不法性；如果这个警告函表面上是合法行使专利权，在内容或样式上却超出了正常范围，换言之，权利行使的真正目的是通过客户损害竞争对手的商誉，危及对手与客户之间的关系或市场中诸如此类的竞争关系，则这种警告函构成不正当竞争行为。[④] 这类侵权警告函的案件裁判进一步要求行为人在发函之前应当尽到谨慎注意义务，这属于“应知”判断的认识因素。与“错误投诉”的判定规则类似，“抢注商标”的行为和后果不能反推行为人具有主观恶意。

(2) 恶意诉讼的案由确定。最高人民法院在《民事案由规定》将恶意抢注商标引发的诉讼确定为“因恶意提起知识产权诉讼损害责任纠纷”，从一般侵权责任的四个构成要件

---

① 最高人民法院(2021)最高法知民终 1353 号民事裁定书。

② 成文娟：《一起经营者利用电商平台发起恶意投诉构成不正当竞争案分析》，《工商行政管理》2018 年第 15 期。

③ 最高人民法院(2015)民申字第 191 号民事裁定书。

④ Japan: Unfair Competition Prevention Act, sec. 2 (1) (xiii) —— Warning Letter/Metallic Powder. *International Review of Intellectual Property and Competition Law*, Vol.37, No.6, 2006, p.759.

展开。但是在司法实践中，这种案件常被作为反不正当竞争案件。究竟如何认识这种行为的性质，涉及《民法典》中侵权责任的一般条款与《反不正当竞争法》一般条款的关系。2023 年《商标法修订草案（征求意见稿）》第 83 条采取了第一种方案："违反本法第 22 条第 4 项规定，恶意申请商标注册给他人造成损失的，他人可以向人民法院起诉，请求赔偿损失。赔偿数额应当至少包括他人为制止恶意申请商标注册行为所支付的合理开支。"如果恶意诉讼的行为构成侵权，那么被侵害的权利是什么？是一种利益吗？笔者倾向于认为恶意诉讼的性质属于不正当竞争，以诉讼作为获取竞争优势的工具。

4. 恶意抢注商标的其他后果

《商标法》第 68 条规定了法院有权对恶意抢注和恶意诉讼两种行为的处罚措施：对恶意申请商标注册的，根据情节给予警告、罚款等行政处罚；对恶意提起商标诉讼的，由人民法院依法给予处罚。其正当性值得进一步研究。

《商标法修订草案（征求意见稿）》第 45 条还针对恶意抢注特定主体商标规定了强制转移制度："对违反本法第 18、19 条规定，或者违反本法第 23 条规定以不正当手段抢先注册他人已经使用并有一定影响的商标的，在先权利人可以请求将该商标移转至自己名下。"本条出台的实践背景是：恶意商标申请人通过转让恶意注册商标获取巨大收益，这是商标恶意注册屡禁不止的原因之一。[①] 本条能够防止恶意注册者通过转让环节获得不当利益，（《征求意见稿》第 83 和 84 条"斩断"了恶意注册人通过"维权"获得收益的链条）。很明显，我国商标法立法者从 2013 年优化商标使用制度、2019 年加强对恶意注册商标的规制，到 2023 年修订草案中新规定的进一步强调，体现了一贯以来的立法方向，彰显了根治商标恶意抢注顽疾的决心。但是，强制转移制度的正当性基础是什么？在这一商标转让链条中，应该如何对待受让人？《征求意见稿》第 45 条并未作出规定。受让人是否有义务在受让商标之前对商标的"前世今生"作"尽职调查"？受让商标后，受让人将商标投入实际使用，经过实际使用在该商标上积累的商誉是否能够得到保护、从而将该商标的注册历史"洗白"？笔者认为需要区分侵害公益型恶意注册与侵害私益型恶意注册，后者可以类推适用现行法第 45 条中的"五年"信赖利益保护期，受让人是否具有"善意"并非决定因素。

"爱适易"案

福建省高级人民法院认为：公司先后在多个类别的商品或服务上注册与艾默生公司"爱适易"系列商标相同或近似的多个商标，且未对其注册意图以及相关商标的设计创作来源等做出合理解释说明，其上述行为已明显超出正常的生产经营需要，导致艾默生公司

① 彭学龙、刘泳：《恶意注册商标强制移转制度研究——评商标法修订草案（征求意见稿）相关条款》，《知识产权》2023 年第 9 期。

通过提起商标异议、商标无效宣告请求、行政诉讼以及本案民事诉讼的方式维护其合法权益，在一定程度上干扰了艾默生公司的正常生产经营……如不判令停止继续实施抢注行为，则权利人需不断采取提起商标异议、无效宣告、行政诉讼等方式以维护自身合法权益，不仅权利人需花费大量成本，而且造成公共资源的浪费……判令停止针对其所请求保护的涉案商标相同或近似的商标实施抢注行为……艾默生公司提交的律师费支出，部分系涉案律师费作为合理支出，另有部分系另案支出作为损失金额的一部分，鉴于本案采用法定赔偿，故律师费只是法院综合考量因素的一部分。一审法院综合考量本案相关情况，包括讼争商标的知名度、侵权情节、艾默生公司为制止侵权支出的合理费用，特别是侵权主观恶意程度等因素，确定被告应当承担的赔偿金额为 160 万元。①

“古北水镇”案

被告明知原告“古北水镇”企业字号及未注册商标的知名度，仍在第 33 类酒类商品、第 25 类服装等商品上申请注册“古北水镇”商标，并先后向原告发送侵权警告函、提起商标侵权工商投诉，法院认为这种行为构成滥用商标权的不正当竞争行为，原告维权支出属于直接经济损失。②

“汪某山诉国家知识产权”案

2001 年《商标法》第 41 条第 1 款规定：“已经注册的商标，违反本法第 10、11、12 条规定的，或者是以欺骗手段或者其他不正当手段取得注册的，由商标局撤销该注册商标；其他单位或者个人可以请求商标评审委员会裁定撤销该注册商标。”上述法律条款中“其他不正当手段”是指以欺骗手段以外的其他方式扰乱商标注册秩序、损害公共利益、不正当占用公共资源或者谋取不正当利益，以使诉争商标获准注册的行为，包括诉争商标申请人采取大批量、规模性抢注他人具有一定知名度的商标的行为。本案中，根据在案证据，诉争商标原注册人深圳市蓝信伟业电子有限公司在多个类别上申请注册了 80 余件商标，其中在 2009—2011 年注册了包括诉争商标在内的 50 余件商标，多件商标指定使用的商品和服务类别与其经营范围缺乏关联，并无证据证明其具有使用上述所有商标的意图和行为，故上述申请注册行为明显超出了正常生产经营的需要，且其中包括“暖羊羊”“优客李林”“lamyal-star”等与在先知名影视剧角色名称、演艺团体名称、他人知名商标相同或近似的商标，在无合理解释的情况下，已经超出巧合的范畴。综上，诉争商标原注册人的商标申请注册行为扰乱了正常商标注册管理秩序，损害了公平竞争的市场环境，不具备注册商标应有的正当性，构成 2001 年《商标法》第 41 条第 1 款所指“以欺骗手段或者其他不正

① 福建省高级人民法院(2021)闽民终 1129 号民事判决书。
② 北京知识产权法院(2021)京 73 民终 4553 号民事判决书。

当手段取得注册”的情形。范某强受让取得诉争商标不能改变诉争商标系以不正当手段取得注册的非正当性，范某强受让诉争商标后是否实际投入使用亦不是诉争商标应予维持注册的当然理由。[①]

(五)《商标法》第 19 条

《商标法》第 19 条第 4 款规定：商标代理机构除对其代理服务申请商标注册外，不得申请注册其他商标。《商标法实施条例》第 84 条规定：“商标法所称商标代理，是指接受委托人的委托，以委托人的名义办理商标注册申请、商标评审或者其他商标事宜”。在该条款的基础上，《商标代理管理办法》第 6 条第 1 款对商标代理行为作出了进一步规定：“商标代理组织可以接受委托人委托，指定商标代理人办理下列代理业务：① 代理商标注册申请、变更、续展、转让、异议、撤销、评审、侵权投诉等有关事项；② 提供商标法律咨询，担任商标法律顾问；③ 代理其他有关商标事务”。《商标法》上述条文是否限制了商标代理机构注册商标的权利？实践中曾存在不同意见。

“上 专”案[②]

上专所申请注册第 15244246 号“上专”商标，指定使用的服务为第 41 类“培训、实际培训(示范)、辅导(培训)、安排和组织培训班、安排和组织学术讨论会、安排和组织会议、安排和组织专家讨论会、安排和组织专题研讨会、知识产权法律培训、安排和组织知识产权法律专题研讨会”，商标局发出《商标注册申请不予受理通知书》。原告认为《商标法》第 19 条第 4 款立法的本意在于禁止代理机构利用专业知识抢注或囤积商标，牟取非法利益，而非限制代理机构注册“自己使用”的商标的权利。代理机构提供的服务完全有可能超出第 45 类法律服务的范围，故如将该款规定扩大解释为商标代理机构不能在第 45 类法律服务以外注册自己使用的商标，则不符合《商标法》的立法本意。如果不允许商标代理机构对自己使用的商标进行必要的注册，将至少会对代理机构造成两方面的损害：一是商标代理机构的商标被他人注册，致使代理机构无法使用自己的商标开展业务；二是商标代理机构无法在相关领域制止他人盗用其商标从事非法经营活动。

法院认为，该条款中对于申请注册的商标系商标代理机构自用还是以牟利为目的进行注册未作区分。因此，无论商标代理机构是基于何种目的进行的注册申请，只要是在代理服务之外的商品或服务上进行的注册申请，均属于该条款禁止的情形。当然，2014 年《商标法》之所以引入该条款，主要考虑因素确实在于禁止商标代理机构恶意注册商标进

① 北京市高级人民法院(2023)京行终 7385 号行政判决书。

② 北京知识产权法院(2015)京知行初字第 98 号行政判决书；北京市高级人民法院(2016)京行终 2987 号行政判决书。

行牟利的行为。全国人民代表大会法律委员会于 2013 年 6 月 26 日所作的《关于修改情况的汇报》有如下记载:"三、一些地方、部门、企业提出,实践中一些商标代理组织违反诚实信用原则,利用其业务上的优势帮助委托人进行恶意商标注册,甚至自己恶意抢注他人的商标牟利,建议进一步对商标代理活动予以规范。法律委员会经研究,建议增加以下规定:……三是明确商标代理组织不得自行申请注册商标牟利。"

立法机关在立法过程中的相应考虑可以作为理解适用法律的参考,但是根据法律解释的基本原则,对法律条文的解释应当首先进行文义解释。文义解释是法律解释的起点和终点,其他解释都需以文义解释为基础。如果文义解释的结论是唯一、毫无疑义的,且不会造成体系冲突,则原则上应采纳文义解释的结论。在《商标法》第 19 条第 4 款的文义可以明确得出前述结论的情况下,对该条款的理解无法仅因立法过程中的前述考虑因素而将其仅限定为商标代理机构恶意注册商标进行牟利的情形。

不可否认,依据上述文义解释得出的结论,会使商标代理机构自用的商标无法获得注册,从而对其造成一定影响,但尚不至于达到原告所称既无法使用自己的商标开展业务,亦无法禁止他人盗用其商标的程度。我国现有法律并非仅对注册商标提供保护,对于未注册的商标同样可以得到一定程度的保护。如果商标代理机构使用商标的时间早于他人注册商标的申请日,则其可以依据《商标法》第 59 条第 3 款获得在原有范围内的先用保护,该规定在一定程度上解决了商标代理机构在先商标的自用问题。如果商标代理机构所使用的商标具有一定知名度,则其既可以依据《反不正当竞争法》第 5 条第 2 项的规定禁止他人对该商标的恶意使用行为,亦可以依据《商标法》第 15、32 条等的规定禁止他人对该商标的恶意注册行为,上述规定亦在一定程度上为商标代理机构解决了禁止他人盗用其商标的问题。

此外,法院要强调的是,司法机关的职责在于适用法律,而非制定法律,在法律条文规定明确且清晰的情况下,司法机关必须严格遵照执行。至于相关法律规定是否妥当、应否修改则属于立法机关的权限范围,并非司法机关的职责。

当申请人的恶意商标申请行为构成不正当竞争时,商标代理机构可能因其未尽到合理注意义务而承担帮助侵权的责任。

"爱适易"案

福建省高级人民法院认为:《商标法》第 19 条规定,商标代理机构……不得接受其委托。本案中,兴浚公司作为专业的商标代理机构,应当遵循诚实信用原则,遵守法律、行政法规,对于接受委托申请注册的商标应尽到积极的审查注意义务,对于可能存在不得注册情形的,应当明确告知委托人。和美泉公司、海纳百川公司申请注册的涉案 48 个商标中有 47 个均委托兴浚公司,特别是 2015 年 12 月 25 日北京市高级人民法院在终审判决中对和美泉公司的抢注行为作出否定评价之后,兴浚公司明知委托人所委托注册的商标违反《商标法》规定，系恶意抢注商标，仍接受委托，一审法院认为其行为属于帮助侵权行为，应与和美泉公司等共同承担法律责任的判决意见并无不当。[①]

该案一审法院对这种连带责任的基础作了如下阐述：《侵权责任法》第 6 条规定，行为人因过错侵害他人民事权益，应当承担侵权责任。根据法律规定推定行为人有过错，行为人不能证明自己没有过错的，应当承担侵权责任，涉案不正当竞争行为亦属于侵权行为的一种，和美泉公司、海纳百川公司、王移平和兴浚公司的恶意抢注商标行为同时违反了《侵权责任法》第 6 条规定。考虑到对于恶意抢注商标行为已认定构成不正当竞争行为，对于同一侵权行为不作重复性评价和处理……代理机构对其中的 40%，即 48 万元承担连带赔偿责任。[②]

二、显著性

(一) 概念和种类

显著性是商标申请注册的绝对事由。《商标法》第 9 条第 1 款的前半段规定：申请注册的商标，应当有显著特征，便于识别。显著性又被称为“区别性”或“识别性”，是指用于特定商品或服务的标志所具有的能够将这种商品或服务的提供者与其他同种或类似商品或服务的提供者加以区分的特性。[③] 商标的显著性可分为固有显著性和获得显著性两种类型。《商标法》第 11 条规定，下列标志不得作为商标注册：① 仅有本商品的通用名称、图形、型号的；② 仅直接表示商品的质量、主要原料、功能、用途、重量、数量及其他特点的；③ 其他缺乏显著特征的。前款所列标志经过使用取得显著性特征并便于识别的，可以作为商标注册。本条第 1 款是在固有显著性意义上的分类；第 2 款是获得显著性的规定，也是认定描述性标志的法律依据。

Abercrombie & Fitch Co. v. Hunting World, Inc. [④]

A&F 花费了大量资金来宣传和推广标有其商标“Safari”的产品，并行使和维护其商标权利，包括成功进行商标侵权诉讼。HW 公司从事运动服装的零售营销，包括帽子和鞋子，其中一些是通过单独使用“Safari”或通过“Minisafari”和“Safariland”等表达来识别的。HW 的行为会混淆和欺骗公众，并损害“原告商标的独特和独特品质”，但 HW 认为，“Safari”一词是一个普通的、常见的、描述性的、地理的和通用的词，它被公众普遍使用和理解，指代旅行或探险，特别是在东非狩猎或探索，以及组成这种探险的猎人、向导、人、动

① 福建省高级人民法院(2021)闽民终 1129 号民事判决书。

② 厦门市中级人民法院(2020)闽 02 民初 149 号民事判决书。

③ 王迁：《知识产权法教程》，中国人民大学出版社 2007 年版，第 430 页。

④ Abercrombie & Fitch Co. v. Hunting World, Inc., 537 F.2d 4, 9 - 10, 11 - 12.

物和设备，不受商标法保护。

美国联邦法院指出，在固有显著性的标志中，可以按照显著性有无或强弱的不同，分为通用性词汇、描述性标志、暗示性标志、任意性标志或臆造性标志等。这些标志之间的界限比较模糊和复杂，因为某标志在彼商品上属于这种类型，到此商品上是另一种类型，因为该标志会随着实际使用的时间而变化到另外的类型，还因为该标志对彼群体是这个含义，到此群体可能是另外的含义……一系列众所周知的案例说明了这一原则的普遍性，这些案例认为，当一个暗示性或臆造性的术语由于制造商自己的广告努力而变得通用时，商标保护将被拒绝，除非该术语仍未成为通用术语，并且第二含义已被证明继续存在的市场。因此，一个术语在一个市场中可能是通用的，而在另一个市场中可能是描述性的、暗示性的或臆造性的……① 适用于特定类型的服装，"Safari"已成为一个通用术语，"minisafari"可用于指代较小的帽檐帽；② "Safari"尚未成为靴子或鞋子的通用术语；它要么是"暗示性的"，要么是"仅是描述性的"，即使"仅是描述性的"，也是一个有效的商标，因为它已经根据《兰哈姆法》变得无可争议；③ 鉴于以下合理的调查结果，即"Camel Safari""Hippo Safari"和"Safari Chukka"是 HW 在其靴子上纯粹描述性的使用，HW 可以基于"合理使用"对这些侵权指控进行抗辩。

（二）通用性词汇

我国《商标法》第 11 条第 1 款第 1 项的情形，是有关通用名称的规定。通用名称是一类商品或服务的名称，用于指代一种商品或服务，是商品或服务本身的同义词（例如"苹果"之于苹果），或者描述特定商品或服务的更为广泛的种类（例如"水果"之于苹果），它传达了商品或服务的"基本性质"，或者特定商品或服务的类别。[①] 单纯描述意义上的标志，可以通过实际使用获得显著性而注册，但是一个通用名称无论如何也不可能通过实际使用转化为具有显著性的商标。美国法院在一个案件中指出，无论使用者在通用词汇上投入多少金钱和努力用于促销其商品的销售，也无论其对吸引公众关注多么成功，均不能剥夺该商品的竞争性生产者称呼该物品的权利。[②] 相反，如果通用词汇也具有可注册性，将实际上导致注册人对一种产品形成垄断权。

我国《商标法》第 11 条第 2 款错误地将通用词汇与描述词汇等同对待，通用词汇不可能经过使用产生第二含义。在商标法理论中，通用性词汇不具有固有显著性，也不会因使用产生显著性，这是通用性词汇区别于描述性词汇之处。因此，如果规定通用性词汇可以经过使用取得显著性，则违背商标法原理。各国商标法通常规定通用词汇不能获得显著性，这主要基于公共政策的考虑，避免产生行业垄断，其道理与《商标法》第 12 条、《反不正

---

① Mary LaFrance. *Understanding Trademark Law*. LexisNexis, 2009, pp.57 - 58.

② Abercrombie & Fitch Co. v. Hunting World, Inc., 537 F.2d 4, at 9.

当竞争法司法解释征求意见稿》第 5 条第 3 项不保护“具有功能性的三维标志”如出一辙。再如，美国最高法院审理的 Booking.com 案，尽管美国最高法院最终认为该词汇具有可注册性，但并未推翻“通用词汇不可获得显著性”的信条，而是将其认定为描述性词汇，通用性词汇的组合未必就一定是通用性词汇。[①] 2023 年发布的《商标法(征求意见稿)》第 16 条第 2 款作出了调整，将通用词汇排除于能获得显著性的标志范畴：“前款第二项、第三项所列标志经过使用取得显著特征，并便于识别的，可以作为商标注册。”这种调整是比较合理的。

“十万个为什么”案

上海市知识产权局将“十万个为什么”文字商标和“十万个为什么 100000 WHYS”图文组合商标列入《第十批上海市重点商标保护名录》，其正当性的一方面在于“十万个为什么”并非问答式科普图书的通用名称，“十万个为什么”系列图书经过少年儿童出版社(简称少儿社)长期使用宣传，在少儿科普图书领域享有很高的知名度和美誉度，被相关公众广为知悉，具备识别系列图书来源的属性特征，在“十万个为什么”商标获准注册之前，受到反不正当竞争法关于知名商品的特有名称权保护，在商标获准注册之后，受到商标法的保护。如果有出版社在出版的图书上突出使用“十万个为什么”，那么可能会超出正当使用的范畴，构成对商标权的侵害。即使市场上存在较多的以“十万个为什么”命名的图书，也仅表明相关图书的内容等特点，并不能证明“十万个为什么”已经成为此类图书的通用名称。[②]

(三) 描述性词汇

描述性标志对商品或服务的质量、原料、功能、用途、重量、数量等特点进行了直接描述，是《商标法》第 11 条第 1 款第 2 项规定的情形。《最高人民法院关于审理商标授权确权行政案件若干问题的规定》第 11 条规定，商标标志只是或者主要是描述、说明所使用商品的质量、主要原料、功能、用途、重量、数量、产地等的，人民法院应当认定其属于商标法第 11 条第 1 款第 2 项规定的情形。由于相关公众对描述性标志的第一印象是商品特点的描述，它只有在获得第二含义并且“第二含义”成为“主要意义”的情况下，才具有显著性，才能获准注册。第二含义成为“主要意义”，是指第二含义超过本来含义，相关公众一看到就想到第二含义，而不再是本来含义。判断描述性标志的显著性的核心是区分其“本来含义”和“第二含义”。首先，要对其定性，即其在属性上是描述性标志；其次，根据实际使用的证据判断是否具有“第二含义”及其是否超过了“本来含义”。

---

① USPTO v. Booking.com B.V.，140 S. Ct.2298(2020).

② 上海知识产权法院(2021)沪 73 民终 600 号民事判决书。

“怕上火喝”的注册

“怕上火喝”是否可以申请注册为商标？商评委认为，申请商标由文字“怕上火喝”构成，指定使用在“饮料制剂”等商品上，直接表示商品的功能、用途等特点，作为商标缺乏显著性，难以起到商标所具备的标识商品来源的作用。王老吉公司提交的证据多为“王老吉”相关宣传使用证据，前述商标的知名度不能当然及于申请商标，成为申请商标获得初步审定的当然依据。王老吉提交的证据不足以证明本案申请商标作为商标经过使用已具有可注册性。北京知识产权法院认为，“怕上火喝王老吉”作为完整广告进行宣传，并未将“怕上火喝”与“王老吉”拆分使用，并且上述证据显示王老吉公司对“怕上火喝王老吉”的使用方式会使消费者将其作为广告语识别，而通常不会作为商标进行识别。①

对于上述案件，法院没有解释“作为广告语识别”与“作为商标进行识别”之间的区别，两者之间实质上未必有矛盾。“怕上火喝”被拒绝注册的根本理由在于其是一个描述性词汇，且通常与特定品牌结合使用，其本身难以产生独立的“第二含义”。因此，其他品牌公司结合“怕上火喝”，应当属于一种正当性使用。

“怕上火喝×××”的使用

最高人民法院认为：“怕上火喝×××”广告语系由加多宝首先创设并持续使用，在加多宝公司与广药集团商标许可使用关系已经终止、加多宝公司在已将其凉茶产品改用“加多宝”商标的情况下，加多宝将其创设并一直使用的“怕上火喝×××”的广告句式改用在“加多宝凉茶”产品上进行宣传。因此，加多宝宣传使用的“怕上火喝加多宝”广告语具有正当性，符合诚实信用原则和公认的商业道德。②

（四）暗示性词汇

暗示性标志没有直接描述产品特征，而是以某种方式加以暗示，消费者只有根据这种暗示发挥想象力，才能将这种标志与指代的特定商品或服务来源联系在一起，例如某电子平板电脑的品牌为“IPad”。根据《最高人民法院关于审理商标授权确权行政案件若干问题的规定》第 11 条，商标标志或者其构成要素暗示商品的特点，但不影响其识别商品来源功能的，不属于《商标法》第 11 条第 1 款第 2 项所规定的情形（描述性标志）。

描述性标志与暗示性标志之间的界限有些模糊，实践中很难区分。理论上进行区分的关键是，相关公众是否需要经过一定的联想才能意识到标志与商品或服务之间的关系，如果相关公众借由标志本身可以直接认识到商品或服务的特点，那么，这个标志就是描述

① 北京知识产权法院（2015）京知行初字第 4522 号行政判决书；北京市高级人民法院（2016）京行终 3025 号行政判决书。

② 最高人民法院（2019）最高法民申 579 号民事裁定书。

性标志；如果不能做到直接认识且需要经过一定联想才能认识到商品或服务的特点，则这个标志是暗示性标志。有观点认为，暗示性商标与描述性商标的具体区别可能涉及多种情形，但基本差别有二：一是商标构成要素对于商品特征的描述是否达到直接、具体和明确的程度，如果达到这种程度，该标志就会被当成对于商品的描述性表达，而不再被当作商标和不能识别商品来源；二是是否妨碍同业竞争者的正常使用，即如果将其当作商标，是否妨碍同业竞争者对其商品的正常描述，竞争者通常需要使用那些直接清晰的商标用于传递商品信息。所以，竞争者使用该商标的普遍性能在一定程度反映该商标的性质。①

“微 信”案

就“微信”商标的显著性，二审法院认为中文“微信”二字指定使用在“信息传送、电话业务、电话通信、移动电话通信、电子邮件、传真发送、电信信息、提供全球计算机网络用户接入服务（服务商）、为电话购物提供电信渠道、语音邮件服务”上。“微”具有“小”“少”等含义，与“信”字组合使用在上述服务项目上，易使相关公众将其理解为是比电子邮件、手机短信等常见通信方式更为短小、便捷的信息沟通方式，是对上述服务功能、用途或其他特点的直接描述，而不易被相关公众作为区分服务来源的商标加以识别和对待，因此，被异议商标在上述服务项目上缺乏显著特征。② 但这种认定并非没有争议，有观点指出，“微信”的含义显然表明其可能与通信等有关，但仅此而已，并未提供有关指定使用商品特定的、更加具体充分的信息，且因为不涉及同业竞争者通常使用的表达词汇，不妨碍他人对于竞争产品的正常描述，因此具有最低限度的显著性，将其认定为直接描述性商标似乎理由不充分。③ 笔者赞同后一种观点，“微信”两字可用于多种类型的通信服务，反过来，同种类型的通信服务也可用多种称呼，例如“飞信”“钉钉”等，不能认为“微信”是这种通信聊天工具的唯一称谓。

（五）任意性和臆造性词汇

任意性标志属于现有词汇，但与所指代的商品或服务之间没有任何关系，例如将电脑取名为苹果。

臆造性标志由经营者为指代商品或服务来源而臆造，不属于现有词汇，例如有一种胶卷的商标叫作柯达，“柯达”并非词典中的现有词汇。任意性标志和臆造性标志的固有显著性较强，在实践中的判断相对简单。臆造性词汇是显著性最强的词汇，具有固有

---

① 孔祥俊：《论商标可注册性要件的逻辑关系》，《知识产权》2016 年第 9 期，第 9 页；Abercrombie & Fitch Co. v. Hunting World, Inc., 537 F.2d 4, at 10 - 11.

② 北京市高级人民法院（2015）高行知终字第 1538 号行政判决书。

③ 孔祥俊：《论商标可注册性要件的逻辑关系》，《知识产权》2016 年第 9 期，第 9 页。

显著性。

从以上五个类型的角度区分不同词汇的显著性，在我国不仅具有规范意义（《商标法》第 59 条中的通用名称抗辩和描述性使用抗辩，都需要以相关词汇构成通用名称和描述性词汇为条件），而且具有方法论意义，有助于在实践中判断相关词汇及其使用行为在商标法中的定位，用于说明涉案商标的显著性强度以及被告使用该商标时的主观状态。

三、非功能性

（一）立法目的

商标法的立法目的是通过确保商标来源识别功能而保护商誉。如果一种外观是为了服务商品的技术功能，而不是作为来源标志，则其具有功能性，不能受到商标法保护。《商标法》第 12 条规定：以三维标志申请注册商标的，仅由商品自身的性质产生的形状、为获得技术效果而需有的商品形状或者使商品具有实质性价值的形状，不得注册。立法者之所以要设定非功能性要件，主要是为了排除对产品的功能或其功能性特征的永久垄断保护，否则将导致通过商标法的永久保护机制实现了对技术方案或功能特征的保护，从而与专利法相冲突。因此，立体商标的非功能性要求可以保持专利法和商标法之间的平衡，确保经营者之间的自由竞争。

（二）功能性审查

1. 功能性的分类

三维标志的功能性是审查其可否核准注册的第一步。只有在排除三维标志的功能性之后，才需要进一步审查其是否具有显著性；反之，如果三维标志具有功能性，则无论如何都不可能成为商标。在判断三维标志是否具有功能性时，可着重从以下方面判断。

第一，事实功能性（de facto function）。事实功能性是指产品外观具有功能，例如瓶子的任何外观都可盛放液体。[①] 由于事实功能性是产品的任何外观都具有的功能，该种外观不会带来额外优势，将其注册为商标不会变相导致通过商标权垄断某种“额外优势”的后果，因此具备事实功能性的立体标志，仍然可能受到商标法保护。如果一种产品外观只是展示出一定功能或实用性，但相对于其他可能的外观而言不具有明显优势，那么，这种外观只是具有事实功能性，仍然可以注册为商标。[②] 因此，瓶子的形状具有事实功能性，因为它使瓶子能够盛放液体，但是它不具有法律功能性，因为生产者选择的特定形状并非为了提高瓶子盛放液体的能力，而是为了其他目的；如果该特定形状具有来源指示作用，

① In re R.M. Smith, Inc., 734 F.2d 1482, 1484 (Fed.Cir.1984).

② Valu Engineering. Inc. v. Rexnord Corp., 278 F.3d 1268, 1274 (Fed. Cir. 2002).

则可以注册为商标。[1]

第二，法律功能性(de jure function)。如果一种三维标志可以带来更好的效果，“产品的外观相对其使用或目的而言不可或缺，或者其影响产品的成本或质量”，换言之，如果该外观的独占性使用将置竞争者于明显不利且与商誉无关的地位，[2]则表明这种外观具有法律功能性，其不具有可注册性。这些外观特征是竞争和创新的基础。在美国法上，法院通常适用“Morton-Norwich”要素来检测产品外观是否具有法律功能性：① 有一个实用新型专利披露了该外观的实用优势；② 外观的设计者的广告资料中宣传了该设计的实用优势；③ 竞争者具有实现该功能的替代设计；④ 证据表明该外观是生产该产品的相对简单或低廉的方法。[3]

法律功能性又可分为美学功能性和实用功能性。美国最高法院在 Qualitex 案中指出，在测试实用功能性(是否影响产品的成本或质量，是否产品的使用和目的所必须)之后还需要测试美学功能性，即授予申请者使用的权利是否会使其处于一种“无关商誉的竞争优势”状态，[4]这似乎与《商标法》第 12 条的内涵接近：“使商品具有实质性价值的形状”，是判断功能性的终极标准。我国北京市第一中级人民法院在“雀巢调味瓶案”中使用了美学功能性的判断标准：如果购买者在决定购买哪种食用调味品时，主要考虑的是该商品的包装，则可以认定争议商标这一方形瓶设计具有美学功能性，但结合相关公众的一般认知可以看出，对于食用调味品这一类商品，购买者所关注的通常是其商品本身的质量、生产厂商等要素，至于其采用的包装本身虽然可能在一定程度上影响购买者的购买行为，但显然并非决定性因素，也就是说，整体而言此类商品的购买者通常不会仅基于喜爱该类商品的包装而购买该商品。鉴于此，争议商标并不具有美学功能性。[5] 所谓“美学”是与“商誉”相关的概念，而“无关商誉”的竞争优势只能通过专利法获得；如果一种产品的美术特征对自由竞争或者获取竞争优势特别重要，以致若授予其商标权就会阻碍自由竞争，则其就具有美学功能性。

实用功能性主要是指《商标法》第 12 条中的“仅由商品自身的性质产生的形状”或者“为获得技术效果而需有的商品形状”。前者如照相机快门咔嚓声音之于照相机商品、摩托车引擎声音之于摩托车商品，或将 三维标志申请注册在“钟表”商品上，容易使相关公众将该标志识别为商品外观，用手指示商品本身而非商品来源；后者如将黑色指定用于太阳能收集器、银色指定用于建筑物隔热板等。

---

① Valu Engineering. Inc. v. Rexnord Corp., 278 F.3d 1268, 1274 (Fed. Cir. 2002).

② Qualitex Co. v. Jacobson Products Co., 514 U.S.159, 165 (1995).

③ Valu Engineering. Inc. v. Rexnord Corp., 278 F.3d 1268, 1274 (Fed. Cir. 2002).

④ Qualitex Co. v. Jacobson Products Co., 514 U.S.159, 165 (1995).

⑤ 北京市第一中级人民法院(2012)一中知行初字第 269 号行政判决书；北京市高级人民法院(2012)高行终字第 1750 号民事判决书。

“Pocky 饼干”案

美国联邦巡回上诉法院在评述 Pocky 饼干外观(原被告饼干的外观如图 2－2 所示)的功能性时,认为其外观特征与这种饼干的握(holding)、咬(biting)、分享(sharing)和包装(packing)的实用功能直接相关,使这种饼干成为一种更好的零食;“即便当事人给出了九种与曲奇不相似且由部分巧克力糖衣覆盖的零食”,但可替代设计的存在这一事实不能使其变得非功能性。[1] 该案中的原告就“一种棒状的零食及其制作方法”申请过实用专利(utility patent)。法院认为,商标法中的“功能性”不同于专利法,只要一种特定的外观是“有用的”(useful),则其具有功能性。“功能”的文义解释是:如果一个外观主要是基于使用的角度(实用)进行设计或者开发的,则其具有功能性。实用专利的保护客体恰好需要“新颖性和实用性”,因此商标法中的“功能性”只需要“实用或有用”,而不要求“必须”(essential,指该外观对物品的使用或目的而言是必须的)。涉案的外观是为了使人们在吃零食的时候不会手沾到巧克力,于是设计了一头有巧克力,另一头没有巧克力的外观,这就是“有用”。同样,这种设计还有助于“握持”,使人们不用张大嘴巴;包装的时候能够使一个盒子能装进很多零食,并分享给朋友,这些都是“有用”的体现。

图 2－2　Pocky 饼干外观

2. 三维标志的固有显著性判断

三维标志的固有显著性程度取决于其使用方式(商品本身的形状、商品的包装、商品或服务的装饰)。只有其作为商品或服务的装饰使用,且相关公众不会认为三维标志与商品或

[1] Ezaki Glico USA Co. v. Lotte International America, 986 F.3d 250 (2021).

服务的特点相关时，才具有固有显著性。其他两种使用方式的三维标志均不具有固有显著性。相关公众看到该三维标志时，通常会将其认知为“商品的包装”或“商品本身的形状”，而并不会将其作为商标认知，故不具有固有显著性。有法院指出，即便该标志本身是使用人所独创或臆造，但只要其被用作商品包装或商品形状，相关公众至多会认为该商品包装或商品形状较为“新颖”而已，不会因此而将其作为商标认知，因此，其仍不具有固有显著性。[①]

3. 三维标志的获得显著性判断

《最高人民法院关于审理商标授权确权行政案件若干问题的规定》第 9 条第 3 款规定，第一款所称标志经过长期或者广泛使用，相关公众能够通过该标志识别商品来源的，可以认定该标志具有显著特征。该条第 2 款规定，该形状系申请人所独创或者最早使用并不能当然导致其具有作为商标的显著特征。这是为了严格把握三维标志的新颖性与显著性之间的关系。由于三维标志既可以作为《商标法》的保护客体，也可能构成受《专利法》保护的外观设计，而商标保护可以无限续展，外观设计保护的期限只有十年，因此，如果对三维标志的功能性判断过于宽松，将会变相鼓励申请人选择申请商标而不是外观设计专利，从而抵触外观设计法律制度。

“芬达瓶”案

北京市高级人民法院认为，以商品容器外形作为三维标志申请注册立体商标的，要求该容器外形应当具有区分商品或者服务来源的显著特征，而且显著特征的有无并不是因为容器本身设计的独特，而是因为这种设计能够起到区分商品的不同来源的作用。如果商品的容器本身虽能够与其他同种商品的容器相区别，但是不能从其本身识别该商品的提供者，则只有在该容器经使用能够让相关公众识别其来源后才具有显著特征。可口可乐公司关于其申请注册商标的三维标志具有独特创意、没有其他企业或个人在其之前使用过与之相近似的容器外形的上诉理由，仅能说明该三维标志本身可能会受到著作权法或专利法的保护，但不能作为其申请商标具有显著特征的理由。因为显著特征要求的并非对不同商品的区分功能，而是对商品的不同提供者的区分功能。[②]

第二节　商标注册的相对事由

商标注册申请的相对事由，是指商标注册申请不得侵犯其他利害关系人的权利。《商标法》规定了多个商标注册申请的相对事由，结合民法和其他知识产权法的权利体系来

① 北京知识产权法院(2017)京 73 行初 6908 号行政判决书。

② 北京市高级人民法院(2011)高行终字第 348 号行政判决书。

看，相对事由条款组成了一个相对完整的体系。

一、在先申请条款

（一）现行法的规定与争议

《商标法》第30条规定：申请注册的商标，凡不符合本法有关规定或者同他人在同一种商品或者类似商品上已经注册的或者初步审定的商标相同或者近似的，由商标局驳回申请，不予公告。根据该条规定，在先商标权或在先申请且已经初步审定的商标，构成对在后商标申请的阻却事由。

在先注册商标或在先申请且已经初步审定的商标，必须与在后申请的商标构成相同或近似，指定使用的商品必须构成同种或类似商品，这样才能落入在先商标权或在先商标申请的控制范围。实践中，有观点认为商标授权确权阶段的商品类似认定不需要考虑混淆可能性，因为商家尚未将商标投入使用，只需对该商标的注册做静态的物理审查。这种观点实质上将导致商品类似的认定规则在不同阶段或程序中被割裂开，不能成立。也有观点认为需要考虑混淆可能性，例如《北京市高级人民法院关于当前知识产权审判中需要注意的若干法律问题》第二部分第一点规定，在同一部法律中对于同样问题的规定应当做统一解释是法律的应有之义。在商标授权确权行政诉讼中，当引证商标与诉争商标为近似商标，或者两商标指定使用商品类似时，还应考虑是否容易导致混淆，才能最终确定诉争商标的可注册性。

以上观点的分歧导致司法实践中的冲突性判决。由于市场商品需求及商业发展的多元化，实践中存在大量的非规范商品，它们在《类似商品和服务区分表》中不具有对应的商品名称，这些非规范商品的类别确定直接影响了与其相关的商标授权确权纠纷和商标侵权纠纷的结果。

“顶易诉异格”案

顶易公司主要从事滑石粉、腻子粉、石膏粉等建筑装饰材料的生产与销售，其拥有“壁丽宝”注册商标专用权。异格公司在其生产销售的石膏粉、滑石粉、腻子粉等建筑材料产品上突出使用“壁丽宝”文字及图文商标。双方针对在国内的侵权和行政案件中腻子粉属于第2类商品还是第19类商品存在较大争议，例如在商标撤销行政纠纷案件中，二审法院参考商标局的答复，以“原料”为分类标准，根据是否需要“油漆作为溶剂进行调制”来界定“涂料”“腻子”和“腻子粉”，实质上是采取了物理分类法，认为“腻子粉”商品属于第19类“非金属建筑材料”。[①] 与此同时，有些法院在双方之间的商标侵权纠纷中认定被控商

① 北京市高级人民法院(2019)京行终1302号行政判决书。

品与滑石、刷墙粉、油胶泥(腻子)、涂层(建筑材料)属于基本相同或类似的商品。[①]

这种分歧可概括为商品或服务类似判断的“客观说”和“主观说”标准。

“客观说”认为，应当严格按照《类似商品与服务区分表》(简称《区分表》)进行认定。坚持“客观说”是基于提高商标审查效率、维护《区分表》的公信力之目的，因此，商标审查机构是“客观说”的支持者。“主观说”则认为，《区分表》只能作为参考，应“以相关公众对商品或者服务的一般认识综合判断”。坚持“主观说”是出于尊重相关公众的通常认知及市场实际的目的，试图克服《区分表》在分类过程中客观存在的不周延等问题。法院在商标侵权案件中更倾向于采取“主观说”，例如最高人民法院《关于审理商标民事纠纷案件适用法律若干问题的解释》(2020 年)第 11 条规定：类似商品是指在功能、用途、生产部门、销售渠道、消费对象等方面相同，或者相关公众一般认为其存在特定联系、容易造成混淆的商品；类似服务是指在服务的目的、内容、方式、对象等方面相同，或者相关公众一般认为存在特定联系、容易造成混淆的服务。

近年来，还有观点主张应当根据不同程序的价值功能精细化适用，例如在驳回复审程序和连续三年不使用的撤销程序中，通常只涉及申请人与商标局的关系，应当采取“客观说”，维护《区分表》的公信力。在异议成立不予注册和无效宣告程序中，则涉及相对人的利益，应当尊重市场实际，采取“主观说”。《北京市高级人民法院商标授权确权行政案件审理指南》第 15.13 和 19.9 条即采取了上述区分。按照这种区分逻辑，在假冒注册商标的刑事案件中，基于尊重市场实际以及行为的实质违法理念，对相同商品或服务类型采取“主观说”应该也是比较合理的。

总体来说，我国商标授权确权和侵权程序中的实践操作朝着“主观说”的方向发展。北京市高级人民法院指出：在适用 2013 年《商标法》第 30 条时，可以综合考虑商标标志的近似程度、商品的类似程度、引证商标的显著性和知名度、相关公众的注意程度以及诉争商标申请人的主观意图等因素，以及前述因素之间的相互影响，以是否容易造成相关公众混淆为标准。[②] 笔者认为《商标法》第 30 条应当增设“混淆可能性”要件，其主要理由为：第一，统一不同程序中的规则，提高市场主体的可预期性。如果在行政程序和侵权程序分别采取“客观说”和“主观说”，甚至在不同行政程序中采取不同的标准，将人为割裂《商标法》的内在逻辑，导致市场主体无所适从。商标授权确权程序中对在先权利的相对事由进行审查，本质上也遵循侵权判断的思路，[③]在先注册商标权(第 30 条)作为相对事由的审查判断当然也应遵循与《商标法》第 57 条相同的内在逻辑。第二，填补《尼斯分类表》的固有

---

① 上海市浦东新区法院(2020)沪 0115 民初 23790 号民事判决书。

② 北京市高级人民法院行政判决书(2021)京行终 8919 号行政判决书。

③ 《最高人民法院关于审理商标授权确权行政案件若干问题的规定》第 19 条：当事人主张诉争商标损害其在先著作权的，人民法院应当依照著作权法等相关规定，对所主张的客体是否构成作品、当事人是否著作权人或者其他有权主张著作权的利害关系人以及诉争商标是否构成对著作权的侵害等进行审查。

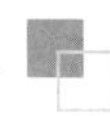

缺陷，尊重市场实际。《尼斯分类表》不仅无法完全涵盖现实生活中的所有商品或服务（客观上无法包罗万象，技术上还存在入表的滞后性），而且在商品或服务分类标准上存在不周延（多重标准）甚至相互冲突、重复的现象：有些类似群以功能为划分；有些以原料为划分；有些以造型划分、不一而足，因此在运用《尼斯分类表》时，需综合考虑混淆可能性，并更加尊重商品或服务区分的市场实际。第三，在商标驳回复审和撤销程序中，即便只有申请人和商标局作为当事方，也需要尊重市场实际。原因在于：有些商标在申请注册阶段就已经投入使用，即便没有投入使用，但一旦核准注册，该商标很快就会进入市场；而且混淆可能性是一个抽象的、规范的概念，它不是实际混淆，也不是"混淆盖然性"，商标申请注册阶段完全不碍于对混淆可能性的考虑。

即使在第 30 条中增设混淆可能性的背景中，这里仍然应当指出，行政程序中的混淆可能性判断更"纸面"和"静态"，审查员更倚重对商标近似、商品类似等商品属性因素的判断，申请商标和争议商标可能没有投入市场使用，或者申请商标至少尚未在其注册核准的所有商品或服务中使用，这当然更符合行政程序中对效率的要求。[①] 侵权程序中的混淆可能性判断更"动态"、更关注被告的使用样态和场景，因此混淆可能性的判断因素将更为动态和多元，法官将综合考虑商标知名度和显著性、相关公众注意力等市场因素，因此相同当事人针对相同的商标在行政程序中的混淆可能性结论与侵权程序中的结论可能不同。

（二）商誉延续规则

经营者不能依据《商标法》第 31 条禁止他人在跨类的商品或服务上申请相同或近似商标。实践中，一些公司围绕核心商品或服务，在一些边缘商品或服务上进行商标布局，于是出现了防御商标、联合商标的情况。防御商标是指商标所有人在注册商标核定使用的商品（服务）或类似商品（服务）以外的其他不同类别的商品或服务上注册的若干相同商标，为防止他人在这些类别的商品或服务上注册使用相同的商标。原商标为主商标，其余为防御商标。联合商标是指同一商标所有人在同一种或类似商品上注册的若干近似商标。在先注册的或者主要使用的商标为主商标，其余的则为联合商标，例如"娃哈哈""娃娃哈""哈娃娃"等商标注册在相同商品或服务上，构成了主商标和联合商标的关系。防御商标或联合商标的申请不应违反《商标法》第 31 条规定，主商标的商誉不会当然顺延至防御商标或联合商标上，这就涉及商誉延续规则。判断商誉是否延续的核心在于，防御商标或联合商标的申请注册是否将基础商标或主商标的商誉侵入其他经营者已经开拓的市场。

---

① Annette Kur, Martin Senftleben. *European Trade Mark Law: A Commentary*. Oxford University Press, 2017, p.258.

“金印坊”案

法院认为诉争商标为汉字组合商标“泸州老窖永盛烧坊金坊印”，完整包含了引证商标“金印坊”，如果允许原告将“在先知名商标”的商誉自然延续至“与他人在先商标相同或近似的商标”，则会导致原告的商誉侵入引证商标权利人业已开拓出的市场，造成引证商标显著性下降的后果。[①] 反过来，如果在后申请注册商标想凭借在先商标取得延续性注册须满足以下要件：① 基础商标在引证商标申请日前注册并具有一定知名度；② 在后申请注册商标经使用具有知名度且与基础注册商标构成同一种或类似商品上的近似商标，致使基础注册商标的商誉沿袭到在后申请注册商标上，容易导致相关公众将两者联系起来；③ 引证商标未持续使用并产生一定知名度。[②]

“QQ” 案

奇瑞公司已经在汽车产品上注册并使用了“QQ”商标，现腾讯公司在汽车上申请“QQ”商标，这在本质上也可理解为在基础商标基础上的保护性延伸注册问题。法院认为，腾讯公司自成立以来，其所创立的QQ及企鹅图形系列品牌在通信服务领域已经建立起一定的知名度，但该商誉并不能延及汽车类商品，亦不能成为争议商标获准注册的当然理由。即便是防御性商标的注册，也应符合《商标法》的相关规定，尤其是对于他人在先享有的合法权利应当进行避让。[③]

二、特殊关系人条款

《商标法》第15条是禁止恶意抢先注册他人商标的规定。我国商标法以注册为原则，主要保护注册商标，但也有一些条款是保护未注册商标的条款，本条就是对未注册商标持有人的保护。从规范目的来看，本条最初体现在2001年《商标法》第15条禁止代理人恶意抢注，目的是对背信行为的制裁，旨在制止具有特殊关系的内部人的背信行为。[④] 2013年《商标法》第15条增加第2款扩大禁止代理人恶意抢注商标制度的规范范围，从而将本条的范围扩大到违背相对义务等抢先注册商标的情形。

(一)《商标法》第15条第1款

《商标法》第15条第1款规定，未经授权，代理人或者代表人以自己的名义将被代理

① 北京知识产权法院(2016)京73行初5085号行政判决书。

② 北京市高级人民法院(2022)京行终4647号行政判决书。

③ 北京市第一中级人民法院(2013)一中知行初字第1518号行政判决书；北京市高级人民法院(2014)高行终字第1696号行政判决书。

④ 王太平：《商标法第十五条被代理人商标之确定——以第162号指导案例“江小白商标纠纷案”为中心》，《中华商标》2021年第9期，第12页。

人或者被代表人的商标进行注册，被代理人或者被代表人提出异议的，不予注册并禁止使用。本条款是为了防止在具有代理关系或代表关系的当事人之间违背诚实信用原则，抢先注册被代理人或被代表人的商标。条文在文义上对商品或服务类别没有作出限定。实践中争议较多的问题在于，如何认定“代理人或代表人”，即它的范围究竟怎么界定？例如公司的普通劳动者是否属于“代表人”？将代理关系的磋商阶段(之后没有形成代理关系)所知悉的商标进行抢注，是否适用本款？代理人或者代表人通过其近亲属将被代理人或被代表人的商标进行抢注，是否适用本款？

我国最高人民法院在判决中指出：代理人不仅包括民法意义上的代理人，而且包括商事法意义上的经销商；代表人不仅包括代表本企业办理商标注册或其他商标事宜的人，而且指具有从属于被代表人的特定身份、执行职务而可以知悉被代表人商标的个人，包括法定代表人、董事、监事、经理、合伙事务执行人等，但不能泛指任何员工。[①]《最高人民法院关于审理商标授权确权行政案件若干问题的规定》第 15 条重申了上述判决的精神，商标代理人、代表人或者经销、代理等销售代理关系意义上的代理人、代表人未经授权，以自己的名义将与被代理人或者被代表人的商标相同或者近似的商标在相同或者类似商品上申请注册的；在为建立代理或者代表关系的磋商阶段，代理人或者代表人将被代理人或者被代表人的商标申请注册的；商标申请人与代理人或者代表人之间存在亲属关系等特定身份关系的，可以推定其商标注册行为系与该代理人或者代表人恶意串通，人民法院适用《商标法》第 15 条第 1 款的规定进行审理。

(二)《商标法》第 15 条第 2 款

《商标法》第 15 条第 2 款规定，就同一种商品或者类似商品申请注册的商标与他人在先使用的未注册商标相同或者近似，申请人与该他人具有前款规定以外的合同、业务往来关系或者其他关系而明知该他人商标存在，该他人提出异议的，不予注册。

本款与第 1 款都是用于阻止特殊关系人之间的商标抢注，应当具体考量双方是否存在较为直接且稳定的商业关系，形成了实质上的代理或代表关系，互负相应的商业诚信义务。[②] 第 2 款是立法者在 2013 年修法时进一步履行国际条约义务扩大相对关系所致，但两者在适用范围和条件等方面存在差别。

首先，适用主体不同。第 1 款严格限定在“代理关系或代表关系，以及与代理人或者代表人之间存在亲属关系等特定身份关系”的主体，从解释适用的角度看，应当对第 1 款的“代理关系”作更为严格的限缩。第 2 款则限定在因某种原因“明知他人商标存在”的主体，主体范围更宽，一般应限定为具有合同等相对关系，但《最高人民法院关于审理商标授

---

① 最高人民法院(2007)行提字第 2 号行政判决书。
② 北京市高级人民法院(2016)京行终 3317 号行政判决书。

权确权行政案件若干问题的规定》第16条似乎并不打算将本条限定为违反相对关系的抢注情形："① 商标申请人与在先使用人之间具有亲属关系；② 商标申请人与在先使用人之间具有劳动关系；③ 商标申请人与在先使用人营业地址邻近；④ 商标申请人与在先使用人曾就达成代理、代表关系进行过磋商，但未形成代理、代表关系；⑤ 商标申请人与在先使用人曾就达成合同、业务往来关系进行过磋商，但未达成合同、业务往来关系。"

其次，"在先使用"的要求不同。第2款明确要求被抢注商标已经"在先使用"，但前款却不做要求，且前款不应以"商标使用"为前提。第32条后段也是对未注册商标的保护，规定"不得以不正当手段抢先注册他人已经使用并有一定影响的商标"，要求"已经使用并有一定影响"，而本款对未注册商标的知名度没有限制。需要说明的是，第2款的阻却范围限定在相同或类似商品或服务上。第1款尽管在字面上没有限定商品或服务的类别，但是《最高人民法院关于审理商标授权确权行政案件若干问题的规定》第15条对此作了限缩，即限定了商品或服务类别。

再次，在适用结果上，第1款授予被代理人或被代表人对抢注商标的异议、无效和禁止使用权，第2款仅授予了异议和无效权。换言之，被代理人或被代表人有权要求代理人或代表人禁止使用被抢注的商标。这种差异可能是由于我国立法者在2001和2013年在不同阶段对国际条约的阶段性移植所导致的后果。从原理看，由于这种抢注行为不在商标专用权的禁用范畴，故"禁止使用"的效果可能更适合通过《反不正当竞争法》作出具体规定。

笔者通过在中国裁判文书网检索将第15条作为裁判依据的判决文书发现，多数判决中的事实涉及代理关系、合同关系、业务关系，很多案件，但法院以证据不足以证明"合同、业务往来关系或者其他关系"而不适用第15条，导致本条适用的门槛较高。基于诚实信用原则和禁止恶意抢注的立法精神，结合对在先商标的实际认知可能性水平，对《商标法》第15条的"其他关系"进行合理扩张是比较合理的做法。《商标法》第15条从代理关系到"合同、业务往来或其他关系"呈现出不断扩张的趋势，实践中不断涌现的多元商事关系客观上也需要裁判者灵活把握"其他关系"的认定。营造良好的营商环境和稳定的商标注册秩序的现实需要以及利害关系人恶意抢注行为规制在商标初步审定公告阶段的体系位置，内在地决定了第15条的制度门槛不宜过高。对在先商标具有较高认知可能性的"近距离"关系人，理应具有更高的回避义务。在具体建议方面，只要在先权利人能够证明在先商标的影响，以及与申请人的相近关系足以使其对在先商标产生认知时，则应当推定该申请人基于诚实信用原则的回避义务存在，申请人可举证证明其不知情状态或其他正当理由。

三、在先权利条款

《商标法》第32条前段规定，申请商标注册不得损害他人现有的在先权利。这里的

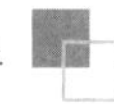

“在先权利”，既可以是著作权等其他知识产权，也可以是姓名权、肖像权等传统民法上的绝对权，还可以是其他合法权益。《最高人民法院关于审理商标授权确权行政案件若干问题的规定》第 18 条规定：《商标法》第 32 条规定的在先权利，包括当事人在诉争商标申请日之前享有的民事权利或者其他应予保护的合法权益。因此，本条的适用范围非常广泛，成为孵化一些新型权益的重要条款。

（一）侵权判断思路

适用本条的一个基本逻辑是判断侵犯在先权利的构成要件。《最高人民法院关于审理商标授权确权行政案件若干问题的规定》第 19 条第 1 款规定了按照著作权侵权行为的构成来审查判断对在先著作权的侵犯：当事人主张诉争商标损害其在先著作权的，人民法院应当依照著作权法等相关规定，对所主张的客体是否构成作品、当事人是否著作权人或者其他有权主张著作权的利害关系人以及诉争商标是否构成对著作权的侵害等进行审查。换言之，如果在先权利是著作权，则只需判断申请商标是否复制了在先作品中的独创性部分（接触＋实质性近似），而不需要判断申请商标的显著部位或整体视觉效果等，后者属于商标侵权判断思路，此类案件不能把商标侵权判断标准与版权侵权判断标准混同。[①]

同理，《北京市高级人民法院商标授权确权行政案件审理指南》第 16.15 条规定了侵害肖像权的审查标准：当事人主张诉争商标的申请注册损害其在先肖像权的，应当举证证明诉争商标标志具有足以使相关公众识别其所对应的特定自然人的个性特征，从而使该标志与该自然人之间形成了稳定的对应关系，相关公众容易认为标有诉争商标的商品与该自然人存在许可等特定联系。人形剪影未包含可识别的特定自然人个性特征，当事人据此主张损害其在先肖像权的，法院不予支持。

“乔丹商标”案

最高人民法院在美国公民乔丹与福建乔丹公司之间的商标争议行政纠纷案中指出，迈克尔·杰弗里·乔丹对自己的运动形象照片拥有肖像权，其在本案中主张的肖像权可以构成《商标法》第 31 条规定的“在先权利”。但是乔丹公司的人形商标 logo 并未损害迈克尔·杰弗里·乔丹的肖像权。首先，肖像权所保护的肖像是对自然人体貌特征的视觉反映，社会公众通过肖像识别、指代其所对应的自然人并能够据此将该自然人与他人相区分。“肖像”应当具有可识别性，其中应当包含足以使社会公众识别其所对应的权利主体，而涉案标识并未达到此程度。其次，面部特征是自然人肖像中最主要的特征，迈克尔·杰弗里·乔丹主张肖像权保护的标识并不具有足以识别的面部特征，也未提供充分的证据

---

① 有关争议案件可参见北京知识产权法院（2022）京 73 行初 1911 号行政判决书；北京市高级人民法院（2023）京行终 10009 号行政判决书。两审法院的意见有分歧。

证明该标识包含了其他足以反映其所对应迈克尔·杰弗里·乔丹的自然人的个人特征。再次，关于涉案商标标识"人形 logo"，虽然该标识与迈克尔·杰弗里·乔丹运动形象照片中的身体轮廓的镜像基本一致，但该标识仅是黑色人形剪影，除身体轮廓外，其中并未包含任何与迈克尔·杰弗里·乔丹有关的个人特征。并且，迈克尔·杰弗里·乔丹就该标识所对应的动作本身并不享有其他合法权利，其他自然人也可以做出相同或者类似的动作，该标识并不具有可识别性，不能明确指代迈克尔·杰弗里·乔丹。[①]

(二) 姓名的保护路径

有关姓名中的人格特征和财产价值的保护，近年来在我国实践中成为一个比较典型的问题。在当代商业社会，姓名或名称常蕴含财产利益，出现了人格权的商品化，我国立法者也开始认可姓名中的财产利益。《民法典》第 993 条规定，民事主体可以将自己的姓名、名称、肖像等许可他人使用，但是依照法律规定或者根据其性质不得许可的除外。这条规定的内容实质上是对姓名权中财产利益的许可，表明立法者对人格权财产利益的认可。

1. 作为人格标识的指向

姓名权保护的第一条路径是《民法典》中有关姓名权的规定。姓名既包括户籍登记中使用的姓名，也包括别名、笔名、艺名、雅号、绰号等，只要能够与特定的自然人建立起对应关系的主体识别符号，都可以视为该自然人的姓名。[②] 可见，姓名权具有识别性和指向性，其保护的核心是身份上的对应关系。《最高人民法院关于贯彻执行〈中华人民共和国民法通则〉若干问题的意见(试行)》(简称《民通意见》)第 141 条规定：盗用、假冒他人姓名、名称造成损害的，应当认定为侵犯姓名权、名称权的行为。姓名权作为一种人格权，人人都可主张，而无需以知名人士为前提，或者无需具有知名度为前提。这是姓名作为人格标识的属性。《民法典》第 1017 条规定的"知名度"条件是为了方便权利人证明其人格标识的指代性，而不能理解为这是姓名权的保护前提：具有一定社会知名度，被他人使用足以造成公众混淆的笔名、艺名、网名、译名、字号、姓名和名称的简称等，参照适用姓名权和名称权保护的有关规定。

"乔丹人格权侵权"案

上海市第二中级人民法院在乔丹姓名权侵权纠纷案中指出：未经姓名权人的许可，故意使用与姓名权人姓名相同的文字，运用到商业活动中去误导公众，使公众将两者联系起来，并基于对特定姓名权人的信赖等因素而进行消费，从而获得本不属于其经济利益的，也应当认定构成对他人姓名权的侵害。[③] 这也是对姓名权中财产利益的保护。《最高

① 最高人民法院(2015)知行字第 332 号行政裁定书。
② 《北京市高级人民法院商标授权确权行政案件审理指南》16.13。
③ 上海市第二中级人民法院(2012)沪二中民一(民)初字第 1 号民事判决书。

人民法院关于审理商标授权确权行政案件若干问题的规定》第 20 条规定：当事人主张诉争商标损害其姓名权，如果相关公众认为该商标标志指代了该自然人，容易认为标记有该商标的商品系经过该自然人许可或者与该自然人存在特定联系的，人民法院应当认定该商标损害了该自然人的姓名权。当事人以其笔名、艺名、译名等特定名称主张姓名权，该特定名称具有一定的知名度，与该自然人建立了稳定的对应关系，相关公众以其指代该自然人的，人民法院予以支持。显然，本规定也是对姓名中的财产利益提供保护。关于姓名知名度的认定方法，首先要考虑其对我国内地的直接影响力，同时对通过杂志宣传、巡回演出、影视作品等方式将形成于域外以及我国香港地区的知名度辐射到内地的情况也应予以考量。[①]

2. 作为商业标识的指向

姓名权保护的第二种路径是其作为商业标识的保护。当姓名在特定领域中产生了知名度并能够指代某种商品或服务的来源时，它便成为一个商业标识。假设英国也有一个同样姓名的“乔丹”，英国的乔丹也可以姓名权为基础起诉乔丹体育，但它却无法证明被告的使用导致了消费者对乔丹体育与原告的关系产生联想，并基于这种联想产生了错误购买，即不成立因果关系。由于消费者的认知并非指向英国的乔丹，而指向美国乔丹，混淆的对象是将乔丹体育误认为美国乔丹或认为两者有联系，因此，只有美国乔丹才能基于姓名权提起诉讼。与此同时，美国乔丹还可以基于《反不正当竞争法》第 6 条提起诉讼，这是姓名作为商业标识的属性体现。无论作为人格标识还是商业标识，姓名都以“识别性或指向性”为其内在构成，因此需要基于“知名度”和“混淆误认” 判断侵害行为与受害结果之间的因果关系。

3. 五年争议期

姓名作为商业标识的属性与人格标识的属性可能会产生冲突，涉及《商标法》五年争议期的理解。超出五年争议期之后，商标权人使用商标的行为是否构成商标侵权？是否需要承担损害赔偿责任？是否需要采取一定措施消除其商标权与在先权利之间的不当关系？

“乔丹”案

在上海市第二中级人民法院审理的乔丹姓名权纠纷案中，乔丹体育公司针对其已经注册的商标权抗辩称：其使用的“乔丹”商标系合法注册后经受让而取得，且已被国家商标管理部门认定为中国驰名商标。现“乔丹”商标早已超过了商标的五年争议期，属于不可撤销的商标，故法院应当对乔丹体育公司信赖我国商标法律制度所形成的利益予以保护。法院认为，商标权的行使仍然应当以不侵害原告的人格权为限，否则并不当然免除乔丹体育公司的民事侵权责任，故乔丹体育公司的行为构成对原告姓名权的侵害……对于尚在五年争议期内的“乔丹”商标，因侵犯了原告的姓名权，故停止侵害最直接的方式就是

① 最高人民法院(2021)最高法行再 75 号行政裁定书。

停止使用。而对于超出五年争议期的"乔丹"商标，因立法者在规定该期限时已充分考虑了在先权利人与商标权人之间的利益平衡。该期限可以督促权利人与利害关系人及时主张权利，避免争议商标的法律效力在核准注册后的过长时间内仍处于可争议状态，从而影响商标权人对争议商标的宣传和使用。据此，若对于超出五年争议期的"乔丹"商标仍判令停止使用，则会使得《商标法》关于五年争议期的立法目的落空。被告乔丹体育公司应通过一定的合理方式从而足以阻断公众对原、被告之间的关联性产生联想，使其无从基于与原告的联系获得额外的利益，以去特定化、去识别化、去指向性。这样既达到了停止对原告姓名权侵害的目的，也兼顾了《商标法》关于五年争议期的立法目的。[①]

"华谊兄弟"案

一审法院根据非诚勿扰婚介所使用作品的方式，结合华谊兄弟公司主张的经济损失赔偿的范围，酌定确定赔偿数额为 2 万元。二审法院认为，尽管第 7199523 号注册商标与华谊兄弟公司享有在先著作权的涉案"非誠勿擾"发生权利冲突，因超过商标法规定的争议期限而不可撤销，但是华谊兄弟公司仍然有权在诉讼时效期间内对商标注册人、商标使用人提起民事诉讼，主张赔偿损失的法律责任。金某某将涉案"非誠勿擾"申请为商标，金某某、非诚勿扰婚介所在其经营的非诚勿扰婚恋交友网站上未经许可，以商业目的擅自使用涉案"非誠勿擾"的行为，并非合法的商标性使用行为，构成侵害华谊兄弟公司对涉案"非誠勿擾"的著作权。[②]

"非诚勿扰"案

北京市高级人民法院相关案件行政判决书载明，第 7199523 号商标于 2010 年 9 月 7 日核准注册，华谊兄弟公司于 2016 年 1 月 26 日对该商标提出无效宣告请求，此时已经超过《商标法》关于基于相对理由宣告商标无效的五年期限。华谊兄弟公司在法定期限内怠于行使对该商标提出无效宣告请求的权利，华谊兄弟公司关于该商标侵犯其在先著作权的主张缺乏法律依据，法院不予支持。

显然，以上三个法院对该问题存在不同看法。北京市高级人民法院认为在先权利人不得再提起针对商标权人的侵权之诉；上海市第二中级人民法院认为商标权人不构成商标侵权，因此无需停止使用商标，但应当采取措施去标识化，避免不当利用在先权利中的利益；北京知识产权法院认为只要在诉讼时效期间，在先权利人即可起诉侵权和要求赔偿。这种认识上的差异源于对五年争议期间的性质理解。立法者既然已经规定了五年争议期，应当理解为商标权人可以在五年之后继续使用商标，即五年后使用该商标的利益应

① 上海市第二中级人民法院(2012)沪二中民一(民)初字第 1 号民事判决书。

② 北京知识产权法院 (2019)京 73 民终 2701 号民事判决书。

属于商标权人，商标权人的继续使用行为不构成对在先权利人的侵犯，更无需承担损害赔偿责任。本条虽然规定在一个商标行政程序背景的案件中，但应该可以适用民事侵权案件中。在五年争议期间内，在先权利人仍有权禁止商标权人停止使用商标并赔偿相应损失，五年争议期之外则应尊重已经安定的注册秩序和商标权属状态。从比较法看，五年争议期在美国法中是商标不可争议（incontestable）制度的一环，根据美国 Lanham ACT 第 15 条的规定，从注册之日起连续五年在相关商品或服务上使用商标，该商标便不可争议，欧盟法也将其列为默示许可（acquiescence）的重要内容。欧盟法默示许可制度的适用需要满足如下条件：在先权利人知道商标权利人对商标的使用；在先权利人连续五年容忍这种使用；商标权利人不属于恶意注册的情形。[①] 在这些构成要件中，“知道”包含“应当知道”；“容忍”是指在先权利人消极应对、拒绝采取措施。这里的“措施”必须是有力的措施，仅发布不同意的声明无法阻却默示许可抗辩，欧盟法院认为必须采取行政投诉或者法院诉讼的效果才能阻却这种抗辩。[②] 不可争议制度和默示许可制度提升了法律规则的确定性，使商标权人免于无效和侵权诉讼。

4. 不同路径的区分

在《民法典》通过之前，我国对人格特征承载的商业价值主要通过商业标识法提供保护，但在保护思路方面存在一定混乱。以乔丹案再审判决为例，该案虽以保护姓名权为名，但事实上并不是基于姓名权本身，而是基于诸多市场因素，尤其是在商标保护思路与姓名权保护思路之间存在明显的交织和混乱。[③] 侵害姓名权的本意是发生自然人身份的误认和“人格混同”，而将姓名用作商标时指示的是商品来源，即发生指示对象的转换和变化，在使用的功能和目的上发生了实质变化。这种转换性使用已超出“人格混同”意义上的人格权保护范围，不会导致自然人之间的人格“混淆”，因而难以构成“盗用”和“假冒”，不为姓名权保护所禁止，认定侵害姓名权与人格权保护的本意相悖。如果使用的是知名人物的姓名，所利用的是知名人物“名气”的商业价值，即市场号召力，则该保护已超出姓名权本身的范围，只能基于另外的理由进行保护，这就是将其归入商品化权益保护的缘由，也说明商品化权益乃是在姓名权之外的延伸保护。[④]《民法典》通过之后，人格权中的财产价值也可基于人格权得到保护。以上周转换性使用而导致的不同保护路径之间已不再泾渭分明，例如他人未经许可在 AI 软件中（用户通过输入文本、调整参数，可实现文本转化成语音的功能）利用权利人的声音，构成对声音权的侵犯，法院可判决被告赔偿经济

---

① Annette Kur, Martin Senftleben. *European Trade Mark Law: A Commentary*. Oxford University Press, 2017, p.544.

② Case C‑482/09, Budějovický Budvar, národni podnik v. Anhenser_Busch Inc., Para. 49.

③ 孔祥俊：《论姓名权与姓名的商品化权益——兼评乔丹商标案和司法解释对姓名保护的应然定位》，《法学》2018 年第 3 期。

④ 孔祥俊：《论姓名权与姓名的商品化权益——兼评乔丹商标案和司法解释对姓名保护的应然定位》，《法学》2018 年第 3 期。

损失。法院指出：自然人声音以声纹、音色、频率为区分，具有独特性、唯一性、稳定性特点，能够给他人形成或引起一般人产生与该自然人有关的思想或感情活动，可以对外展示个人的行为和身份。自然人声音的可识别性是指在他人反复多次或长期聆听的基础上，通过该声音特征能识别出特定自然人。利用人工智能合成的声音，如果能使一般社会公众或者相关领域的公众根据其音色、语调和发音风格，关联到该自然人，可以认定为具有可识别性。[①]

无论是以姓名权的方式还是商业标识的方式，都能实现对姓名中的财产利益的保护，但两者在正当性基础、构成要件、权利限制等方面存在明显不同。姓名权具有人格权属性，原则上不必以知名度和混淆可能性作为侵权条件。《民法典》第1012条规定：自然人有“许可他人使用自己的姓名”的权利，虽然在立法层面肯定了姓名中的财产利益，但并未规定此类利益受侵害的判断标准。姓名权中财产利益的保护，以姓名具有财产价值为条件，“知名度”并非主张姓名权保护的条件，普通人的姓名也具有商业价值，新技术和新商业模式的发展使得小范围内的知名度也能够被用于商业推销，只要能够基于案件信息证明被告使用的姓名与自己存在身份联系即可。[②] 姓名权的侵权判定标准与混淆可能性无关，“在类似的将‘乔丹’用于篮球的个案中，即便名人身份被识别的比例低到5%（至少具有数千万至数亿元的价值），法院选择支持名人的商品化权主张，依然是合理的选择”。[③] 侵权人发布公告或声明消除混淆也不影响其构成姓名权侵权（例如假冒姓名）的判断。

在美国法中，由于隐私权无法覆盖人格特征的商业化利用，美国专门创设了公开权。这种制度与商标权存在如下区别：第一，只要可能损害人格特征的商业价值，则构成对公开权的侵犯。侵犯公开权不以混淆可能性为条件，而以部分公众（a more than insignificant number of people）认为被告的商业使用会指向原告为条件，在证明难度上低于混淆可能性。有时候可能并不会产生混淆，但可能构成对公开权的侵犯。[④] 可见，公开权的侵权标准不同于商标权。第二，两个制度在“识别对象”方面也存在差异。“当主张‘姓名’的商标权时，商标所有人的排他权是指作为‘第二含义’的已经建立起来的相关公众认知。个人姓名中的‘主要含义’就是指向这个人，这不是商标法关心的。商标侵权是侵犯个人姓名中的‘第二含义’，侵犯公开权则指侵犯个人姓名中的‘主要含义’。个人姓名，作为特定个人的标识，是公开权关注的对象。个人姓名作为商业实体中商誉的象征，则是商标权关注的对象。”[⑤]第三，商标侵权和公开权侵权抗辩的事由不同。言论自由是公开权侵权的抗辩事由，当作品中使用人格特征的行为足以构成对原告特征的转化性使用时，则抗辩成

① 《全国首例AI生成声音人格权侵权案一审宣判》，“知产前沿”微信公众号，最后访问日期：2024年4月24日。
② 崔国斌：《姓名商品化权的侵权认定思路》，《清华法学》2021年第1期，第119、123页。
③ 崔国斌：《姓名商品化权的侵权认定思路》，《清华法学》2021年第1期，第129页。
④ J. Thomas McCarthy. *McCarthy on Trademarks and Unfair Competition* (Fifth Edition), 2020.
⑤ J. Thomas McCarthy. *McCarthy on Trademarks and Unfair Competition* (Fifth Edition), 2020.

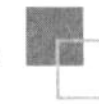

立。[①] 例如，当被告的姓名恰好与原告姓名（或者某知名角色的名称）同名，而原告姓名的知名度更高，且已经成功地进行商业化许可。如果被告将其姓名用作店铺的商号或企业名称，原告起诉被告构成姓名权侵权（或者认为被告的行为违反《反不正当竞争法》第6条），被告则以其有权使用其姓名为由抗辩，是否成立？在公开权的制度框架中，只需要考虑被告对其姓名的使用是否具有转换性，指向被告作为自然人的身份还是作为市场主体的商业标识。在姓名权或者在《反不正当竞争法》第6条的背景中，则需要考虑被告商业性使用其姓名时的主观状态，这有助于查明被告使用其姓名的客观效果。被告有权使用其姓名应当是指姓名的主要含义，即指向自然人的情形。当被告在商业中使用其姓名时，应当是指在商业标识意义上的使用，其应当结合原告姓名的知名度等主客观情形合理避让。

本书认为影视文艺作品标题和虚拟形象不属于商业标记，以此区分著作权法、商标法及其他法律机制的规范范畴。作品不是有形商品，作品名称无法指向有形商品的生产者（除非具有稳定的、连续的出版或发行），作品名称通常指向一种思想的来源，如果利用作品名称或其他作品元素导致相关公众对作品之间的关系产生误解（例如授权关系），此时不宜由商标法评价，由著作权法评价更为合理。且商品化利益的保护不以混淆可能性为条件，因此笔者不赞同从反不正当竞争法角度提供保护。中国应当借鉴美国公开权制度构建本土化的商品化权制度，以涵盖人格特征、虚拟角色和文艺作品标题等商品化利益的保护，明确权利边界，为品牌衍生产品市场的发展提供前瞻性的规则。

（三）商品化权益的保护

从人格权的商品化出发，我国实践中出现了大量的保护商品化利益的需求。我国法院对其保护路径一直在探索过程中。

1. 从商品化权益到商品化权

“泥人张”特有名称案

法院指出，“泥人张”具有多种含义和用途，承载多种民事权益……“泥人张”这一称谓在使用过程中，已经从对特定人群的称谓发展到对该特定人群所传承的特定泥塑技艺和创作、生产作品的一种特定称谓，在将其用作商品名称时则属于反不正当竞争法意义上的知名商品（包括服务）的特有名称。[②]

“功夫熊猫”特有名称案

法院指出：“功夫熊猫”既是梦工场公司出品的电影《功夫熊猫》的片名，也是该电影中

---

① J. Thomas McCarthy. *McCarthy on Trademarks and Unfair Competition* (Fifth Edition), 2020.

② 最高人民法院(2010)民提字第113号民事判决书。

主要人物的名称，可以作为知名电影特有的名称受到保护。该知名度的取得是梦工场公司创造性劳动的结晶，其所带来的商业价值和商业机会也是梦工场公司投入大量劳动和资本所获得。[①]

我国有些判决直接承认商品化权益并发展出了商品化权益的保护要件，使《商标法》第32条前段成为孵化新型权益的“兜底条款”。其基本思路是将角色名称的知名度、与投入者之间的稳定联系等作为构成要件。

“甲壳虫”案

法院指出，文学艺术作品、作品名称、角色名称、某种标识性的名称、姓名等确实会使上述作品或名称的拥有者通过上述作品、姓名等取得声誉、信誉、知名度等，拥有者通过将上述的声誉、信誉、知名度等与商品或服务的结合进行商业性的使用而实现经济利益，因此，上述作品或名称通过商业化使用，能够给拥有者带来相应的利益，可以作为“在先权利”获得保护。“商品化权”无明确规定，称为“商品化权益”并无不可。被异议商标指定使用的商品“钱包、书包、背包”等属于日常消费品，知名乐队等一般会在上述商品上标注其名称，作为纪念品等进行销售，因此，本案苹果公司所主张的“商品化权益”可以延及上述商品。[②]

“花无缺和小鱼儿”案[③]

“花无缺”“小鱼儿”为著名小说家古龙先生作品《绝代双骄》中的主要角色名称。“花无缺”“小鱼儿”已为相关公众所熟知，其知名度的取得是古龙先生创造性劳动的结晶，由此知名角色名称所带来的商业价值和商业机会也是古龙先生投入大量劳动和资本所获得。因此，作为知名角色名称应当作为在先权益得到保护。被异议商标“花无缺的小鱼儿”与古龙先生作品中主要人物名称“花无缺”“小鱼儿”在文字构成、呼叫、含义上相近，容易导致相关公众误认为其经过古龙先生的许可或与其存在特定联系。被异议商标的注册使用侵犯了《绝代双骄》作品中的角色名称在先权益，构成了《商标法》第32条规定的“申请商标注册不得损害他人现有的在先权利”之情形。

更有法院直接称商品化利益为“商品化权”，商品化权能够克服公开权无法涵盖的角色商品化(character merchandising)现象。

“功夫熊猫”商品化权案

当电影名称或电影人物形象及其名称因具有一定知名度而不再单纯局限于电影作品本身，与特定商品或服务的商业主体或商业行为相结合，电影相关公众将其对于电影作品

① 北京市高级人民法院(2016)京行终2307号行政判决书。

② 北京市高级人民法院(2015)高行(知)终字第752号行政判决书。

③ (2021)商标异字第0000110453号第44597078号。

的认知与情感投射于电影名称或电影人物名称之上，并对与其结合的商品或服务产生移情作用，使权利人据此获得电影发行以外的商业价值与交易机会时，则该电影名称或电影人物形象及其名称可构成适用2001年《商标法》第31条“在先权利”予以保护的在先“商品化权”。[①] 从人格权的商品化到角色名称的商品化，首先是人格特征和角色名称知名度扩张的结果。这种知名度的扩张，是相关经营者苦心经营和成功投资的结果。商品化权能得到法律保护的理由主要有二：一是经营者的投资；二是相关公众将人格特征和角色名称的认知与特定商品或服务来源联系起来。因此，人格特征或角色名称成为一种商业标识。但是商品化权的效力却超出了商业标识的保护范围，不受商品类别的限定。例如，其他经营者将“功夫熊猫”用在一些衍生产品的开发上（而不只用在电影产品中），这就会对相关公众造成混淆，使相关公众误以为这些产品是由电影经营者开发或至少与后者存在某种关系。

2. 从商品化权回归商品化权益

商品化权不是一个法定概念，司法实践对其立场存在反复。我国法院指出：“现有的法律中并未将所谓‘商品化权’设定为一种法定权利”，并且“商品化权”亦非“法律所保护的民事权益”，“其权益内容和权益边界均不明确”。[②] 北京市高级人民法院在《商标授权确权行政案件审理指南》中指出：当事人主张的“商品化权益”内容可作为姓名权、肖像权、著作权、一定影响商品（服务）名称等法律明确规定的权利或者利益予以保护的，不宜对当事人所主张的“商品化权益”进行认定。若依据除《商标法》第32条“在先权利”之外的其他具体条款不足以对当事人提供救济，且无法依据前款所规定的情形予以保护的，在符合特定条件时，可以依据当事人的主张适用《商标法》第32条“在先权利”予以保护，但一般应依据《反不正当竞争法》第6条的规定进行认定。北京市高级人民法院的这一做法明确了“商品化权益的保护”应当以《反不正当竞争法》第6条为原则。

3. 从反不正当竞争法到著作权法

最高人民法院在司法解释和“葵花宝典”案件中对商品化权益的保护路径又转变立场。《最高人民法院关于审理商标授权确权行政案件若干问题的规定》第22条第2款主张在著作权法框架中保护商品化利益，但其构造颇为模糊：对于著作权保护期限内的作品，如果作品名称、作品中的角色名称等具有较高知名度，将其作为商标使用在相关商品上容易导致相关公众误认为其经过权利人的许可或者与权利人存在特定联系，当事人以此主张构成在先权益的，人民法院予以支持。

“葵花宝典”案

2022年最高人民法院在再审判决中明确认可商品化权益，并提出“作品名称、作品中

① 北京市高级人民法院(2015)高行(知)终字第1968号行政判决书。

② 北京市第一中级人民法院(2014)一中行(知)初字第7991号行政判决书；北京市高级人民法院(2018)京行终6240号民事判决书。

的角色名称等”作为《商标法》第32条前段中的“在先权利”受到保护时应当有三个要件：①作品处于著作权保护期限内；②作品名称、作品中的角色名称等具有较高知名度；③商标使用在相关商品或服务上造成公众混淆误认的可能性较大。与此同时，最高人民法院指出：“作品名称、作品中的角色名称等”纳入“在先权利”给予保护，并非在著作权法等法律之外创设新的权益，而属于《著作权法》第10条规定的其他权利。[①]

最高人民法院在“葵花宝典案”中的裁判逻辑颇令人困惑，其一方面指出商品化权属于著作权法规定的其他权利（因而要求作品应处于著作权保护期）；另一方面却以禁止混淆机制测试侵权成立。为什么商品化权益的客体要以作品为对象？处于保护期的作品可以受到著作权法保护，为什么还要通过商品化权益提供保护？商品化权益的保护原理与著作权法之间是什么关系？将“禁止混淆机制”作为侵权测试标准与将“作品”作为客体嫁接成为商品化权益的构造，底层逻辑是什么？“禁止混淆机制”是为了保护商业标识，必定具有识别性，本案中的“葵花宝典”所指“何物”？商品化权益与公开权相比，何者更适合中国现行法律体系？最高人民法院再审判决对此没有明确。

我国有法院从著作权法角度保护已经得到充分描述的角色名称，实际上是对虚拟角色形象中商品化利益的保护，这种角色名称尽管有指向性（使观众能够想到金庸的作品），但并非商业标识意义上的来源指示，不适合通过《反不正当竞争法》第6条为基础为其提供保护，也不是艺术表达意义上的作品（边界不清晰），并不适合通过著作权法提供保护。笔者比较赞同以公开权或者商品化权的方式提供保护（无论是单个人物形象还是多个人物组成的群像），只是在我国法中需要寻求一般性的法律依据。

《此间的少年》案

在《此间的少年》中出现的绝大多数人物名称来自查良镛的四部小说，且主要人物的性格特征、人物关系、人物背景都有较多相似之处。虽然就单个人物形象来说，难以认定获得了充分而独特的描述，但整体而言，郭靖、黄蓉、乔峰、令狐冲等多个人物组成的人物群像，无论是在角色的名称、性格特征、人物关系、人物背景都体现了查良镛的选择、安排，可以认定为已经充分描述、足够具体到形成一个内部各元素存在强烈逻辑联系的结构，属于著作权法保护的“表达”。[②]

四、未注册商标的抢注条款

（一）立法目的

《商标法》虽然采取注册制，但也保护凝结了商誉的未注册商标。为了规制未注册商

---

① 最高人民法院(2021)最高法行再254号行政判决书。
② 广州知识产权法院(2018)粤73民终3169号民事判决书。

标的抢注，防止将他人实际使用形成的商誉据为己有，《商标法》第 32 条后段规定：申请商标注册不得以不正当手段抢先注册他人已经使用并有一定影响的商标。从第 32 条前后段之间的关系看，"在先使用并有一定影响的商标"仍然属于在先权利的一种，本可被前段直接涵盖，将其独立是出于立法技术的考虑，为了明确在先未注册商标的构成要件。倘若不作特别规定，则无法以这种方式对其保护要件和范围做出界定。[①]

（二）保护条件

未注册商标受保护的条件不得超过注册商标，应当结合第 32 条后段的文义和商标保护的体系进行解释，例如，如果在先使用人主张商标申请人在与其不相类似的商品上申请注册其在先使用并有一定影响的商标，违反《商标法》第 32 条规定的，人民法院不予支持。[②] 因此，第 32 条后段的适用应同时具备下列条件：① 未注册商标在诉争商标申请日之前已经使用并有一定影响；② 诉争商标与在先使用的未注册商标构成相同或近似商标；③ 诉争商标指定使用的商品与在先使用的未注册商标所使用的商品构成相同或者类似商品；④ 诉争商标申请人明知或者应知他人在先使用商标。商标申请人能够举证证明其没有利用在先使用商标商誉恶意的，不构成前款所指情形。[③]

上述四个要件中的第二和第三个条件，可以参照商标侵权判断中的商标近似和商品类似判断规则。

关于第四个构成要件，即"明知或应知的认定"，实践中通常具有如下情形：① 诉争商标申请人与在先商标使用人曾就商标许可、商标转让等进行联络；② 经相关机关认定，诉争商标申请人存在侵害商标权行为；③ 诉争商标申请人与在先商标使用人属于同行业；④ 在先商标显著性较强的，诉争商标与其高度近似。[④]

第一个构成要件中的"有一定影响"的判断，要根据在先未注册商标的持续使用时间、区域、销售量或者广告宣传等证据进行综合判断。[⑤] 此外，还可与"已经使用""明知或应知"联系起来做体系上的理解。"已经使用"是原因，即未注册商标"通过使用"产生了"一定影响"；"明知或应知"是效果，即不应僵化认定"一定影响"，只要使诉争商标申请人明知或者应知该商标存在的，则一般可以认定构成"有一定影响"。

关于第一个构成要件中的"使用"，应当按照《商标法》第 48 条的规定进行解释，即该未注册商标的使用是在识别商品来源意义上的使用。《北京市高级人民法院商标授权确权行政案件审理指南》第 16.24 条规定：一般在相关公众已将该"未注册商标"与当事人产生联系的情况下，只要该行为不违背当事人主观意愿的，可以认定构成"已经使用"的情

① 孔祥俊：《商标与反不正当竞争法》，法律出版社 2009 年版，第 107 页。
② 《最高人民法院关于审理商标授权确权行政案件若干问题的规定》第 23 条第 3 款。
③ 《北京市高级人民法院商标授权确权行政案件审理指南》第 16.22 条。
④ 《北京市高级人民法院商标授权确权行政案件审理指南》第 16.23 条。
⑤ 《北京市高级人民法院商标授权确权行政案件审理指南》第 16.25 条。

形。这表明“使用意图”成为判断当事人是否具有商标权益的重要标准，对于没有“使用意图”甚至明确做出拒绝作为商标使用的标识，不应认可该标识上的利益。

“索爱”案

对于多家网站上出现的对不同型号“索爱手机”以及其他“索爱”电子产品的报道、评论，且这些产品的生产者均指向“索尼爱立信公司”或“索尼爱立信（中国）公司”，索尼爱立信（中国）公司主张其已经使用了该商标。一审法院认为，消费者作为直接受众，他们对商标的认知、称呼将对相关商品的声誉以致生产厂商的商业信誉产生极大影响，而相关媒体对于商品的宣传、报道以及评价无疑也会起到促进作用。而且，消费者的认可和媒体的宣传、报道的关系是相辅相成、相互影响的。就本案而言，“索爱”已被广大消费者和媒体认可并使用，具有了区分不同商品来源、标志产品质量的作用，这些实际使用效果、影响自然及于索尼爱立信公司和索尼爱立信（中国）公司，其实质等同于他们的使用。因此，尽管索尼爱立信（中国）公司认可其没有将“索爱”作为其未注册商标进行宣传，但消费者的认可和媒体的宣传共同作用，已经达到了索尼爱立信（中国）公司自己使用“索爱”商标的实际效果，故“索爱”实质上已经成为该公司在中国使用的商标。①

二审法院认为，“时至 2007 年 10 月左右，索尼爱立信（中国）公司并不认同‘索爱’是其公司简称或是其手机或电子产品的简称”，“索尼爱立信（中国）公司未将‘索爱’作为商标进行商业性的使用。”②再审法院认为，无论是作为未注册商标的简称，还是作为企业名称或知名商品特有名称的简称，其受法律保护的前提是，对该标识主张权利的人必须有实际使用该标识的行为，且该标识已能够识别其商品来源。在本案争议商标申请日前，没有证据证明索尼爱立信公司将争议商标用作其产品来源的标识，亦未有证据证明其有将该争议商标用来标识其产品来源的意图。相反，根据原审法院及本院查明的事实，直至 2007 年 10 月、12 月，在争议商标已经被核准注册三年之后，索尼爱立信集团副总裁兼中国区主管卢健生仍多次声明“索爱”并不能代表“索尼爱立信”，认为“索尼爱立信”被非正式简称为“索爱”不可以接受。鉴此，在争议商标申请日前，索尼爱立信公司并无将争议商标作为其商业标识的意图和行为，相关媒体对其手机产品的相关报道不能为其创设受法律保护的民事权益，因此，索尼爱立信公司关于争议商标的注册损害其在先权利的再审理由不能成立。③

对“使用意图”这一条件的理解，应当结合商标使用认定中的“真实使用”要求进行把握。行为人应当具有“作为商标”而使用的主观意图。促使商标观念形成和发起商标使用的主体只能是商家自己。商家是“以商标为代码的通信系统的信源，是通信的起点”，商家

① 北京市第一中级人民法院（2008）一中行初字第 196 号行政判决书。
② 北京市高级人民法院（2008）高行终字第 717 号行政判决书。
③ 最高人民法院（2010）知行字第 48 号驳回通知书。

真实使用商标的意图体现为"将商品信息用商标编码为商标化的商品信息"。[①] 没有这种意图,就没有商标通信系统的信源,就不能产生商标法上的利益。为此,注册维持之使用考察的重心在于使用人是否有真实使用商标的意图。[②] 各国均建立了商标的真实使用制度,包含对行为人主观意图的要求。我国《商标法》第 7 条规定,申请注册和使用商标,应当遵循诚实信用原则。本条是"申请、使用商标的总体要求",[③]暗含真实使用(或诚实使用)商标的要求。欧洲学者则指出,除了"在商业中使用"(use in the course of trade)和"与商品或服务相关"(in relation to goods or services),真实使用(genuine use)还要求"为识别商品或服务来源之目的",即作为来源识别的标志而被使用。[④] 维持权利型使用制度要求对商标进行"积极使用",其实质就是要求使用人具有真实使用商标的意图。我国法院指出,在相关公众已将该"未注册商标"与使用人产生联系的情况下,只要不违背使用人的主观意愿,[⑤]都可认定使用人具有"真实的使用意图";如果使用人明确拒绝特定标识的使用意图,则表明使用人没有真实的使用意图。[⑥]

五、地理标志条款

(一) 地理标志保护的理论基础

1. 保护正当性

地理标志是 TRIPs 协定所确定的七大类知识产权之一,我国《民法典》第 123 条也将地理标志单列为知识产权的客体。产品与产地的关联性是地理标志的核心要素,其重要特征好比独创性之于作品、新颖性之于专利、显著性之于商标,是构建地理标志独立理论的基础。[⑦] 对地理标志赋予产权保护,也是为了实现一定的激励功能。欧盟《关于农产品和食品质量体系的欧洲议会和理事会 1151/2012 号条例》(欧盟的《地理标志保护条例》)序言第 1 条指出:"农业、渔业和水产产品的质量及多样性是欧盟的重要优势,赋予了欧盟生产者的竞争性优势,对居住文化(living culture)和烹饪遗产做出了主要贡献。这归功于欧盟的农民和生产者在保持传统的同时吸纳了新生产方法和新材料的发展。"序言第 3 条指出:"只有当生产者的努力得到了合理回报之后,生产者才能继续生产多样性的质量产品。这需要生产者在正当竞争的环境中能够向买家、消费者传递其产品的特征,也要求

① 王太平:《商标法上商标使用概念的统一及其制度完善》,《中外法学》2021 年第 4 期,第 1032 页。

② 黄汇:《商标使用地域性原理的理解立场及适用逻辑》,《中国法学》2019 年第 5 期,第 83 页。

③ 袁曙宏:《商标法与商标法实施条例修改条文释义》,中国法制出版社 2014 年版,第 12 页。

④ Annette Kur, Martin Senftleben. *European Trade Mark Law: A Commentary*. Oxford University Press, 2017, p.532.

⑤ 《北京市高级人民法院商标授权确权行政案件审理指南》第 16、24 条。

⑥ 最高人民法院(2010)知行字第 48 号驳回通知书。最高人民法院以"真实使用意图"作为判断商标权益是否形成的标准:"索尼爱立信公司并无将争议商标作为其商业标识的意图和行为,相关媒体对其手机产品的相关报道不能为其创设受法律保护的民事权益。"

⑦ 王笑冰:《关联性要素与地理标志法的构造》,《法学研究》2015 年第 3 期,第 82 页。

生产者能够在市场中准确地识别其产品。"这基本指出了地理标志保护的正当性。

2. 不同理论基础

在全球范围内，地理标志的法律保护体系存在两种模式：以客观关联性理论为基础的原产地标记法（法国、意大利等）和以主观关联性理论为基础的商业标记法（德国、美国等）。主观关联性是指消费者将特定产品与特定产地相联系，这种联系存在于消费者的认知之中，反不正当竞争法、商标法及假冒诉讼法律制度中的地理标志保护通常以该理论为基础；客观关联性是指产地的环境造就了产品的特定质量或特性，专门立法中的地理标志保护通常以该理论为基础，表现为原产地名称的概念。[①] 两种理论基础分别塑造了地理标志的产品保护制度和标记保护规则。我国《商标法》第 16 条规定，商标中有商品的地理标志，而该商品并非源于该标志所标示的地区，并误导公众的，不予注册并禁止使用，但是，已经善意取得注册的继续有效。前款所称地理标志是指标示某商品源于某地区，该商品的特定质量、信誉或者其他特征，主要由该地区的自然因素或者人文因素所决定的标志，例如"贵州茅台""杭州龙井"。我国《商标法》融合了主观关联性和客观关联性理论，但定位不清。

主观关联性理论下的地理标志保护实质仍然属于商业标记法框架，以保护商誉为核心，以来源识别功能的保护为基本功能（只要确保了来源识别功能，则品质问题也能自然解决）。但在客观关联性标准下，以产品的品质保障为核心，"要获得原产地名称保护，必须证明产品具有归因于产地自然和人文因素的质量或特征。产地与产品的关联性，即原产地（terroir）之要素，例如产品的质量、特征、产地范围、自然环境、生产技术工艺等须以法令形式确定，作为使用原产地名称的强制性标准，此即客观关联性之事实要素的法律化。"[②]欧盟《关于农产品和食品质量体系的欧洲议会和理事会 1151/2012 号条例》第 5 条中的"原产地标志"就是客观关联性理论的产物：源自特定地域、区域或者国家（例外情况）；产品的质量或者特征基本上或者排他地归因于特定地理环境，包括内在的自然和人文因素；产品的生产环节都发生在指定地理区域。现在欧盟各国因为指令协调等因素，基本融合了主观关联性和客观关联性标准，相应的条款中在各自体系中发挥各自的功能。我国目前地理标志的保护有三套体系：《地理标志产品保护规定》《农产品地理标志管理办法》《商标法》。前两者偏客观关联性体系，《商标法》原本应当属于主观关联性体系（但立法者打造成两种体系兼容）。地理标志专用产品的认定是主管部门对地理标志的事实认定。相应地，主管部门监督管理地理标志专用标志的使用。根据《地理标志产品保护规定》，原国家质量监督检验检疫总局统一管理全国的地理标志产品保护工作。原国家质量监督检验检疫总局负责地理标志产品保护申请的审核和注销，质量技术监督部门和出入

---

① 王笑冰：《关联性要素与地理标志法的构造》，《法学研究》2015 年第 3 期，第 84 页。
② 王笑冰：《关联性要素与地理标志法的构造》，《法学研究》2015 年第 3 期，第 88—89 页。

境检验检疫部门依法监督和查处地理标志产品专用标志的违法使用行为。《地理标志产品保护规定》第 21 条列举的违法使用行为有：擅自使用或伪造地理标志名称及专用标志；不符合地理标志产品标准和管理规范要求而使用该地理标志产品的名称；使用与专用标志相近、易产生误解的名称或标识及可能误导消费者的文字或图案标志，使消费者将该产品误认为地理标志保护产品的行为。可见，我国专门法中也不完全是对客观关联性理论的贯彻，而同时包含了主观关联性理论。将来如何进一步优化现行法中的不同理论交织、科学打造我国地理标志保护体系值得思考。

另外，我国和其他国家区分葡萄酒与烈性酒地理标志产品与普通产品地理标志的保护，就是在两种理论指导下的不同体系。《商标法》第 16 条并不禁止所有非来自真实产区的地理标识的商标注册，而只是禁止标识非来自产区的商品且可能对真实产地产生误导的情形。就葡萄酒与烈性酒地理标志的保护而言，无论是否会导致消费者对商品来源产生误认，或者即便在商品或服务上注明了真正的来源主体或产区，只要不是源于地理标志的原产地，都应被禁止。在 TRIPS 协定框架中，地理标志可分为一般地理标志和葡萄酒或蒸馏酒地理标志。依照该协定第 22 条，前者的保护标准为“导致公众混淆误认为商品实际的产地”（主观关联性理论）；依照协定第 23 条，后者的保护不以造成公众混淆误认实际产地为条件，即使已经明确标识该商品的实际产地，或者该地理标志系翻译用语或补充说明与该产地商品同类、同型、同风格、相仿或其他类似标识者也在禁止之列（客观关联性理论）。可见，后者的保护更具“垄断或专有性质”，使用地理标志的行为均在被禁止之列。我国《集体商标、证明商标的注册和管理办法》第 12 条规定，使用他人作为集体商标、证明商标注册的葡萄酒、烈性酒地理标志标示并非源于该地理标志所标示地区的葡萄酒、烈性酒，即使同时标出了商品的真正来源地，或者使用的是翻译文字，或者伴有诸如某某“种”、某某“型”、某某“式”、某某“类”等表述的，适用《商标法》第 16 条的规定。这一规定没有其他地理标志保护中的“误导公众”的限定，表明葡萄酒和烈性酒地理标志的保护更为绝对，采取了客观关联性理论。

（二）地理标志与相关概念

1. 地理标志集体商标与其他集体商标

地理标志集体商标与其他集体商标都属于集体商标类型，但两者在商标的使用方式、注册人与使用人的权利义务等方面有所不同。例如，地理标志集体商标的审查重心并非显著性，而是产品特性与特定地域之间的关系。地理标志集体商标指定使用的商品有确定的生产地域范围，其他集体商标指定使用的商品或服务没有产地要求。又如，集体商标的使用人仅限于注册人的成员，注册人可以排除成员以外其他主体的使用，[①]但不对产品的品质标准做强制规定。地理标志是在其产地从事相关生产经营活动的市场主体共有的

---

① 《集体证明商标注册申请十五问》，国家知识产权局商标局 2021 年 7 月 30 日发布。

权利，因此《商标法实施条例》第 4 条和《集体商标证明商标注册和管理办法》第 18 条第 2 款规定了地理标志中地名的正当使用——商品符合地理标志证明商标使用条件的主体可以要求使用该商标，注册人“应当允许”；商品符合地理标志集体商标使用条件的主体，可以要求成为注册人的成员，不要求成为注册人成员的也可以正当使用，注册人“无权禁止”。但是，如果该地域的成员在地理标志意义上使用商标而其产品品质未达到相应标准，则这种使用行为应被禁止。

地理标志具有属地性和集体管理性，地理标志权利人不能许可特定地域以外的商家使用该地理标志，不得向地域以外的商家转让该地理标志，也不能许可本地不符合标准的商家使用该地理标志。地理标志证明商标或集体商标权利人不得滥用商标权，在“潼关肉夹馍”案中，国家知识产权局指出：“潼关肉夹馍”作为集体商标注册的地理标志，其注册人无权向潼关特定区域外的商户许可使用该地理标志集体商标并收取加盟费，同时也无权禁止潼关特定区域内的商家正当使用该地理标志集体商标中的地名。当发现市场中有违法使用地理标志集体商标情形的，权利人可要求停止使用，但不得通过诉讼的方式要求对方缴纳加盟费。地理标志证明商标或者集体商标制度不能解决所有的违法问题，只有因使用地理标志商标导致相关公众对产品的产地和品质产生误认时，才需要通过商标法的相关制度解决。

2. 地理标志集体商标与地名商标

地理标志虽然也是地名商标的一种类型，但是两者存在诸多区别。

第一，《商标法》相关条款的法理基础不同。《商标法》第 10 条第 2 款在原则上禁止地名商标的注册，是为了防止商标申请人独占行政区划的公共资源，而《商标法》第 16 条是为了确保地理标志的质量保证和信誉承载功能。《商标法》第 16 条来自 TRIPs 协定第 22 条第 3 段，该条中“误导公众”的内容是指“产地”的误认(as to mislead the public as to the true place of origin)。由于地理标志产品的产地特别重要，能够直接影响产品的品质，从而影响产品的声誉。因此，可以将双方产品的质量差异解释为该条中的“误导公众”(misleading)，从而与《商标法》的整体取向保持一致。地理标志的保护延伸至质量保证和产品声誉，欧盟《关于农产品和食品质量体系的欧洲议会和理事会 1151/2012 号条例》第 13 条第 1(a)关于地理标志保护范围的规定使用了类似驰名商标搭便车的表述：“使用地理标志利用了商品名称的声誉，包括当地理标志产品作为一种成分时。”但这绝不意味着地理标志的保护机制是一种反淡化的保护机制。

第二，《商标法》相关条款的法律性质不同。从《商标法》第 45 条和最高院《关于审理商标授权确权行政案件若干问题的规定》第 17 条的表述看，《商标法》第 16 条通常由地理标志利害关系人启动，应当属于相对事由条款。《商标法》第 10 条第 2 款是一个绝对事由条款，地名所在区域的任何经营者都可阻却该地名商标的注册申请。但也有观点认为应当在绝对事由中保护地理标志。有学者指出，含有误导性地理标志的商标应当基于 TRIPs 协定第 15.2 条的“其他事由”被拒绝注册，即排除“缺乏显著性或者可视性”的其他事由；也可适用《巴黎公约》第 6 条第 5 款(Article 6 quinquies(B)(3)中的“欺骗公众”(deceive the public)。[①] “误导公众”和“欺骗”同义，但比“混淆”(confusion)的范围更宽，当消费者将一个产品当成另一个产品即可，在消费者不会产生混淆的时候可能已经被误导或欺骗，只要向消费者传递了产品真实来源的错误信息(misinformed)就足以无效或拒绝商标的注册。[②]

第三，正当使用的内涵不同。当地名具有第二含义并注册为商标的时候，他人在第二含义意义上使用该地名的，构成商标侵权。地名是公有资源，地名商标专用权人无权阻止他人在地理意义上使用该地名，源于该地域的商品或服务提供者有权标明其商品或服务的来源地。《商标法》第 59 条第 1 款规定：注册商标含有的地名，注册商标专用权人无权禁止他人正当使用。就地理标志而言，其正当使用的情形主要包含两种：在地名意义上使用(《商标法》第 59 条第 1 款)和符合使用条件的正当使用(《商标法实施条例》第 4 条)。只有当他人在地理标志意义上使用该地理标志商标，地理标志商标的权利人才能禁止他人使用。

(三) 地理标志的注册与保护

将地理标志申请为商标的市场主体，应当证明其商品源于地理标志所标示的地区、具有特定的质量或品质，且不会误导公众。地理标志的持有人可以阻止他人将该地理标志作为商标注册或使用。《最高人民法院关于审理商标授权确权行政案件若干问题的规定》第 17 条规定，地理标志利害关系人依据《商标法》第 16 条主张他人商标不应予以注册或者应予无效，如果诉争商标指定使用的商品与地理标志产品并非相同商品，而地理标志利害关系人能够证明诉争商标使用在该产品上仍然容易导致相关公众误认为该产品源于该地区并因此具有特定的质量、信誉或者其他特征的，人民法院予以支持。从上述规定看，我国法律对地理标志的保护水平高于其他普通商标，可以跨越商品或服务类别阻止相同商标的注册。地理标志的保护是在原产地和品质来源意义上的保护，实质是对名优特产的品质保障功能和信誉承载功能的保护。

地理标志集体商标或证明商标可在商标法框架中受到保护。一方面，如果已经将地理标志作为证明商标或集体商标注册，则该证明商标或集体商标专用权人可以依照《商标法》第 13、30 条等主张权利。无论是基于地理标志还是基于地理标志集体商标或地理标志证明商标向他人主张权利，都应该是地理标志的持有人、集体商标或证明商标专用权人，所以地理标志条款是商标注册的相对事由条款。另一方面，一旦申请注册为证明商标或集体商标，其侵权判定规则也更为明晰。地理标志本身有明确的质量保证功能，其在申

---

① Nuno Pires De Carvalho. *The Trips Regime of Trademarks and Designs* (4th Edition). Wolters Kluwer, 2019, p.575.

② Nuno Pires De Carvalho. *The Trips Regime of Trademarks and Designs* (4th Edition). Wolters Kluwer, 2019, p.577.

请注册证明商标或集体商标时需要提交的商标使用规则中具有明确的品质、加工流程等要求，很容易判断他人使用行为是否侵犯地理标志集体商标或证明商标权，可以克服普通注册商标品质保证功能模糊的不足。

“圣玛歌”案

二审法院指出：地理标志本质上是能够体现来自特定地区且具有特定品质的商品与该地区自然或人文因素之间的关联关系的标志，因此，无论该标志以何种具体形式呈现出来，只要其能够体现出商品品质与自然人文因素之间的关联关系，就可以作为地理标志予以保护。相应地，在不同语言文字相互转换的环境下亦应当承认和尊重地理标志的不同表现形式。对于源自其他国家并以中文以外的其他语言文字表现的地理标志，如果中国相关公众已经将其与特定的中文标志建立起稳定的对应关系，则对该中文标志的保护亦属于对该地理标志予以保护的应有之义。

参考文献

一、著作

[1] 黄晖：《商标法》，法律出版社 2016 年版。

[2] 冯术杰：《商标法原理与应用》，中国人民大学出版社 2017 年版。

[3] 曾陈明汝：《商标法原理》，中国人民大学出版社 2003 年版。

[4] 王迁.：《知识产权法教程》，中国人民大学出版社 2007 年版。

[5] 孔祥俊：《商标与反不正当竞争法》，法律出版社 2009 年版。

[6] 袁曙宏：《商标法与商标法实施条例修改条文释义》，中国法制出版社 2014 年版。

[7] Annette Kur, Martin Senftleben. *European Trade Mark Law: A Commentary*. Oxford University Press, 2017.

[8] Nuno Pires De Carvalho. *The TRIPS Regime of Trademarks and Designs* (4th Edition). Wolters Kluwer, 2019.

[9] Mary LaFrance. *Understanding Trademark Law*. LexisNexis, 2009.

[10] J. Thomas McCarthy. *McCarthy on Trademarks and Unfair Competition* (5th edition). June 2020 Update. Westlaw, https://www.westlaw.com/Browse/Home/SecondarySources/IntellectualPropertySecondarySources/IntellectualPropertyTextsTreatises/McCarthyonTrademarksUnfairCompetition?transitionType=Default&contextData=(sc.Default)&VR=3.0&RS=cblt1.0.

二、论文

[1] 谢晓尧：《法律语词的意义寻绎——以〈反不正当竞争法〉为文本》，《知识产权》2022 年第 6 期。

[2] 孔祥俊:《论我国〈商标法〉的私权中心主义——〈商标法〉公法秩序与私权保护之定位》,《政法论丛》2023年第3期。

[3] 彭学龙、刘泳:《恶意注册商标强制移转制度研究——评〈商标法修订草案(征求意见稿)〉相关条款》,《知识产权》2023年第9期。

[4] 孔祥俊:《论商标可注册性要件的逻辑关系》,《知识产权》2016年第9期。

[5] 王太平:《〈商标法〉第十五条被代理人商标之确定——以第162号指导案例"江小白商标纠纷案"为中心》,《中华商标》2021年第9期。

[6] 孔祥俊:《姓名权与姓名的商品化权益及其保护——兼评"乔丹商标案"和相关司法解释》,《法学》2018年第3期。

[7] 崔国斌:《姓名商品化权的侵权认定思路》,《清华法学》2021年第1期。

[8] 王太平:《商标法上商标使用概念的统一及其制度完善》,《中外法学》2021年第4期。

[9] 黄汇:《商标使用地域性原理的理解立场及适用逻辑》,《中国法学》2019年第5期。

[10] 王笑冰:《关联性要素与地理标志法的构造》,《法学研究》2015年第3期。

[11] Ministry of Justice of Japan. Japan: Unfair Competition Prevention Act, sec.2(1)(xiii). *International Review of Intellectual Property and Competition Law*, Vol.37, No.6, 2006.

三、电子文献

[1]《北京知识产权法院规制商标恶意注册十大典型案例》,https://mp.weixin.qq.com/s/bg9u6c_NasGoZ2KrnwLHvA,最后访问日期:2023年12月19日。

[2] 国家知识产权局商标局:《集体证明商标注册申请十五问》,https://sbj.cnipa.gov.cn/sbj/ssbj_gzdt/202004/t20200423_21348.html,最后访问日期:2023年12月19日。

[3] 臧宝清:《商标恶意注册及法律规制》,https://mp.weixin.qq.com/s?__biz=MzI3OTA3MjQ3Mw==&mid=2650295928&idx=1&sn=64693fde5d7be749e0461a0f8bdf738a&chksm=f341b5cec4363cd8fe4ce8ed709f2de28979a83ef75f0e9a2cc979c773637c0f1353740d3729&scene=27,最后访问日期:2023年3月15日。

第三章 商标权的取得和消灭

在掌握商标注册条件(商标权的取得条件)之后,需要进一步学习商标权的取得程序,本章第二节将专门介绍。除此之外,本章第一节介绍在全球范围内商标权的两种主要取得模式,第三节阐述商标权消灭的三种情形。

第一节 商标权的取得模式

商标权取得是指基于何种行为取得商标权,即商标权的取得依据。“商标权取得的模式”是一种理论上的概括,各国商标法条文中没有专门规定该国应采取何种商标权取得模式。通常认为,商标权的取得模式可以分为注册取得和使用取得两种,前者依照注册行为(提出商标申请的时间点)而取得商标权;后者依照使用行为(第一次使用商标的时间点)而取得商标权。如今,各国商标法一般不会采取绝对的注册模式或者使用模式,而是同时允许市场主体依照注册行为获取商标权,也允许其依照使用行为获得商标保护。真正决定一个国家采取了何种商标权取得模式的标准是,当注册行为与使用行为发生冲突时,该国是保护注册商标权利人还是实际使用商标的行为人。如果后发生的注册优于先发生的使用则为注册取得制度;如果后发生的使用优于先发生的注册则为使用取得制度。

一、使用取得

美国关于商标所有权(trademark ownership)的基本规则是使用优先(priority of use),商标权属于首次将标识作为商标使用之人(针对具有固有显著性的商标),或者首次获取第二含义之人(针对缺乏固有显著性的商标),即“先到(使用而不是注册)先得”(first-in-time, first-in-right)。为了强调“是使用”而不是“注册”创设了商标权,美国最高法院指出:联邦法并未创设商标。[①] 从1989年11月16日开始,美国法允许通过提交联邦注册的申请确立使用的优先,作为首次使用的“推定使用”之日(constructive use),但这种推

① Matal v. Tam, 137 S. Ct. 1744, 1751(2017).

定使用的优先可被他方的在先实际使用证据所推翻。根据推定使用制度，申请人可以向美国专利商标局提交一份意图使用的申请，之后开始展开实际使用再获得注册（如果申请人后续没有实际使用，则不给予注册，不能对抗申请日后实际使用的商标权人），这就相当于在实际使用之前为申请人保留了一个商标。这种拥有注册外观的商标权，不能对抗在先使用的、未注册的商标权。

使用取得模式在美国有着深厚的法理基础。美国最高法院曾在判决中指出："商标本身不含诸如财产之物，它只是隶属于使用该商标的商业或贸易的一种权利……特定商标的权利源于使用，而非因为选择（adoption）。"①"普通法的商标及其排他使用权应当被归类为财产权……但应当建立在权利人持续拥有商誉的基础之上。"②财产权的本质是排他性，商标权因具有排他性而成为一种财产权，并非因为行政机构的授予。但是，商标权的排他性区别于其他财产权，商标权的排他性是由相关公众的认知所界定的。因此，商标中的任何"财产"都是相关公众的认知所创造和界定的，相关公众的认知在商标法的所有假定和公共政策中具有核心地位。③ "商标本身并非侵害对象。所被侵害的对象是公众不被混淆的权利及商标所有人控制其商品商誉的权利……商标法并不是为保护商标本身，而是避免公众不被混淆。"④

因此，外国商标若要在美国受到保护，也必须在美国已经使用，除非该外国商标在美国的商誉已经达到驰名。当然，这种使用取得模式并非没有弊端。因为缺乏事先的公示程序，使用取得模式容易导致在全国范围内同时存在或使用商标的情形，即所谓的善意远方使用；竞争者因不容易查询在先商标的使用情况和商标权的范围，导致可能引发权利冲突。

二、注册取得

我国《商标法》第 4 条第 1 款规定："自然人、法人或者其他组织在生产经营活动中，对其商品或者服务需要取得商标专用权的，应当向商标局申请商标注册。不以使用为目的的恶意商标注册申请，应当予以驳回。"可见，中国采取在先申请注册取得商标权的制度，即若自然人、法人或者其他组织在生产经营活动中，基于生产、运营等商业活动所需，应当针对具体的商品类别向商标局申请注册商标。申请注册商标的，应当按照《商标法实施条例》第二章所规定的商标注册申请管理办法提交相关材料。商标局在收到商标注册申请人的申请后，依照《商标法》的具体规定进行形式与实体审查，符合相关规定授权条件的，应当依法核准注册并颁发商标注册证，并向社会公众予以公示。

---

① United Drug Co. v. Theodore Rectanus Co., 248 U.S. 90, 97 (1918).

② Hanover Star Milling Co. v. Metcalf, 240 U.S. 403, 413 (1916).

③ J. Thomas McCarthy. *McCarthy on Trademarks and Unfair Competition* (Fifth Edition), June 2020.

④ James Burrough Ltd. v. Sign of Beefeater, Inc., 540 F.2d 266, 274 (7th Cir. 1976).

在商标注册与商标使用产生冲突时，我国应当维护商标注册的价值。例如，当在先商标使用人没有在我国商标局获准注册，该使用人只能依照《商标法》第 59 条的规定提出在先使用抗辩(2013 年修订之前，使用人不得对抗商标专用权人)，而已经完成注册的商标专用权人可以对其他人提起商标侵权诉讼。在我国法院 2013 年之前审理的涉及远方市场使用的纠纷类型中，只要原告的商标注册在先，则无论被告使用商标的地域和主观状态，即使被告构成远方市场的善意使用，均构成商标侵权。因为即使当前没有发生实际混淆的情形，但商标权人将来的市场扩展可能会带来混淆，法律已经为商标权人预留了商业扩展的空间。

在先申请注册取得商标权的制度通过公示程序与明确的专用权范围界定，能够使取得注册商标专用权的主体安心就相关商标进行市场推广与开发，从而通过确定的稳定性保持商标权利体系的正常运行。然而，该制度由于并未设置申请主体主观意图的审查程序，容易导致通过在先申请注册取得商标进行囤积，而后牟取不当利益情形的出现，造成参与市场运营的主体准入门槛设置被“在先注册商标”予以“劫持”，同时大量的商标申请也会给商标审查机关带来巨大的审查成本负担。我国《商标法》的最近两次修订都以打击恶意商标注册为目标之一，新增或修改了很多条文以缓和商标注册取得模式的弊端，例如《商标法》第 4 条第 2 句是制止恶意商标注册的绝对事由；第 7 条的诚实信用条款；第 59 条第 3 款是在先使用抗辩条款等。

第二节　商标权的取得程序

一、注册申请

（一）诚实信用

《商标法》第 7 条第 1 款规定：申请注册和使用商标，应当遵循诚实信用原则。诚实信用原则是民事活动的基本原则，商标的申请注册和使用在民事活动的广义范畴之内，故其亦应当体现该原则。随着我国经济商业活动的不断扩张，一方面，商标申请注册的绝对需求量不断上升；另一方面，商标被作为牟取不当利益的手段也愈演愈烈。为此，在 2013 年修正的《商标法》中增加了“诚实信用”原则，就是为了突出该原则在商标注册制度框架下的作用，该原则的精神亦体现在具体的条款之列，从而确保我国商标注册制度的健康有序发展。

（二）强制申请

《商标法》第 6 条规定：法律、行政法规规定必须使用注册商标的商品，必须申请商标

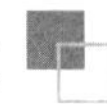

注册，未经核准注册的，不得在市场销售。我国采取商标注册制度，以自愿申请为原则，以强制注册为例外。商标专用权为民事权利之一，其具有私权的属性，在不与国家法律、法规等强制性规定相冲突的情况下，一般不宜对他人申请注册商标的行为予以干涉。然而，因特定行业中的商品或者服务关系国家民生或者公民的健康安全，需要对有关商品或者服务的来源予以控制、管理，此时该行业的经营者必须申请注册商标后，相关商品或者服务方可在市场上正常流通，因此强制注册制度也就相应产生。商标强制注册是商标自愿注册原则的例外。[①] 例如，《烟草专卖法》第 20 条规定：卷烟、雪茄烟和有包装的烟丝必须申请商标注册，未经核准注册的，不得生产、销售。

（三）共同申请

《商标法》第 5 条规定："两个以上的自然人、法人或者其他组织可以共同向商标局申请注册同一商标，共同享有和行使该商标专用权。"两个以上主体共同申请商标后，可以就核准注册商标后如何行使注册商标专用权进行约定。因为注册商标本身为无形性，自身不具有可拆分性，即不同于有体物区分为共同共有和按份共有，但是注册商标专用权的共有权人可以就各自的使用地域、方式、收益的比例分配等进行约定，若无具体约定时，共有权人平等享有除转让之外的使用该注册商标专用权的权利，除非该共有权人的行为损害了其他共有权人的合法权益，但所得收益应当属于共有权人。

（四）优先权

《商标法》第 25 条第 1 款规定：商标注册申请人自其商标在外国第一次提出商标注册申请之日起 6 个月内，又在中国就相同商品以同一商标提出商标注册申请的，依照该外国同中国签订的协议或者共同参加的国际条约，或者按照相互承认优先权的原则，可以享有优先权。《商标法》第 26 条第 1 款规定：商标在中国政府主办的或者承认的国际展览会展出的商品上首次使用的，自该商品展出之日起 6 个月内，该商标的注册申请人可以享有优先权。

商标注册申请的优先权原则是《巴黎公约》所规定的基本制度之一，使得商标申请主体只要在一个缔约国申请注册商标，则可享有自其初次申请之日起的 6 个月内的优先权。只要该商标注册申请主体在 6 个月内向其他成员国提出相同商标注册申请的，其申请日均可以在第一个缔约国的申请日为准。根据《商标法》第 25 条第 1 款，国外优先权的适用应当满足以下三方面的条件：一是应当是在外国第一次进行商标注册申请之日起六个月内提出，即提出期限限定为 6 个月，若超过外国第一次申请之日 6 个月的，则不再有优先

① 全国人民代表大会常务委员会法制工作委员会：《中华人民共和国商标法释义》，法律出版社 2013 年版，第 18 页。

权；二是关于国外优先权的适用对象限定为相同商品以及同一商标，若商标注册申请人进入我国后，改变了商标标志或者商品类别，则不能够再行适用国外优先权，特别需要指出，即使是类似商品或者近似商标标志的，亦不能享有优先权；三是适用国外优先权的地域范围，应当以该外国与我国签订了协议或者共同参加国家条约为限，这是“互惠原则”的体现。同时，在行使国外优先权时应当注意，其是以书面申请为启动要件，并不属于商标行政管理机关主动审查的范围，需要以商标注册申请人在提出商标注册申请的时候一并提出书面声明，并且在3个月内提交其第一次在外国提出的商标注册申请文件的副本，方可启动国外优先权的审查程序。

“普兰娜生活艺术有限公司与商评委商标申请驳回复审行政纠纷”案[①]

普兰娜公司依据其于2010年11月19日在美国提交的“prAna及图”商标申请，于2010年12月28日向我国商标局提交了诉争商标的注册申请，在申请书中主张优先权，并于2011年1月27日提交了相应的优先权证明文件。诉争商标的优先权日期为2010年11月19日。

最高人民法院认为，引证商标的申请日期为2010年11月26日，诉争商标的优先权日期为2010年11月19日，诉争商标的优先权日期早于引证商标一的申请日期，故引证商标不构成诉争商标能否注册申请的权利障碍。故判决撤销一、二审判决及被诉决定，商标评审委员会重新做出决定。

二、审查确权

我国商标申请采取注册制度，商标专用权的取得需要通过商标局依据《商标法》的具体规定予以审查，在不违反《商标法》绝对禁止使用的情形、绝对禁止注册的情形以及相对理由的情形下，方可核准注册。

经过商标局审查后，申请人获得商标专用权。但商标专用权的性质在学术上存在争议，主要集中在两个方面：一是商标权的产生机制是一种行政授权、行政许可，还是一种行政确认？二是商标专用权是一种积极权利，还是一种消极权利？就第一个问题而言，笔者更倾向于持行政确认说，是行政主体依法对行政相对人的法律地位、法律关系或者法律事实进行甄别，予以确定、认可、证明（或者否定）并予以宣告的具体行政行为。[②] 在商标注册程序中，行政机关确认商标注册申请是否符合商标注册的条件，注册商标权产生于商标注册申请这一民事法律行为，商标局的注册行为就是对该民事法律行为的行政确认。[③] 我国最高人民法院为了回避争议，在相关司法解释中使用了“授权确权”的表述。无论“授

① 最高人民法院（2017）最高行再10号行政判决书。
② 姜明安：《行政法与行政诉讼法》，北京大学出版社2011年版，第249页。
③ 冯术杰：《商标法原理与应用》，中国人民大学出版社2017年版，第27页。

权”抑或“确权”，行政机关对商标申请的审查行为区别于民事主体的商标申请行为，两者具有不同的法律性质，后者是民事行为，因此才会导致恶意申请的不正当竞争规制。实践中有法院认为恶意申请商标的行为不属于民事侵权行为，是申请人向行政机关提出行政许可申请的行为，并非生产经营行为，由此产生的争议不属于民事诉讼的范围，[①]这种观点错误理解了商标申请行为的法律性质。

就商标专用权的法律性质，我国《商标法》第 56 和 57 条分别从正面（积极）和反面（消极）两个角度作出规定。这种立法例对商标权性质的认知造成了一些误解。首先，从国外一些典型立法例可以看出，国外立法者通常把商标权作为一种消极权利对待。《欧盟商标一号指令》第 10 条第 1 款明确规定注册行为将授予权利人一项排他权（exclusive right）；第 2 款紧接着明确规定了三种类型的排他范围（在相同商品或服务上使用相同商标；在相同或类似商品或服务上使用相同或近似商标且导致混淆可能性；不论商品或服务的类别无正当理由利用或损害商标的显著性或商誉）。《日本商标法》第 25 条规定：商标权人拥有在核定商品或服务使用注册商标的排他权利。其次，商标权是一种无形财产权，无形财产权利人不能通过对无形物的有形占有实现对客体的物理控制，只能通过法律控制方法控制对客体的利用，这导致了无形财产权的构造逻辑区别于有形财产权，是从公有领域划出专有控制范围，创设权利的目的不是告诉权利人能做什么，而是使第三人清楚不能做什么，因此，无形财产权本质上都是一种消极权。知识产权是立法者授予权利人对知识产品的特定控制，是一项专有权和排他权，是基于消极方面的控制或排他实现创新激励的效果。商标权也应被理解为一种消极权或排他权。再次，商标权的许可、转让、质押等以商标权的价值实现为内容，严格地说并非商标权排他效力的范畴。未经权利人同意擅自转让商标权的行为，通常应当按照合同法的有关规则寻求救济，即主张转让行为无效，而不能主张商标侵权。需要注意的是，日本《著作权法》第 26 条-2(1)，立法者将“转让权”明确规定为著作权人的一项排他权，这意味着未经许可擅自转让著作权的行为构成对著作权的侵犯。我国《计算机软件保护条例》第 24 条第 1 款第 5 项也作出了类似规定，擅自转让或者许可他人行使著作权人的软件著作权的，构成著作权侵权行为。这种规定是立法者的一种特殊安排，不能将转让权理解为著作权的权利束，《英国版权法》第 16 条第 1 款在规定了六项专有权利之后，第 2 款接着规定：因为版权人享有授权他人使用的权利，非版权人的授权构成侵权，非经版权人授权而实施的行为也构成侵权。这种立法结构更为合理，明显可以看出授权侵权是一种特殊侵权形态。在我国司法实践中，有法院运用了许可侵权理论认定积木散件的销售商构成著作权侵权，该销售商既不构成直接侵权，也不构成间接侵权或共同侵权。[②] 在我国商标法领域中，尚未有案件讨论这一制度。

---

① 北京知识产权法院(2020)京 73 民初 1283 号民事裁定书；北京市高级人民法院(2021)京民终 497 号民事裁定书；北京市西城区人民法院(2020)京 0102 民初 2355 号民事判决书。

② 杨馥宇：《论许可侵权的构成要件》，《电子知识产权》2023 年第 4 期。

三、异议程序

(一) 审查对象

《商标法》第 33 条规定：对初步审定公告的商标，自公告之日起三个月内，在先权利人、利害关系人认为违反本法第 13 条第 2 款和第 3 款、第 15 条、第 16 条第 1 款、第 30 条、第 31 条、第 32 条规定的，或者任何人认为违反本法第四条、第 10 条、第 11 条、第 12 条、第 19 条第四款规定的，可以向商标局提出异议。公告期满无异议的，予以核准注册，发给商标注册证，并予公告。

首先，本条对异议申请主体进行了区分，即基于相对禁止理由的异议主体限定为在先权利人或者利害关系人，因为相对禁止事由条款系针对私权的保护，采取“不告不理”的制度，他人无权越俎代庖，代为行使。而诉争商标若构成《商标法》第 4、10、11、12、19 条第 4 款规定的绝对禁止事由时，异议申请的主体为任何人。其次，商标异议申请与无效宣告申请的差异在于审查对象的不同，商标异议申请系基于经过初步审定的商标，在公告之日起 3 个月内所提出不应当予以核准注册的事由；而无效宣告申请系针对已经注册的商标，因此二者存在审查对象上的差异。商标异议申请制度设立的价值在于，就商标局经过审查予以初步审定的商标，通过公告的方式向社会公众予以公布，提高商标授权的质量。若在诉争商标初步审定公告之日起三个月内，无人提出异议的，则予以核准注册，颁发商标注册证。应当注意的是，商标异议程序的届满日期是以初审公告日的次日开始起算，而并非以初审公告当日进行计算。

(二) 商标异议—准予注册决定的直接生效

按照《商标法》的规定，商标授权的过程一般可以分为申请(即商标局对于申请商标进行初步审查)，若通过初步审查，则进行公告。在公告期内如有异议申请主体可以针对诉争商标提出异议，若无人提出异议，则核准注册该商标。若商标局驳回了申请商标的注册申请，此时该商标申请主体可以通过向商标评审委员会申请复审，商标申请主体若不服驳回复审决定，可以通过提起行政诉讼的方式另行救济(《商标法》第 34 条：驳回注册的救济)。若诉争商标在异议期内被申请异议的，商标局作出准予注册决定的情况下，属于直接生效，行政相对人不能再行提出异议复审，只能之后请求宣告商标无效。但是商标局在作出不予注册决定的情况下，诉争商标申请人则有权向商标评审委员会申请复审。同样，商标评审委员会复审决定准予注册的，此时亦直接生效；反之，商标评审委员会若复审决定不予注册的，则诉争商标申请人仍可以向法院提起行政诉讼(《商标法》第 35 条：不予注册的救济)。

公告期满到准予注册决定作出之前，可称为“临时保护期”，商标申请人不享有商标

权。即便后续商标申请被核准，商标权的效力从公告期满之日起算，注册商标专用权的效力不能追溯至临时保护期，此时申请人只能按照《商标法》第 13 条、《反不正当竞争法》第 6 条等享受未注册商标的保护。如果不满足上述条文规定的条件，则申请人还可根据《商标法》第 36 条第 2 款享有特别保护，但只有当使用人主观上为恶意且其行为给商标注册人造成了损失，商标申请人才能请求赔偿。

四、复审程序

《商标法》第 34 和 35 条分别规定了“申请驳回复审程序”和“不予注册复审程序”。

《商标法》第 44 和 45 条则规定了“无效宣告”复审程序。若注册商标违反了《商标法》关于商标注册的相关规定，既可以由商标局主动依法宣告该注册商标无效，亦可以由当事人依申请向商标评审委员会申请无效宣告。商标局主动依法宣告注册商标无效的，更多体现为其对于商标注册秩序、市场经济环境的管理性职责，故仅限于禁止注册的绝对事由，而针对注册商标侵害私权的情形，则不属于商标局主动予以宣告注册的范畴。《商标法》第 45 条则规定了当事人申请无效宣告的情形，仅限于禁止注册的相对事由。

《商标法》第 54 条规定了撤销复审程序。《商标法》第 49 条规定了商标权撤销的事由，可以分为商标局发起撤销和民事主体发起撤销两种情形。商标注册人在使用注册商标的过程中，自行改变注册商标、注册人名义、地址或者其他注册事项的，由地方工商行政管理部门责令限期改正；期满不改正的，由商标局撤销其注册商标。注册商标成为其核定使用商品的通用名称或者没有正当理由连续 3 年不使用的，任何单位或者个人可以向商标局申请撤销该注册商标。商标局应当自收到申请之日起 9 个月内做出决定。有特殊情况需要延长的，经国务院工商行政管理部门批准，可以延长 3 个月。

《商标法》第 40 和 42 条的规定，我国商标续展以及转让采取核准制而非备案制，虽然商标法从程序条款设置上并未规定行政相对人不服商标局关于续展或者转让作出行政行为的后续救济方式，但是从商标续展或者转让仍为行政行为范畴的视角，在《商标法》作为特别法并未进行规定的情况下，可以适用《行政诉讼法》以及《行政复议法》的相关规定，即一般法予以适用。首先，《商标法》第 40 条规定：注册商标有效期满，需要继续使用的，商标注册人应当在期满前 12 个月内按照规定办理续展手续；在此期间未能办理的，可以给予 6 个月的宽展期。每次续展注册的有效期为 10 年，自该商标上一届有效期满次日起计算。期满未办理续展手续的，注销其注册商标。商标局应当对续展注册的商标予以公告。其次，出于防止因转让注册商标导致消费者对商品来源产生混淆误认或者损害公共利益的情形，《商标法》作出了限制注册商标转让的两种例外情形：要求商标注册人对其在同一种商品上注册的近似的商标，或者在类似商品上注册的相同或者近似的商标，应当一并予以转让；对容易导致产生其他不良影响的转让，商标局不予核准。

五、司法审查

以上五种复审决定的合法性都应当接受司法审查。我国《商标法》于 1982 年 8 月 23 日经全国人民代表大会常务委员会正式通过，后经 1993、2001、2013、2019 年四次修正，在 2001 年修正之前，商标授权、确权程序均是由商标评审委员会作出终局性裁决，而并未赋予行政相对人后续的司法救济程序，即行政终局演变为司法终局是自 2001 年《商标法》修订后新增的内容，体现了与 TRIPs 协议第 41 条第 4 款和第 62 条的接轨，也与国际上司法审查终局制的发展方向相吻合。

《商标法》第 34 条规定：当事人对商标评审委员会的决定不服的，可以自收到通知之日起 30 日内向人民法院起诉。《商标法》第 34 条系针对商标局驳回申请商标的注册后，该商标申请人不服向商标评审委员会申请复审，而后不服复审决定可以向人民法院提起行政诉讼确认复审决定是否合法作出的规定，虽然其中仅限定了起诉期限，即收到复审决定之日起 30 日内，但是就被诉复审决定的合法性审查，应当依据《行政诉讼法》第 6 条以及《商标法》的具体规定予以审理。

《行政诉讼法》第 6 条规定，人民法院审理行政案件，对行政行为是否合法进行审查。国家行政机关作出的行政行为应当确保实体与程序均具有合法性，若行政行为程序上明显违反法律、法规的规定，且实际损害了行政相对人的合法权益，人民法院应当对此予以纠正。然而，人民法院对行政行为合法性审查的范围应当包括被诉的行政行为，即人民法院系对已经作出的行政行为合法性进行的审查，对行政行为并未涉及的内容，一般不宜直接予以认定，从而影响国家行政机关依职权行使法定权力。人民法院认为被诉复审决定确应予以撤销的，应当依据《行政诉讼法》第 70 条的规定，行政行为有下列情形之一的，人民法院判决撤销或者部分撤销，并可以判决被告重新作出行政行为：① 主要证据不足的；② 适用法律、法规错误的；③ 违反法定程序的；④ 超越职权的；⑤ 滥用职权的；⑥ 明显不当的。

在商标申请注册程序中，商标注册主管机关应当按照商标法等规定，保障商标注册申请人享有相应的程序性权益。在商标法等法律法规规章已就商标注册申请需要提交的文件要求作出明确规定的情况下，商标注册申请人的知情权等程序性权益已得到充分保障。商标注册主管机关当然可以从便利当事人的角度出发，在商标注册申请过程中提供具有针对性的个案指导，提示当事人对不符合要求的申请文件作出补正以提高商标申请注册的成功率；但在法律法规规章未作明确要求的情况下，此种释明并非商标注册主管机关的法定职责，不能仅因商标注册主管机关未在个案中对商标注册申请人作出释明、未提供补正机会，就认定商标注册主管机关作出的相关行政行为违反法定程序，例如商标评审委员会未给予机械工程协会修改、补正机会，径行作出驳回申请商标注册申请的被诉决定，仅是其行使自由裁量的权力。

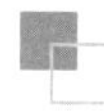

商标评审委员会未写明具体驳回理由应属违法。原国家工商行政管理总局颁布的《商标评审规则》第 34 条第 1 款第(2)项规定，商标评审委员会作出的决定、裁定应当载明："决定或者裁定认定的事实、理由和适用的法律依据"。因此参照上述规章的要求，商标评审委员会应当在被诉决定明确载明申请商标的注册申请违反法律、法规或者相关规定的具体内容，从而能够确保行政相对人就被诉决定所作出依据是否合法进行抗辩，法院亦可针对具体事由是否合法予以审查。

第三节　商标权消灭

一、注销

（一）注册商标的续展

《商标法》第 40 条规定：注册商标有效期满，需要继续使用的，商标注册人应当在期满前 12 个月内按照规定办理续展手续；在此期间未能办理的，可以给予 6 个月的宽展期。每次续展注册的有效期为 10 年，自该商标上一届有效期满次日起计算。期满未办理续展手续的，注销其注册商标。商标局应当对续展注册的商标予以公告。

（二）商标权消灭后的"过渡期"

《商标法》第 50 条规定：注册商标被撤销、被宣告无效或者期满不再续展的，自撤销、宣告无效或者注销之日起 1 年内，商标局对与该商标相同或者近似的商标注册申请，不予核准。这可以理解为商标权消灭后的"过渡期"制度。

1. 价值考量

基于《商标法》的相关规定，商标权可能会基于被撤销、被宣告无效以及期满未续展而归于消灭，但是商标的基本功能在于标识商品或服务的来源，同时亦可能由于使用、宣传而承载商业信誉、商品声誉，因此商标从其获准注册后，通过使用、宣传进入商品流通领域，势必会使消费者对特定商标产生来源甚至商誉的认知。虽然商标权会因上述原因归于消灭，但是商标权消灭之日并非其从消费者认知中消失之时。《商标法》在保护商标注册人专用权的同时，也需要兼顾保护消费者和社会公众的利益，因此虽然商标权消灭了，但是考虑到消费者认知的习惯与方式，《商标法》通过限定"一年"的"过渡期"制度，使"在先"商标在消费者心中所形成的"记忆"发生"淡化"直至"遗忘"，此后方可准予相同或者近似的商标在相同或者类似商品上注册，因此《商标法》第 50 条是从保护消费者利益不受损失的视角进行了相关规定。

2. 情势变更

《商标法》第50条明确规定了“过渡期”制度，与此相关，司法审查中逐渐引入了合同法中的“情势变更”原则。在商标行政纠纷中，若不对引证商标的效力归于消灭的情况进行考量，将导致诉争商标的申请人或权利人后续无其他救济手段，也会使真正需要将商标投入到实际生产经营的主体被“拒之门外”，有悖商标制度的基础价值。

艾德文特软件有限公司与商评委商标申请驳回复审行政纠纷[①]

最高人民法院认为本案在二审过程中，引证商标因连续3年停止使用而被商标局予以撤销，引证商标已丧失商标专用权。依据2001年修正的《商标法》第28条的规定，引证商标已不构成申请商标注册的在先权利障碍。在商标评审委员会作出决定的事实依据已经发生了变化的情形下，如一味考虑在行政诉讼中，人民法院仅针对行政机关的具体行政行为进行合法性审查，而忽视已经发生变化了的客观事实，判决维持商标评审委员会的上述决定，显然对商标申请人不公平，也不符合商标权利是一种民事权利的属性，以及商标法保护商标权人利益的立法宗旨。商标驳回复审案件本身具有特殊性，在商标驳回复审后续的诉讼期间，商标的注册程序并未完成。因此，在商标驳回复审行政纠纷案件中，如果引证商标在诉讼程序中因连续3年停止使用而被商标局予以撤销，鉴于申请商标尚未完成注册，人民法院应根据情势变更原则，依据变化了的事实依法作出裁决。在艾德文特公司明确主张引证商标权利已经消失、其申请商标应予注册的情况下，二审法院没有考虑相应的事实依据已经发生变化的情形，维持商标评审委员会决定以及一审判决显属不当，应予纠正。

最高人民法院在2017年1月10日公布的《关于审理商标授权确权行政案件若干问题的规定》第28条中明确规定，人民法院审理商标授权确权行政案件的过程中，商标评审委员会对诉争商标予以驳回、不予核准注册或者予以无效宣告的事由不复存在的，人民法院可以依据新的事实撤销商标评审委员会相关裁决，并判令其根据变更后的事实重新作出裁决。基于前述司法解释的规定，若引证商标的效力归于消灭，则应在考虑新的事实情况下，对诉争商标是否应予核准注册进行认定。然而在《商标法》第50条明确规定“过渡期”制度的前提下，为了平衡诉争商标申请人与消费者之间的利益，在人民法院判决撤销被诉决定的情况下，通常商标局亦会在引证商标权利消灭一年后再予正式核准注册。这样既维护了消费者的利益，又保障了诉争商标申请人的权益，达到了二者合理的平衡。

二、无效

《商标法》第44、45条规定了宣告注册商标无效的制度，“已经注册的商标”是作为启

① 最高人民法院(2011)行提字第14号行政判决。

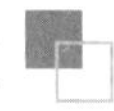

动无效宣告程序的前提。关于请求无效注册商标的实体法依据，即商标注册的绝对禁止事由和相对禁止事由，本书已经在第二章详述。

(一) 无效宣告请求程序的起算日

1. 核准注册之日应当以公告日起算还是主管机关裁定之日起算

提起无效宣告请求程序的起算日应当为商标的核准注册之日，即核准公告日，而不是商标注册主管机关作出具体裁定之日。

2014 年修正的《商标法实施条例》第 96 条规定："商标局发布《商标公告》，刊发商标注册及其他有关事项。《商标公告》采用纸质或者电子形式发布。除送达公告外，公告内容自发布之日起视为社会公众已经知道或者应当知道。"商标专用权属于对世权，其正是通过公示的形式，告知不特定社会主体，无论该社会主体是否客观知悉，均视为其"应当知道"，若该社会主体在此后的商业活动中落入他人注册商标专用权保护的范围内，则应当承担相应的民事责任。通过对商标专用权绝对化的保护，可知"公示制度"能够提醒社会公众注意与避让。推而广之，商标无效宣告制度亦是为了提示社会公众已经注册的商标可能存在违背社会公序良俗或者侵害他人相对合法权益的情形，此时法律通过具体的时限规定，给予被侵害主体针对已经注册的商标提出无效宣告的程序救济方式。为了平衡注册商标权利人对权利稳定性的预期和保障社会主体正当行使制度设计的权利，通过诉争商标核准公告的方式来确定"商标核准注册日"具有商标法内部逻辑的自洽性。

《商标法》第 39 条规定："注册商标的有效期为十年，自核准注册之日起计算。"2002 年施行的《商标法实施条例》第 23 条第 4 款的规定，经异议裁定核准注册的商标，对其提出评审申请的期限自该商标异议裁定公告之日起计算。现行《商标法实施条例》第 32 条第 3 款规定：商标移转申请经核准的，予以公告。接受该注册商标专用权移转的当事人自公告之日起享有商标专用权。结合上述法律、法规的规定，关于 2013 年《商标法》第 44 条第 1 款、第 45 条第 1 款所规定的起算日期，均应以诉争商标核准注册的公告发布之日进行计算。需要注意的是，由于商标经过初审公告存在异议程序，而且若商标局做出异议不予注册决定后，诉争商标申请人可能会提出不予注册异议复审、行政诉讼等程序，故商标专用权的起算时间与"商标核准注册日"会存在客观差别，此时不能将商标专用权计算日等同于"商标核准注册日"，计算无效宣告程序的启动与结束日期。

2. "自商标注册之日起 5 年内"应当以"当日"起算还是"次日"起算

一种意见认为，应当以"核准注册公告发布当日"进行起算。这种意见认为，公告发布之日即为社会公众知悉之时，故为了鼓励社会公众积极维护自身权利，确保已经核准注册商标效力的稳定性，从当日起算更具合理性。而且结合商标专用权计算日期即为当日的规定，考虑到两者在同一部门法之中的情况，应当以"核准注册公告发布当日"为起算点。另一种意见认为，应当以"核准注册公告发布次日"进行起算。这种意见认为，权利的产生与权利的救济具有自身属性的差异性，权利的产生应当及时确定，方可防止侵权人对权益的损害，从而维护合法民事权利；而权利救济通常应当给予权利人一定的宽限，纵观民事权益各部门法所规定的权利救济起算的日期，多是以“次日”进行起算的，《商标法》第45条第1款系商标的注册侵害相对人的私权，故采取“次日”更加合理。对此，《北京市高级人民法院商标授权确权行政案件审理指南》第18.2条第1款进行了具体规定，商标法第45条第1款规定的“自商标注册之日起五年内”，是指自诉争商标注册公告之日的次日起5年内，该期间不适用中止、中断等情形。笔者赞同第二种意见。

（二）无效宣告请求程序的中止情形

《商标法》第45条第3款规定，商标评审委员会在依照前款规定对无效宣告请求进行审查的过程中，所涉及的在先权利的确定必须以人民法院正在审理或者行政机关正在处理的另一案件的结果为依据的，可以中止审查。中止原因消除后，应当恢复审查程序。

上述法律条款系对以下情况的考虑：若无效宣告请求人基于在先商标权、著作权、企业名称权益（含商号）等合法民事权益，以诉争商标的申请注册侵害其在先权利（含在先商标权）为由，主张对诉争商标予以无效宣告，如果该在先权利的权属或权利的效力状态正在其他案件中予以审理，因《商标法》第45条第1款限定的申请主体为权利人或者利害关系人，且其主张的在先权利应为合法有效的状态，因此其他案件的裁判结果势必对本案无效宣告产生实质性影响。由此，在一般情况下，商标评审委员会可以采取中止审查的方式，等待其他案件的裁判结论确定时，再行审理无效宣告请求案件。

（三）注册商标无效的法律后果

《商标法》第47条规定：依照本法第44、45条的规定宣告无效的注册商标，由商标局予以公告，该注册商标专用权视为自始即不存在。（第2款）宣告注册商标无效的决定或者裁定，对宣告无效前人民法院做出并已执行的商标侵权案件的判决、裁定、调解书和工商行政管理部门做出并已执行的商标侵权案件的处理决定以及已经履行的商标转让或者使用许可合同不具有追溯力。但是，因商标注册人的恶意给他人造成的损失，应当给予赔偿。（第3款）依照前款规定不返还商标侵权赔偿金、商标转让费、商标使用费，明显违反公平原则的，应当全部或者部分返还。

《商标法》第47条第1款系对于商标权被无效宣告后，其专用权消灭起始时间应追溯为自始不存在；该条第2、3款则是针对注册商标在被宣告前，基于生效判决、裁定、调解书、商标转让合同、许可协议等已经支付完毕的款项，一般情况下不具有追溯力，只有在显失公平的情况下才予以返还。《商标法》第47条第2款的立法目的在于实现公平与秩序的协调和平衡。一方面，赋予注册商标无效决定或者裁定对商标权被宣告无效后尚未执行或者履行完毕的商标侵权判决、调解书、商标侵权纠纷处理决定、商标许可合同、商标权转让合同等以追溯力，保障被指控的商标侵权人、商标被许可人以及受让人的正当利益，防止注册商标权人借无效商标获得不当利益。另一方面，对于已经执行或者履行完毕的商标侵权判决、调解书、商标侵权纠纷处理决定、商标许可合同、商标权转让合同，商标无效决定或裁定没有追溯力，维持已经形成并稳定化的社会秩序。由于宣告无效的商标专用权视为自始不存在，以该商标权为基础的商标侵权判决、调解书、商标侵权纠纷处理决定、商标实施许可合同、商标权转让合同等所确定的利益本不应由商标权人获得。因此，商标法第 47 条第 2 款的规定以商标无效决定或裁定有追溯力为原则，以无追溯力为例外。

三、撤销

注册商标的撤销包括依职权撤销和依申请撤销两种情形，前者主要由《商标法》第 49 条规定，后者又可分为两种事由：显著性退化和连续 3 年不使用。

（一）显著性退化

商标的显著性判断是一个法律事实，不因权利人或使用人的主观意图而发生变化。商标在实际使用过程中可能出现显著性退化，显著性退化不同于商标申请注册时因不满足显著性条件而被宣告无效的情形，无效宣告的情形产生自始无效的后果，而显著性退化的情形则以撤销申请人提出申请之日作为基准日。

"千叶豆腐"案

商标法之所以规定注册商标成为核定商品的通用名称后应当予以撤销，根本原因是此时注册商标已无法再发挥商标应当具备的区分商品来源的功能，消费者认牌购物的基本需求无法得到保障，其他经营者自由使用公共标志的正当权利可能受到阻碍，并非出于对商标权利人未能有效维护注册商标的惩罚。从制度设计的角度来说，在注册商标权利人已取得的形式上合法有效的商标专用权和社会公众能够方便、准确地指代特定商品从而确保社会信息交流顺畅的公共利益之间权衡，优先保障社会公共利益的实现是较为妥当的选择。因此，注册商标退化"成为其核定使用的商品的通用名称"的判断，不仅包括商标权利人自身原因造成的通用化，而且包括出于其他经营者和社会公众原因造成的通用化，在判断中不以商标权利人在通用化的过程中存在主观过错为前提，更为合理。[①]

（二）连续 3 年不使用

1. 商标使用

在"连续 3 年不使用"的判断中，可以从"真实、合法、规范、公开"等四个方面判定"商

① 北京市高级人民法院(2020)京 73 行初 18106 号行政判决书。

标使用”。这与《商标法》第48条中的商标使用制度具有内在的统一，使商标能够起到识别商品或服务来源的作用。

第一，所谓“真实”，系指诉争商标的使用行为应出于商标权人的真实意思表示，并且具有使用诉争商标达到区分商品或服务来源作用的主观意图，而非仅为浪费商标资源、侵占公共资源、通过转让等手段谋取利益，为维持诉争商标注册而进行的使用，或者并非基于商标权人的意志进行的使用。

第二，所谓“合法”，系指诉争商标在指定使用商品或服务上的使用，不能违反国家法律、法规等强制性规定的要求。最高人民法院在“卡斯特案”中认为，只要在商业活动中公开、真实地使用了注册商标，且注册商标的使用行为本身没有违反商标法律规定，则注册商标权利人已经尽到法律规定的使用义务。该案中商标注册人使用争议商标有关的其他经营活动中是否违反进口、销售等方面的法律规定，并非撤销程序所要规范和调整的问题。[①] 但是，学术界也有观点认为应该将合法性与否的考察转化为对法律、行政法规的违反是否实际导致了注册商标连续3年不使用。这种观点认为商标使用中对于合法性的要求主要是指商品可以在市场中合法地流通，如果根据其他法律、行政法规的规定禁止附着了商标的商品在市场中的公开流通，那么商标所起到的商品来源识别功能并不能合法地得以实现。[②] 笔者赞同这种学术意见。

第三，所谓“规范”，系指诉争商标在使用过程中一般应与其核准注册的商标标志与核定使用的商品相一致。因为我国采取商标注册制度，即通过法定程序注册，使商标获得专用权。专用权的本质要求商标权人根据其被核准注册的商标标志和商品进行规范的使用，否则可能会对他人的合法权利造成侵害，而商标的使用恰为商标专用权的有效体现。即便可以在一定限度内接受诉争商标在实际使用中的细微改变，此种改变也应当确保在相关公众施以一般注意力的情况下，能够辨认出诉争商标的显著特征，从而有效督促诉争商标权利人行使其商标专用权。然而，如果诉争商标权利人实际使用的改变后的标志直接指向了其他注册商标，则该使用行为可能并非对诉争商标具有使用的意图，也就无法形成与诉争商标专用权的唯一对应关系。在此情况下，即使实际使用中诉争商标的显著特征能够识别，也不能认为系对诉争商标的使用。

第四，所谓“公开”，系指诉争商标在指定使用商品或服务上进行使用，应当以相关公众能够明确知晓的方式进行，对于仅为生产、销售、宣传等而进行的准备活动，一般不宜认定为商标法意义上的公开使用。

2. 商标使用的具体商品类别

商品类别的规范使用是“规范使用”的应有之义。我国采取商标注册制，不以在先使

---

① 最高人民法院(2014)民提字第25号民事判决书。

② 张鹏：《〈商标法〉第49条第2款“注册商标三年不使用撤销制度”评注》，《知识产权》2019年第2期。

用作为获准注册的要件，然而商标的基本功能是为了使市场主体在生产经营过程中，通过商标的使用，实现相关公众对商品或服务具体来源的认知，故商标法通过规定商标连续3年不使用撤销制度来鼓励商标注册人对其已注册商标进行积极的使用。商标专用权的有效维持，应当以其核定使用的商品或服务为限，即商标注册人应当在其核定使用的商品或服务上进行有效使用，才能确保其商标专用权不被依法撤销。因此，在对复审商标是否能够维持在其核定使用商品或服务上的专用权进行认定时，应当结合其实际使用行为所具体指向的商品或服务与复审商标核定使用的商品或服务是否相同，从而做出判断。

第一，若复审商标的核定使用存在多个商品，并不要求商标专用权人必须具体在每个商品上均进行使用，只要商标专用权人能够证明在其指定使用的某个商品上进行了真实、合法、规范、公开的使用，在与该商品类似的同一群组商品上亦可以维持商标专用权的有效，这既是为了避免过分加重商标专用权人的使用负担，也是对当前商品流通领域中诸多具体商品存在组合销售的现实考量。例如，诉争商标核定的指定商品是“肥皂、润发乳、洗发液”(0301)，权利人在“肥皂”商品上实际使用了诉争商标，那么，可以维持该商标在“润发乳、洗发液”商品上的注册。但是，仅在核定使用范围外的类似商品或服务上使用诉争商标的，当事人主张维持商标注册的，不予支持。[①] 这是为了维护《类似商品和服务区分表》的公示效力，申请人在商标申请时应当尽到谨慎的注意义务，如果当时有对应的商品或服务名称却未选择，则仅在类似商品或服务上的使用不能维持在指定商品上的商标注册，以免申请人通过这种方式在后续商业中扩大商品类别、因缺乏公示性而对他人的商标申请利益造成侵害。

第二，实际使用的商品不属于《类似商品和服务区分表》中的规范商品名称，在认定具体商品所属类别时，应当结合该商品功能、用途、生产部门、消费渠道、消费群体进行判断，并考虑因消费习惯、生产模式、行业经营需求等市场因素，对商品本质属性或名称的影响做出综合认定，例如诉争商标核定的指定商品是第12类“汽车配件”，但权利人实际使用的商品是“发电机、发电机组、起动机”。“发电机”属于《类似商品和服务区分表》0748群组第(1)部分的规范商品项目，明显不属于第12类“汽车配件”。“发电机组”虽非规范商品项目，但其本质属性、功能等都与“发电机”最密切关联，应同属于0748群组，而不属于第12类“汽车配件”。起动机属于非规范商品项目，但第12类1202群组的“汽车配件”的范围明确不包含属于第7类的“发电机、马达和引擎用起动器”商品。第12类商品[注释]部分清楚地指出：“本类尤其不包括：各类马达和引擎的部件，例如马达和引擎用启动器、消音器和气缸(第7类)”。而“起动机”也称为“启动机、启动电机、起动电机”，从其工作原理、功能、用途、生产部门等判断，实际上是《类似商品和服务区分表》0748群组第(1)部分规范商品项“马达和引擎用起动器”的别名，两者属于同一商品的不同名称，属于同一商品。

① 《北京市高级人民法院商标授权确权行政案件审理指南》第19.4条。

因此，诉争商标在这3种商品的实际使用不能产生维持第12类商品商标注册的效果。

参考文献

一、著作

[1] 全国人民代表大会常务委员会法制工作委员会：《中华人民共和国商标法释义》，法律出版社2013年版。

[2] 姜明安：《行政法与行政诉讼法》，北京大学出版社2011年版。

[3] 冯术杰：《商标法原理与应用》，中国人民大学出版社2017年版。

二、论文

[1] 杨馥宇：《论许可侵权的构成要件》，《电子知识产权》2023年第4期。

[2] 张鹏：《〈商标法〉第49条第2款"注册商标三年不使用撤销制度"评注》，《知识产权》2019年第2期。

三、电子文献

[1] 董炳和：《我国商标权取得制度变革问题研究：基本概念之澄清（六）&（七）》，https://mp.weixin.qq.com/s/hwjcuc7mpEQHKMhexst4Zg，最后访问日期：2023年5月11日。

第四章 商标权的范围和利用

商标权在性质上是一项财产权，其客体为商誉。与其他财产权一样，商标权可以被转让、许可、质押等利用。但由于商标权的财产属性有其特殊性，商标权的利用行为亦有其特殊规范。

第一节 商标权的范围

商标专用权的范围，可以从时间、地域、商标图样和商品类别四个方面进行观察。

一、保护时间

注册商标专用权的有效期为 10 年，但商标续展制度在制度上确保了注册商标专用权的保护期限可以超过 10 年。《商标法》第 39 条规定：注册商标的有效期为 10 年，自核准注册之日起计算。《商标法》第 40 条规定：注册商标有效期满，需要继续使用的，商标注册人应当在期满前 12 个月内按照规定办理续展手续；在此期间未能办理的，可以给予 6 个月的宽展期。每次续展注册的有效期为 10 年，自该商标上一届有效期满次日起计算。期满未办理续展手续的，注销其注册商标。商标局应当对续展注册的商标予以公告。

二、保护地域

商标权具有地域性，申请人需要按照申请地辖区的有关法律提出商标申请；申请人获得商标专用权之后，该权利只在其注册地所在辖区有效；权利人只能按照该国法律维护其权利。《巴黎公约》第 6 条规定，商标申请及注册之条件，应由各成员国依其国内法决定之，而成员国之国民在任一其他同盟国所为商标注册之申请，不得以其未在原属国申请、注册或延展而予拒绝或使其注册无效。凡在任一成员国注册之商标与在其他成员国，包括原属国注册之商标，应视为独立。这是国际条约层面对商标地域性原则的规定，但是随着国际贸易、电子商务的发展，驰名商标、区域统一商标、平行进口等带来的特殊制度对商标权的地域性有一定修正。

三、商标图样

权利人获得商标权之后，只能按照申请的商标图样进行商业使用，变换使用可能导致注册商标被撤销的后果。注册商标专用权的范围也只能以商标图样为准划定其界限，但如果实际使用的情形与商标图样差别不大，则亦可视为商标的同一使用，例如“旺旺”与“旺一旺”，虽然文字形式有差异，但差异非常微小。我国台湾地区“商标法”有商标同一性的规定：商标权人实际使用之商标与注册商标不同，而依社会一般通念并不失其同一性者，应认为有使用其注册商标。[①]

四、商品类别

《商标法》第 56 条规定：注册商标的专用权，以核准注册的商标和核定使用的商品为限。商标权人可以在核定的商品或服务上使用申请商标，但商标权不是物权，商标专用权的范围受到商品类别的限定。为了指引商标注册、提高检索效率、为所有的商标注册提供一个可计算的费用基准，《尼斯分类协议》(*Nice Classification Agreement*)因此诞生。商标申请人主要依据该协议提出商标申请，但因其滞后性、非周延性等问题，实践中围绕商标专用权的存续及范围常有争议。

(一) 核准使用的商品

《商标法》第 56 条系关于注册商标专用权保护范围的规定。注册商标专用权是指商标权人在核定使用的商品或服务上享有专门使用核准注册商标的权利，包括两方面的含义：一是注册商标专用权只在特定的范围，即核定使用的商品与核准注册的商标范围内有效；二是该特定范围内商标注册人对其商标的使用是一种专有使用。换句话说，对注册商标的保护，仅限于核准注册的商标和核定使用的商品范围之内，不得任意改变或者扩大保护范围。[②] 实践中，很多商标注册人在申请注册商标时，其选择的注册类别众多，甚至选择全类别注册，但在实际经营中，商标权利人实际使用的商品类别数量往往少于其注册的商品类别数量，对于未实际使用的商品类别，能否认定该权利人在该类别上进行了使用？以下案例对该问题作出了部分回答。

“清华漆业”案[③]

最高人民法院指出，《商标法》中有关“商标连续 3 年不使用”中的“使用”，应当理解为

① 我国台湾地区“商标法”第 64 条。

② 全国人民代表大会常务委员会法制工作委员会：《中华人民共和国商标法释义》，法律出版社 2013 年版，第 105 页。

③ 最高人民法院(2015)知行字第 255 号行政裁定书。

在核定类别上的使用，不应将在类似商品上的使用视为该条所称的“使用”。该案中，诉争商标核定使用在国际分类第2类油漆、漆、铝涂料、银涂料等商品上，但权利人实际使用的商品为“批墙膏”，其并不属于第2类商品。最高人民法院在“清华漆案”明确的规则是比较合理的。一方面，有利于鼓励商标注册人规范注册商标的申请和使用，防止不当占用商标资源。《商标法》第23条规定：注册商标需要在核定使用范围之外的商品上取得商标专用权的，应当另行提出注册申请。第49条第1款：商标注册人在使用注册商标的过程中，自行改变……注册事项的，由地方工商行政管理部门责令限期改正；期满不改正的，由商标局撤销其注册商标。这些规定都要求申请人规范使用其商标。另一方面，该规则也有助于其他经营者明确该注册商标的权利边界，降低其在商标的申请和使用时的风险预期，保障市场交易秩序的稳定。商标局对商标权利人的商标申请进行了公示，如果将商标局未经公示的商品也纳入商标权的范围，则会导致商标权的边界变得模糊，甚至涵盖其他经营者已经经营的领域或已经积累的商誉。因此，从鼓励商标真实使用的目的出发，应当对核定使用的商品类别进行合理限定。这与商标侵权中商品类似判断目的相区别，后者是为了保护商标权利人，避免相关公众混淆，因此可以跨类别认定商品类似。

（二）非规范商品

由于市场商品需求及商业发展的多元化，实践中存在大量的非规范商品，它们不存在《类似商品和服务区分表》中的规范商品名称，权利人只能在申请阶段将最为接近的规范商品作为其核定商品，但实际使用的商品却并非该规范的商品。这种情形也经常在后续经营活动中产生商标撤销纠纷。

在“妙妙”商标案中，[①]妙士乳业公司在申请注册及后续使用注册商标时，区分表并未明确规定“乳酸菌饮料”这一类别，而“妙妙”商标核定使用的类别为“乳酸饮料”（果制品、非奶），能否认定为实际使用了注册商标，应从以下几个方面进行分析：首先，商标注册人是否在与实际使用商标的最类似的商品上进行了注册。区分表是对已有的商标和服务所作的类别区分，其往往具有一定的滞后性，对于某一新类型商品，经营者不可能等待区分表对某一商品类别进行规定之后，再在该类商品上去申请注册。法律不能强人所难，在商标注册人已经在与实际使用的最类似的商品类别上进行注册的情况下，说明其已充分尊重注册商标制度，并且不具有垄断商标资源的意图，因此应将权利人在实际使用商品上的使用行为认定为在核准注册商品上的使用。其次，商标注册人是否对商标进行了公开、真实、合法的连续性使用。要注重维护注册商标制度的稳定性，正如最高人民法院在该案中所言，注册商标毕竟是经商标行政管理部门依法核准注册的商标，对于商标权利人的商标使用行为不能苛刻，只要进行了公开、真实、合法的连续性使用，就不能轻易撤销一个合法

① 最高人民法院（2017）最高法行申5031号行政裁定书。

获得注册的商标。在区分表未对某一商品类别进行明确规定，而商标注册人已经在最类似的商品类别享有注册商标的情况下，若不认定为注册商标的实际使用，不仅会损害商标权的信赖利益，而且会对注册商标制度的稳定性带来冲击。

“妙妙”商标案

1999年1月14日，案外人保定龙宝饮品有限公司(简称龙宝公司)向原国家工商行政管理总局商标局(简称商标局)申请注册第1415139号“妙妙”商标(简称诉争商标)，核定使用商品为第32类乳酸饮料(果制品、非奶)、水(饮料)、水果饮料(不含酒精)、可乐、汽水等商品。2014年4月24日，经商标局核准，诉争商标转至妙士乳业公司。

2014年6月9日，蒙牛公司向商标局提出针对诉争商标的连续3年停止使用撤销申请，商标局于2015年4月9日作出决定，诉争商标予以维持。蒙牛公司不服，向商标评审委员会提出复审申请。2016年5月11日，商标评审委员会作出决定，认为结合妙士乳业公司提交的经销合同、提货单等证据材料，可以认定妙士乳业公司于2011年6月9日—2014年6月8日(简称指定期间)对诉争商标在乳酸菌乳饮料商品上进行了实际的商业使用。蒙牛公司称：3202群组中的乳酸饮料不含奶，由于乳酸菌乳饮料并非规范的商品名称，商标注册审查实践中通常将其划归入3202乳酸饮料(果制品、非奶)商品中。因此，蒙牛公司关于乳酸饮料不含奶的主张不予支持。妙士乳业公司将诉争商标使用于乳酸菌饮料商品上的行为可视为其在乳酸饮料(果制品、非奶)商品上对复审商标进行了实际的商业使用，故复审商标在乳酸饮料(果制品、非奶)商品上的注册予以维持。同时，诉争商标指定使用的除乳酸饮料(果制品、非奶)商品外的其余商品与乳酸饮料(果制品、非奶)商品属于类似商品，故复审商标在其余商品上的注册应予以维持。

北京知识产权法院认为，本案的焦点在于：妙士乳业公司在“乳酸菌饮料”商品上使用诉争商标，是否能够认定属于在其核定使用商品上使用诉争商标，从而可以维持诉争商标有效。妙士乳业公司申请诉争商标的时间为1999年1月14日，当时《类似商品和服务区分表》(1998年版)中3202群组只有“乳酸饮料”(果制品、非奶)商品，并不存在“乳酸菌饮料”商品。妙士乳业公司在指定期间内实际使用诉争商标时，商标局依然没有对第32类商品中“乳酸饮料”(果制品、非奶)的含义作出明确的解释和界定，蒙牛公司也没有提交证据证明相关公众和商标注册审查人员在上述期间内对“乳酸饮料”(果制品、非奶)和“乳酸菌饮料”有明确的区分。基于行政相对人对行政机关具体行政行为信赖的原则，在商标局对《类似商品和服务区分表》中商品没有作出明确解释和界定的情况下，不能对商标注册权人提出高于商标注册审查人员的判断标准。因此，妙士乳业公司将诉争商标使用在“乳酸菌饮料”商品上，已经证明了其既不具有注册后不实际使用诉争商标的意图，也不具有垄断商标资源的意图。应当认定，妙士乳业公司将诉争商标在“乳酸菌饮料”上的实际使用，视为其在核定使用“乳酸饮料(果制品、非奶)”商品上的使用。北京知识产权法院判

决驳回蒙牛公司的诉讼请求。

蒙牛公司不服北京知识产权法院的一审判决，提起上诉。北京市高级人民法院认为，"乳酸菌饮料"与"乳酸饮料"(果制品，非奶)在功能、用途、生产部门、销售渠道、消费群体等方面高度重合，并且诉争商标在申请注册时，"乳酸菌饮料"在《类似商品和服务区分表》中没有记载，故商标评审委员及一审法院认定"乳酸菌饮料"与"乳酸饮料"(果制品，非奶)为类似商品，并将诉争商标在"乳酸菌饮料"上的使用视为在"乳酸饮料"(果制品，非奶)上的使用是正确的。二审判决驳回上诉，维持原判。

蒙牛公司不服北京市高级人民法院的判决，向最高人民法院提请再审。最高人民法院认为，鉴于妙士公司在 2011 年 6 月 9 日—2014 年 6 月 8 日的 3 年指定期间内，商标局并未对第 32 类商品中"乳酸饮料"(果制品、非奶)的含义作出明确界定，蒙牛公司亦未提交证据证明相关公众和商标行政管理部门在上述期间对"乳酸饮料"(果制品、非奶)和"乳酸菌饮料"有明确的区分，因此在商标行政管理部门对《类似商品和服务区分表》中商品没有做出明确解释和界定的情况下，不能对商标注册申请人提出过高的判断标准。妙士公司提交的其在"乳酸菌饮料"上使用诉争商标的证据，可以证明妙士公司在 2011 年 6 月 9 日—2014 年 6 月 8 日指定期间内，对诉争商标进行了公开、真实、合法的使用。再审判决驳回蒙牛公司的申请。

第二节　商标权的转让

商标权与专利权并称为工业财产权，商标权在性质上为财产权。《商标法》第 42 条规定：转让注册商标的，转让人和受让人应当签订转让协议，并共同向商标局提出申请。受让人应当保证使用该注册商标的商品质量。转让注册商标的，商标注册人对其在同一种商品上注册的近似的商标，或者在类似商品上注册的相同或者近似的商标，应当一并转让。对容易导致混淆或者有其他不良影响的转让，商标局不予核准，书面通知申请人并说明理由。转让注册商标经核准后，予以公告。受让人自公告之日起享有商标专用权。《商标法》第 42 条系关于注册商标转让的规定。注册商标的转让是指注册商标所有人在法律允许的范围内，将其注册商标转移给他人所有。转让注册商标是注册商标的主体发生变更，转让后的商标所有人不再是原商标注册人。[①]

一、商标权移转的时点

我国商标法对商标转让采核准制，即转让人与受让人签订转让协议后，商标权属并不

① 全国人民代表大会常务委员会法制工作委员会：《中华人民共和国商标法释义》，法律出版社 2013 年版，第 81—82 页。

发生变动，必须经国家商标局核准并经公告，商标权属在公告之日发生变动。商标权属于无形财产权，我国商标法对于商标转让制度借鉴了物权区分原则。所谓物权区分原则是指，对物权变动的原因及结果之根据进行区别对待，引起物权变动的原因行为产生债法上的效力，在双方当事人之间形成债权债务法律关系；引起物权变动的结果行为产生物权法上的效力，在双方当事人完成给付义务并履行法定程序后，发生物权移转的后果。以商标转让合同为例，当事人签订商标转让合同后，权属尚未发生变动，必须经商标局核准并公告后权属才会发生变动，即转让合同仅产生债法上的法律效果，公告才产生权利变动的法律效果。《北京市高级人民法院关于审理商标民事纠纷案件若干问题的解答》第 33 条对上述区分原则作了规定："注册商标转让合同没有特别约定的，合同在双方当事人签字或者盖章之日起成立并生效。自国家商标行政主管机关核准公告之日起，受让人享有商标权。"

二、商标局的审查职责

法律赋予商标局对注册商标转让进行审查的职责，但并未就审查的具体标准和程度予以明确，在判断商标局是否履行行政审查职责时，应以其行政行为是否符合相关法律的立法目的为衡量标准。我国转让注册商标采取的是核准制而非备案制，审查注册商标转让的目的主要是确认转让行为是否真实有效，即确认转让人与受让人之间是否存在转让注册商标的真实意思表示及相应法律关系，避免商标注册人的权利受到不应有的损害。《国家工商行政管理总局商标局关于申请转让商标有关问题的规定》明确，商标局对转让商标申请进行形式审查后，对于符合有关规定的，向受让人发送《转让申请受理通知书》；商标局对转、受让双方证件复印件的真实性、有效性产生怀疑的，可以要求提供有关证明文件或经过公证的复印件；商标局对转让的真实性产生怀疑的，商标局可以向受让人发出补正通知书，要求其书面说明有关情况，必要时可以要求提供经公证的转让协议或经公证的转让人同意转让的声明，或者其他证明文件。从上述规定中亦可以看出，虽然商标局对注册商标转让申请的审查方式为形式审查，但形式审查并不意味着就无需对转让材料的真实性进行审查，当存有疑问时商标局应当核实以避免注册商标违背商标注册人的真实意思而被非法转让。在转让人材料递交方式、材料本身形式均存在不符合商标局《申请转让注册商标注册申请》的有关规定的情况下，商标局理应对相关材料的真实性存疑，并采取必要的方式对真实性进行核实。

"刘某某诉商标局行政纠纷"案①

刘某某于 2011 年 8 月 14 日经核准注册第 8562907 号商标。2014 年 8 月 5 日，商标

① 北京市高级人民法院(2017)京行终 4569 号行政判决书。

局受理一份关于涉案商标的转让申请书，转让人为刘某某，受让人为中山市古镇国亮光电厂（以下简称国亮光电厂），转让人通过邮寄提交商标转让手续，未委托商标代理机构，受让人委托的商标代理机构为中山市灵达商标事务所有限公司。2015 年 5 月 14 日，商标局受理另外一份关于涉案商标的转让申请书，转让人为刘某某，受让人为向某，转让人与受让人委托的商标代理机构均为北京欧标海利国际知识产权代理有限公司。2015 年 7 月 13 日，商标局核准涉案商标由刘某某转让给国亮光电厂。

刘某某对商标局所作核准转让行为不服，向北京知识产权法院提起行政诉讼，认为涉案商标转让申请在其事先不知情、事后未追认的情况下，明显属于非法行为，请求法院判决撤销商标局作出的核准公告第 8562907 号商标转让给国亮光电厂的行政行为。北京知识产权法院认为，商标局仅凭 2014 年 8 月 5 日受理的注册商标转让申请材料中的签名与其办理商标申请注册时使用的签名经肉眼比对一致即认可其主体资格，进而认定刘某某和国亮光电厂之间存在真实的转让注册商标的法律关系，没有尽到应尽的审查义务，且在核准转让之前已经存在第二份涉案商标转让申请材料的情况下，未与刘某某进行核实，而径行对 2014 年 8 月 5 日受理的商标转让申请作出的核准转让决定予以公告，亦属于疏于履行审查义务的情形，损害了刘某某的合法权益。遂判决撤销商标局核准公告将注册人为刘某某的涉案商标转让给国亮光电厂的行政行为，商标局刊登公告已被撤销的事实，并对刘某某的涉案商标转让申请重新进行审核。

商标局不服，向北京市高级人民法院提起上诉。北京市高级人民法院认为，商标局在刘某某并未直接到商标局的商标注册大厅办理商标转让手续，也未委托商标代理机构办理商标转让，且身份证复印件上亦无刘某某签字的情况下，就核准第一份商标转让申请，显然既未满足商标法及《申请转让注册商标注册申请》规定的进行形式审查的要求，更未对转让人与受让人之间是否具有转让涉案商标的真实意思表示进行核实，没有履行其负有的审查职责，未能保证商标注册人的合法权益。一审判决关于涉案商标核准转让公告应予撤销的认定正确，但其他裁判内容缺乏法律依据，故判决撤销一审判决，撤销商标局核准将涉案商标由刘某某转让给国亮光电厂的行政行为，商标局就刘某某涉案商标的转让申请重新进行审查。

三、近似商标一并移转

商标的基本功能是来源识别功能，商标法早期只接受商标对商品物理来源的识别，因此一些国家或地区的商标法要求商标转让时连同营业一起转让，企业不得单独转让商标权。当代美国法仍然认为商标只是商誉的有形载体或标志，商标不能脱离商誉独自被转让。“商誉”是一种商业吸引力，其指向一个企业、产品或服务的积极声誉，它体现了公司在企业有形资产以外的真实价值，是买家愿意购买的价值。美国法上，脱离商誉的商标转让被称为“裸转让”(assignment in gross)，转让行为无效。受让人对该商标的后续使用行为都独立于让与人的商誉，其将创造一个新的商誉，指向新的企业、产品或服务。相关公众由此受到欺骗，其还以为该商标指向原企业、产品或服务。[①] 可见，商誉与商标连同转让规则是为了通过确保商誉的连续性实现维护消费者期待和认知，避免产生混淆的目的。

（一）历史

在《商标法》第 42 条第 2 款修改前，我国《商标法实施条例》第 25 条第 2 款规定，转让注册商标的，商标注册人对其在同一种或者类似商品上注册的相同或者近似的商标，应当一并转让；未一并转让的，由商标局通知其限期改正；期满不改正的，视为放弃转让该注册商标的申请，商标局应当书面通知申请人。在法院判决的执行层面，最高人民法院《关于对注册商标专用权进行财产保全和执行等问题的复函》[②]明确，法院在采取执行措施时，应当根据近似商标一并转让的原则，对近似商标一并进行评估、拍卖、变卖。商标局在接到法院有关转让注册商标的裁定时，如发现无上述内容，可以告知执行法院，由执行法院补充裁定后再协助执行。可见，在商标法修改之前，虽然立法上未明确规定商标一并转让原则，但在执行层面已经贯彻了一并转让的原则。

（二）争议

商标一并转让原则的理论基础素来存有争议。反对观点认为合同是当事人主观意思的体现，合同纠纷首先要立足于当事人订立契约时的意思表示。强行要求近似商标一并转让的规定毫无法理可言，显系违反民法上的意思自治原则，是公权力对私权利的不当干涉。[③] 还有观点认为，即使让与人的有形资产没有连同转让，受让人也有足够的商业动力维护商誉的统一性，使商标指向与让与人类似的产品或服务；反之，即使让与人将有形资产一并转让，受让人可能也不必使用这些资产制造商品或服务，商誉仍然有不统一的危险。[④] 鉴于这种质疑，随着商标的质量保证功能和匿名来源混淆理论的接受，有些国家或地区采取商标自由转让原则。商标乃对其所期待之商品具有同一品质及特性之保证，至于对商品之制造者及贩卖者之关心则较为低微。[⑤] 因此，从商标的质量保障功能角度，即使商标与营业分离而转让，只要相关公众对商品来源不会产生混淆、商品的品质有保证，则仍为允许。我国台湾地区只是要求当商标转让的结果有导致混淆之虞时，各商标权人使用时应附加适当区别标识。TRIPs 协议第 21 条接受了自由转让原则（注册商标的转让，不必连营业一同转让），但允许各国或地区灵活处理。我国《商标法》第 42 条在自由转

① J. Thomas McCarthy. *McCarthy on Trademarks and Unfair Competition* (Fifth Edition), June 2020.

② 最高人民法院民三函字〔2001〕第 3 号。

③ 曲天明：《注册商标转让合同效力和商标权属变动的关系研究——由“老榆树”商标转让纠纷引发的思考》，《青岛科技大学学报》2011 年第 4 期。

④ J. Thomas McCarthy. *McCarthy on Trademarks and Unfair Competition* (Fifth Edition), June 2020.

⑤ 曾陈明汝：《商标法原理》，中国人民大学出版社 2003 年版，第 71 页。

让的基础上要求"近似商标一并移转",在一定程度上足以确保商誉与商标连同转让,而不必要求连同转让有形资产。

从我国修法的情况看,立法者认为商标转让不仅是纯粹的私权处分,而且涉及转让行为所可能导致的市场混淆,以及损害消费者利益的情形,需要进行国家干预。那么,在现行法框架中,分割转让注册商标转让合同是否无效?该问题涉及《商标法》第42条第2款法律性质的认定,即该条款系管理性强制规定还是效力性强制规定,如果认为该规定系管理性规定,则转让合同有效;如果认为该规定系效力性规定,则转让合同无效。主流观点认为在区分两者时,首先要查明是否有明确具体的法律条文,并且这一法律条文是否对违反规定的行为做出了确定的否定性评价。如果确实给出了否定性评价,那么,合同就会无效或者不成立,这种规定就属于效力性强制性规定。其次,如果法律法规没有明确规定违反这一强制性规定的合同无效或者不成立,则可以从保护国家利益和社会公共利益的角度出发。若违反了强制性规定将会与国家公共利益发生严重的冲突,则应将这一规定归为效力性强制性规定;反之,即使合同违反了强制性规定并且继续有效也不会与国家公共利益发生冲突,只是对当事人的利益造成损害,那么,这一规定就应该认定为取缔规范(管理性强制规定)。① 基于这种判断思路,分割转让注册商标的行为并非无效。

第一,《商标法》并没有明确规定分割转让近似商标的法律后果,《商标法实施条例》规定,未一并转让的,由商标局通知其限期改正;期满不改正的,视为放弃转让该注册商标的申请,商标局应当书面通知申请人。从该规定来看,对于分割转让注册商标的合同,不会产生直接无效的后果。

第二,实践中涉及商标"一并转让"的纠纷情况复杂多样。在商事交易中,商标注册人对其近似商标注册的数量是清楚的,而受让人则处于信息不对称的地位。如果商标注册人选择分割转让部分商标,当商标受让人事后知晓商标注册人还有其他近似商标未转让而提起诉讼要求转让剩余商标时,如果认定双方签署的分割转让商标合同无效,显然无法保障受让人的利益。而且,如果认定分割转让商标合同无效,也会导致其与《商标法实施条例》中有关要求一并转让剩余商标的规定冲突,因为该合同无效,就不存在后续一并转让问题。

第三,分割转让近似商标虽可能导致市场混淆,但解决该问题的方式并不会导致合同无效。使各商标权人使用时附加适当区别标识就是一种解决方案,例如台湾"商标法"第43条规定:移转商标权之结果,有2个以上商标权人使用相同商标于类似之商品或服务,或使用近似商标于同一或类似之商品或服务,而有致相关消费者混淆误认之虞,各商标权人使用时应附加适当区别标识。"附加区别标识"并非一种民事侵权责任的承担方式,而是涉及当事人均有合法的使用权能,但为了避免相关公众产生混淆误认之虞,给当事人施

① 王利明:《合同法研究》(第1卷),中国人民大学出版社2002年版,第658—659页。

加的民事负担。商标受让人取得商标权并非转让合同签署之时，而是商标局经公告之日，商标局对于商标注册人是否进行了一并转让需进行审查，这在一定程度上可以防止分割转让注册商标所产生的不良后果。对于分割转让注册商标的，根据商标法实施条例规定，未一并转让的由商标局通知其限期改正；期满不改正的，视为放弃转让该注册商标的申请。商标转让人如果接受商标局的要求，一并转让注册商标的，则其先期签署的分割转让注册商标的合同当然无效。如果其不接受商标局的要求，拒绝一并转让的，其签署的分割转让合同仍然有效，但商标转让人应当向受让人承担违约责任。

第三节 商标权的许可

一、商标许可的类型

《最高人民法院关于审理商标民事纠纷案件适用法律若干问题的解释》第 3 条规定，商标使用许可包括以下三类：① 独占使用许可，是指商标注册人在约定的期间、地域和以约定的方式，将该注册商标仅许可一个被许可人使用，商标注册人依约定不得使用该注册商标；② 排他使用许可，是指商标注册人在约定的期间、地域和以约定的方式，将该注册商标仅许可一个被许可人使用，商标注册人依约定可以使用该注册商标但不得另行许可他人使用该注册商标；③ 普通使用许可，是指商标注册人在约定的期间、地域和以约定的方式，许可他人使用其注册商标，并可自行使用该注册商标和许可他人使用其注册商标。

二、商标许可备案的效力

《商标法》第 43 条第 3 款规定：许可他人使用其注册商标的，许可人应当将其商标使用许可报商标局备案，由商标局公告。商标使用许可未经备案不得对抗善意第三人。

商标权是无形财产权，无法依照动产物权交付，故依照不动产物权采登记公示方法。不得对抗善意第三人是指“当事人间就有关商标权之转移、授权或设定质权权益事项之法律关系有所争执时适用之”。[①] 所谓“对抗”是指“各种不同权利间，因权利具体行使时发生冲突、矛盾或相互抗衡之现象，以登记为判断权利归属之标准。”[②]例如商标权利人甲将其商标独占许可乙使用，在登记备案之前又许可给丙使用，并办理了登记备案手续，乙不得以其在先被许可之事实对抗丙，乙只得依照《合同法》的有关规定向甲主张违约损害赔偿。所谓“第三人”不是指任何的“第三人”。如果甲将商标权独占许可乙实施，但并未向商标局办理登记备案，之后该商标权遭到丙侵害。乙起诉请求丙赔偿损害，丙依照本条抗

① 我国台湾地区“商标法”释义第 42 条。
② 我国台湾地区“商标法”释义第 42 条。

辩“不得对抗善意第三人”，这种抗辩就不能支持。在商标转移、许可、质押法律关系中，都采取登记对抗主义。未办理登记，虽然不对善意第三人产生对抗效力，但不影响让与人与受让人之间所订立转让合同的效力，也不影响许可合同、质押合同的效力。

三、商标许可的特定规则

（一）转让不破许可

商标转让不影响在先商标许可合同的效力，即“转让不破许可”。《最高人民法院关于审理商标民事纠纷案件适用法律若干问题的解释》第 20 条规定：注册商标的转让不影响转让前已经生效的商标使用许可合同的效力，但商标使用许可合同另有约定的除外。

（二）质量保证与监督

《商标法》第 43 条第 1 款规定：商标注册人可以通过签订商标使用许可合同，许可他人使用其注册商标。许可人应当监督被许可人使用其注册商标的商品质量。被许可人应当保证使用该注册商标的商品质量。《商标法》第 43 条第 1 款、第 2 款规定的立法目的是促使商标使用许可的当事人保证商品或服务质量，防止消费者对商品来源产生混淆。[①]如果同一商标的被许可人不能提供与商标权人相同的产品或服务质量，或者不同的被许可人之间不能提供相同的产品或服务质量，则事实上导致商标识别功能既不能得到有效的发挥，也有损商标的品质保证功能。特许经营合同是一种特殊的许可合同，特许经营合同是指拥有注册商标、企业标志、专利、专有技术等经营资源的企业，以合同形式将其拥有的经营资源许可其他经营者使用，被特许人按照合同约定在统一经营模式下开展经营，并向特许人支付特许经营费用的经营活动。两者的区别主要在于：特许经营合同的履行需要依照统一的经营模式进行，而商标使用许可合同的履行不存在统一的经营模式。

1. 质量保证义务的性质及违反之后果

商标的基本功能是识别商品来源，但商标许可使用制度使得使用同一商业标识的商品或服务可能来自不同的经营者。如果同一商标的被许可人不能提供与商标权人相同的产品或服务质量，或者不同的被许可人之间不能提供相同的产品或服务质量，则事实上导致商标识别功能不能得到有效的发挥，消费者的利益不能得到有效的保障。早期美国法院认为商标许可使用会误导消费者，商标许可行为无效将导致商标权人丧失商标权，但随着现代市场经济的发展，为了迅速扩大市场经营规模，商标权人本身的能力有限，限制商标许可已经不能满足市场需求，商标许可使用制度的建立不可阻挡。为了防止商标许可使用产生商品质量良莠不齐、误导消费者的情形，商标许可的质量保障制度应运而生。不

---

① 全国人民代表大会常务委员会法制工作委员会：《中华人民共和国商标法释义》，法律出版社 2013 年版，第 84 页。

仅我国商标法建立了这一制度，美国、英国等在立法和司法上也均要求商标许可人履行质量监督义务。但法国、西班牙等地的立法并没有设立商标许可质量保障制度，原因在于这些国家或地区认为市场竞争可以解决因商标许可所带来的产品质量问题，如果商标许可人不进行质量监督，则产品必然会被市场淘汰，商标的商誉亦会不复存在。市场会给予商标权人进行质量监督的动力，无需法律的强制规定。

我国商标法虽然规定了商标许可质量保障和许可注明义务，但不履行该义务应当承担何种法律责任则不明确。商标许可关系所隐含的信息是，被许可人只要有许可人的商标，就意味着许可人控制着该商标项下商品或服务的质量，否则该商品或服务就不能叫作"正品"。如果被许可人没有遵从许可人的商品质量要求，被许可人同时构成对合同的违反和对商标权的侵犯。因此，即使合同中没有约定此类条款，许可关系的存在就隐含了质量控制信息，当事人不可强调其不知情，除非当事人主张这不是许可合同。许可人对被许可人使用其注册商标的商品质量有监督控制权，这对许可人而言不仅是一项权利，而且是一项责任或义务。如果许可人没有施加相应的监督或控制，相关公众将受到欺骗，被许可人的商标使用行为虚假表示了"许可人与商品项下商品或服务之间的关系"，在美国法上导致"裸许可"(naked license)，由于被许可的商标已经不再发挥质量控制和来源功能，被许可商标上的部分或所有权利将因此丧失(一些支持部分失权的法院认为，失权范围仅限于在没有实施控制的地域和产品市场)，成为引发商标撤销的事由。① 这种因"裸许可"导致的商标撤销区别于因不使用导致的商标撤销，许可人在前者场景中处于"被动状态"、无主观意图；在后者场景中属于"主动状态"、具有主观意图。

2. 许可人对被许可人的侵权行为的连带责任

在民事侵权案件中，主要的争议在于许可人与被许可人是否应当承担连带责任。有观点认为，质量保障义务主要是一种合同义务，违反该项义务所产生的侵权责任应根据合同约定或履行情况来确定承担责任的主体，甚至只是交给消费者投票的市场问题。"在商品或服务上贴附商标，只不过为消费者在将来选择同样或不同商品提供了参考而已。商品质量变化的唯一制裁是，消费者如果失望了，他下次就会选择不同商品。"②例如，商标许可人如果按照约定履行了质量监管义务，则对许可人产品所产生的侵权问题不承担责任。但从我国立法设立商标许可质量监督制度的目的而言，可以推测立法者认为商标许可的质量监督并不只是一种合同内部约束问题，也不是一个可以通过市场竞争直接解决的问题，商标许可质量监督义务涉及消费者利益乃至公共利益，应当进行国家干预。商标质量监督制度涉及商标许可与被许可人利益与消费者利益或公共利益之间的权衡，显然消费者利益或公共利益在价值位阶上处于更为优势的地位，当两者发生冲突时，应当首先

① J. Thomas McCarthy. *McCarthy on Trademarks and Unfair Competition* (Fifth Edition), June 2020.

② Tobias Cohen Jehoram, Constant Van Nispen & Tony Huydecoper. *European Trademark Law*. Wolters Kluwer, 2010, p.584.

保障消费者利益或公共利益。因此，当被许可人因产品质量发生侵权时，应当由商标许可人与被许可人共同对外承担连带责任。

这种连带责任的范围限于因商品质量缺陷导致的损害赔偿责任。最高人民法院在个案批复中曾认为，任何将自己的姓名、名称、商标或者可资识别的其他标识体现在产品上，表示其为产品制造者的企业或个人均属于《民法通则》第132条规定的“产品制造者”和《产品质量法》规定的“生产者”。① 从这个批复可以看出，许可人和被许可人都属于“生产者”。如果产品的制造行为构成对他人商标权的侵犯，那么生产者应当承担商标侵权责任。② 因此，许可方和被许可方均应承担责任，这符合利益与风险相统一的原则。在许可法律关系中，被许可人使用商标而为商标增值的利益均应当归于许可人，则许可人亦应就被许可人使用商标所具有的风险承担相应责任。但是，这仅是在因商标质量瑕疵对第三人造成损害而出现《产品质量法》上的责任时才产生的连带责任，不能解读为质量保证功能对第三人产生了一项独立的损害赔偿请求权。在美国法上，作为一项基本规则，许可人或特许人需要对被许可人或被特许人的侵权行为而担责，这种侵权责任包括源于产品或服务缺陷导致的人身损害和财产损害责任。③ 该种责任的性质是因商品质量瑕疵对第三人造成损害而产生的商品质量责任，并非基于商标质量保障功能而产生的商标侵权损害赔偿请求权。如果第三人仅因为被许可人的商品质量不符合许可人的要求，该第三人不具有对被许可人和许可人提起商标侵权损害赔偿的请求权，商标质量保证条款不能作为商标侵权判断的法律基础。

使许可人承担连带责任的理论基础在美国法上有多种主张：一是事实代理(actual agent)和表见代理(apparent agent)理论。本人应当对其实施足够控制的代理人的侵权行为承担替代责任(vicariously liable)。案例法上的争议点在于，本人所实施的控制究竟在多大程度上区别(强)于许可关系中的“控制”。在尚不足以认定许可人实施了足够控制而无法成立事实代理关系时，有些法院还可能基于表见代理理论使许可人承担责任，原告应当证明其对表见代理人的技术或注意程度(care)具有合理信赖，但是基于该代理人缺乏该注意程度或技术而遭受损害。④ 二是相对性原理的局限性。在美国过失侵权案件中有不受制于合同相对性的原理，其背后的政策原因有三重：对市场中最有能力控制产品质量的人施加责任、确保受到缺陷产品致损的人能够回复其损害，从市场中移除其危险产品。⑤ 这同样也可以解释许可人的连带责任。此外，还有担保理论和严格责任的理论，例

---

① 《最高人民法院关于产品侵权案件的受害人能否以产品的商标所有人为被告提起民事诉讼的批复》(法释〔2002〕22号)。

② 参见最高人民法院(2021)最高法知民终455号民事判决书：由于被诉侵权产品上贴附有商品商标，可以初步认定该商品商标的专用权人系被诉侵权产品的制造者，在有关侵权诉讼中，可以成为与案件纠纷具有实际关联的被告，故应当认定联想北京公司系本案适格被告。

③ J. Thomas McCarthy. *McCarthy on Trademarks and Unfair Competition* (Fifth Edition), June 2020.

④ J. Thomas McCarthy. *McCarthy on Trademarks and Unfair Competition* (Fifth Edition), June 2020.

⑤ J. Thomas McCarthy. *McCarthy on Trademarks and Unfair Competition* (Fifth Edition), June 2020.

如严格责任理论认为，正是因为许可人对缺陷产品和足以创造消费者需求的“参与式联系”(participatory connection)，严格责任应运而生。[①] 这些理论为许可人的连带责任提供了基础，但是相互之间并不完全吻合。我国采纳了严格责任理论，即不考虑许可人对被许可人所实施的控制程度而区分责任，许可人一律应当为被许可人实施的侵权行为承担连带责任。

(三) 注明被许可人信息

《商标法》第 43 条第 2 款规定：经许可使用他人注册商标的，必须在使用该注册商标的商品上标明被许可人的名称和商品产地。

本款只要求被许可人标注其名称和商品产地，这两个要素并非识别商品来源的标记。《商标法》的本款规定是为了使商标使用许可的当事人保证商品或服务质量，防止消费者对商品的来源产生混淆，[②]便于因商品质量问题受到损害之人向许可人和被许可人追责。按照诚信原则，被许可人不得在商品或服务上使用自己的商标，试图将许可商标与其自己的商标捆绑使用，在相关公众中引起两个商标之间有某种关联的认知，从而将许可商标的商誉溢出至被许可人自己的商标上。[③] 我国有法院认为被许可人在被许可商品或服务上捆绑使用自己商标的行为，“客观上对权利人的商标权有损害”，尽管不构成解除许可合同的法定条件，但支持权利人要求损害赔偿的主张。[④]

(四) 被许可人使用商标的利益归属

1. 许可使用商标的利益归于许可人

第一，商标的质量保证功能决定了因商标许可使用产生的商誉应归于许可人。在商标许可使用关系终止后，被许可人应停止使用行为，被许可使用商标之上所积累的商誉，应同时归还于许可人。美国制定法、案例法和通说都认为，这一规则源于许可人对被许可人的质量控制，这一认识在全球各法域几乎无可争辩。美国《兰哈姆法》第 5 条规定，关联公司对注册商标的使用所产生的利益应当归于商标注册人或申请人，只要不以欺骗公众的方式使用该商标，则该等使用不会影响注册商标的有效性。此外，《兰哈姆法》第 45 条规定，许可关系属于上述“关联关系”的范畴。因此，被许可人使用注册商标所产生的利益应当归于许可人，因为被许可人是商标法意义上的“关联公司”，只要被许可人商品或服务的性质和质量均由许可人控制。[⑤] 可见商标许可关系的这一重要规则首先是由质量保证

---

① J. Thomas McCarthy. *McCarthy on Trademarks and Unfair Competition* (Fifth Edition), June 2020.

② 全国人民代表大会常务委员会法制工作委员会：《中华人民共和国商标法释义》，法律出版社 2013 年版，第 84 页。

③ 冯术杰：《商标法原理与应用》，中国人民大学出版社 2017 年版，第 184 页。

④ 湖南省高级人民法院(2008)湘高法民三终字第 24 号民事判决书。

⑤ Turner v. HMH Pub. Co., 380 F.2d 224,227 (5th Cir. 1967).

条款所决定的。

第二，将商标许可使用所产生的商誉归于许可人，能够确保相关公众对商品来源认知的统一。只要双方之间建立了商标许可关系，则许可人可控制被许可人商品或服务的性质和质量。正是因为这种质量控制关系，被许可人生产制造的商品才能被称为“正品”。换言之，只要双方建立了商标许可关系，则相关公众对商品或服务的来源具有唯一、确定的认知（即作为质量控制者的许可人），相应地，许可人应当拥有许可使用商标所产生的商誉。反之，如果商标许可所产生的商誉归于双方共有，则违背相关公众对商品或服务来源的认知。此外，商标许可关系终止后，被许可人的产品质量将不再受到许可人控制。如果采取商誉共有的规则，商品品质将无法得到统一的保证，相关公众势必由此产生混淆，受到欺骗。

第三，将商标许可使用所产生的商誉归于许可人，更符合《商标法》的立法目的和现代产权理论，鼓励商誉做大做强。现代产权理论认为，清晰的产权界定能够解决外部不经济问题，私有产权的内在化能够更有效地利用资源，降低交易成本。将商标许可使用所产生的商誉归于许可人，将激励许可人审慎选任被许可人、合理安排商业许可布局、对被许可人的商品实施质量控制；同时可以降低被许可人在许可关系期间自行设立商标的道德风险。为了维护诚信的商标许可关系，被许可人不被鼓励在许可关系期间的同一商品上自行创设商标，以避免其利用许可商标获利。反之，商誉的共有状态不仅将导致额外的交易成本，而且不利于激励许可人，甚至导致商标的品牌价值降低、显著性丧失，试想许可人许可了 1 000 个经营主体使用蜜雪冰城商标的场景。许可关系终止后，如果允许这 1 000 个被许可人共享商誉、共同行使商标权而商品质量却不受控制，这将在很大程度上导致蜜雪冰城商标的商誉被减损，显著性丧失。

我国《商标法》虽然没有明确规定这种规则，但在理论和实践中都有足够的支撑，显然是受到了美国法的影响。一是基于《商标法》第 43 条第 1 款的规定可知，许可人对被许可人使用其注册商标的商品质量有监督控制权（事实上，这不仅是一项权利，而且是一项责任或义务），这足以表明被许可人使用许可商标所产生的利益和风险均由许可人承担。二是我国最高人民法院在“红牛案”中指出，除非当事人有特别约定，设计商标、为商标注册提供帮助均非商标法上取得商标权的法定要件。使用并宣传“红牛系列商标”也不能取得商标权。商标声誉和知名度的提升首先是基于产品良好的质量。其次，天丝公司还许可红牛公司同时使用产品配方和生产工艺。最后，红牛公司为产品宣传所进行的投入已经得到产品利润等回报。作为被许可方在签订合同之时，即可合理预期商标所有权并不会因其投入广告数额的高低而发生变化，除非合同各方主体有特别约定。[①]

① 最高人民法院(2020)最高法民终 394 号民事判决书。

2. 被许可人使用多重商业标识的商誉归属

商标许可结束后，被许可人在许可期间创设并与商标一同使用的商业外观，究竟如何归属？

“加多宝与王老吉”案

作为“王老吉”注册商标的权利人，广药集团认为，因“王老吉”商标是包装装潢不可分割的组成部分，并发挥了指示商品来源的显著识别作用，消费者当然会认为红罐王老吉凉茶源于“王老吉”商标的权利人，而配方、口味并不会影响消费者对商品的识别和判断。作为红罐王老吉凉茶曾经的实际经营者，加多宝公司认为，包装装潢权益与“王老吉”商标权的归属问题各自独立，互不影响。消费者喜爱的是由加多宝公司生产并选用特定配方的红罐王老吉凉茶，本案包装装潢由加多宝公司使用并与前述商品紧密结合，包装装潢的相关权益应属于加多宝公司。

广东省高级人民法院认为该商业外观不具有独立性。如果将商标标识作为包装装潢的一个组成部分，即商标与包装装潢已经融为一体，此时不应将商标与包装装潢的其他组成部分割裂开来，应将包括该商标标识在内的包装装潢作为一个整体而受到法律的保护。从本案所涉包装装潢可以看出，其最吸引相关公众注意之处在于红色主调和竖排的黄色字体“王老吉”三个字，“王老吉”三个字已经与王老吉红罐凉茶包装装潢的其他组成部分紧密地结合在一起，已经成为该包装装潢的一个重要组成部分，即商标与包装装潢已经融为一体，不可分离。各构成要素作为一个整体在市场上发挥了识别商品来源的作用。①

最高人民法院在上述案件中指出该商业外观具有独立性，商业外观应当包含注册商标“王老吉”在内，但其权益属于许可人和被许可人共有。本案纠纷发生的特殊之处在于，许可使用期间形成的特有包装装潢，既与被许可商标的使用存在密切联系，又因其具备反不正当竞争法下独立权益的属性，而产生了外溢于商标权之外的商誉特征。加多宝公司在设计、使用及宣传推广涉案包装装潢的过程中，始终将作为广药集团注册商标的“王老吉”文字在包装装潢中进行了突出使用，客观上使包装装潢同时指向了加多宝公司与广药集团。消费者亦不会刻意区分法律意义上的商标权与知名商品特有包装装潢权益，而会自然地将红罐王老吉凉茶与广药集团、加多宝公司同时建立联系。实际上，涉案包装装潢中确实也同时蕴含了广药集团“王老吉”品牌的影响力，以及加多宝公司通过十余年的生产经营和宣传推广而形成、发展而来的商品知名度和包装装潢的显著识别效果。②

笔者认为，包装装潢与注册商标属于两个独立的法益，分别受到不同法律规定的调

① 广东省高级人民法院(2013)粤高法民三初字第1号判决书。

② 最高人民法院(2015)民三终字第2号民事判决书。

整。但是，当两者使用于同一有形载体之上时，可能会受到使用人或设计者的主观意图、使用方式、不同主体之间法律关系、受众的认知习惯等因素的影响。受众在认知上通常会把同一物质载体上的不同标识理解为具有同一来源，除非使用人在载体上有明确的说明。如果存在许可关系，则应当理解为这些载体均来自许可人，许可人对这些商品的质量具有监控权，承担相关的法律责任。

美国法院对该问题的认识也存在分歧。有法院认为商业外观具有独立性，属于被许可人，被许可人的继续使用不构成侵权。

“Magna Doodle”案

原告认为被告的产品侵犯其（联邦注册）商标权和（普通法）商业外观权，请求法院发布禁令禁止被告销售。原告PCA拥有“Magna Doodle”注册商标，1992年其与Tyco达成该商标的许可协议。1997年，被告Fisher-Price与Tyco合并，成为该许可协议的概括承受人。原被告之间因为许可协议价格条款的争议，在2003年12月31日终止许可关系。根据该许可协议，被告从2004年1月1日开始的半年内销售库存的商标商品。被告同时开发和推广了一种称为“Doodle Pro”的替代商品。这种新商品及包装与被告销售的最后一款“Magna Doodle”几乎相同，但这个包装是被告设计的。美国法院的裁判要旨有三点：被许可人无可争议地享有该商业外观；许可协议并未将该商业外观转让给许可人；“Doodle Pro”标识并未侵犯“Magna Doodle”的商标权。法官认为被许可人设计并使用了该商业外观，并使该外观产生了指示商品来源的功能；该外观与注册商标一起使用的事实，就该外观是否指示许可人作为产品来源而言，说明不了任何问题。[①]

但也有法院认为被许可人继续使用相同外观，或者替换成自己的商标后继续使用外观，将不可避免地导致相关公众混淆误认，商业外观的商誉与商品的整体商誉不可分割，都应当属于许可人。

“Ramazzotti”案

在这个案件中，双方当事人终止长达43年的经销关系和许可关系之后，被告继续以相同的瓶子和标签销售商品，只是把被告的名称“banfi”替换了原告的名称“Ramazzotti”。原告诉被告商标侵权和不正当竞争。原告早已在1815年开始使用涉案瓶子和标签，但被告在1922年成为原告的经销商之后才将该商品带入北美市场。本案区别于上述案件之处在于，商品包装并非被许可人设计，但正是被许可人的努力才使得该包装在北美市场的知名度被提升。法院指出，本案关注的重点在于，被告推广原告产品（该产品载有“Ramazzotti”的名称）所产生的商誉应当属于作为许可人的原告，商品包装成为销售商品

① Pilot Corp.of America v. Fisher-Price, Inc., 501 F.Supp.2d 292(D. Conn.2007), 298.

的一个工具或原告商品的商誉的承载体，被许可商品上的包装的商誉应当属于许可人。如果被告在许可关系终止之后继续使用相同的包装，即便其更换了名称，但这也将产生混淆可能性，使得相关公众误以为其购买了一个正品。名称的更换，对一个普通消费者的认知而言不具有关键性，因为普通消费者只是在隔离状态下观察，而不会记住包装上的每一个细节。[①]

通常，被许可人在许可关系期间负有不得损害许可人权利的诚信义务，被许可人自行设计并使用包装装潢的行为违反诚信原则。美国法院指出，排他许可（exclusive license）的商标被许可人负有责任不得使用许可商标招揽与许可人业务相竞争的业务。[②] 理论上可以将被许可人的这种行为解释为商品促销行为，是为许可人利益而实施的行为，从而将该种行为的利益归于许可人。在代理法和公司法上，代理人违反忠实勤勉义务从事与被代理人相竞争的业务，所得收益应当归入被代理人。同理，被许可人违反诚信义务在许可关系期间从事与许可人利益相冲突的业务，所得收益也应归入许可人。换言之，如果加多宝是在"王老吉"注册商标许可关系期间设计并使用上述红罐，则基于诚信原则（被许可人不得在许可关系期间将自己商标与许可商标一起使用）、许可利益归属规则，红罐应属于许可人，被许可人作为创作或设计主体的身份与红罐的归属之间没有必然联系。同理，被代理人在代理关系期间设计使用新标识并与被代理人商标一起使用时，应当认定该新标识属于被代理人。

"琴 侣"案

2005 年 3 月—2014 年 11 月，杭州琴侣高新技术有限公司（简称为杭州琴侣公司）是德国 RECARO 公司儿童安全座椅的中国总代理商。在代理期间，杭州琴侣公司在京东平台开设了"德国斯迪姆官方旗舰店"，销售儿童安全座椅，在网页中的产品描述为：斯迪姆 STM 汽车儿童安全座椅德国原装进口阳光超人带 SOFIX3 到 12 岁。2014 年 11 月，杭州琴侣公司与 RECARO 公司解除了总代理关系。2014 年 11 月 24 日，杭州琴侣公司申请注册"阳光超人"商标，2016 年 1 月 21 日杭州琴侣公司取得了第 15779283 号"阳光超人"商标注册证，有效期至 2026 年 1 月 20 日。核定使用在第 12 类儿童安全椅（运载工具用）等商品上。在杭州琴侣公司与 RECARO 公司解除了总代理关系之后，由深圳西为进出口有限公司（简称为深圳西为公司）作为新的中国总代理，全权负责 RECARO 公司斯迪姆儿童安全座椅在中国地区的独家销售及服务。深圳西为公司在京东平台开设了"storchenmuhle 旗舰店"。销售儿童安全座椅的网页页面中的产品描述为：德国 STM 阳光超人原装进口汽车用儿童安全座。在商品宣传的网页图片、包装箱等处标有"阳光超

① Distillerie Flli Ramazzotti v. Banfi Prod's. Corp., 52 Misc. 2d 593(1966).

② Material Supply Intern., Inc. v. Sunmatch Indus. Co., Ltd., 146 F.3d 983 (D.C. Cir. 1998).

人”商标。杭州琴侣公司主张深圳西为公司的行为侵害了其注册商标权，故诉至一审法院，要求停止侵权、赔偿损失。

北京知识产权法院认为：从标识指示功能的层面来讲，“阳光超人”标识经过多年使用，逐渐与其所标识的RECARO公司生产的儿童安全座椅产生稳定的对应关系，使得相关公众在看到“阳光超人”这一标识时，就会联想到RECARO公司生产的儿童安全座椅。由此可见，“阳光超人”所标识的产品来源指向RECARO公司，而非杭州琴侣公司。从标识价值指向的层面来讲，商标作为一种财产，其最核心的价值就在于其代表了特定的质量和信誉，进而影响消费者的选择，帮助商标权利人在激烈的市场竞争中取得更多的交易机会，获得更多利润。本案中，杭州琴侣公司在双方代理关系存续期间对商品的描述为：“斯迪姆STM汽车儿童安全座椅德国原装进口阳光超人带SOFIX3到12岁”，突出强调了产品系德国制造。“阳光超人”经过多年使用，相关公众在看到该标识时不仅联想到产品，而且会联想到该产品德国制造的良好品质，故“阳光超人”不仅起到区分产品来源的作用，而且承载了特定的品质和声誉，形成了附载在该标识上的特有利益。很显然，在双方代理关系结束之时，“阳光超人”标识代表的声誉和品质均源于RECARO公司的产品……从标识利益形成的层面来讲，消费者的认知是商标价值实现的桥梁，没有消费者和市场，商标就无法实现其价值。消费者的认可和评价在很大程度上决定了标识的商业价值。因此，判断某一标识经使用产生的原始利益归属，并非考察标识的称谓本身由谁创造，而是应当考察消费者将该标识与何种商品相联系，进而判断相应标识利益的归属。本案中，在双方代理关系存续期间，相关消费者对“阳光超人”的认知均是与RECARO公司及其产品相关联。杭州琴侣公司主张其是“阳光超人”的原创者，并以此作为享有商标权益的理由，缺乏法律依据，法院不予采纳。①

我国《商标法》在未来修改时应当将质量控制义务规定为许可人的强制义务，将“未实施质量控制的情形”规定为撤销商标的事由。在有关司法裁判中，可以分为两个步骤判断商誉归属：一是如果许可人实施了质量控制，则许可商标中的商誉均应当归于许可人，无论被许可人是否自行设计了包装装潢；二是如果许可人未实施质量控制，则许可人不得主张商誉归属，被许可人可撤销该注册商标。

“童年时光”案②

本案中涉及被告在经销关系期间创设并使用“童年时光”品牌。关于“童年时光”商品名称的权益归属问题。首先，从商品名称指示功能的层面来讲，“童年时光”是为了区别其他商品而使用的特定名称。从本案查明的事实来看，该名称始终以“CHILDLIFE”的中文

① 北京知识产权法院(2017)京73民终1992号民事判决书。
② 浙江省杭州市中级人民法院(2021)浙01民初2987号民事判决书。

译文以及作为拜欧泽尔公司的商品名称对外进行宣传、展示。南京童年时光公司于2010年4月20日同时申请注册“童年时光”“CHILDLIFE”并非巧合。南京童年时光公司作为CHILDLIFE品牌的独家经销商，其在合作之初将“童年时光”作为“CHILDLIFE”的对应中文译文宣传和使用，知道也应知相应后果，理应承担相应法律后果。经近十年使用产生“童年时光”和“CHILDLIFE”商标的稳定对应关系，使大量消费者能通过对CHILDLIFE商标的识别联想到“童年时光”这一名称，反之，亦能从“童年时光”标识的识别联想到“CHILDLIFE”产品。事实上，南京童年时光公司未提供任何证据证明“童年时光”商标及其企业字号在其自身商标上单独使用过，并形成知名度和市场份额。由此可见，“童年时光”所标识的产品来源指向拥有“CHILDLIFE”商标的克拉克、拜欧泽尔公司，而非南京童年时光公司。其次，从商品名称价值指向的层面来讲，商品名称具有财产属性，其最核心的价值就在于其代表的特定的质量和信誉，进而影响消费者的选择，从而获得市场竞争优势以及利润。本案中，经过多年对CHILDLIFE产品的销售，使相关公众在看到“童年时光”等名称时，还会联想到“CHILDLIFE”“美国制造”的良好品质，故“童年时光”还承载了特定的品质和商誉，形成了附载在标识上的特有利益，因此“童年时光”商品名称代表的品质、商誉，应当属于拥有“CHILDLIFE”商标及其产品的克拉克、拜欧泽尔公司。再次，从商品名称利益形成的层面来讲，消费者的认知是其价值实现的桥梁，消费者对商品的认可和评价影响了商品名称的商业价值，因此，判断商品名称经使用产生的利益归属，并非以考察商品名称本身由谁创造为侧重点，更要考量消费者将这一商品名称和何种商品相联系。本案相关消费者对“童年时光”的认知均与“CHILDLIFE”品牌及其产品相联系。因此，南京童年时光公司主张其是“童年时光”商标的注册权人，并以此否定“童年时光”不能作为有一定影响的商品名称保护的主张，缺乏事实依据和法律依据，本院不予采纳。

参考文献

一、著作

［1］曾陈明汝：《商标法原理》，中国人民大学出版社2003年版。

［2］王利明：《合同法研究》（第1卷），中国人民大学出版社2002年版。

［3］Tobias Cohen Jehoram, Constant Van Nispen & Tony Huydecoper. *European Trademark Law*. Wolters Kluwer, 2010.

二、论文

［1］曲天明：《注册商标转让合同效力与商标权属变动的关系研究——由“老榆树”商标转让纠纷引发的思考》，《青岛科技大学学报（社会科学版）》2011年第4期。

第五章 侵害商标权的行为

本章开始介绍商标侵权法律制度。在学理上，商标侵权结构可以分为商标使用、混淆可能性或淡化可能性和正当使用三个环节。为了尊重《商标法》第57条的规定，本章根据《商标法》的每一项规定（每一类行为）展开阐释，以作出规范解读。

第一节 商标使用行为

一、不同制度背景中的商标使用

《商标法》第48条规定，本法所称商标的使用，是指将商标用于商品、商品包装或者容器以及商品交易文书上，或者将商标用于广告宣传、展览以及其他商业活动中，用于识别商品来源的行为。由于商标使用行为体现了商标权财产化的程度，所以该条规定在《商标法》中具有统摄意义。没有"商标使用行为"这个概念，则无法解释商标确权、商标撤销、商标侵权中的使用行为，也无法区分商标直接侵权和间接侵权、商标侵权与不正当竞争行为。

（一）维持权利的商标使用和侵害权利的商标使用

不同制度背景中的"使用"行为具有不同侧重点，原因在于不同条文的规范目的和规范对象不相同。商标法上的使用制度可以分为维持权利的使用和侵害权利的使用两种类型，立法者指出商标使用"是维持注册商标有效的条件"，"也是商标专用权得以保护的基础"。[①] 前者如《商标法》第32条后段中的"他人已经使用并有一定影响商标"、第49条第2款中的"连续三年不使用"、第59条第3款中的"使用"；后者如《商标法》第13条第2款和第3款中的"使用"、第57条第1项和第2项中的"使用"。

1. 维持权利型

首先，维持权利型使用制度要求对商标作"实际使用"。《商标法》第7条规定，申请注

① 全国人民代表大会常务委员会法制工作委员会：《中华人民共和国商标法释义》，法律出版社2013年版，第95页。

册和使用商标，应当遵循诚实信用原则。本条是“申请、使用商标的总体要求”，[①]暗含真实使用(或诚实使用)商标的要求。如果不具有诚实使用意图，甚至“不以使用为目的的恶意注册”，[②]则该种使用行为不能产生商标法上的利益，商标局应当驳回其申请。因此，注册维持之使用考察的重心在于使用人是否有真实使用商标的意图。[③] 立法者引入真实使用要求，是为了弥补注册主义带来的弊端，弥合单纯注册的“纸面权利”与实际使用的“市场权利”之间的空隙。因此，真实使用要求“实际使用”，“不经使用的商标，不会产生和实现指示商品来源的效果，也无从区分商品。”[④]维持权利的使用制度，无论针对注册商标还是未注册商标，都应在解读其构成时贯穿这一立法意图，使“实际使用”成为维持权利型使用制度的条件，例如同样采取商标注册主义的欧洲，其《商标指令》序言第 32 条指出：“一个注册商标只有在其被实际使用时才受到保护；如果在先注册商标权利人尚未做出真实使用，则其不应有权无效或异议在后商标。”

基于商标使用在维持权利制度中的功能，应对“实际使用”的认定采取“严格的标准”，否则，宽泛的商标注册制度可能成为在专用权人不活跃的市场中使用相同或近似标志的不必要障碍。[⑤]《商标法》第 32 条后段、第 59 条第 3 款，以及《反不正当竞争法》第 6 条对商业标识“有一定影响”的要求均为这一要求的具体体现。相反，“不使用”则会导致《商标法》第 49 条商标被撤销的后果，且不宜扩大解释撤销制度中“不使用的正当理由”。[⑥] 因此，对商标的象征性使用不应构成“实际使用”，[⑦]原因在于这种使用不足以表明使用人具有维持权利的“真实意图”。诚如我国法院指出：“判断所涉行为是否构成商标使用，应……综合考量使用者在主观上是否具有真实使用商标的意图，以及所涉行为在客观上是否能使相关公众在商标与其所标志的商品或服务之间建立联系。仅以维持商标注册效力为目的的象征性使用，不属于商标法意义上真实、有效的使用行为。”[⑧]

其次，维持权利型使用制度要求对商标作“积极使用”。“积极使用”体现了使用人“真

---

① 袁曙宏：《商标法与商标法实施条例修改条文释义》，中国法制出版社 2014 年版，第 12 页。

② 《商标法》第 4 条。

③ 黄汇：《商标使用地域性原理的理解立场及适用逻辑》，《中国法学》2019 年第 5 期，第 83 页。

④ 全国人民代表大会常务委员会法制工作委员会：《中华人民共和国商标法释义》，法律出版社 2013 年版，第 95 页。

⑤ Annette Kur, Martin Senftleben. *European Trade Mark Law: A Commentary*. Oxford University Press, 2017, p.530.

⑥ Armin Häupl v. Lidl Stiftung & Co. KG, C-246/05(14 June 2007), para. 51.

⑦ Mary LaFrance. *Understanding Trademark Law* (Third Edition). Carolina Academic Press, 2016, p.41.

⑧ 北京市高级人民法院(2021)京行终 667 号行政判决书。实践中有法院认为 6 元的销售金额只是“象征性的交易”：圣加百货门市部开具给自然人侯某某的销售发票中载明“冬宝阳光袜”，所涉金额为 6 元，但该销售金额小、数量少，应为象征性使用行为[参见北京市高级人民法院(2021)京行终 650 号行政判决书]。还有法院指出，其中的发票虽然既显示有“碧桂园”商标，又显示有具体的商品名称，且基本涵盖了诉争商标核定使用的所有商品，但金额均很少，最多的仅 298.7 元，构成象征性使用[参见北京市高级人民法院(2021)京行终 1465 号行政判决书]。“判断商标使用行为是否属于仅以或主要以维持注册效力为目的的象征性使用行为，应综合考察行为人使用该商标的主观目的、具体使用方式、是否还存在其他使用商标的行为等因素。”“其 hanse 透明划船商品销售记录仅为一笔、数量为一件，金额总计 5 000 元，以上证据无法排除本案第三人对诉争商标的使用系以维持注册为目的的象征性使用”[参见北京知识产权法院(2020)京 73 行初 4057 号行政判决书]。

实的使用意图”。在相关公众已将该“未注册商标”与使用人产生联系的情况下，只要不违背使用人的主观意愿，[①]都可认定使用人具有“真实的使用意图”。相反，如果使用人明确拒绝特定标识的使用意图，则表明使用人没有真实的使用意图。

《商标法》第 49 条第 1 款的商标撤销制度规定了“不积极使用”的后果。为了鼓励商标使用，实践中要求本款中的“使用”应该是在“商业活动中对商标进行公开、真实、合法的使用”，[②]目的在于“激活商标资源，清理闲置商标，撤销只是手段，”“只要在商业活动中公开、真实地使用了注册商标，且注册商标的使用行为本身没有违反商标法律规定”，[③]则注册商标权利人已经尽到积极使用义务。

我国《商标法》第 32 条后段旨在保护“已经使用并有一定影响”的未注册商标，属于维持权利（权益）型使用制度，使用人应当具有真实的使用意图，意在将商标用于识别商品来源，否则不可能形成未注册商标权益。《商标法》第 59 条第 3 款旨在保护未注册商标，为其使用人提供在先使用抗辩，这里的“使用”应与第 32 条后段中的“使用”作相同理解。撤销商标制度则为反面规定，三者均以“识别性”为实质构成。

2. 侵害权利型

侵害权利型使用制度集中体现为注册商标侵权条款中的使用和驰名注册商标反淡化条款中的使用，两者均为商标意义上的使用，以“商业性和识别性”为实质构成。

《商标法》第 15 条第 1 款中的“使用”并非“商标使用”。本款旨在规制代理人或者代表人违背诚实信用原则恶意抢注商标，被代理人或者被代表人有权禁止代理人或者代表人使用其商标。本款不控制侵权使用行为，不涉及商标权的范围或财产化程度，因此不应理解为《商标法》第 48 条中的使用行为，即本款的规制对象不限于识别商品来源意义上的使用。只要代理人或者代表人使用了商标，不论在何种意义上的使用，都应当认为落在本款的规范范畴。

（二）生产环节的商标使用和销售环节的商标使用

从《商标法》第 48 条规定看，生产商将商标贴附在商品或服务上，或者销售商将商标用于宣传推广，都可能构成商标使用行为。从《商标法》第 57 条的结构看，商标侵权行为既可能发生在贴附商标的商品生产阶段，也可能发生在商品的销售阶段。2015 年《欧盟商标协调指令》第 10 条第 3 款和 2017 年《欧盟商标条例》第 9 条第 3 款禁止的商标使用行为丰富多样：(a) 将标识贴附在商品或其包装上；(b) 将标识名下的商品投放于市场(offering the goods or putting them on the market)，或者为投放市场的目的而存储商品；(c) 进口或出口标识名下的商品；(d) 将标识用作商号或企业名称或简称；(e) 将标识用

---

① 《北京市高级人民法院商标授权确权行政案件审理指南》第 16.24 条规定。

② 最高人民法院(2007)行监字第 184－1 号驳回再审申请通知书。

③ 最高人民法院(2010)知行字第 55 号行政裁定书。

于商业文件或广告中；(f) 违反指令 2006/114/EC 的方式将标识用于比较广告。

驰名商标反淡化以及防止商标侵权的准备或辅助行为，是商标侵权的特别样态，并非商标权排他范围效力所及，但其实也蕴含了商标基本功能的发挥，可以被《商标法》第 48 条所包含。有观点认为在驰名商标淡化背景中的商标使用不是第 48 条背景中的识别性使用，这种观点提出了“广告性商标使用”，认为《商标法》中的商标使用不仅包含识别性商标使用，而且包括广告性商标使用。[①] 这种将广告性的使用与商标使用行为相对立的观点值得商榷。理解这一问题的前提是区分商标侵权的效果要件（损害）与行为要件。在驰名商标反淡化背景中，他人对驰名商标的使用行为在结果上产生了弱化、丑化驰名商标显著性或者不当利用驰名商标声誉所造成的损害，至于是否使相关公众对商品或服务来源产生混淆误认以及他人的使用行为是否用于识别来源在所不问，因此，驰名商标反淡化行为并不关心他人是否在来源识别意义上使用商标。但是，这是驰名商标反淡化保护机制的效果要件（损害），并不能否认被告在将该商标用作广告过程中客观上发挥了识别来源的功能。2006 TDRA 第 2 条第 1 款只是规定了“在商业中”（in commerce），该条第 3 款反面规定了三大类除外情形（exclusions），其中第一大类是合理使用，包括对驰名商标的描述性（discriptive）或指示性（normative）合理使用，并非用于指示行为人商品或服务的来源。反过来，这说明损害驰名商标的行为必须是一种商标使用行为。

二、商标使用行为的实质性

明确商标使用行为的内在要素是论证商标使用行为独立性的第一环，体现了商标使用行为的实质性。讨论商标使用行为实质性的另一层价值在于统一《商标法》不同语境中“使用”制度的内涵。我国《商标法》虽然未在总则部分规定商标使用行为的构成，但第 48 条的规定对维持权利型使用（例如第 32 条后段中的“他人已经使用并有一定影响商标”、第 49 条第 2 款中的“连续三年不使用”、第 59 条第 3 款中的“使用”等）和侵害权利型使用（例如《商标法》第 13 条第 2 款和第 3 款中的“使用”、第 57 条第 1 项和第 2 项中的“使用”等）具有统摄意义。《商标法》中的不同使用制度均可统一于“商业性”和“识别性”的构成，反过来又可强化其实质性的论证。

《商标法》第 48 条规定，商标使用行为的内部构成要素为：商业性和识别性。立法者对此解释为：“商标使用是以识别商品来源为目的将商标用于商业活动的行为。如果不是以识别商品来源为目的地使用商标，或者将商标用于非商业活动中，都不构成本法意义上的商标使用。”[②]结合以上这些规定和解释，商标使用行为中的“商业性”体现为“与商品或服务的提供相结合”；“识别性”体现为“用于识别商品或服务的来源”。

---

① 北京知识产权法院（2015）京知民初字第 1944 号民事判决书。

② 全国人民代表大会常务委员会法制工作委员会：《中华人民共和国商标法释义》，法律出版社 2013 年版，第 95 页。

(一) 商业性

《商标法》第48条前半部分规定，商标的使用是指将商标用于商品、商品包装、容器以及商品交易文书上，或者将商标用于广告宣传、展览以及其他商业活动中的行为。这明示了商标使用行为的“商业性要素”，是指对商标的使用必须与“商品或服务的提供”有关，包括但不限于两种类型：与商品或服务本身的结合、与广告宣传材料的结合。这种结合不局限于“物理贴附”，而是指在商品或服务与商标之间创设了一种联系，[①]暗含了“行为发生在商业过程中”及“与商品或服务相关”两个方面。必须结合商标的自身属性对这两个要素的内涵加以阐释。

商标使用行为首先是一种商业行为，商标侵权行为和不正当竞争行为都属于“商业行为”。商标法脱胎于反不正当竞争法，商标侵权行为和不正当竞争行为实质上都是通过不正当商业手段获取竞争优势的商业行为。商业行为是商标侵权的前提，如果一种行为仅发生在评论等非商业意义上，那么，这种行为不可能构成不正当竞争行为。[②] 欧洲法院在评价搜索关键词并显示关键词的行为性质时指出，在与搜索关键词有关的商标侵权与不正当竞争案件中，搜索引擎服务商向广告商出售关键词并安排该关键词的显示，这种行为是在自然搜索之外实施的人工干预行为，发生在商业背景中，以获取竞争优势为目的，是一种商业行为。[③]

第一，“在商业过程中”，是指行为发生在商业流通环节，是为了经济优势而不是内部私人事务或公共辩论的目的，[④]从而在商标权保护与非商业背景中的公众使用之间取得平衡。“在商业过程中”，不仅包括商品的实际销售过程中，而且包含商品实际销售之前的商业环节中，例如我国《商标法》第48条明确规定“广告宣传”中的使用行为，就是发生在销售之前的商标使用。美国《兰哈姆法》第32条规定商标权人有权禁止的行为不仅包括“在商品相关的销售或广告中使用商标”，而且包含“将商标准备用于”商品相关的销售或广告：“复制、伪造、抄袭、似是而非地模仿注册商标并用于标签、标志(signs)、印刷物、包装、包裹、插座或者广告”，准备在州际商业中有关商品或服务的销售或广告中使用且可能导致混淆。[⑤]

---

① Annette Kur, Martin Senftleben. *European Trade Mark Law: A Commentary*. Oxford University Press, 2017, p.310.

② “如果行为目的并非获取经济优势(竞争优势)，则不可能进入商标法和反不正当竞争法的评价。”欧洲法和美国法都将商业行为作为商标侵权的前提要件，例如“根据欧盟商标指令第5条第1款第1项或者如果是欧洲商标根据第40/94号规定第9条第1款第1项，商标所有人有权禁止第三方未经同意使用与注册商标相同且影响商标功能的标记，如果这种使用发生在商业过程中且使用的相关商品或服务与该注册商标的商品或服务相同或类似。”美国《兰哈姆法》第45条同样明确规定“商业中的使用”(use in commerce)。参见刘维：《论界定商标侵权使用行为的两步审查法》，《北方法学》2015年第3期。

③ See Case C-236/08 to C-238/08 Google, paragraph 53.

④ Annette Kur, Martin Senftleben. *European Trade Mark Law: A Commentary*. Oxford University Press, 2017, pp.350, 353.

⑤ Lanham Act § 32(1)(b): reproduce, counterfeit, copy or colorably imitate a registered mark and apply such reproduction, counterfeit, copy or colorable imitation to labels, signs, prints, packages, wrappers, receptacles or advertisements intended to be used in commerce upon or in connection with the sale, offering for sale, distribution, or advertising of goods or services on or in connection with which such use is likely to cause confusion, or to cause mistake, or to deceive ...

第二，商标使用是一种“与商品或服务相关”的行为。商标是一种区别商品或服务来源的标识，是承载商誉的标识，商标使用必须“与商品或服务相关”。如果某标识尚未与特定商品或服务相结合，其是否凝结商誉尚不可知，则制造或使用标识的行为不构成商标性使用。可见，这一要件实则为创设或利用商标的商誉、发挥商标的经济价值搭建桥梁。但是，即使已经与商品或服务相结合，“如果使用的标识起不到识别商品来源的作用”，其也不属于商标权禁止使用的范围。[①] 因此，将注册商标作为企业字号或者域名进行使用时，必须用于相关商品的交易、构成商标使用行为时才可能构成商标侵权。倘若被告的行为只是在表彰营业主体意义上使用字号、企业名称或域名，即使可能导致相关公众混淆误认，也原则上应当由反不正当竞争法评价。[②] 这正是《商标法》第 57 条第 7 项的司法解释规定和《商标法》第 58 条规定的合理性所在。[③]

（二）识别性

《商标法》第 48 条后半部分“用于识别商品来源”的语句规定了商标使用行为的“识别性要素”。“识别性要素”体现了使用人的“意图”，且该标识客观上被作为商标，而不是被相关公众认为用于提升美感或表达思想。因此，“识别性要素”的认定强调主客观的结合，不能将使用人的“一厢情愿”等同于“识别性要素”，更不能在使用人缺乏真实意图的情形下做出认定。“商标之使用，使用人须有表彰自己的商品或服务来源的意思；且客观上所标示的商标，需足以使相关消费者认识其为商标。”[④]一言以蔽之，商标使用须满足“真实使用”的要求，应当按照通信理论而不是传统法律行为理论对其进行分析。

第一，行为人应当具有“作为商标”而使用的主观意图。促使商标观念形成和发起商标使用的主体只能是商家自己。商家是“以商标为代码的通信系统的信源，是通信的起点”，商家真实使用商标的意图体现为“将商品信息用商标编码为商标化的商品信息”。[⑤] 没有这种意图，就没有商标通信系统的信源，就不能产生商标法上的利益。为此，注册维持之使用考察的重心在于使用人是否有真实使用商标的意图。[⑥] 各国均建立了商标的真实使用制度，包含对行为人主观意图的要求。我国《商标法》第 7 条规定，申请注册和使用商标应当遵循诚实信用原则。本条是“申请、使用商标的总体要求”，[⑦]暗含真实使用（或

① 孔祥俊：《商标使用行为法律构造的实质主义：基于涉外定牌加工商标侵权案的展开》，《中外法学》2020 年第 5 期，第 1287 页。

② 刘维：《论商标使用在商标侵权判定中的独立地位》，《上海财经大学学报》2018 年第 1 期，第 135 页。

③ 《最高人民法院关于审理商标民事纠纷案件适用法律若干问题的解释》（2002 年）第 1 条：“下列行为属于商标法第 52 条第（5）项规定的给他人注册商标专用权造成其他损害的行为：① 将与他人注册商标相同或者相近似的文字作为企业的字号在相同或者类似商品上突出使用，容易使相关公众产生误认的……③ 将与他人注册商标相同或者相近似的文字注册为域名，并且通过该域名进行相关商品交易的电子商务，容易使相关公众产生误认的。”

④ 我国台湾地区“经济部智慧财产局”编印：《商标法逐条释义》，2013 年版，第 227 页。

⑤ 王太平：《商标法上商标使用概念的统一及其制度完善》，《中外法学》2021 年第 4 期，第 1032 页。

⑥ 黄汇：《商标使用地域性原理的理解立场及适用逻辑》，《中国法学》2019 年第 5 期，第 83 页。

⑦ 袁曙宏：《商标法与商标法实施条例修改条文释义》，中国法制出版社 2014 年版，第 12 页。

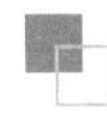

诚实使用)商标的要求。欧洲学者则指出,除了“在商业中使用”(use in the course of trade)和“与商品或服务相关”(in relation to goods or services),真实使用(genuine use)还要求“为识别商品或服务来源之目的”,即作为来源识别的标志而被使用。[①] 维持权利型使用制度有“积极使用商标”的要求,其实质即体现为使用人应具有真实使用商标的意图,在相关公众已将该“未注册商标”与使用人产生联系的情况下,只要不违背使用人的主观意愿,[②]都可认定使用人具有“真实的使用意图”;如果使用人明确拒绝特定标识的使用意图,则表明使用人没有真实的使用意图。[③]

第二,行为人应当具有客观上的实际使用行为,而且被相关公众认知为“作为商标”的使用。一方面,为了弥补注册主义带来的弊端,弥合单纯注册的“纸面权利”与实际使用的“市场权利”之间的空隙,真实使用制度要求客观上存在实际使用商标的行为。我国立法者指出:“不经使用的商标,不会产生和实现指示商品来源的效果,也无从区分商品。”[④]只有在行为人对商标作“实际使用”的基础上,才有可能被相关公众识别为“商标法意义上的使用”,否则犹如无源之水、无本之木。无论针对注册商标还是未注册商标,维持权利型使用制度都贯穿这一立法意图,使“实际使用”成为维持权利型使用制度的条件。《欧洲商标指令》“序言”第 32 条指出:“一个注册商标只有在其被实际使用时才受到保护;如果在先注册商标权利人尚未做出真实使用,则其不应有权无效或异议在后商标。”我国《商标法》第 32 条后段、第 59 条第 3 款、《反不正当竞争法》第 6 条对商业标识“有一定影响”的规定均为这一要求的具体体现。相反,“不使用”则会导致《商标法》第 49 条商标被撤销的后果,且不宜扩大解释撤销制度中“不使用的正当理由”。[⑤] 因此,对商标的象征性使用不应构成“实际使用”,[⑥]原因在于这种使用不足以表明使用人具有维持权利的“真实意图”。

另一方面,对商标的实际使用应该能够被相关公众识别为“商标法意义上的使用”。“商标法意义上的使用”必然要求能够发挥商标的识别功能(又称区别功能),而商标的识别功能的实现最终体现在消费者层面,商标所具有的“区分能力”最终体现为消费者对商品或服务来源的区分能力。在通信学原理上,消费者是“以商标为代码的通信系统”的信宿,是通信的终点,“只有商标标志和商品信息在具有商业意义数量的消费者头脑中最终结合在一起,商标才算真正形成。”[⑦]如果“实际使用”行为不会被相关公众识别为“商标意

---

① Annette Kur, Martin Senftleben. *European Trade Mark Law: A Commentary*. Oxford University Press, 2017, p.532.

② 《北京市高级人民法院商标授权确权行政案件审理指南》第 16、24 条规定。

③ 最高人民法院(2010)知行字第 48 号驳回通知书。最高人民法院以“真实使用意图”作为判断商标权益是否形成的标准:“索尼爱立信公司并无将争议商标作为其商业标识的意图和行为,相关媒体对其手机产品的相关报道不能为其创设受法律保护的民事权益。”

④ 全国人民代表大会常务委员会法制工作委员会:《中华人民共和国商标法释义》,法律出版社 2013 年版,第 95 页。

⑤ Armin Häupl *v*. Lidl Stiftung & Co. KG, C-246/05(14 June 2007), para. 51.

⑥ Mary LaFrance. *Understanding Trademark Law* (Third Edition). Carolina Academic Press, 2016, p.41.

⑦ 王太平:《商标法上商标使用概念的统一及其制度完善》,《中外法学》2021 年第 4 期,第 1031 页。

义上的使用”，则不构成商标使用，例如基于新闻报道、传递思想、批评评论的目的使用他人商标，虽然物理上使用了该“商业标志”(能指)，但在内容上却脱离了“识别商品来源”的用途(所指)，[①]相关公众不会将该商标作为“识别商品来源”的标志，该种行为不构成商标使用。最典型的情形就是戏仿，它必须同时传递两个有冲突的信息：使用了原作品或原商标但不是原作品或原商标，而只是一种戏仿。[②] 戏仿越是明显和成功，其指向其他用途或其他含义的可能性越高，转换性程度也越高，越不可能构成商标使用。要构成成功的戏仿，必须有需求和理由去模仿原作品或原商标以实现评论或取笑(redicule)的目的。如果原作品或原商标并非戏仿的对象，“想起”原作品或原商标的必要性就会减少。换言之，不使用这个商标或作品也能够实现讽刺或评论的目的，则这种使用不构成戏仿。同样，使用具有审美价值的美术作品，如果只是为了展示该作品的审美意义并被相关公众做出解读(装饰性符号)，则即使该美术作品是一个注册商标，其也并非用于识别商品的来源。如果一个符号长期在市场中作为产品型号，则也不能发挥区分商品来源的功能。[③] 有观点认为“是否发挥识别功能”要件创设了“消费者识别标准”，是商标性使用的结果，将其纳入混淆可能性判断更为顺畅。[④] 这种观点具有片面性，“商标性使用”包含“商标观念是否形成”的判断，即所谓“商标意义上”的使用，区别于“混淆可能性或淡化可能性”的后果，不失其独立存在的内涵和价值。

可见，维持权利型使用制度中的“积极使用”和“实际使用”，既是“真实使用制度”的要求，也是“识别性”要素在主客观方面的具体展开。商业性和识别性是商标区别属性和识别功能在商标使用制度中的体现，对维持权利型使用制度和侵害权利型使用制度具有统摄意义。不具有“识别性”要素的使用行为不可能产生商标法上的利益，不可能会使一个标识满足商标的属性，产生“显著特征并便于识别”，[⑤]也不可能落入到商标权的控制范围之中。

(三) 以涉外定牌加工行为的定性为例

我国在理论和实践中争议比较大的涉外定牌加工案件就涉及商标使用的判断。最高

① 这里借鉴了符号学方法对商标的载体和内容加以区分，商标是“能指/所指”“标识/出处(商誉)”构成的二元商业符号。参见彭学龙：《知识产权法的符号学分析》，《中国社会科学报》2021 年 4 月 14 日，第 4 版。

② Hormel Foods Corp. v. Jim Henson Prods., 73 F.3d 497, 503 (2d Cir. 1996).

③ 结合振邦公司对 FRW-KL 字母的解释，KL 为抗裂的首字母，系对混凝土膨胀剂相关功能性的描述，可以认定 KL 本身为抗裂的意思系行业内通用的对混凝土膨胀剂相关功能的标示方式，FRW-KL 是否作为混凝土膨胀剂通用型号虽不足以认定，但从 FRW-KL 作为混凝土膨胀剂类型长期使用情况、相关市场主体使用习惯以及振邦公司注册商标显著性的角度考量，鸿峰公司在标注自身商标名称昇峰的同时，将 FRW-KL 作为企业产品型号的组成部分在出厂合格证和检测报告单上使用(在混凝土外加剂检测报告单上标注产品名称为“SF-FRW-KL 复合型膨胀纤维抗裂防水剂”)，并未强调字母和图形的显著性，不会导致相关公众对商品的来源产生混淆，不构成商标法意义上的商标性使用，不应承担侵权责任。参见湖北省高级人民法院(2021)鄂知民终 507 号二审判决。

④ 吕炳斌：《商标侵权中“商标性使用”的地位与认定》，《法学家》2020 年第 2 期，第 82 页。

⑤ 《商标法》第 8 条将“区别性”作为商标的本质属性：任何能够将自然人、法人或者其他组织的商品与他人的商品区别开的标识，包括文字、图形、字母、数字、三维标识、颜色组合和声音等，以及上述要素的组合，均可以作为商标申请注册。第 9 条是在“区别性”属性基础上的进一步展开：申请注册的商标，应当有显著特征，便于识别，并不得与他人在先取得的合法权利相冲突。

人民法院在多份判决中持有不同意见。

1. 最高人民法院的观点变迁

“亚环”案

最高人民法院认为，国内定牌加工商的贴牌行为不属于识别性商标使用，因此不构成商标侵权。亚环公司受储伯公司委托，按照其要求生产挂锁，在挂锁上使用“pretul”相关标识并全部出口至墨西哥，该批挂锁并不在中国市场上销售，也就是该标识不会在我国领域内发挥商标的识别功能，不具有使我国的相关公众将贴附该标志的商品，与莱斯公司生产的商品的来源产生混淆和误认的可性能。商标作为区分商品或者服务来源的标识，其基本功能在于商标的识别性，亚环公司依据储伯公司的授权，上述使用相关“pretul”标志的行为，在中国境内仅属物理贴附行为，为储伯公司在其享有商标专用权的墨西哥使用其商标提供了必要的技术性条件，在中国境内并不具有识别商品来源的功能。因此，亚环公司在委托加工产品上贴附的标志，既不具有区分所加工商品来源的意义，也不能实现识别该商品来源的功能，故其所贴附的标志不具有商标的属性，在产品上贴附标志的行为亦不能被认定为商标意义上的使用行为……判断在相同商品上使用相同的商标，或者判断在相同商品上使用近似的商标，或者判断在类似商品上使用相同或者近似的商标是否容易导致混淆，要以商标发挥或者可能发挥识别功能为前提。也就是说是否破坏商标的识别功能是判断是否构成侵害商标权的基础。在商标不能发挥识别作用或并非商标法意义上的商标使用的情况下，判断是否在相同商品上使用相同或近似的商标、是否在类似商品上使用相同或者近似的商标导致混淆都不具有实际意义。①

“本田”案

最高人民法院认为，商标使用行为是一种客观行为，通常包括许多环节，例如物理贴附、市场流通等，是否构成商标法意义上的“商标的使用”应当依据商标法作出整体一致的解释，不应该割裂一个行为而只看某个环节，要防止以单一环节遮蔽行为过程，要克服以单一侧面代理行为整体。商标使用意味着使某一个商标用于某一个商品，其可能符合商品提供者与商标权利人的共同意愿，也可能不符合商品提供者与商标权利人的共同意愿；某一个商标用于某一个商品以致二者合为一体成为消费者识别商品及其来源的观察对象，既可能让消费者正确识别商品的来源，也可能让消费者错误识别商品的来源，甚至会出现使一些消费者正确识别商品的来源，而另外一些消费者错误识别商品的来源这样错综复杂的情形。这些现象纷繁复杂，无不统摄于商标使用，这些利益反复博弈，无不统辖于商标法律。因此，在生产制造或加工的产品上以标注方式或其他方式使用了商标，只要

---

① 最高人民法院(2014)民提字第38号民事判决书。

具备区别商品来源的可能性，就应当认定该使用状态属于商标法意义上的“商标的使用”……本案的相关公众除被诉侵权商品的消费者外，还应该包括与被诉侵权商品的营销密切相关的经营者。本案被诉侵权商品运输等环节的经营者即存在与该商标接触的可能性。而且，随着电子商务和互联网的发展，即使被诉侵权商品出口至国外，亦存在回流国内市场的可能性。同时，随着中国经济的不断发展，中国消费者出国旅游和消费的人数众多，对于“贴牌商品”也存在接触和混淆的可能性。二审法院认定，被申请人办理出口的220套摩托车散件系全部出口至缅甸，不进入中国市场参与“商业活动”，中国境内的相关公众不可能接触该产品，因此被申请人的这种使用行为不可能在中国境内起到识别商品来源的作用，故这并非商标法意义上的商标使用行为……商标的基本功能是区分商品或服务来源的识别功能，侵犯商标权本质上就是对商标识别功能的破坏，使一般消费者对商品来源产生混淆、误认。从法律规定来看商标侵权行为的归责原则应当属于无过错责任原则且不以造成实际损害为侵权构成要件。《商标法》规定的“容易导致混淆的”一词指的是如果相关公众接触被诉侵权商品，有发生混淆的可能性，并不要求相关公众一定实际接触被诉侵权商品，也并不要求混淆的事实确定发生。[①]

2. 关于内部使用论的评价

涉外定牌加工案件的裁判，有一种观点持“内部使用论”，即只要消费者没有实际接触商品，则可以否定商标使用行为的存在，这涉及商标使用行为中“商业性”要素的判断。一种典型观点认为隐性使用（即后台使用）的行为属于“内部使用”而不构成商标使用：将“金夫人”文字设置为推广链接的关键词系在计算机系统内部操作，并未直接将该词作为商业标识在其推广链接的标题、描述或其网站页面中向公众展示，不会使公众将其识别为区分商品来源的商标，不属于商标性的使用。[②] 还有观点认为定牌加工行为构成“内部使用”而不构成商标使用：“消费者不具有接触商标的可能性”，属于加工关系内的内部使用，即履行委托加工合同的内部使用，是针对合同相对方的履约行为。[③]

需要指出的是，商标是一种“能够将……区别开的标志”，[④]商标的区分属性是指一种抽象的“区别能力”，并不要求“已经实际区分”，它必须具备一种能力向“商品或服务的最终消费者通信”（communicate with end-users），因此它必须为人类感知，必须与其指代的商品在观念上能够分离（notional separation），必须是“对商品来源的区分”。[⑤] 在交易过程中或可期待

---

① 最高人民法院（2019）最高法民再138号民事判决书。

② “重庆金夫人实业有限公司与北京百度网讯科技有限公司、南京米兰尊荣婚纱摄影有限公司侵害商标权纠纷案”，江苏省高级人民法院（2016）苏01民终8584号民事判决书。

③ 孔祥俊：《商标使用行为法律构造的实质主义：基于涉外定牌加工商标侵权案的展开》，《中外法学》2020年第5期，第1295页；刘润涛：《关键词推广使用他人商标的反不正当竞争法规制》，《上海财经大学学报（哲学社会科学版）》2016年第4期，第119—128页。

④ 《商标法》第8条。

⑤ Annette Kur & Martin Senftleben. *European Trade Mark Law: A Commentary*. Oxford University Press, 2017, p.165.

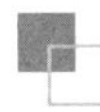

地使在交易过程中发挥区分功能的标志均具有“区别能力”。可见，消费者商标观念的形成，不以消费者“实际已经接触该商标”为条件。假设消费者在最终能够接触商标的情形中将该标识认知为“商标”，则该标识具有区分商品或服务来源的能力，使用该标识的行为便满足商标使用行为的识别要素。正因为如此，商标的区分属性、商标性使用与混淆可能性都属于规范判断和法律判断，不是事实判断，都预设了抽象的、中等消费者的形象，是在假设消费者能够接触商标的情形中对商标的区分能力或者混淆可能性的判断。不能以“消费者实际接触商标”替代“消费者能够接触商标”，也不能以“实际混淆”替代“混淆可能性”。

此外，商标使用行为中的“商业性”要素，是指行为发生在商业流通过程中，它与“内部性”并非逻辑对立的概念。如果使用商标的行为发生在主体的内部管理事务中，而不具有被该主体之外的消费者所认知的可能性，则这种使用不发生在商业流通过程中。因此，员工封闭性地在单位内部使用商标的行为可能不具有商业性，相关公众在商品流通环节不可能接触商标，没有将其“识为”商标的可能性。但是，商业性要素并不排斥内部性，内部使用也可能属于商业流通的环节而具有商业性。

定牌加工和关键词竞价排名案件中的相关行为都属于“商品或服务提供过程”中的使用。在竞价排名案件中，隐性使用行为不因发生在计算机系统内部而影响其商业广告性质，[①]广告商与竞价排名服务提供者之间的“付费搜索交易”发生在“商业过程中”。同理，定牌加工案件中的加工方在商品上贴附商标的行为，虽然是承揽合同的义务履行行为，其在合同法上具有相对性的效果，但加工承揽是整体商业流通中的一个环节，贴牌行为发生在商业流通过程中。如果加工方尚未将商标贴附于商品上，而是停留在“将商标印制于标签”的阶段，则其尚未“与商品或服务相结合”，也没有被用在“商品销售相关的广告材料”中，仍然不能割裂地认为这种行为还处于加工方“内部印制”的阶段，不具有“商业性”。

3. 关于商誉利用论的评价

在定牌加工和关键词竞价排名案件中，我国法院评价商标使用行为时常援引“商誉利用论”，即如果使用人没有利用商标的商誉，则其行为不构成商标使用行为，这涉及商标使用行为中“与商品或服务相关”及“识别性”要素的判断。有观点认为，定牌加工行为不构成商标使用行为的原因在于其“不存在与国内注册商标在识别商品来源上的冲突问题，以及无从在中国境内利用国内注册商标所对应的商誉……商标贴附只是完成受托加工产品的一个工作环节，既无在中国境内识别商品来源的目的，也无客观上的中国境内识别效果。”[②]类似观点还认为这些行为仅属于“为他人使用商标创设必要的技术条件”，“没有与

---

① 《互联网广告管理暂行办法》第 2 条将“推销商品或服务的付费搜索广告”界定为直接或者间接地推销商品或者服务的商业广告。

② 孔祥俊：《商标使用行为法律构造的实质主义：基于涉外定牌加工商标侵权案的展开》，《中外法学》2020 年第 5 期，第 1291 页；刘维：《论界定商标侵权使用行为的两步审查法》，《北方法学》2015 年第 2 期，第 32 页。

特定商品或服务发生联系，未发挥商标的识别商品或服务来源功能，不构成商标使用。”①

商誉利用论的合理性根植于商标的本质属性，值得肯定。首先，商标不能脱离于其附载的商誉而独立存在，其必然指向特定商品的来源出处，在商标意义上的使用行为必然会利用负载其上的商誉，也必然指向特定来源出处，这正是“与商品或服务相关”的含义所在。其次，既然“识别性要素”在客观上要求消费者将某标识认知为“商标”，消费者能够基于该标识识别特定的商品来源，那么，他人在使用该标识的同时也在客观上实现了商标的经济价值和利用了商标的商誉。欧洲法院认为要根据案件中的所有情况判断“商业性地利用商标”是否真实(real)，尤其这种使用是否属于“经济环节中获取或者创造商品的市场份额的保证”，②其原理也在于此。

在定牌加工案件中，加工方通常在加工服务上注册自己的服务商标，其从事定牌加工的行为没有在客观上利用权利人商标的商誉，商标的经济价值没有借贴牌行为而实现。在“隐性使用关键词”的案件中，经营者隐性使用关键词多为提升商品或服务的交易机会，是为了利用他人商标的商誉，即广告商使用该商标的目的是指向特定商标的商品，以此实现展示自己商品的机会，且相关公众将其识为商标，它满足了商标使用行为的内在要素。但是，“利用了他人商标商誉”的商标性使用未必构成商标侵权。“隐性使用关键词”所具有的提升交易机会和消费者福利、符合商业竞争逻辑、清晰标注“推广链接”、消费者已经产生特定用户体验等因素，可在混淆可能性和正当使用环节之间加以判断。

同理，行为人为销售目的而仓储假冒注册商标的商品，该种行为虽然发生在商业过程中，但仓储商通常注册有自己的服务商标，假冒商品上的商标与仓储的服务商标之间没有经济上的关联，仓储商并未利用商品商标的商誉，商品商标的经济价值也未借仓储行为而实现，因此仓储行为与“商品或服务不相关”，也不满足商标使用的识别性要素。“为销售目的的仓储行为”在一些国家或地区属于商标侵权，例如《欧洲商标指令》10(3)条将“为销售目的而存储”列为商标使用行为，我国台湾地区“商标法”第 5 条第 2 款也做了相同规定。这些规定不符合商标使用原理，但为了实现对其加以制止、强化商标权保护的政策目的，立法者将其拟制为商标侵权。由于贴牌加工行为不构成商标使用行为，如果具有制止这种行为的政策动因，则我们的合理路径也只能通过立法拟制的方式加以解决。

三、商标使用行为的要件性

商标使用行为的实质性表明其并非“可有可无”的存在，其内部要素对《商标法》的使

---

① Winters *v.* Red Bull, C－119/10 (December 2011), para. 29, 30, 31; Google France, Google v. Louis Vuitton Malletier et al., C－236/08 to 238/08(March 2010), para. 57；刘维：《论界定商标侵权使用行为的两步审查法》，《北方法学》2015 年第 2 期。

② The Sunrider Corp. *v.* Office for Harmonisation in the Internet Market (OHIM), C－416/04P (2006), para. 70.

用制度均具有统摄价值。本部分在权利侵害型使用制度背景中论述商标使用行为的要件性，这种背景中的“商标使用”也以商业性和识别性为基础。侵害权利型使用制度集中体现为注册商标侵权条款中的使用和驰名注册商标反淡化条款中的使用。其中，《商标法》第57条前两项和第13条规定中包含了“使用”要求，而《商标法》第57条后四项则没有明确表述，究竟如何解释后四项与商标使用之间的关系？本部分将以直接侵权与间接侵权的区分原理为基础进行论述。

（一）商标侵权救济的原理

历史研究通常将权利人的贸易转移解读为商标法救济的终极损害，例如“（英国）法院只关注不正当转移贸易给生产者带来的损害，以及利用现有诉讼形式来寻求救济。美国法院起初审理商标案件时也具有同样的关注点，其反复阐明商标法的目的是保护一方不受贸易的非法转移。”这种贸易转移损害的中介是“相关公众”，“相关公众”受到了欺骗进而导致“贸易被转移”。“贸易被转移”的原因有很多种，广告语、产品质量的虚假陈述也能导致这种结果，而商标法的救济对象一定是使用假冒商标导致相关公众可能对商品或服务来源产生混淆误认。大量广告促使消费者根据产品标记或地理名称购买商品或服务，并反复强调商人信息，并希望劝服消费者不去理会竞争对手。商标和名称逐渐成为市场竞争的核心，并催生了对其提供法律保护的需求。在英国案例法中，制止模仿标记和名称的法律保护需求从工业革命早期开始产生并被接受。工业革命时期的英国权威案例认定“未经授权使用商标构成非法且作为欺诈之诉的对象”。由此可见，假冒之诉的本质在于，商人通过假冒商标向公众传达了正在销售他人产品的信息，消费者因此对产品的提供者或生产者产生了混淆误认。19世纪末由于商标权的财产化运动，注册商标侵权从假冒之诉独立，并逐渐产生商标法与反不正当竞争法的分野。① 因此，商标侵权救济在历史上源于禁止使用假冒注册商标行为的产业需求。

消费者混淆可能性与权利人的贸易转移是一个硬币的两面，②当商标使用的行为导致相关公众产生混淆可能性时，消费者将实际或可能实施其本不会做出的购买行为，从而导致商标权人的贸易被转移或具有转移的可能性，于是商标权人遭受了商标侵权行为所带来的损害。因此，只要相关消费者存在实际混淆或混淆可能性，权利人就会遭受贸易被转移的损害，商标法则提供救济。无论商标法是为了救济权利人的贸易损失还是消费者被欺诈混淆的损害，抑或两者兼有，商标侵权构成中实际上都隐含有“损害或损害之虞”的考量，商标救济只能从“商标使用—消费者混淆可能性—权利人贸易被转移”的链条中来解

---

① 刘维：《商标权的救济基础研究》，法律出版社2016年版，第55页。

② J. Thomas McCarthy. *McCarthy on Trademarks and Unfair Competition* (Fourth Edition), June 2020；孔祥俊：《商标与不正当竞争法》，法律出版社2009年版，第52页；Tobias Cohen Jehoram, Constant van Nispen & Tony Huydecoper. *European Trademark Law*. Wolters Kluwer, 2010, p.6.

释启动机制。换言之，商标法并非对任何形式的混淆可能性都给予救济，那些并非由于商标使用行为导致的混淆可能性，商标法不予以关注；商标法也并非对任何种类的贸易转移损害都提供救济，并非由于消费者对商品或服务来源的混淆所造成的贸易损害就不能进入商标法的视野。

商标侵权与不正当竞争都是一种通过“不法形式”获取经济优势的行为。“不法形式”的具体表现形式，决定了这种行为该划归商标侵权范畴还是反不正当竞争范畴。由于商标使用行为的前置要件，诸多含有注册商标的不法行为不能构成商标侵权，但可能进入《反不正当竞争法》加以调整。例如，该种行为客观上只是通过搭便车提升被告的形象而没有发挥商品或服务的来源作用，在违反商业惯例的情形下，只能适用《反不正当竞争法》第 2 条。[①] 再如《反不正当竞争法》第 9 条规定的虚假宣传行为也以相关公众“误解”为条件，但仅指通过“商品的质量、制作成分、性能、用途、生产者、有效期限、产地等”导致相关公众的“误解”，而并非借“注册商标”为媒介制造来源混淆。最高人民法院在司法解释中将《反不正当竞争法》第 6 条中的“使用”解读为“商标性使用”，统一了商业标志救济的内在逻辑。

（二）商标直接侵权与间接侵权的区分标准

商标权作为一项消极权，应当基于直接侵权与间接侵权的区分原理理解商标权的控制行为。商标直接侵权与间接侵权以商标使用行为为区分标尺，这不仅由商标权的财产化程度所决定，而且由商标的本质属性所决定。显著性是商标的本质属性，其对应于商标的基本功能，即识别商品或服务来源的功能。只有破坏商标基本功能的行为才受到商标权控制，而商标使用是实现商标基本功能的前提，换言之，只有在商标法意义上的使用才可能损害商标的识别功能。TRIPs 协议的权威研究学者指出：商标用于区分商品或服务来源的功能决定了商标权，因此禁止他人使用相同或近似标识的权利取决于确保商标显著性的目的，商标权人只能禁止第三方在阻止消费者区分商品或服务功能的意义上所实施的使用行为。[②]

美国《兰哈姆法》以“商标使用行为”区分商标直接侵权和间接侵权，并根据贴附、销售、许诺销售、印制等不同使用行为对商标直接侵权行为予以类型化。麦卡锡明确将“直接侵权”与“使用行为”对应：直接侵犯注册商标权，乃基于“在州际或外国商业有关商品或服务的销售、经销或者广告活动中对一个侵权标识（mark）的使用”所触发。[③] 与此相对，商标间接侵权则针对那些没有使用侵权标识之人：商标侵权和不正当竞争责任可以超出“使用侵权标识实际销售商品或服务的人”，延展至那些“有意识地鼓励或促进实施不

---

① 上海市第二中级人民法院（2004）沪二中民五（知）初字第 242 号民事判决书。

② Annette Kur, Martin Senftleben. *European Trade Mark Law: A Commentary*. Oxford University Press, 2017, pp.395 - 396.

③ J. Thomas McCarthy. *McCarthy on Trademarks and Unfair Competition* (Fifth Edition), June 2020.

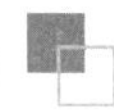

法或侵权行为之人”。[①] 虽然美国《兰哈姆法》没有明确上述“使用行为”就是“商标使用行为”，但是判例法和主流学术意见认为该法中隐含了“商标性使用”的要求。[②] 因此，美国法中的商标直接侵权是一种商标使用行为，商标权以商标使用为控制对象。

欧洲《商标条例》第 9(2)条和《商标指令》第 10(2)条中将商标专用权描述为赋予权利人“禁止任何第三方未经授权在商业中使用(use in the cause of trade)标识”，“商标使用的认定成为商标侵权分析中的第一步”，要求“在商业中”“与商品或服务相关”“发挥商标基本功能的使用”。[③] 可见，欧洲法也以商标使用行为作为商标权的控制对象。欧洲学者还指出：“作为商标的使用”是独立的一般侵权要件，其隐含在《商标条例》第 9(3)条和《商标指令》第 10(3)条之中，[④]这两条规定明确列明了商标权所控制的行为，这些行为均构成商标直接侵权。《商标条例》序言 13 和《商标指令》序言 19 还指出：“作为字号的使用行为，只有当其目的是区分商品或服务时才具有可诉性。”[⑤]这充分说明欧洲立法者意图将商标使用行为作为商标侵权的条件。

我国《商标法》第 57 条虽然没有在每一项中明确“使用”的词语，但应当按照直接侵权原理对这些规定进行分析，抓住商标使用行为的实质构成，而不应囿于条文的文义，只要“实质上是以识别商品来源为目的将商标用于商业活动的行为，即应认定为本法意义上的商标使用。”[⑥]

(三)《商标法》第 57 条列举行为的体系区分

我国《商标法》第 57 条接受了商标直接侵权与商标间接侵权的基本分类和区分标准，丰富了商标直接侵权的行为类型。第 57 条的整体结构以“使用行为”作为区分商标直接侵权和商标间接侵权的标尺，适用不同的侵权归责原则。第 57 条前 5 项规制的行为均为商标直接侵权行为，在侵权责任承担上实行严格责任，商标权人控制的对象是商标使用行为或拟制的侵权行为；第 57 条第 6 项则为商标间接侵权行为，以行为人对商标直接侵权行为的发生具有主观上的知情和客观上的帮助为条件。

---

① J. Thomas McCarthy. *McCarthy on Trademarks and Unfair Competition* (Fifth Edition), June 2020.

② J. Thomas McCarthy. *McCarthy on Trademarks and Unfair Competition* (Fifth Edition), June 2020. The statutory requirement of “trademark use” is indirect and implicit in the requirement that there be a likelihood of confusion for infringement to occur.

③ Annette Kur, Martin Senftleben. *European Trade Mark Law: A Commentary*. Oxford University Press, 2017, p.529.

④ Annette Kur, Martin Senftleben. *European Trade Mark Law: A Commentary*. Oxford University Press, 2017, p.429.

⑤ 《商标条例》“序言”13 第 2 句：Infringement of an EU trade mark should therefore also comprise the use of the sign as a trade name or similar designation as long as the use is made for the purposes of distinguishing goods or services;《商标指令》“序言”19：The concept of infringement of a trade mark should also comprise the use of the sign as a trade name or similar designation, as long as such use is made for the purposes of distinguishing goods or services.

⑥ 全国人民代表大会常务委员会法制工作委员会：《中华人民共和国商标法释义》，法律出版社 2013 年版，第 96 页。

《商标法》第 57 条前两项中的"使用"应当理解为商标使用，这是最传统的"贴附行为"，规定在各国商标法中。传统意义上的"商业中使用"特指在商品上贴附商标的假冒(palming off)行为，当时不把广告中的使用认定为"商标使用(trademark use)"。[①]《商标法》第 57 条第 3 项"销售假冒注册商标的商品"具有"在商业过程中""与商品或服务相关"的要素，且侵权标识是"用于识别商品的来源"，因此该类销售行为构成商标使用行为，不因为使用人未实施"物理贴附"而影响其定性。麦卡锡认为销售商销售假冒注册商标的商品的行为也足以构成商标的使用，而不论其是否知情供应商的侵权行为。[②] 不仅如此，在广告、商店橱窗中陈列或者在展销会上展出载有侵权标识的商品，即许诺销售行为，也满足商标使用行为的内在要素，受商标法控制。麦卡锡指出，单纯使用一个侵权标识进行广告的行为就是一个独立的侵权行为，不必要求被告证明其在许诺销售时实际持有假冒商品或者实际完成了销售行为。[③] 所以，商标使用行为的类型并非"一成不变"，而是在"传统贴附行为"基础上进行了扩展，只要具备了其实质要素，则可认定其为商标使用行为。

《商标法》第 57 条第 4 项"伪造、擅自制造假冒注册商标的标识"系用于规制"假冒标识的印制行为"，既不属于"将商标贴附于商品"，也不属于"将商标用于商品销售相关"的广告行为，与"商品或服务不相关"，属于"准备用于商品或服务提供相关"的"意图使用行为"。我国立法者规制该种行为的目的在于避免"以之用于自己的或供他人用于其生产或者销售的同一种商品或者类似商品上，以便以假充真、以次充好，误导消费者"，[④]可见本项是为了预防该类商标被用于实施侵权行为的危险，是对危险行为的制止。因此，"假冒标识的印制行为"不是商标使用行为，只是被拟制为商标权的控制行为。类似的做法例如《欧洲商标条例》第 9a 条和《欧洲商标指令》第 11 条将商标权的范围扩展到侵权准备行为(preparatory acts)：将侵权标识贴附在包装、标签、标贴等，以及要约、销售、存储、进口或出口这些包装、标签、标贴等。

《商标法》第 57 条第 5 项规制反向假冒行为，也是立法者拟制的商标侵权行为。使用人并未在商品上使用权利人的商标，"除去商标的行为"表明行为人并无在该商品上使用该商标的意图，行为人只是使用了自己的商标，并借助权利人商品的良好质量或者商誉，所谓"盗用或利用他人的才能和努力"，导致"产品的真正所有人被剥夺了在产品上广告自己名称和商誉的机会""最终的购买者被剥夺了知道产品真正来源的机会"。[⑤] 实际上，商标法并非救济这些损害的恰当渠道，只是为了对其加以制止，立法者将该类行为拟制为商

---

① J. Thomas McCarthy. *McCarthy on Trademarks and Unfair Competition* (Fifth Edition), June 2020.

② J. Thomas McCarthy. *McCarthy on Trademarks and Unfair Competition* (Fifth Edition), June 2020.

③ J. Thomas McCarthy. *McCarthy on Trademarks and Unfair Competition* (Fifth Edition), June 2020.

④ 全国人民代表大会常务委员会法制工作委员会：《中华人民共和国商标法释义》，法律出版社 2013 年版，第 110 页。

⑤ Read Smith *v.* Montoro, 648 F.2d 602, 607 (9th Cir. 1981).

标侵权行为，“为商标权人创设了一项新的与先前商标权有着质的不同的权利——那就是未经许可不得揭掉商标标识的积极权利”。[①]

可见，商标使用行为界分了《商标法》第57条的内部结构，商标权所控制的行为包含商标使用行为和法定拟制行为两种类型。换言之，既不构成商标使用行为，又未被立法者拟制的行为不应落入商标权的控制范围。后文所述商标使用行为在商标侵权判断过程中的前置功能也在此基础上产生。

（四）《商标法》第13条第3款中的使用行为

《商标法》第13条第3款为注册驰名商标提供反淡化保护，[②]本款暗含了商标使用行为的要求。实践中有观点认为驰名商标反淡化制度中的使用不是《商标法》第48条背景中的识别性使用，而是与识别性使用相并列的“广告性商标使用”：“被告的行为……不属于识别性商标使用行为……驰名商标……除了具备普通商标的识别功能，还具有广告功能……被告……标注‘老干妈味’字样的行为构成对涉案商标的广告性商标使用。”[③]这一观点将商标使用割裂为“广告性商标使用”和“识别性商标使用”，实为对商标使用原理及驰名商标反淡化机制的误解。使用驰名商标的行为可能导致弱化驰名商标显著性、丑化驰名商标声誉或者不当利用驰名商标声誉，即产生损害驰名商标广告功能的后果，这是驰名商标反淡化保护机制的效果要件，与商标使用行为作为驰名商标反淡化机制的行为要件并不矛盾。换言之，商标使用行为可以产生淡化损害（而不局限于混淆层面的损害），使用人将驰名商标“用于识别商品来源”与“该等使用产生了淡化驰名商标的后果”不会产生冲突。

驰名商标权本质属于商标权，立法者只是基于保护需求扩大了商标权的保护范围，从“防止消费者混淆可能”到“防止驰名商标的商誉被不当利用”，是商标权的延伸保护。由于都属于商标权的保护，驰名商标反淡化的结构与注册商标侵权的结构相同，遵循“商标使用—混淆后果或淡化后果—正当使用抗辩”的判定过程。商标权的这种延伸保护没有改变驰名商标权利人作为商标权人控制商标使用行为的基本属性，只是扩大保护了“行为导致的损害后果”（商标功能相应得到扩张）。例如2006年《美国联邦反淡化法案》（*Federal Trademark Dilution Act*）第2条第1款规定了“在标识或者字号商务中的商业使用”（commercial use in commerce of a mark or trade name），麦卡锡认为这意味着被控使用行为应为“商标或者字号使用”，“法案非常明确地指出非商标性、非字号性使用被控标识的行为不构成淡化”，“该法案在对《兰哈姆法》43(c)(1)的介绍部分和43(c)(2)

---

① 崔国斌：《知识产权法官造法批判》，《中国法学》2006年第1期，第148页。

② 就不相同或者不相类似商品申请注册的商标是复制、摹仿或者翻译他人已经在中国注册的驰名商标，误导公众，致使该驰名商标注册人的利益可能受到损害的，不予注册并禁止使用。

③ “贵阳南明老干妈风味食品有限责任公司与贵州永红食品有限公司侵害商标权纠纷案”，北京知识产权法院(2015)京知民初字第1944号民事判决书。

(B) & (C)关于弱化、丑化的界定部分两次强调了这一点”。[①] 这清楚地表明驰名商标反淡化背景中的“使用”亦为商标性使用，与我国《商标法》第 48 条中“商标使用”的实质要素相同。

综上，商标的本质属性、商标的基本功能与商标权控制范围三者之间相互映射，商标权所控制的行为必须是破坏商标基本功能的商标使用行为。

四、商标使用行为的前置性

商标使用行为不仅具有要件性，而且在商标侵权判断的过程中具有前置性。否定商标使用行为独立价值的两个典型理由是：引入这一条件会给商标权带来不恰当的限制；[②]与混淆可能性、合理使用制度的关系不清晰，[③]应当在商标侵权构成的权利妨碍规范而不是权利产生规范中规定商标使用。[④] 这些观点实质涉及商标使用行为的前置性，要反驳这些观点，就必须对商标使用行为的前置功能进行论证。

（一）商标侵权构造

商标使用行为是商标直接侵权和间接侵权的区分标尺，是商标权的控制行为，蕴含在《商标法》第 57 条中的“使用”规定中。易言之，不用于识别商品来源的使用行为，不会对商品或服务的来源产生误导或引发混淆，以致影响商标发挥指示商品或服务来源的功能，不构成商标法意义上的侵权行为。[⑤] 从商标侵权的内部构造看，基于商标使用而“容易导致混淆”且没有其他正当事由时才构成商标侵权行为。“商标使用”侧重考察真实使用，“容易导致混淆”乃基于多因素评估法开放性考察使用效果；“正当使用”或“商标权的限制”则不仅包含“非商标意义上使用某标识”(classic fair use)，而且包括“商标性使用某标识”(nominative fair use)、权利穷竭等其他事由，是平衡商标权人与其他经营者、社会公共利益的工具，表达自由和不受扭曲的竞争利益优于权利人受到的损害。[⑥] 从商标侵权的内部构造看，商标使用行为不仅不会架空混淆可能性和正当使用制度，而且使商标侵权的内部构造更清晰。

首先，商标使用与混淆可能性的不同价值功能决定两者在判断过程中的先后顺序。“商标使用”的结果可能有多种，例如根本没有混淆的可能，或者在小范围相关公众群体产

---

① J. Thomas McCarthy. *McCarthy on Trademarks and Unfair Competition* (Fifth Edition), June 2020.

② 何怀文：《商标性使用的法律效力》，《浙江大学学报（人文社会科学版）》2014 年第 2 期，第 165 页。

③ 张韬略、张倩瑶：《后台型竞价排名的商标侵权及不正当竞争认定》，《同济大学学报（社会科学版）》2017 年第 6 期，第 121 页。

④ 王太平：《论商标使用在商标侵权构成中的地位》，《法学》2017 年第 8 期，第 118 页。

⑤ “江苏常佳金峰动力机械有限公司与上海柴油机股份有限公司侵犯商标权纠纷案”，最高人民法院(2016)最高法民再 339 号民事判决书。

⑥ Annette Kur, Martin Senftleben. *European Trade Mark Law: A Commentary*. Oxford University Press, 2017, p.485.

生混淆而被容忍，即“有商标使用”但使用效果不符合商标法意义上的“混淆程度要求”。可见，“商标使用”是行为前提，“混淆可能”是损害后果，两者之间存在判断上的先后顺序。只有先判断是否落入商标权控制的行为范围，才有必要进一步判断该行为的损害后果。商标权控制的行为是商标使用行为，商标使用行为是商标侵权的第一层过滤器。如果不构成商标使用行为，则不属于商标权控制的范围，此时再去判断混淆可能性是完全没有意义的，但商标使用行为并不等同于商标侵权行为，商标侵权的构成还需要将混淆可能性和正当使用抗辩作为后序判断环节。

混淆可能性的判断是一个开放性的检验过程，依赖于个案中必备因素和参考因素之间的相互验证，[①]因此其通常不可能是一个简便的判断过程，“可根据难易程度先判断混淆可能性”的观点只是一种“理想假设”。“混淆可能性”的程度要求进一步区分其与商标使用行为之间的关系。在美国法中，仅存在混淆的“盖然性”（possibility）还不足够；混淆可能性（likelihood of confusion）是“很可能”（probable）混淆的同义语。[②] 美国第三巡回上诉法院在1999年转变了其将“混淆盖然性（possibility）作为商标侵权门槛”的传统立场，认为这不符合法律主流，并与《兰哈姆法》相悖。[③] TRIPs协议未就混淆可能性（likelihood of confusion）的程度作出统一界定，世贸组织成员国可根据国内法律体系和实践做出判断，但是混淆可能性区别于“混淆盖然性”（possibility of confusion），它是指一种“接近真实、事实或者确定”（like truth, fact or certainty）的状态，所以单纯的可能（mere eventuality）或者混淆盖然性（possibility）——如果不确定将会发生，并不必然构成侵权。[④] 欧洲法对混淆可能性的把握也较为谨慎，混淆可能性不包含“联系可能性”，相关公众仅将标识与商标联系起来还不足够，即使被保护的商标具有极强的显著性和较高的声誉，也不能基于“联系可能性”而推定混淆可能性的存在。[⑤] 我国《商标法》第57条中的“容易导致混淆”当然也应该作如是解读，即指“很可能”混淆，而不应降低侵权门槛。这不仅更有利于明确商标使用、混淆可能性、正当使用者三者之间的逻辑关系，而且更有利于在具体案件中澄清误解。一些法院在定牌加工案件的裁判中指出：“被诉侵权商品运输等环节的经营者即存在接触的可能性……随着电子商务和互联网的发展，即使被诉侵权商品出口至国外，亦存在回流国内市场的可能……中国消费者出国旅游和消费的人数众多，对于贴牌商品也存

---

① 刘维：《商标来源识别功能损害判定研究》，《知识产权》2014年第9期；《最高人民法院关于审理商标授权确权行政案件若干问题的规定》第12条。

② J. Thomas McCarthy. *McCarthy on Trademarks and Unfair Competition* (Fifth Edition), June 2020.

③ A. & H. Sportswear, Inc. *v.* Victoria's Secret Stores, Inc., 166 F.3d 197, 205(3d Cir. 1999). We take this opportunity to hold that the appropriate standard for determining trademark infringement under the Lanham Act is the likelihood of confusion.

④ Nuno Pires De Carvalho. *the TRIPS Regime of Trademarks and Designs* (4th Edition). Wolters Kluwer, 2019, p.396.

⑤ Annette Kur, Martin Senftleben. *European Trade Mark Law: A Commentary*. Oxford University Press, 2017, pp.385 - 386.

在接触和混淆的可能性”[①]“国内消费者可能通过网络海淘购物的方式接触”，[②]这些情形只是一种“盖然性”，商品在国内环节加工、运输、仓储、报关出口等行为不具有使相关公众产生混淆的“高度盖然性”和“确定性”，不属于我国《商标法》中的“容易导致混淆”。而且“因为地域性因素的介入”，[③]不需要判断我国境内消费者在境外旅游时发生的混淆可能。

其次，商标使用与正当使用的不同价值功能决定了两者在判断过程中的先后顺序。“商标使用”的结果可能出现“容易导致混淆”但应当让位于更高位阶（例如言论批评、告知商品的真实信息、商品自由流通等）的价值从而构成正当使用。“商标使用”“容易导致混淆”与“正当使用”可同时存在，[④]“商标与反不正当竞争法容忍一定程度的混淆”并且“只有当原告已经通过优势证据证明混淆可能性之后，被告才存在证明指示性合理使用的需要”，[⑤]由此可见商标使用、容易导致混淆、正当使用三个条件相互独立，且遵循前后判断的顺序。商标正当使用的判断主要涉及不同价值之间的衡量，如果连“商标使用”“容易导致混淆”都不构成，则没有必要对相关价值的位阶进行衡量。例比如有些行为在性质上构成商标使用行为，是用于识别商品或服务的来源，但属于指示性质的使用，是为了真实地告知相关公众配套的商品或服务，或者是为了向相关公众真实地呈现相关商品或服务的参数，以便相关公众在充分掌握全面信息的基础上进行选购。欧洲法院和学者就是基于不同利益之间的衡量来阐述正当使用条款：“《商标指令》第 14 条和《商标条例》第 12 条为协调商标所有人的利益与其他经营者、公众的冲突利益提供了工具。”[⑥]“限制商标专用权的目的是协调商标保护的基本利益与商品或服务自由流通的利益，使商标权能够在不受扭曲的竞争中发挥其基本角色。”[⑦]美国法则存在商业嘲讽、政治言论等抗辩，[⑧]以调节言论自由与商标保护之间的利益平衡。

综上，商标侵权的内部构造呈现出“漏斗状”：首先，通过“商标使用”环节控制落入商标权范围的行为，过滤不能落入商标权控制范围的“非商标性使用”；其次，通过对案情相

① “本田技研工业株式会社与重庆恒胜集团有限公司、重庆恒胜鑫泰贸易有限公司侵害商标权纠纷案”，最高人民法院(2019)最高法民再 138 号民事判决书。

② 上海知识产权法院(2016)沪 73 民终 37 号民事判决书：即使出口商品不在境内销售，也难以避免通过各类电子商务网站使国内消费者得以接触已出口至境外的商品及其标识，必然涉及是否造成相关公众混淆和误认的问题。

③ 黄汇：《商标使用地域性原理的理解立场及适用逻辑》，《中国法学》2019 年第 5 期，第 91 页。

④ 上海市高级人民法院在(2019)沪民再 5 号民事判决书（芬迪案）中指出：客观上可能导致消费者产生混淆的商标使用行为并非一概不构成商标合理使用，为指示说明商品或服务用途、来源等真实信息而使用他人商标的行为即使可能导致混淆，应当以使用目的是否善意、方式是否合理、是否符合诚信的商业惯例作为合理使用的判断标准。相同观点，可参见刘维：《论商标使用在商标侵权判定中的独立地位》，《上海财经大学学报》2018 年第 1 期。

⑤ K. P. Permanent Make-Up, Inc. *v.* Lasting Impression I, Inc., 543 U.S. 111, 124 (2004). It is only when plaintiff has shown likely confusion by a preponderance of the evidence that defendant could have any need of an affirmative defense.

⑥ Annette Kur, Martin Senftleben. *European Trade Mark Law: A Commentary*. Oxford University Press, 2017, p.485.

⑦ Gillette Company *v.* LA-Laboratories Ltd., C-228/03 (March 2005), para. 25.

⑧ Mary LaFrance. *Understanding Trademark Law* (*Third Edition*). Carolina Academic Press, 2016, pp.254-255.

关变量的综合判断，分析混淆可能性或者淡化可能性能否成立，过滤不构成混淆可能性或淡化可能性的情形；最后，通过分析正当使用的情形实现不同利益之间的平衡，过滤未经授权但构成正当使用的行为。特定行为是否构成商标侵权，需要接受这种漏斗构造的过滤检验。混淆可能性的类型在我国当前司法实践中呈现扩张趋势，由售中混淆扩大至售前混淆和售后混淆；[①]多因素评估法的开放性正在被商标功能理论侵蚀，[②]混淆可能性解释的封闭性趋势明显。在这种背景下，商标使用、正当使用或权利限制制度作为商标权扩张保护、避免其绝对化的"缓冲"价值越能得到彰显。尽管在实务中，商标使用和权利限制之间的界限并非泾渭分明，法官可能同时考虑商标使用与权利限制的构成要素，当事人在举证与反证过程中更可能"杂烩式"地提供证据，但两者在制度功能上仍然相互独立，且具有先后判断的顺序，不可将正当使用制度替代商标使用制度。

(二) 商标功能理论的局限性

商标使用行为在侵权结构中的过滤功能，即体现了商标使用行为的前置性。在判断商标侵权能否成立时，应当首先考察商标使用行为。只有在成立商标使用行为的前提下，才有必要进一步考察商标侵权的其他构成要素。忽略商标使用行为的前置性而直接判断混淆可能性或商标功能，不仅没有意义，犹如"隔山打牛"，而且容易陷入"商标功能理论"之误区，从而导致商标权的范围被任意扩大。商标功能理论（例如关于质量保证功能、广告功能、投资功能等方面的理论）诞生于欧洲法院的案例法，其核心要义是将商标功能的损害作为判断商标侵权行为的条件之一，不论商标使用行为的要件性和前置性。我国商标法理论和学术界深受该理论的影响，有观点指出："（《商标法》）第（一）（二）（三）项已经穷尽了商标使用的情形"，第（七）项不构成商标使用。[③] 我国法院在正品转售类案件的裁判说理中均不考虑商标使用的前置性，直接认为商品包装、装潢和生产批号等信息的改动会"影响消费者购买意愿""损害权利人对商品质量的控制能力"，或对商标权益造成其他损害，进而援引《商标法》第 57 条第 7 项作为法律依据。[④] 还有裁判指出："商标的功能是

---

① 北京知识产权法院(2015)京知民终字第 1828 号民事判决书(售前混淆)：一方面，该行为可能使商标权人基于该商标而应获得的商业机会被剥夺；另一方面，这种混淆会降低商标与商标权人之间的唯一对应关系。最高人民法院(2020)最高法民申 4768 号民事裁定书(售后混淆)：使用者在使用时或使用后可能会认为大小王牌上的图案相同或相似的产品同姚记公司存在一定的关联，容易导致消费者产生误认、误购。

② 越来越多的判决直接以商标功能理论作为商标侵权判断的依据，而不再诉诸开放性的混淆可能性因素。例如"由于涉案商品的二维码和批号均被刮损，一方面，使玫琳凯公司无法对其商品质量进行追踪和管理，破坏了玫琳凯公司的质量管控体系，妨碍商标权人对其生产或授权生产的商品实施包括召回在内的质量追踪措施，干扰了商标权人控制商品质量的权利；另一方面，使涉案商品的包装破损，破坏了商品的完整性，损害了商品的整体美观度，使消费者无法获得玫琳凯公司提供的与涉案商品相对应的质量保证、售后服务。这势必导致公众对商标权人商品和服务的评价降低，对涉案注册商标的美誉度产生负面影响，从而破坏了涉案注册商标的品质保证和信誉承载功能。"参见"玫琳凯公司与马顺仙侵害商标权及不正当竞争纠纷案"，杭州市中级人民法院(2017)浙 01 民初 972 号民事判决书。

③ 王太平：《商标法上商标使用概念的统一及其制度完善》，《中外法学》2021 年第 4 期，第 1045 页。

④ 徐州市中级人民法院(2019)苏 03 民初 569 号民事判决书，针对"销售商撕掉产品防伪查询码"：对商品包装的改变、破坏，如果降低了商品价值、损害了商标的品质保障功能，应认定为《商标法》第 57 条第 7 项的侵害商标权的行为。

商标赖以存在的基础，对于商标的侵害足以达到损害其功能的程度的，不论其是否具有市场混淆的后果，均可以直接认定构成商标侵权行为。”①

商标功能理论忽略了商标使用行为的前置性和要件性特征，违反了我国《商标法》第57条的规范逻辑。《商标法》第57条中商标权所控制的直接侵权行为只有商标使用行为和法定拟制的行为两种类型，是商标权法定主义的产物，②目的是平衡商标权保护与商品自由流通的价值。对《商标法》第57条第7项兜底条款的解释必须遵循商标直接侵权的基本法理，即该项只能禁止商标使用行为，除非另有法定拟制的侵权情形，否则，不能把任何使用商标的行为、任何导致商标功能受损的行为都“兜入”该项之中。“商标的质量保证、沟通、投资和广告功能可以强化这种真实使用，但不能替代作为来源标志的使用。”③相反，如果把任何使用商标的行为或者任何导致相关公众混淆误认的行为都纳入本项，甚至不再考察是否存在商标使用行为，则会不当扩大商标权的控制范围，妨碍商品的自由流通。“商标权并不是对其构成要素的垄断使用权，而仅排斥他人损害其识别商品来源的使用行为。”④

作为商标功能的诞生地，欧洲法院对商标功能理论并非持绝对支持立场，欧洲学术界对该理论的批评声音一直存在。商标功能理论在欧洲的产生具有强劲的品牌经济背景，是商标权人强大的说服能力的产物。即使如此，欧洲法院的一些判例对该理论存在不同看法甚至内部相互冲突，⑤质量保证功能、广告功能或者投资功能带来了更多的模糊性而不是清晰性，严格地说，商标功能理论在欧洲法院仍然疑点重重。欧洲学者指出：“商标功能理论最好被概括为当下商标侵权标准的一股暗流”(an undercurrent)，用于软化“双重相同规则”⑥的刚性、填补商标侵权标准体系的空缺，“如果法律著作和学术评论仍然停留在由笨拙术语所指代的商标功能的表面争论，而不是解决和揭示隐含在‘沟通、投资或者广告背后的核心要义’，那么商标功能理论对欧洲商标法的发展将极为不利。”⑦这种观点

---

① “不二家(杭州)食品有限公司与钱某某、浙江淘宝网络有限公司侵害商标权纠纷案”，杭州市余杭区人民法院(2015)杭余知初字第416号民事判决书。

② 关于知识产权法定，可参见孙山：《重释知识产权法定原则》，《当代法学》2018年第6期。

③ Annette Kur, Martin Senftleben. *European Trade Mark Law: A Commentary*. Oxford University Press, 2017, p.532.

④ 孔祥俊：《商标使用行为法律构造的实质主义：基于涉外定牌加工商标侵权案的展开》，《中外法学》2020年第5期，第1290页。

⑤ See Google France, Google *v.* Louis Vuitton Malletier et al., Case C-236/08 to 238/08 (2010).欧洲法院在本案中拒绝适用投资、沟通和广告功能。还可参见 Leidseplein Beheer BV, Hendrikus DE Vries *v.* Red Bull, case C-65/12 (2014)，欧洲法院指出商标功能理论是用于透视“双重相同”绝对保护规则的背景。

⑥ “双重相同”规则是指在同一种商品上使用相同商标的行为构成侵权行为。这种行为在文义上不以“混淆可能性”为条件，欧洲学者将这种行为与混淆行为、淡化行为并列为商标权禁止的三种行为类型。Annette Kur, Martin Senftleben. *European Trade Mark Law: A Commentary*, Oxford University Press, 2017, p.346. TRIPs协议第16条中的“双重相同”规则只是推定混淆可能性，有争议的问题在于这种推定是绝对的还是相对的。Nuno Pires De Carvalho. *The TRIPS Regime of Trademarks and Designs (4th Edition)*. Wolters Kluwer, 2019, p.397.本书基于研究主题和写作便利，未专门回应这种争论，而将“双重相同”规则纳入商标权禁止的混淆行为范畴。

⑦ Annette Kur, Martin Senftleben. *European Trade Mark Law: A Commentary*. Oxford University Press, 2017, pp.88, 362.关于商标功能理论的评论，还可参见 M. R. F. Senftleben. Function Theory and International Exhaustion: Why it is Wise to Confine the Double Identity Rule in EU Trade Mark Law to Cases Affecting the Origin Function. *EIPR*, No.36, 2014.

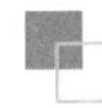

是比较合理的。无论从商标保护需求、“商标功能”术语内涵的清晰度以及《商标法》第 57 条体系的构造看，我国法院对商标权保护范围的扩张更应持谨慎立场，不应通过《商标法》第 57 条的兜底项接纳商标功能理论。

综上，将商标侵权判定中的“商标功能”种类限定于商标的基本功能，即来源识别功能、发挥商标使用行为在侵权判定过程中的过滤功能，是商标权的控制范围、商标的基本功能和商标的区分属性三者之间相互映射的结果。

第二节　相同使用行为

一、基本原理

《商标法》第 57 条第 1 项规定，未经商标注册人的许可，在同一种商品上使用与其注册商标相同的商标的，构成侵犯注册商标专用权的行为。这种行为被称为“假冒注册商标行为”(即“相同使用的商标侵权行为”，区别于《商标法》第 57 条第 2 项规定的“近似使用的商标侵权行为”)。我国只对侵犯注册商标专用权中的相同使用行为提供刑事制裁，而近似使用行为不存在入罪的空间。《刑法》第 213 条规定假冒注册商标罪，是指违反国家商标管理法规，未经注册商标所有人许可，在同一种商品上使用与其注册商标相同的商标，情节严重的行为。此外，2019 年《商标法》第 63 条第 4、5 款的内容，针对“假冒注册商标的商品”的行为人设定了专门的责任承担方式：“人民法院审理商标纠纷案件，应权利人请求，对属于假冒注册商标的商品，除特殊情况外，责令销毁；对主要用于制造假冒注册商标的商品的材料、工具责令销毁，且不予补偿；或者在特殊情况下，责令禁止前述材料、工具进入商业渠道，且不予补偿。假冒注册商标的商品不得在仅去除假冒注册商标后进入商业渠道。”

以上专门的立法规定均表明，假冒注册商标或相同使用行为是一种特殊的商标侵权行为。其特殊之处在于，“相同使用行为”的商标侵权构成不需要考虑是否可能导致相关公众混淆误认。这种立法例来自 2008 年的欧盟《商标协调指令》，[①]该指令“序言 11”指出：“在相同商品或服务中使用相同商标的行为，注册商标的保护具有绝对性。”易言之，这种情形的商标侵权行为不以混淆可能性为构成要件。欧盟《商标协调指令》第 5 条第 1 款 a 项对此作了具体规定。欧洲法院的案例法指出，欧盟《商标协调指令》第 5 条第 1 款 a 项不要求相关公众混淆可能性的证据，这是为在相同商品或服务中使用相同标记行为提供

---

① 该指令在 2015 年修订，2008 年的“序言 11”成为 2015 年的“序言 15”。因本书引用的欧盟案例均发生在 2015 年指令之前，且有关条文基本没有变动，因此除特别指出外，本书中的《欧盟欧商标协调指令》均指 2008 年的指令文本。

绝对保护。[①] 欧洲的学者将这种行为与混淆行为、淡化行为并列为商标权禁止的三种行为类型。

商标权在性质上系财产权和支配权，其支配效力的积极方面体现为：在核定商品或服务上使用相同商标，此为商标专用权的控制范围。支配性本质上体现为权利主体对客体的自由意志，即无需第三方协助就可实现对客体的控制意思。从消极方面看，商标权的支配性意味着权利人有权控制他人未经许可在核定商品或服务上使用相同商标，即相同使用行为。这种相同使用行为的不法性已经规定在商标权的支配性中，相同使用行为直接构成了对商标财产权的侵犯，至于是否存在混淆可能性则在所不问，“涉及在商标权的核心区域排除他人的侵权，倘若在该领域仍然不能无条件排除他人的这种使用行为，那么商标权就不再有最基本的生存空间，不再有立足之地。”[②]我国台湾地区“商标法逐条释义”（2013 年）阐述了相同的法理，“因第 1 款于同一商品或服务，使用相同于注册商标的情形，与商标权专属使用范围相同，法律上直接推定侵害了商标权。”

二、软化适用的争议

关于相同商标和相同商品的认定，可参见本书第九章第二节的内容。此处讨论这种行为的认定究竟有无软化的空间？一些国家或地区对此有不同做法。商标的本质、商标的基本功能与商标权的范围（授予商标权的目的是确保商标基本功能的实现）相互映射，因此美国法以“混淆可能性”作为统一标准，并不区分“相同使用”（欧洲学者也称“复制意义上的使用”）和“近似使用”（欧洲学者也称“模仿意义上的使用”）；TRIPs 协议第 16 条中的“双重相同”规则只是推定混淆可能性，有争议的问题在于这种推定是绝对的还是相对的。权威学者认为，这是一种绝对的推定，不允许反证，由于商标侵权标准是“混淆可能性”，“第 16.1 条不允许被告提供‘实际上并无混淆’的证据”。[③] 欧盟最初提出的建议是“不考虑混淆可能性”，美国为了弥补“混淆可能性的缺失”，建议改为“推定混淆可能性的成立”。[④] 近年来，欧盟引入了商标功能理论，用于软化“双重相同规则”[⑤]的刚性、填补商

---

① Case C - 482/09 Budějovický Budvar, paragraph 72.

② 孔祥俊：《商标与不正当竞争法——原理与判例》，法律出版社 2009 年版，第 315 页。

③ Nuno Pires De Carvalho. *The TRIPS Regime of Trademarks and Designs* (4th Edition). Wolters Kluwer, 2019, p.397.

④ Nuno Pires De Carvalho. *The TRIPS Regime of Trademarks and Designs* (4th Edition). Wolters Kluwer, 2019, p.398.

⑤ “双重相同”规则是指，在同一种商品上使用相同商标的行为构成侵权行为。这种行为在文义上不以“混淆可能性”为条件，欧洲学者将这种行为与混淆行为、淡化行为并列为商标权禁止的三种行为类型。Annette Kur, Martin Senftleben. *European Trade Mark Law: A Commentary*. Oxford University Press, 2017, p.346. TRIPs 协议第 16 条中的“双重相同”规则只是推定混淆可能性，有争议的问题在于这种推定是绝对的还是相对的。Nuno Pires De Carvalho. *The TRIPS Regime of Trademarks and Designs* (4th Edition). Wolters Kluwer, 2019, p.397.本书基于研究主题和写作便利，未专门回应这种争论，而将“双重相同”规则纳入商标权禁止的混淆行为范畴。

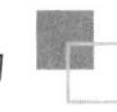

标侵权标准体系的空缺，成为当下商标侵权标准的一股暗流（an undercurrent）。[①] 这种理论基于商标救济的基本原理，避免了过于绝对保护商标权，有一定合理性，我国法院也有这种做法（参见百威案）。需要注意的是，商标功能理论正在成为扩大商标权保护范围的一个工具（典型案例类型如商品转售过程中的商标侵权认定），与该理论的产生背景南辕北辙。

“百威”案[②]

安海斯—布希公司经核准注册了“百威英博”文字商标，核定使用商品为第 32 类的啤酒等。2012 年 7 月，安海斯—布希公司（许可人）与百威（被许可人）签订《商标使用维权许可协议》，约定由许可人许可被许可人使用“百威英博”注册商标，授权被许可人就制止协议生效前已发生和协议生效后可能发生的侵犯许可商标的行为，在中国境内以被许可人的名义提起诉讼，并因维权获得赔偿款项。浙江喜盈门啤酒有限公司销售的啤酒瓶在瓶体下部均有“百威英博”或“百威英博专用瓶”浮雕字样，酒瓶背贴以小字记载浙江汾湖啤酒有限公司出品、哈尔滨喜盈门啤酒有限公司（简称哈尔滨喜盈门公司）监制，并以更小字体注明“瓶体字样与本产品无关”。

法院认为，关于在酒瓶上使用“百威英博”或“百威英博专用瓶”文字是否属于对“百威英博”商标的使用，可以从两个层次进行分析，即该使用方式是否属于商标使用的方式以及该使用是否会产生商品来源识别的效果。第一，商标的使用，包括将商标用于商品、商品包装或者容器以及商品交易文书上，或者将商标用于广告宣传、展览以及其他商业活动中。在啤酒瓶上使用“百威英博”或者“百威英博专用瓶”的浮雕文字，显然是在商品容器上使用商标，属于商标使用的范围。第二，凡是注意到酒瓶上“百威英博”字样的相关公众通常会认为该啤酒源于百威英博，这种认识相当清晰，不会产生歧义，换言之，这一文字标识的使用会产生来源识别作用。被告提出的该文字与酒瓶同色以及位于酒瓶下部等问题只同其实现识别功能的强弱有关，而与其是否具有啤酒来源识别功能无关。《商标法》第 52 条第 1 项规定，未经商标权人许可，在同一种商品上使用与注册商标相同商标的，属于侵犯商标权的行为。根据该法律规范，在相同商品上使用相同商标并不以混淆可能性为侵权构成要件。只要被告实施了该商标使用行为，就构成侵权。

需要指出的是，我国国家知识产权局在一则批复中认为“在啤酒瓶上突出使用浮雕文字的行为”属于商标使用，但落入《商标法》第 57 条第 7 项的范畴：再生资源的回收使用应当是在不侵害他人商标权前提下的合理利用。即使以浮雕形式显示在玻璃瓶上的商标

---

① Annette Kur, Martin Senftleben. *European Trade Mark Law: A Commentary*. Oxford University Press, 2017, p.362.

② 上海市高级人民法院(2013)沪高民三(知)终字第 111 号民事判决书。

标识无法轻易去除，但是权利人以外的使用人仍然可以通过粘贴标贴、遮盖标识等适当措施来避免造成相关公众的混淆……相关公众会误认为与注册人存在投资、许可或者合作等特定联系，但一般不会误认为涉案商品或服务系由注册商标权利人生产或提供，即与在同一种商品上使用相同商标导致的当然混淆情形相区别。[①] 国家知识产权局试图通过更换法律适用依据以避免“双相同”情形中过于刚性的侵权认定。笔者认为这种方法不妥，《商标法》第 57 条第 7 项是兜底条款，但不宜过于宽泛地加以解读。如果要对“双相同”的构成要件加以软化，则可以考量欧盟的做法，通过商标功能的目的解释实现这种目的。我国有法院就采取这种做法，例如杭州市中级人民法院指出：“在商标侵权的四个构成要件中，混淆是核心要件，也是商标侵权的实质判定标准。如果商标使用行为并未损害涉案商标的识别和区分功能，未因此而导致市场混淆的后果，即混淆要件不具备时，即使具备上述三个要件，亦不应认定为侵权成立。”[②]当然，有法院通过对相同商标、相同商品的严格认定（避免进入本项），也可以达到这一目的。

三、“双同”判断方法

在涉及相同使用行为的商标侵权案件中，认定“相同商标”和“相同商品或服务”是核心问题。由于在适用过程中的裁判空间，“相同”的门槛可以成为调剂商标权保护范围的一个要件。《最高人民法院关于审理商标民事纠纷案件适用法律若干问题的解释》第 9 条第 1 款规定：商标法第 52 条第 1 项规定的商标相同，是指被控侵权的商标与原告的注册商标相比较，二者在视觉上基本无差别。由于假冒注册商标行为可能入刑，且“相同”认定的刑事标准与民事标准应该相同，因此在适用过程中宜严格把握“相同”的内涵或标准。《最高人民法院、最高人民检察院关于办理侵犯知识产权刑事案件具体应用法律若干问题的解释（三）》第 1 条规定，具有下列情形之一的，可以认定为刑法第 213 条规定的“与其注册商标相同的商标”：① 改变注册商标的字体、字母大小写或者文字横竖排列，与注册商标之间基本无差别的；② 改变注册商标的文字、字母、数字等之间的间距，与注册商标之间基本无差别的；③ 改变注册商标颜色，不影响体现注册商标显著特征的；④ 在注册商标上仅增加商品通用名称、型号等缺乏显著特征要素，不影响体现注册商标显著特征的；⑤ 与立体注册商标的三维标志及平面要素基本无差别的；⑥ 其他与注册商标基本无差别、足以对公众产生误导的商标。从“两高”上述司法解释的规定看，“相同”的判断仍然应当采取法律标准（足以产生误导），而不是物理标准（单纯从音形义角度的判断），主要侧重于观察两个商标之间的差别对商标显著特征要素的影响。

---

① 《国家知识产权局关于利用回收的旧啤酒瓶灌装销售啤酒是否构成商标侵权的批复》（国知发保函字〔2019〕231 号）。

② 杭州市中级人民法院（2021）浙 01 民终 11232 号民事判决书。

“85℃”案①

在光明乳业股份有限公司(简称光明公司)与美食达人股份有限公司、上海易买得超市有限公司侵害商标权纠纷二审民事纠纷中,美食达人公司系“85℃”系列商标专用权人,其中有一个商标核定使用商品为第 29 类:牛奶制品、奶茶(以奶为主)、可可牛奶(以奶为主)等,注册有效期至 2024 年 7 月 6 日。光明公司在市场上销售的“光明优倍鲜牛奶”包装上突出显著印有“85℃”的字样(见图 5-1)。一审法院认为,光明公司在被控侵权商品上标注 85℃不属于正当使用,属于在相同商品上使用相同标识的侵权行为。

图 5-1　“85℃商标”案

二审法院认为,涉案注册商标标识将元素 8、5、℃采用不同字体及高低错落排列的表达方式,与温度标准表达方式 85℃具有了显著区别,客观上增强了涉案注册商标标识的显著性而获得了注册,但也因此限制了涉案注册商标标识的保护范围。将被控侵权标识 85℃与涉案注册商标相比对,两者字形元素相同但排列不同;在商标实际使用中,商标权人及相关公众对涉案商标标识的读音与一般公众对 85℃作为温度表达时的读音也不尽相同。故两者之间虽在外形上构成近似,但一审法院将之认定为相同商标有误。涉案注册商标核定使用的商品包括:牛奶制品、奶茶(以奶为主)、可可牛奶(以奶为主)等。而在原国家工商行政管理总局商标局《类似商品和服务区分表》第十一版第二十九类第 2907 奶和乳制品类似群中记载的商品包括:牛奶 290039;牛奶制品 290074;奶茶(以奶为主)C290069;可可牛奶(以奶为主)C290070,因此,牛奶与牛奶制品、奶茶(以奶为主)、可可牛奶(以奶为主)不属于相同的商品。但是,被控侵权商品牛奶与涉案注册商标核定使用的牛奶制品、奶茶(以奶为主)、可可牛奶(以奶为主)等商品,在功能、用途、销售渠道、消费对

① 上海知识产权法院(2018)沪 73 民终 289 号民事判决书。

象等方面基本相同，根据《商标司法解释》第 11 条，两者之间构成类似商品，一审法院将之认定为相同商品有误。

第三节　近似使用行为

基于上一节的内容可以理解，“相同使用”的商标侵权行为并非不以混淆可能性的成立为条件，只是在证明责任方面有利于商标权利人。实际上，混淆可能是商标基本功能的制度体现，对解释商标权的控制范围具有门槛作用。商标使用、混淆可能性、正当使用三者组成了商标侵权结构，商标相同或近似、商品相同或类似的因素只能在混淆可能性认定的环节中加以考察（本书称这两个因素为混淆可能性认定的必备因素），而并非如《商标法》第 57 条所展示的、与混淆可能性相并列的构成要件。基于制度诠释的逻辑，本书仍按照第 57 条的款项顺序和字面结构加以阐释。

一、商标近似

《最高人民法院关于审理商标民事纠纷案件适用法律若干问题的解释》第 9 条第 2 款规定，判断商标近似首先要考虑“字形、读音、含义或者图形的构图及颜色，或者其各要素组合后的整体结构相似，或者其立体形状、颜色组合”（客观特征），然后再考虑相关公众是否存在混淆可能性（主观因素）。该司法解释第 10 条规定了判断商标近似的整体比对和要部比对原则：人民法院依据商标法第 52 条第 1 项的规定，认定商标相同或者近似按照以下原则进行：① 以相关公众的一般注意力为标准；② 既要进行对商标的整体比对，又要进行对商标主要部分的比对，比对应当在比对对象隔离的状态下分别进行；③ 判断商标是否近似，应当考虑请求保护注册商标的显著性和知名度。

上述判断商标近似的要素及比对原则，只是给出了相对“程式化”的判断过程，商标近似的判断仍然充满不确定性。2001 年《商标法》规定，商标近似的判断采取主观说，在显著性、知名度都很强的两个商标之间，在显著性、知名度相差悬殊的两个商标之间，以及在显著性、知名度都很弱的两个商标之间，商标近似的判断要素的权重往往不同，对混淆可能性的影响也不同。很多时候，先入为主的价值判断或政策因素可能左右技术判断的走向，技术判断只是用于辅助或论证价值判断的合理性。如何使商标近似的判断过程客观化，是一个值得思考的问题，笔者认为现行法中的商标近似判断应当采取客观标准说。

“诸葛亮”案[①]

1999 年 6 月 18 日，同和公司向国家商标局申请注册“诸葛亮”商标（诸葛亮）。2000

① 最高人民法院（2007）民三监字第 37－1 号民事裁定书。

年 12 月 21 日，国家商标局核准该商标注册，核定使用商品为第 33 类酒精饮料（啤酒除外）、米酒、酒（饮料）、黄酒、葡萄酒、食用酒精、开胃酒、白兰地、烧酒、果酒（含酒精），商标注册有效期限自 2000 年 12 月 21 日至 2010 年 12 月 20 日。2002 年 6 月，同和公司将“诸葛亮”注册商标转让给千年酒业公司，并于 2002 年 10 月 28 日经国家商标局核准，千年酒业公司开始使用该商标。2003 年 6 月 15 日，千年酒业公司与诸葛亮酒业公司签订商标使用许可合同，许可诸葛亮酒业公司使用“诸葛亮”商标。2003 年 8 月 1 日，诸葛酿酒公司登记成立，正式生产诸葛酿酒。2003 年 11 月 20 日，千年酒业公司与诸葛酿酒公司签订商标使用许可合同，许可诸葛酿酒公司使用“诸葛亮”商标。上述商标使用合同经国家商标局登记备案。

1999 年 4 月 25 日，江口醇集团与顺德市（现佛山市顺德区）华军宇贸易有限公司签订了《产品开发协议书》，决定共同开发“诸葛酿”酒，并在产品上使用“诸葛酿”（江口醇 诸葛酿）。1999 年 6 月 5 日，江口醇集团正式生产“诸葛酿”酒，随后在广东市场上销售。该酒在我国南方部分地区具有一定的影响力和知名度。2004 年 9 月 24 日，千年酒业公司、诸葛亮酒业公司、诸葛酿酒公司向湖南省长沙市中级人民法院起诉被告江口醇集团和周某，要求判令被告立即停止商标侵权行为，并由江口醇集团赔偿损失。2005 年 1 月 26 日，江口醇集团以“诸葛亮”商标的使用侵犯其“诸葛酿”知名商品特有名称构成不正当竞争为由，向一审法院提起反诉。

该案历经一审、二审和再审程序，焦点问题是“诸葛亮”商标和“诸葛酿”标识之间是否构成近似。最高人民法院的再审裁判认为，江口醇集团使用的“诸葛酿”商品名称与“诸葛亮”注册商标不构成侵犯注册商标专用权意义上的近似。

首先，从二者的音、形、义上进行比较。注册商标“诸葛亮”与作为商品名称使用的“诸葛酿”在读音和文字构成上确有相近之处。但是，在字形上，“诸葛亮”注册商标为字体从左到右横向排列的普通黑体字的文字商标；作为商品名称使用的“诸葛酿”三个文字为从上到下的排列方式，字体采用以古印体为主，融合魏体和隶书特点，在字体周边外框加上印章轮廓，在具体的使用方式上，与“诸葛亮”商标存在较为显著的不同。而且，在文字的含义上，“诸葛亮”既是一位著名历史人物，又具有足智多谋的特定含义；“诸葛酿”非单独词汇，是由“诸葛”和“酿”结合而成，用以指代酒的名称，其整体含义与“诸葛亮”不同。就本案而言，由于“诸葛亮”所固有的独特含义，使得二者含义的不同在分析比较“诸葛亮”注册商标和“诸葛酿”商品名称的近似性时具有重要意义，即这种含义上的差别，使相关公众较易于将二者区别开来。

其次，认定“诸葛亮”与“诸葛酿”是否构成侵犯注册商标专用权意义上的近似，需要考虑“诸葛亮”注册商标的显著性及二者的实际使用情况。“诸葛亮”因其固有的独特含义，在酒类商品上作为注册商标使用时，除经使用而产生了较强显著性以外，一般情况下其显著性较弱。千年酒业公司等也未提供证据证明“诸葛亮”注册商标经使用后取得了较强的显著性。在此种情况下，“诸葛亮”注册商标对相近似标识的排斥力较弱，“诸葛酿”商品名称与其在读音和文字构成上的近似，并不足以认定构成侵犯注册商标专用权意义上的近似。

而且，在“诸葛亮”商标申请注册前，江口醇集团已将“诸葛酿”作为商品名称在先使用，不具有攀附“诸葛亮”注册商标的恶意。在“诸葛亮”商标核准注册前，“诸葛酿”酒已初具规模。至 2003 年 8 月标有“诸葛亮”注册商标的产品进入市场后，“诸葛酿”白酒已多次获得中国名牌产品等荣誉称号，在广东省、四川省、湖南省等地享有较高的知名度，为相关公众所知晓，具有一定的知名度和显著性，经使用获得了独立的区别商品来源的作用。结合上述“诸葛酿”商品名称字体特点和具体使用方式，以及“诸葛亮”注册商标的显著性较弱，原审法院认定相关公众施以一般的注意力不会导致混淆和误认并无不当。

二、商品或服务类似

（一）基本原理

《最高人民法院关于审理商标民事纠纷案件适用法律若干问题的解释》(2020)第 11 条规定，商标法第 57 条第 2 项规定的类似商品，是指在功能、用途、生产部门、销售渠道、消费对象等方面相同，或者相关公众一般认为其存在特定联系、容易造成混淆的商品。类似服务是指在服务的目的、内容、方式、对象等方面相同，或者相关公众一般认为存在特定联系、容易造成混淆的服务。商品与服务类似是指商品和服务之间存在特定联系，容易使相关公众混淆。

从上述规定不难看出，商品或服务类似的判定可以分为两步，首先，要判断商品或服务的功能、目的、对象、销售渠道等事实问题（客观因素）；其次，需要就相关公众的混淆误认进行判断（主观因素）。在司法实践中，《类似商品和业务区分表》可用于辅助判断涉案商品或服务之间的类似性，在确实需要突破《类似商品和服务区分表》的情形下，才进行突破认定。这包括两种情形包括：为突破《区分表》的规定，将《区分表》中不列为类似的商品或服务判定为类似（正向突破）；为突破《区分表》的规定，将《区分表》中列为类似的商品或服务判定为不类似（反向突破）。

司法机关的上述做法与行政机关的做法不同。《商标审查审理指南》第一章概述 3.4“同一种或类似商品或者服务”指出：“为稳定商标注册秩序，统一审查审理标准，类似商品或者服务的判定应当参照《类似商品和服务区分表》……但由于商品和服务项目在不断更新、发展，市场交易的状况也不断变化，对于《类似商品和服务区分表》未涵盖的商品或者服务项目，应当基于相关公众的一般认知力，综合考虑商品的功能、用途、主要原料、生产部门、消费对象、销售渠道等因素，或者服务的目的、内容、方式、对象、场所等因素认定是

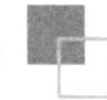

否构成类似商品或者服务。”基于《指南》的上述规定，行政机关在特殊情形中要突破《区分表》的规定时，仍然需要依照客观标准判断，不应将相关公众的混淆可能性等主观要素涵盖其中。

笔者认为在侵权认定过程中针对商品或服务类似认定采取客观标准的做法更为合理。在商标相同或类似、商品相同或类似的认定过程中，法院采取主观标准的做法（将混淆可能性、商标知名度等作为考量因素）具有历史局限性。这种做法源于 2001 年《商标法》第 52 条规定中的漏洞，司法机关为了弥补漏洞、在解释技术上基于“商标近似”“商品类似”引入了混淆可能性（从而形成了混淆性近似、混淆性类似的说法）。在 2013 年《商标法》第 57 条引入混淆可能性的独立要件之后，学说上和实践中都应回归本源，尊重混淆可能性的中心地位，不再将混淆可能性作为“商标近似”“商品类似”的下位概念或考察因素。

【正向突破】“宗申”案[①]

宗申公司成立于 1992 年，系从事摩托车、发动机及相关产品生产销售的大型民营企业。2000 年 12 月，宗申公司取得“宗申”文字商标注册，核定使用商品为第 12 类（车轮、车轮毂、小型机动车、摩托车、后视镜、摩托车挎斗、陆、空、水或铁路用机动运载器）。2002 年 11 月，“宗申”文字商标被审定为重庆市著名商标。2004 年 4 月 16 日，重庆市第一中级人民法院以(2003)渝一中民初字第 388 号民事判决书认定“宗申”文字商标为驰名商标。涉案被控侵权的润滑油包装瓶通体为灰色，正面瓶贴：上方印有“ADD 瑷迪”及其右上角的注册标记；其下方是居中的“宗申摩托”4 个字，为正面瓶贴最大字体、颜色为蓝色；紧接其后的是以“宗申摩托”的“托”字所在位置，另起行印有“冬季用油”4 个比“宗申摩托”字体小的黑色字体；瓶贴中部偏下处印有一辆红色摩托车图形；其左下方印有蓝色的“4T”，字体大小与“宗申摩托”相当；最下端印有黑色字体的“重庆顺顺达石油化工有限责任公司”。

二审法院认为，所谓相关公众的一般认识，是指相关市场的一般消费者对商品的通常认知和一般交易观念，不受限于商品本身的自然特性；所谓综合判断，是指将相关公众在个案中的一般认识，与商品交易中的具体情形，以及司法解释规定的判断商品类似的各要素结合在一起从整体上进行考量。《商标注册用商品和服务国际分类表》《类似商品和服务区分表》最主要的功能是在商标注册时划分类别，方便注册审查与商标行政管理，只能作为判断类似商品的参考，不能作为商标侵权案件中类似商品判断的依据。判断商品是否类似，应从普通消费者的角度进行判别。

被控侵权商品是摩托车润滑油，属于商品分类表中的第 4 类商品，涉案“宗申”商标则注册在第 12 类商品上。从相关公众的一般认识来看，摩托车与摩托车润滑油之间在用

① 重庆市高级人民法院(2005)渝高法民终字第 194 号民事判决书。

途、功能上密切相关，是相关联的产品，必须一并使用才能满足消费者的需要；二者在销售渠道上具有重合性；消费对象上，由于二者具有功能、用途上的关联性，消费对象也具有重合一致性。宗申公司是从事摩托车、发动机及相关产品生产销售的大型民营企业，第1487149号“宗申”文字商标曾于2004年4月16日被人民法院认定为驰名商标，“宗申”文字商标在重庆范围内具有较高的知名度。而顺顺达公司与宗申公司住所地都在重庆市，作为重庆摩托车和润滑油市场上的一般消费者会认为宗申摩托车和以宗申为商品名称的摩托车润滑油存在特定联系，容易使相关公众对摩托车与摩托车润滑油的来源产生混淆。因此，摩托车与涉案摩托车润滑油应属于类似商品。

【反向突破】“轻松筹”①

二审法院指出，认定服务是否类似，应当以相关公众对服务的一般认识综合判断。就本案而言，判断涉案服务与第35类“通过网站提供商业信息”服务是否构成类似服务，不能仅以二者的服务内容、服务形式存在一定程度的交叉、重合，即简单认定二者构成类似服务，而应当基于被告提供的不同服务种类，从服务的目的、内容、方式、对象等方面结合相关公众的一般认识进行综合考量。从原告在一审中的举证来看，其主张被告构成商标侵权所涉及的服务具体是指：一是以“放空自己，回归自然！预售期间388元获得精灵树屋体验”项目为例的“梦想清单”服务；二是以“寻味福建——林下「紫灵芝」「灵芝茶」(第二期)”项目为例的“预售尝鲜”服务；三是包括“大病救助”在内的“微爱通道”服务。

第一，关于“梦想清单”服务。在该类服务中，作为连接发起人和支持者的网络服务平台，被告提供服务的主要目的应为发起人的某一商业项目向不特定的社会公众或组织筹集资金提供有偿帮助行为。被告从所筹金额中抽取一定比例作为平台服务费，其盈利方式既取决于发起人的筹资目标是否达成，亦取决于支持者的承诺回报是否实现。为此被告承担着对发起人和支持者的资格审查、项目审核、执行监督、资金管理等多项职能。由于发起人承诺回报的内容因支持者支持金额的多少而可能存在实物、服务或者股权等方面的属性差异，相应地，其所提供服务的属性亦随之有所不同。

以“放空自己，回归自然！预售期间388元获得精灵树屋体验”项目为例，发起人希望通过涉案网站获得社会公众对其“树屋小镇”旅游创业项目的资金支持，支持者则希望可以获得与其投入相符的承诺回报，即当投入10元以下时，不计回报；当投入100元或者388元时，获得该项目的体验机会或者会员服务；当投入金额达到3万元时，则将获得项目的股权回报。被告只有在发起人在规定时间内达到或超过设置的目标金额，且支持者依约收到相应服务回报或者股权回报的情况下，才可以从该项目的筹资费用中扣除一定

① 陈月：《两个“轻松筹”？不同类别不用愁》，“知产北京”微信公众号，最后访问日期：2020年12月29日。

比例作为平台服务费。显然，被告在该项目中提供的服务内容，实际上已经具备了市场营销、募集资金、资金监管等多重商业事务属性；而支持者对发起人 10 元以下不计回报的支持行为则与“寻找赞助”服务较为相似。除此之外，被告面向的服务对象也比较广泛，一般并不限定特定的个人、法人或者其他组织。反之，第 35 类“通过网站提供商业信息”服务则是指网络服务提供者通过网站对外提供商业信息服务，其服务目的在于通过为工商企业的经营或管理提供商业信息辅助服务来实现盈利；服务的内容和方式通常包括商业信息的采集整理、汇编加工、分析研究、商业咨询等数据服务；服务的对象应为工商主体，主要是企事业单位或者组织等。由此可见，被告提供的“梦想清单”服务与涉案商标核定使用的“通过网站提供商业信息”服务，二者在服务的目的、内容、方式和对象上均存在明显区别，不构成类似服务。根据相关公众的一般认知，不会对二者所指示的服务来源产生混淆误认。

第二，关于“预售尝鲜”服务。从表现形式上来看，被告提供的“预售尝鲜”服务与其“梦想清单”服务在服务的目的、内容、方式上基本相同，但结合该类项目发起人承诺回报的内容来分析，二者的服务属性亦略有差异。以“寻味福建——林下「紫灵芝」「灵芝茶」(第二期)”项目为例，该项目发起人为灵芝特产种植户，其在“项目详情”中表示希望通过该项目推广家乡特色产品，并通过一站式模式将特色产品送达给消费者；而支持者则可以通过投入资金获得相应承诺回报，即当投入 10 元以下时，不计回报；当投入 45 元时，获得特色产品 100 g；当投入 82 元时，则获得特色产品 200 g。此外，发起人还承诺支持成功后两天内发货。由此可见，被告在该项目中从事的服务，本质上应属于“市场营销、替他人推销、通过网站为商品和服务的买卖双方提供在线市场”等服务范畴；其服务的对象一般为农产品种植户，具有较强指向性。因此，被告提供的“预售尝鲜”服务与涉案商标核定使用的“通过网站提供商业信息”服务，二者在服务的目的、内容、方式和对象上亦较为不同，不构成类似服务。

第三，关于“微爱通道”服务。以被告的“大病救助”服务为例，该项服务的主要目的在于为患者或其家属向不特定的社会公众或组织募集医疗费用提供无偿帮助行为。被告不收取服务费，将所筹金额全额给付给患者；其在二审中补充提交的证据亦显示，被告与中国红十字基金会合作设立的“中国红十字基金会轻松筹微基金”以涉案平台为主要募捐途径；2016 年 8 月 31 日涉案平台还被中华人民共和国民政部指定为首批慈善组织互联网募捐信息平台之一。可见，被告提供的“微爱通道”服务本质上应属于慈善、公益类服务，其服务对象一般为需要爱心救助的困境人士，其服务内容亦包括对发起人的资格审查、项目审核、资金监管等多项内容，这与涉案商标核定使用的“通过网站提供商业信息”服务，在服务的目的、内容、方式和对象等方面明显不同，亦不构成类似服务。

基于以上分析可见，按照相关公众的通常认知，被告提供的全部涉案服务与涉案商标核定使用的“通过网站提供商业信息”服务，在服务的目的、内容、方式、对象等方面均存在较大差异，尚未构成类似服务。

（二）新技术背景中的商品或服务

“互联网＋”时代是互联网与实体产业深度融合的时代，App成为获取商品或服务的重要方式。商家通常都在App上注册或使用商标，App领域的商标侵权纠纷成为互联网商标侵权的重要体现，而商品或服务类似的认定成为此类侵权案件审理的焦点问题之一。下文以“嘀嘀”商标案为例，呈现不同法院在处理这一焦点问题时的不同思路。

杭州法院“嘀嘀”商标案

妙影公司主张小桔公司未经许可擅自在其打车软件、网站、门店、广告宣传及其他商业活动中将“嘀嘀”用作打车软件商标，侵犯了其核定使用在“计算机程序(可下载软件)”等商品项目上的“嘀嘀”注册商标专用权，请求法院判令停止侵权、赔偿损失。本案经调解结案，承办法官在结案后撰写的评论中指出：“互联网＋”时代，用户一般可能是为了获取服务而安装App，但是服务开始于App安装之后，提供服务者必先提供App下载，消费者获取服务前必先获取App。这与传统服务(例如使用餐具提供餐饮服务)存在着质的区别，传统服务是消费者先通过店招等标识对服务来源进行了识别，再接触服务所使用的具体商品；而在App服务中，消费者需要首先对App进行识别，再接触服务本身。消费者存在前期对App来源进行识别和后期对服务来源进行识别的两个阶段行为，对经营者而言，提供服务和提供App下载中使用商标便分别具有独立的来源区分意义。不能以提供服务时通过App完成为由，便将提供App纳入提供服务行为，或将提供服务纳入提供App行为。小桔公司使用的“嘀嘀”系列标识客观上具有区分打车服务和软件商品来源的双重效果，应当认定为在打车服务和软件商品上均进行了商标使用。①

北京法院“嘀嘀”商标案

睿驰公司是第35类和第38类“嘀嘀”和“滴滴”文字商标的权利人，前者核定服务项目为商业管理、组织咨询、替他人推销等；后者包括信息传送、计算机辅助信息和图像传送等。睿驰公司认为，小桔公司经营的“滴滴打车”(最初为“嘀嘀打车”)在服务软件程序端显著标注“滴滴”字样，服务内容为借助移动互联网及软件客户端，采集信息进行后台处理、选择、调度和对接，使司乘双方可以通过手机中的网络地图确认对方位置、联系并及时完成服务，属于典型的提供通信类服务，还同时涉及替出租车司机推销、进行商业管理和信息传递等性质的服务，与睿驰公司注册商标核定的两类商标服务内容存在重合，侵犯了其注册商标专用权，要求小桔公司停止使用该名称，并公开消除影响。②

① 申正权、张书青：《“嘀嘀”商标纠纷终落幕，主审法官跟你聊聊那些重要细节》，《中国知识产权报》2016年7月18日。

② 北京市海淀区人民法院(2014)海民(知)初字第21033号民事判决书。

法院认为，首先，从标识本身看，“滴滴打车”服务使用的图文组合标识将其营业内容“打车”给予明确标注，并配以卡通图标，具有较强的显著性，与原告的文字商标区别明显。其次，从服务类别的相似度看，“滴滴打车”的服务对象是乘客和司机，服务内容为借助移动互联网及软件客户端，采集乘客的乘车需求和司机可以就近提供服务的相关信息，通过后台进行处理、选择、调度和对接，使司乘双方可以通过手机中的网络地图确认对方位置，通过手机电话联络及时完成服务，起到了方便乘客和司机、降低空驶率、提高出租车运营效率的作用。原告列举被告提供服务过程中的相关商业行为，或为被告针对行业特点采用的经营手段，或为被告对自身经营采取的正常管理方式，与该类商标针对的由服务企业对商业企业提供经营管理的帮助并非同类(35 类)……关于第 38 类，划分商品和服务类别，不应仅因其形式上使用了基于互联网和移动通信业务产生的应用程序，就机械地将其归为此类服务，应从服务的整体进行综合性判断，不能将网络和通信服务的使用者与提供者混为一谈。“滴滴打车”服务并不直接提供源于电信技术支持类服务，在服务方式、对象和内容上均与原告商标核定使用的项目区别明显，不构成相同或类似服务。原告所称其商标涵盖的电信和商务两类商标特点，均非被告服务的主要特征，而是运行方式以及商业性质的共性。

法院进一步指出，法院并未仅以滴滴打车服务涉及电信、软件、商业等为由抽象认定其与电信、软件、商业等服务类似，而是紧紧抓住不同服务的本质属性和主要特征，综合考虑不同服务的目的、内容、方式、对象、混淆可能性等因素，最终认定滴滴打车服务本质仍然是为客户提供运输信息和运输经纪服务。本案判决具有鲜明的时代特点，其中蕴含的抓本质、抓重点的分析方法为“互联网＋”商业模式下正确认定类似服务提供了重要借鉴。①

以上两个法院在处理涉及互联网因素的服务类别时，呈现出对互联网因素及推广因素的不同认识。在实体环境中，类似的问题其实也存在，归根结底是对服务相同或类似认定过程中的形式与内容、手段与目的之间关系的认识。例如通过娱乐的方式呈现相亲的内容、通过电视节目的形式呈现相亲的内容，或者以相亲的外表提供娱乐的内容。通过电视节目的方式呈现法律咨询的内容，究竟应该以法律咨询内容为根本，还是以电视节目为根本来认定服务的类别？在“互联网＋时代”中，几乎所有的商品或服务都与软件(APPS)连接，难道在软件商品注册商标的权利人可以起诉任何以 APPS 为手段融合各种实体产业的商品或服务使用者？互联网究竟只是具有工具属性还是具有独立功能？

① 《2015 北京知识产权司法保护商标典型案例和创新性案例点评》，http://www.cicn.com.cn/zggsb/2016-04/19/cms84651article.shtml，最后访问日期：2019 年 7 月 29 日。

“非诚勿扰”案

广东省高级人民法院在“非诚勿扰”再审案件中抓住了电视节目的本质，其认为，被诉《非诚勿扰》节目系一档以相亲、交友为题材的电视文娱节目，其借助相亲、交友场景中现代未婚男女的言行举止，结合现场点评嘉宾及主持人的评论及引导，通过剪辑编排成电视节目予以播放，使社会公众在娱乐、放松、休闲的同时，了解当今社会交友现象及相关价值观念，引导树立健康向上的婚恋观与人生观。其服务目的在于向社会公众提供社交、消遣的文化娱乐节目，凭节目的收视率与关注度获取广告赞助等经济收入；服务的内容和方式为通过电视广播这一特定渠道和大众传媒方式向社会提供和传播文娱节目；服务对象是不特定的广大电视观众等。第45类中的“交友服务、婚姻介绍”系为满足特定个人的婚配需求而提供的中介服务，服务目的系通过提供促成婚恋配对的服务来获取经济收入；服务内容和方式通常包括管理相关需求人员信息、提供咨询建议、传递意向信息等中介服务；服务对象为特定的有婚恋需求的未婚男女，故两者无论是在服务目的、内容、方式和对象上均区别明显。以相关公众的一般认知，能够清晰区分电视文娱节目的内容与现实中的婚介服务活动，不会误以为两者具有某种特定联系，两者不构成相同服务或类似服务。①

在处理“互联网＋”时代中商品或服务类别的认定案件中，应当采取“非诚勿扰案”相同的处理思路，即抓住服务的本质，不被“互联网”这一实现手段所迷惑，坚持“穿透”原则。

以此类推，在服务类别的认定中也可采取相同的思路。随着服务产业在国内经济和国际贸易上的比重提升，服务商标的重要性愈发突出。服务本身属于无形的劳务，无法直接贴附商标，需要借助于有形物体来标示。商品商标和服务商标的区分不以商标贴附的载体为标准，而以商标识别的对象为标准。基于这个标准，应当区分“识别的对象”（内容）与“载体”（工具），找出“事物的本质”（内容）。例如餐饮服务上的商标使用，表现为在茶具、服装等商品上的使用，“餐饮”是内容，“杯具”是载体，“餐饮服务”的开展必然需要以“杯具”为载体；反过来，“杯具”上的商标，并非识别“杯具”本身，而指向“餐饮服务”，因此，不能将餐饮服务上的商标使用等同于杯具商品上的商标使用。按照现代商业和消费理念，消费者去餐馆消费，不仅关注商品本身的口感质量，而且关心场地位置、环境和服务本身。消费者向餐馆支付对价后，他不会在用餐后拿走这些餐桌上的杯具，因为他清楚其支付价金的对价只是在该环境中的用餐，而不是具体的某个杯具。

“吉尼斯”案

广东省高级人民法院认定“吉尼斯”商标究竟是在“避孕套”商品上的使用还是在“广告宣传”服务上的使用时认为，以相关公众的通常认知判断，仅指向商标物理性附着的商

① 广东省高级人民法院(2016)粤民再447号民事判决书。

品提供者的商标为商品商标；能穿透商标物理性附着的商品，进而指向其背后所承载的服务提供者的商标则为服务商标。被诉侵权商标物理性附着在“避孕套”商品的包装盒上，指向的是“避孕套”商品的来源。其并未穿透“避孕套”商品，指向“广告宣传”服务的来源。一是被诉侵权的“避孕套”是商品，不构成与“广告宣传”服务相关联的载体，故被诉侵权商标无法视为在与“广告宣传”服务相关联的载体上进行了使用。二是被诉侵权“避孕套”未以适当方式显示被诉侵权商标与“广告宣传”服务提供者之间的直接联系，被诉侵权的“吉尼斯世界纪录”“　”商标周边除“纪录保持者”“薄”“薄度纪录创造者”“橡胶避孕套薄度纪录创造者”等描述之外，并无其他广告宣传内容。即便上述描述可视为一种广告宣传用语，该广告宣传用语也并未通过长期使用与特定“广告宣传”服务提供者建立起稳定联系，大明公司也未以任何特殊方式提示该两件商标指向的是“广告宣传”服务的提供者。三是由被诉侵权商标可产生广告宣传作用不能推定其是使用在“广告宣传”服务上。[①]

在与 App 相关的服务商标案件中，应区分“载体”与“内容”之间的关系，找出“事物的本质”，“穿透”载体、寻找“本质内容”。随着移动互联网的发展，商家开始通过使用 App 或小视频推广和提供其商品或服务，此时怎么判断商家服务的内容就成为商标申请和侵权程序中的关键问题。例如，商家通过 App 推广和提供幼儿教育培训服务，商家需要考虑究竟在 0901 类“电子计算机及其外部设备”注册商标，还是在 4101 类“教育”上注册商标。再如，商家通过小视频的方式推广和提供法律咨询服务，其需要考虑究竟在 0901 类“电子计算机及其外部设备”注册商标，还是在 4506 类“法律服务”上注册商标。在商标侵权程序中，这就涉及商品或服务类似的认定。例如原告在 4101 类“教育”服务注册了商标，被告在计算机程序中使用了相同商标，这并不构成商标侵权。有观点指出，应当采取“App 的商品属性与其所提供的服务属性的可分离性”这一标准，即 App 所承载的服务内容在脱离了 App 这一载体后，在不考虑服务成本和效率的前提下能否继续向相关公众提供相同服务，如果可以，即具有可分离性；如果不可，则不可分离。[②] 具有可分离性，意味着 App 乃单纯的工具；反之，则具有实体内容。

如果一个 App 的性质并非作为单纯的工具，而具有实体内容，例如电子日历、电子闹钟、电子记事本和图片、视频、音频编辑等，在司法实践中将其认定为第 9 类“可供下载的计算机应用软件”即可。针对“App 其本身就兼具商品和服务的双重属性”的观点，有法官指出，App 标识在搜索下载时所发挥的识别软件来源的作用，可以在相关公众下载 App 后接受服务的过程中予以涵盖。以手游 App 侵害商标权纠纷案件为例，不同手机游戏间在页面设置、剧情背景、画面效果等方面均存在较大差异，即使 App 标识完全相同或相近，但在接受服务过程中容易发现差异，且消费者可以较容易消除混淆误认，使持续的混

① 广东省高级人民法院(2021)粤民再 208 号民事判决书。
② 王嗣卓：《涉应用程序商标侵权案件中类似商品和服务的认定》，《中华商标》2022 年第 6 期。

淆误认导致消费行为的可能性较低，消费者找到其所期待的 App 进行下载使用也不会耗费过大精力，消除混淆的成本较低，因此对于"双重属性"的认定应当根据 App 所提供的服务内容具体确定，不宜一概而论，App 标识在搜索下载阶段的识别作用并不能作为判断 App 实际使用在计算机软件类商品上的充分条件。[①] 笔者认为这种观点是比较合理的。

随着元宇宙、NFT、人工智能等新科技的发展，一些公司开始在虚拟环境中布局商标的注册和使用，耐克公司在 2021 年 10 月向美国专利商标局提交了指定使用在虚拟商品的 7 项商标后，不断推出各类虚拟服装、球鞋 NFT。2023 年 1 月 1 日施行的《尼斯分类表》(第 12 版)在第 9、36、41 和 42 类中新增了有关商品或服务类型。然而，虚拟商品的类似认定毕竟没有成熟经验，一方面，不同虚拟商品之间的类似性判断缺少对比参照；另一方面，现实世界中的商品与元宇宙中的对应商品缺少类似性判断标准，例如实体运动鞋与虚拟运动鞋是否构成类似等。韩国、欧盟和美国都纷纷修改或发布新规定，虚拟商品在这些国家一般纳入第九类商品中(数字内容或图像)，且遵循两个原则：一是第 9 类虚拟鞋与第 25 类鞋推定两者不类似；二是虚拟商品将根据其类型进行分类和比较，虚拟鞋子和虚拟汽车不类似；在申请的时候以简单的形式"虚拟×××(商品名称)"进行指定。[②] 这种做法是否一定合理科学值得研究。如果僵化地认为 NFT 与现实世界中的商品属于《区分表》中的不同商品，那么可能会人为割裂现实世界和虚拟世界，以致使现实世界商品的商标权利人被排除进入虚拟世界的可能性。2022 年，美国纽约南区地方法院在"爱马仕案"中认为，被告在 NFT 交易平台上出售的 MetaBirkins NFT(形象与爱马仕的经典铂金受体包类似)侵犯了爱马仕享有的商标权，[③]就是一个明证。但如果僵硬地将商标权的范围延伸至虚拟世界，则可能会不当扩大商标权的边界，可以考虑通过类比艺术创作过程中使用商标的罗杰斯测试(Rogers Test)，阻止商标权在虚拟世界的适用。例如在作品(网络游戏或电影)创作过程中使用商标的行为，可能更适合被认定为构成商标的合理使用(与艺术创作相关的表达自由)，或者从多因素分析法的角度得出不构成混淆可能性的结论(美国法院在"爱马仕案"中认为 NFT 数字藏品与艺术创作无关)。

三、混淆可能性

(一) 从 2001 年《商标法》到 2013 年《商标法》

由于 2001 年《商标法》第 52 条在文义上没有规定混淆可能性，司法实践通过对《商标法》第 52 条的目的性解释和限缩解释，将混淆可能性纳入"商标近似"和"商品类似"的要

---

① 王嗣卓：《涉应用程序商标侵权案件中类似商品和服务的认定》，《中华商标》2022 年第 6 期。

② 更多的学术讨论，可参见杜颖、张呈玥：《元宇宙技术背景下商标法律制度的回应》，《知识产权》2023 年第 1 期。

③ What the Hermès MetaBirkins Victory Means for the NFT Market — SURFACE, www.surfacemag.com，最后访问日期：2023 年 6 月 6 日。

件中，认为“商标近似”是指“混淆性近似”；“商品类似”是指“混淆性类似”，从而完成了从物理判断进化到法律判断的转变。“混淆可能性”成为“商标近似”“商品类似”的下位概念。需要注意的是，做出这种规范上的解释和结构上的安排是因为有特定历史背景，是为了填补我国2001年《商标法》没有规定混淆可能性要件的漏洞。

立法者在2013年修改《商标法》第57条第2项时增加了混淆可能性的规定，“商标近似”“商品类似”与“混淆可能性”三者之间呈现出并列关系，均为商标侵权判定的构成要件。因此，从逻辑上应当将“商标近似”“商品类似”中的“混淆可能性”因素独立，对“商标近似”“商品类似”的判断应回归至对物理近似或物理类似的分析，在完成“商标近似”“商品类似”的判断之后，再结合其他因素(例如主观故意、商标知名度和显著性、销售渠道等)对混淆可能性综合考察。混淆可能性的判断过程是一种开放性测试，需要综合案件中的所有相关因素进行判断，商标近似、商品类似只是这一综合判断中的两个因素。如此一来，“商标近似”“商品类似”就是一种事实判断、客观判断和物理判断，而混淆可能性则是一种法律判断和综合判断。

我国有些法院作出了这种调整，使“混淆可能性”不在“商标近似”“商品类似”和“容易导致混淆”两个环节进行双重评价。北京市高级人民法院在《关于当前知识产权审判中需要注意的若干法律问题(2016)》中涉及了关于类似商品、近似商标与混淆可能性的关系问题，并尝试理顺商标近似、商品类似与混淆可能性之间的关系。该文件指出，由于类似商品、近似商标和混淆可能性三个条件是并列规定的，在类似商品和近似商标的判断中，不应当再以是否容易导致混淆作为判断是否类似或者近似的标准，而应当仅从商品本身或者商标标志本身进行判断。根据商品本身的属性来判断是否类似时，《类似商品和服务区分表》是较为重要的参考标准，除非现实中存在相反的证据，否则，应当尽量尊重《类似商品和服务区分表》的判断，个案中突破《类似商品和服务区分表》的认定应当慎重，应当具有较充分的依据并进行细致的分析；北京市高级人民法院在《当前知识产权审判中需要注意的若干法律问题(2018)》中又指出：“对类似商品的认定，应当严格按照商品的功能、用途、生产部门、消费渠道和消费群体进行判断，主要从商品物理的客观属性进行认定”。我国法院在有一些案件也开始进行调整，区分商标近似、商品类似与混淆可能性之间的关系，例如“尽管冲突商标构成近似，商标使用的商品构成类似商品。但是商标的基本功能是使消费者能够识别商品及其来源，因此被诉的商标使用行为被认定构成商标侵权的前提是造成或者容易造成相关公众的混淆。一审法院综合考虑本案是否容易造成混淆的各种因素，认为相关公众对冲突商标所标注的商品不会产生混淆或对其来源产生误认”。[①] 因此，在一些商标侵权疑难案件中，侵权判断的过程受制于混淆可能性的独立性和开放性，法官不必过于

---

① 重庆市高级人民法院(2018)渝民终65号民事裁定书；重庆市第一中级人民法院(2017)渝01民初674号民事判决书。

纠结于商标相同或商标近似、商品相同或商品类似的主观判断。在前述“85℃”案中，一种可能的方案是认定商标相同，但在商品类似和混淆可能性方面则应做出独立判断。

（二）商标近似、商品类似与混淆可能性

独立成要件的“混淆可能性”，仍然以“商标近似”“商品类似”等为考量因素，这导致“商标近似”“商品类似”要素需加以双重评价。笔者认为这源于混淆可能性的多因素检测法，将这两个因素纳入多因素检测法中与这两个因素作为限定商标专用权保护范围的条件之间并不矛盾，混淆可能性的开放性确保了“纸面意义上”的商标专用权与“市场意义上”的商标专用权保持较为接近的一致。当然，全球不同国家对这三者之间的关系存在不同处理模式。美国法以“混淆可能性”为基准，“商标近似”“商品类似”是测试“混淆可能性”的两个因素，但有实证研究发现：混淆可能性是否存在与商标近似、商品类似结果之间的一致性达到96％，以致一些地方法院采取了“选择最重要而忽略其余因素”的策略。[①] 这表明“商标近似”“商品类似”在实质上起到了限制商标专用权的功能，将这两个因素作为混淆可能性判断的必备要素是比较合理的。日本《商标法》一直采取“相似性标准”，[②] 类似我国2001年《商标法》第52条的模式，但并不可取。欧盟的模式类似我国现行《商标法》第57条前两项的结构，我国学者指出，欧盟法中的“商标近似”和“商品类似”是前提条件，“混淆可能性”是为了限制商标权的过度扩张。[③] 笔者认为欧盟的做法欠缺科学性，以商标近似、商品类似限制商标权范围的做法缺乏正当依据，应当回归商标侵权的漏斗状结构，《商标法》第57条第2项应当以商标使用、混淆可能性和商标权限制为三个环节，将“商标近似”“商品类似”删除，仅在混淆可能性的环节中考察。

（三）具体考量因素

《最高人民法院关于审理商标授权确权行政案件若干问题的规定》第12条区分了混淆可能性认定的必备要素和参考要素，“商标近似”“商品类似”“请求保护商标的显著性和知名度”“相关公众的注意程度”是认定混淆可能性过程中必须考虑的要素，即在任何案件中都需要考察这些因素；“申请人的主观意图”“实际混淆”等其他因素是参考要素，即未必在每个案件中都需要考察。不同要素之间相互影响，较弱的商标近似程度或可被较强的商品类似程度所弥补。这充分说明混淆可能性标准是一个抽象的、规范的法律标准，不是具体的、实际的事实认定过程，需要以相关公众的抽象认知为基准，综合考量上述要素得出的规范性结论。最高人民法院的上述规定虽然是在商标授权确权案件背景中作出的，

---

① Barton Beebe. An Empirical Study of the Multifactor Tests for Trademark Infringement. *CALR*, Vol.94, 2006, pp.1581, 1603－1604.

② 王太平：《商标法：原理与案例》，北京大学出版社2015年版，第231页。

③ 王太平：《商标法：原理与案例》，北京大学出版社2015年版，第234页。

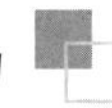

但基于混淆可能性判定的统一要求，在商标侵权案件背景中同样可以参考。

1. *必备要素*

（1）相关公众的注意程度。“相关公众”（中等消费者）的选择和判断，对混淆可能性的判断结果具有重要影响。商标侵权判定主要是一个抽象的、纸面的判定过程，但这并不妨碍审查特定商标（包括权利人商标和被告的冲突性商标）在市场上持续的、实际的使用形态，因此“相关公众的认知”就是审查具体呈现的市场形态的“后门”（backdoor）。[①]《最高人民法院关于审理商标民事纠纷案件适用法律若干问题的解释》第8条规定，商标法所称相关公众是指与商标所标识的某类商品或者业务有关的消费者和与前述商品或者业务的营销有密切关系的其他经营者。

对于房地产领域的“相关公众”及其注意程度，我国法院指出，消费者购买房屋比购买其他商品更为谨慎，往往会对不同楼盘进行反复比较，即使购买知名品牌商品房通常也要实地考察，不会只因品牌知名而盲目选购。根据相关公众选择此类商品时的注意程度，再审申请人使用“百家湖·枫情国度”或“百家湖畔枫情国度”进行宣传，不会使相关公众对商品房来源产生混淆、误认。[②] 而在一些涉及普通日用消费品案件，消费者的注意力就相对较弱，产品发生混淆的可能性相对较大。[③]

（2）请求保护商标的显著性和知名度。请求保护商标的显著性和知名度越高，则其应受保护的范围就越大，在混淆可能性判断的时候，越倾向于为其提供保护。反之，如果请求保护的商标尚未投入市场使用，或者即使投入了市场使用而知名度和显著性越微，则其应受法律保护的范围越小，越不倾向于认定混淆可能性。欧洲学者认为，如果仅从事实角度分析，显著性和知名度越高的情况下，相关公众其实越能记住这些商标中的细微部分，就越不可能与冲突标志产生混淆；这恰恰说明混淆可能性的认定属于规范性的虚拟解读。[④]

有时候，被控侵权商业标志的知名度和显著性也是重要的考察因素，特别是当被控侵权商业标志已经过广泛、长期的市场使用而具有较大的知名度时，知名度越高，越说明商业成功的程度，反过来越能说明相关消费者具有对不同品牌的辨识能力，以及相关消费者不太可能发生混淆的事实。《最高人民法院关于审理商标授权确权行政案件若干问题的意见》第1条就饱含价值判断和政策引领，人民法院在审理商标授权确权行政案件时，对于尚未大量投入使用的诉争商标，在审查判断商标近似和商品类似等授权确权条件及处理与在先商业标志冲突上，可依法适当从严掌握商标授权确权的标准，充分考虑消费者和同业经营者的利益，有效遏制不正当抢注行为，注重对他人具有较高知名度和较强显著性

---

① Annette Kur, Martin Senftleben. *European Trade Mark Law: A Commentary*. Oxford University Press, 2017, p.380.

② 江苏省高级人民法院（2004）苏民三再终字第001号民事判决书。

③ “指甲钳”案，见广东省高级人民法院（2006）粤高法民三终字第454号民事判决书。

④ Annette Kur, Martin Senftleben. *European Trade Mark Law: A Commentary*. Oxford University Press, 2017, p.398.

的在先商标、企业名称等商业标志权益的保护，尽可能消除商业标志混淆的可能性。

例如最高人民法院在“鳄鱼商标案”中指出：“从诉争标识在中国市场的共存和使用情况看，两者在中国市场内已拥有各自的相关公众，在市场上均已形成客观的划分，已成为可区别的标识。”[①]这一因素还在司法解释中加以明确规定，对于使用时间较长、已建立较高市场声誉和形成相关公众群体的诉争商标，充分尊重相关公众已在客观上将相关商业标志区别开来的市场实际，注重维护已经形成和稳定的市场秩序。[②]

2. *参考要素*

（1）主观意图。主观状态并非商标侵权的构成要件，但对判定混淆可能性、划定专有领域和公有领域之间的界限时具有重要意义。被告选用商业标识的主观恶意，对混淆可能性的成立是一个积极因素。反过来，被告诚实经营、善意使用商业标识的主观状态，对混淆可能性的成立是一个消极因素。美国执业者在梳理大量案件后发现，一旦认定攀附商誉的意图，则可推定具有混淆可能性；选用商标之前征求律师或商标代理人的建议，通常可降低甚至排除这种风险。[③] 麦卡锡教授在梳理联邦巡回上诉法院的案件后发现，后来者有义务避免与在先驰名商标发生混淆。[④] 在我国商标司法实践中，判决中涉及被告对权利人注册商标的知情状态，即处于同一行业的被告应当知道或实际知道原告已经注册并使用的注册商标，但仍然选用相同或近似的商业标识；更多的案件涉及被告“攀附商誉、故意仿冒”的主观状态，例如在“汤沟商标案”中，侵权人在产品包装的中部使用较大的字体标注“汤沟”而非“汤沟镇”，并且使用了与涉案注册商标中“汤沟”文字相同的繁体字，表明其具有明显的攀附涉案“汤沟”商标的意图，容易使消费者产生混淆或者误认。[⑤]

（2）实际混淆。实际混淆的证据对混淆可能性的认定有重要参考作用，是真实反映市场状态的重要证据。但是，商标权是一项主观性、排他性权利，商标侵权的判定是一种抽象的认定过程，基于商标与冲突标志之间的近似、商品或服务之间的类似等对混淆风险的抽象评估不以实际混淆为条件，实际混淆只是参考因素。《北京市高级人民法院关于商标授权确权行政案件的审理指南》第 13 条给出了市场调查结论的采信要点：对于相关公众能否将诉争商标和引证商标相区分，当事人可以提供市场调查结论作为证据。市场调查应当尽可能模拟相关公众实际购买商品时的具体情形，并对相关公众的范围、数量进行确定，并对相关公众购买商品时的注意程度以及整体进行比对、隔离观察、主要部分比对等，对于缺少上述要素、对上述要素使用错误或者无法核实其调查真实性的市场调查结论，则不予采信。

我国司法实践对证明混淆的“调查报告”较为谨慎，法官常围绕调查方法的科学性

---

① 最高人民法院(2009)民三终字第 3 号民事判决书。

② 《最高人民法院关于审理商标授权确权行政案件若干问题的意见》第 1 条。

③ Charles E. McKenney and George F. Long III. Federal Unfair Competition: Lanham Act 43(a) § 3: 20, February 2020.

④ J. Thomas McCarthy. *McCarthy on Trademarks and Unfair Competition* § 23: 65 (5th ed.), June 2020.

⑤ 江苏省高级人民法院(2006)苏民三终字第 0094 号民事判决书。

进行质疑。

“GUESS”案

北京零点市场调查与分析公司根据公众的认知特点，模拟受访者在认真考虑购买样品包并可以对样品包进行随意翻看、观察的情况得出以下结论：96.8%的受访者没有将样品包误认为其他品牌的包；在96.8%没有误认的受访者中，90.1%的受访者不认为样品包与其他品牌有关系。该公司还对该品牌包的售后混淆情况进行了市场调查，也发现不存在来源混淆和关联混淆。两份调查报告均列举了调查流程和对象、访问方式、抽样方法。一审法院认为调查报告存在两个瑕疵：一是调查对象具有不确定性，是否属于包商品消费领域的相关公众尚难以确定；二是调查过程是否客观难以确定，由于调查对象在访问结束后将获得赠送的纪念品，这种调查的方式难以保证调查结论的客观性。[①] 尽管二审法院得出了消费者不会产生混淆误认的结论，但认为该市场调查报告不具有科学性和准确性：① 访问员仅向受访者展示了GUESS包，要求受访者识别，未向受访员展示古希公司的注册商标或者带有注册商标的商品等。② 调查报告将相当数量的受访员回答的“没有关系吧”“没有吧”等并不十分肯定的回答，统计成了“没有关系”的肯定结论。③ 存在问卷和录音不一致、记录错误等问题。[②]

“乔 丹”案

两份调查报告可以与其他证据结合，进一步证明相关公众容易误认为“乔丹”与再审申请人存在特定联系。两份调查报告显示，分别有68.1%、58.1%的受访者认为再审申请人与“乔丹体育”有关。在购买过“乔丹体育”品牌产品的受访者中，分别有93.5%、78.1%的受访者认为再审申请人与“乔丹体育”有关。对于二者的具体关系，由高到低不同比例的受访者认为二者具有代言人、姓名授权使用、企业开办人等关系。虽然上述调查数据针对的是相关公众对再审申请人与“乔丹体育”之间关系的认知，但由于“乔丹体育”为争议商标的商标权人，且“乔丹体育”中的“乔丹”起到了主要的识别作用，而“体育”为普通词汇，难以起到区分商品来源的作用，故两份调查报告可以进一步佐证在争议商标指定使用的商品上，相关公众容易误认为标记有争议商标的商品与再审申请人存在特定联系。[③]

(四) 域外因素

知识产权和知识产权法具有地域性。坚持知识产权地域性原则的根本原因是后发展国家可以根据自身需要设立知识产权法律制度，自主决定是否对外国知识产权给予保护，

① 江苏省南京市中级人民法院(2012)宁知民初字第117号民事判决书。
② 江苏省高级人民法院(2014)苏知民终字第0080号民事判决书。
③ 最高人民法院(2016)最高法行再27号行政判决书。

从而保持在知识产权这一经济产物、政策产物上的独立自主权。[①] 商标权保护中的域外因素最典型的例子是驰名商标认定和保护过程中的域外因素，例如美国有些法院的驰名商标原则。[②] 同样，为了构成“商业中的使用”，涉案商标必须在权利人主张权利的地域范围内使用，在相关地域之外的使用行为在我国商标法中没有可评价空间。这里以定牌加工案件中的域外因素为例进行阐述。在定牌加工案件中，境外的商标权利人将商品的加工、组装和贴牌安排在境内完成，境内加工商完成贴牌后将商品全部运往境外销售。在我国拥有商标权的权利人起诉境内加工商构成商标侵权，法院在评价境内加工行为的性质时常需要考虑“相关公众”的混淆可能性。

涉外贴牌加工行为是否构成商标侵权，首先需要考察该行为是否发生在我国境内。有学者认为因贴牌产品最终全部销往境外，鉴于地域性之阻隔，国内消费者根本不可能发生实际的混淆。[③] 不少法院持这种观点：商标权具有地域性特征，我国商标法只能保护在我国依法注册的商标权，保护范围不能延伸至我国领域之外；本案涉及的220套贴牌加工的产品，其流通市场不在中国而在缅甸，恒胜鑫泰公司、恒胜集团将HONDAKIT中的HONDA部分是文字突出使用，是否容易导致缅甸国内的相关公众对商品来源产生混淆，这个问题不在我国商标法可以评判的范围之内。[④]

但涉外贴牌加工案件不可避免地含有涉外因素，我国有些法院采取较为积极的立场。一些法院认为加工方应当对域外商标权进行合理审查，例如委托方是否享有商标权、委托方的商标权是否与国内有关方的权利相冲突等。[⑤] 还有法院认为因存在通过互联网可购买到已出口至境外商品的可能性，涉外定牌加工会引起国内相关公众混淆与误认。[⑥] 也有法院指出，“被诉侵权商品运输等环节的经营者即存在接触的可能性……随着电子商务和互联网的发展，即使被诉侵权商品出口至国外，亦存在回流国内市场的可能性……中国消费者出国旅游和消费的人数众多，对于贴牌商品也存在接触和混淆的可能性”。[⑦] 前一问题涉及对一主权国家商标权效力的审查，属于商标权地域性内涵的核心，实不应突破。对此，最高人民法院在“本田”案中认为不应当审查境外已经生效的商标权：商标权作为知识产权，具有地域性，对于没有在中国注册的商标，即使其在外国获得注册，在中国也不享有注册商标专用权，与之相应，中国境内的民事主体所获得的所谓“商标使用授权”，也不属于我国商标法保护的商标合法权利，不能作为不侵犯商标权的抗辩事由。[⑧]

---

① 杨静：《商标授权确权中地域性原则的重构——基于中美实践的比较》，《知识产权》2020年第3期。

② 参见本书第七章第一节。

③ 黄汇：《商标使用地域性原理的理解立场及适用逻辑》，《中国法学》2019年第5期。

④ 云南省高级人民法院(2017)云民终800号民事判决书。

⑤ 江苏省高级人民法院(2015)苏知民终字第00036号民事判决书；刘维、张琪、张嘉莹：《涉外定牌加工类案裁判的回顾与展望——兼评江苏高院“东风”案判决》，《中华商标》2017年第5期。

⑥ 上海知识产权法院(2016)沪73民终37号民事判决书。

⑦ 最高人民法院(2019)最高法民再138号民事判决书。

⑧ 最高人民法院(2019)最高法民再138号民事判决书。

对于后一问题，则属于消费者的认知考察。首先，这些情形只是一种具体“可能性”(possibility)，不是一种抽象评价，而且商品在国内进行加工、运输、仓储、报关出口等各环节行为不具有使相关公众产生混淆的“高度盖然性”和“确定性”，不属于我国《商标法》中的“容易导致混淆”。仅存在混淆的“可能”(possibility)还不足够；混淆可能性(likelihood of confusion)是“很可能”(probable)混淆的同义语。[①] 混淆可能性区别于“混淆的可能”(possibility of confusion)，它是指一种“接近真实、事实或者确定”(like truth, fact or certainty)的状态；所以单纯的可能(mere eventuality)或者混淆的可能(possibility)，如果并不确定将会发生，并不必然构成侵权。[②]

其次，这一问题还涉及网络使用行为的地域性判断。要从实质上判断商标使用行为是否发生在本国，尤其针对网络环境中的使用行为。如果“网络消费者的可访问性”是一个有效的理由，则网络中的使用行为将产生巨大的商标侵权风险，可能遭受来自所有管辖区的权利主张。因此，WIPO的建议书指出，网络中的商标使用行为必须以该行为在本国产生了商业效果为条件，[③]需要考察如下因素：商标使用人是否服务于本国(请求保护商标的国家)的消费者；商标使用人是否承诺不把商品运给该国的消费者；使用人在该国是否提供售后服务例如质保服务等；涉案商品或服务是否可被合法地运输到该国家；商品价格可以该国的官方货币衡量；使用人在该国家标出了联系方式；使用人网站的顶级域名指向该国；网站文本以该国主流的语言展示；该国的网络用户事实上访问了该网站。按照这个标准，作为商标使用人的国内贴牌方，其承诺将所有商品运往国外，且在国内没有售后服务，其不以国内消费者为服务对象，不应以国内消费者作为评价商标侵权的对象。对此，欧盟法院在“eBay案”针对其在线市场时指出，一个网站在技术上可从商标覆盖的区域所访问，不足以得出其针对该领域中的消费者做出许诺销售。[④] 这种“实质商业效果”标准及参考因素具有合理性，我国法院在涉外案件中针对普通商标知名度、商标使用及混淆可能性的判断，[⑤]标准尚不明晰，可以围绕该标准及相关因素进行论证，从而可能突破商标权的地域性。

---

① J. Thomas McCarthy. *McCarthy on Trademarks and Unfair Competition* (Fifth Edition), June 2020.

② Nuno Pires De Carvalho. *the TRIPS Regime of Trademarks and Designs* (4th Edition). Wolters Kluwer, 2019, p.396.

③ WIPO Joint Recommendation Concerning Provisions on the Protection of Marks and Other Industrial Puoperty Rights in Signs, on the Internet, Article 2: only if the use has a commercial effect in that Member State.

④ CJEU, case C-324/09, L'Oréal v. eBay, para. 64.

⑤ 驰名商标地域性的突破，在国际条约的制定历史中可发现充分论述，我国应当改正现有做法，参见本书第七章；关于普通商标知名度的相关案件可参见北京市高级人民法院V7 Toning Light案；关于商标使用和混淆可能性的认定可参见最高人民法院“本田”案，还可参见上海知产法院“匹克”案[(2016)沪73民终37号]：关于被海关查扣服装的标识在国内市场上是否会起到识别商品来源作用问题。本院认为，随着互联网经济的迅猛发展，网上贸易市场日益呈现出全球化趋势，正如上诉人泉州匹克公司在二审中提供的公证保全证据所呈现的经济运行模式，国内消费者通过“亚马逊”官方网站(http://www.amazon.cn)可以搜索在美国市场的商品并进行网购，“亚马逊”上传的照片可以放大从而较为清晰地看到商品标识，由此可见，即使出口商品不在境内销售，也难以避免通过各类电子商务网站使国内消费者得以接触已出口至境外的商品及其标识，必然涉及是否会造成相关公众混淆和误认问题，此种情况下商品上的标识会起到识别商品来源的作用。

再次，欧盟法院针对纯粹在成员国内转口或仓储的行为，认为不构成侵犯商标权，不能采取海关措施。在 Rioglass 案中，轿车窗户和屏风在西班牙合法制造，运往波兰，途径法国，欧盟法院认为这种行为在法国不涉及任何商品的推广，因此不侵犯商标权。[①] 在 Class International 案中，欧盟法院认为商标专用权人不能在外部转口流程或者海关仓储流程中阻止带有标志的商品进入欧盟。[②] 在 Montex v. Diesel 案中，只有当涉案商品会投放到作为成员国的转口国市场时，商标权利人才有权提出主张；至于这种商品是否在来源国合法制造或构成侵权并不重要；转口产品目的国的法律状况也无关紧要。[③] 可见，由于商标地域性原则，一国不能按照本国法自行评价发生在他国的特定行为。但需要注意的是，转口行为与贴牌行为并不相同，后者发生在本国中因此构成商标使用行为。欧盟法院案例法确立的转口自由原则与 GATT 第 5 条第 2 款确立的过境自由相符：每个缔约方的领土内应有通过最便利的国际过境路线的过境自由，用于从其他缔约方领土过境的交通。不得基于船舶的旗帜、货物、船舶或其他运输工具的始发地、出发地、入境、出境或目的地，或与货物、船舶或运输工具所有权有关的任何情况，作出任何区分。但是，为了强化对商标权的保护，欧盟立法者在《欧盟条例》第 9(4)条和《欧盟指令》第 10(4)条特别规定了针对转口的假冒商品的治理，从而对欧盟法院确立的转口自由原则作出了一定程度的修改，这似乎违反 GATT 第 5 条的过境自由原则以及 TRIPS 第 41 条第 1 款“执法措施应当避免对合法贸易制造壁垒”的规定。

最后，包装上的贴牌行为区别于转口或过境行为的关键在于其实质上属于商标侵权的预备行为。依照危险防止理论，预备行为也处于商标权的禁止范畴。《欧盟商标条例》第 9a 条和《欧盟商标指令》第 11 条将商标权的范畴延及“在包装、标贴、标签等贴附冲突性标识，以及许诺销售、市场推广、仓储、进口或者出口这种包装、标贴、标签等。”这一规定指向贴牌行为(但未与商品结合)，与我国发生的贴牌加工行为不同，后者直接与商品发生了结合，不是预备行为；与我国《商标法》中的“擅自制造、伪造注册商标的标识”不同，后者针对标识本身的制造，但实质上应该属于预备行为，可以按照相同的原理进行处理。依照欧盟上述条文的规定，以上预备行为构成商标侵权的条件是：① 权利人需证明这些包装、标签、标贴等存在使用于商品或服务上的危险；② 将来的这种使用构成商标侵权。也因为如此，在贴附行为与“包装使用在商品或服务行为”分离的情况下，只有当后者发生在拥有商标权的地域时，商标权人才能主张权利。上述包装、标签、标贴的出口行为也必须存在与相关商品结合的危险性，或者相关商品与包装、标签、标贴将在境外组装结合以最终再进口时，欧盟商标条例和指令中的上述规定才能得到满足。[④] 按照这种标准，贴牌加工

---

① CJEU, case C-115/02, Administration des douanes v. Rioglass, para. 27.

② CJEU, case C-405/03, Class International, paras 47, 50, and operative part.

③ CJEU, case C-281/05, Montex v. Diesel, para. 34.

④ Annette Kur, Martin Senftleben. *European Trade Mark Law: A Commentary*. Oxford University Press, 2017, p.449.

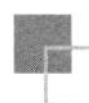

场景中“标贴与商品的结合”发生在我国境内，这种使用行为不存在境外因素，只需要按照商标使用理论进行评价。

(五) 混淆类型

除上述混淆可能性的内容之外，司法实践对混淆可能性的类型还有一些争议，核心在于如何看待商标权的扩张，主要涉及售前混淆、反向混淆、售后混淆的适用。随着适用这些混淆类型的商业场景愈发成熟和普遍，相关消费者的消费心理愈发成熟，在法律政策上愈发重视商标实际使用行为、促进商品或服务流通等价值，司法实践理应更为谨慎。例如欧盟理事会认为促进商品和服务自由流通的目标限制着对混淆可能性的扩大解释，“如果解释得太严格，《商标指令》就会具有隔离市场的效果。”[①]

1. 混淆可能性与“混淆误认”

由于商标权的排他性、商标使用行为的限制、混淆可能性的抽象性，《商标法》第 57 条中的“容易混淆”有其特定含义，仅指因商标使用导致的混淆可能性，其相较《反不正当竞争法》第 6 条“引人误认”的范围更为狭窄，[②]“引人误认为”的用语涵盖了因各种情形所导致的“误认”；“容易混淆”也不同于《商标法》第 13 条第 3 款中“误导公众”，[③]后者特指驰名商标的淡化损害。[④] 此外，虚假宣传条款中的“引人误解”应当不包含“商品来源”的误解，以此区分仿冒之诉与虚假宣传。

2. 售前混淆

售前混淆的适用场景通常是互联网搜索领域，随着搜索引擎的商业模式走向规范化，消费者进行搜索的注意力和心理更成熟，消费者发生售前混淆的可能性降低。这里以关键词竞价排名中的商标侵权为例加以说明。

早期在竞价排名的商业模式兴起之初，自然搜索和竞价排名结果混在一起，两者之间没有显著的区分标识，相关用户极易发生混淆误认。随着监管趋严、相关公众认识能力的提升，法院对混淆可能性的把握也有所变化。目前，我国法院对这一问题的裁判区别关键词显性使用和隐性使用的不同情形。在关键词显性使用情景中，广告商将他人商标与自己的商标或字号进行混搭性使用，这种行为通常被我国法院认定为容易导致相关公众的混淆误认。随着商业模式发展的深入、执法和监管程度的深入，自然搜索和竞价排名开始

---

① Opinion of Mr Advocate General Jacobs delivered on 29 April 1997. Sable BV v. Puma AG, Rudolf Dassler Sport.

② 即“经营者不得实施下列混淆行为，引人误认为是他人商品或者与他人存在特定联系。”

③ 就不相同或者不相类似商品申请注册的商标是复制、摹仿或者翻译他人已经在中国注册的驰名商标，误导公众，致使该驰名商标注册人的利益可能受到损害的，不予注册并禁止使用。

④ 《最高人民法院关于审理涉及驰名商标保护的民事纠纷案件应用法律若干问题的解释》第 9 条第 2 款：足以使相关公众认为被诉商标与驰名商标具有相当程度的联系，而减弱驰名商标的显著性、贬损驰名商标的市场声誉，或者不正当利用驰名商标的市场声誉的，属于《商标法》第 13 条第 2 款规定的“误导公众，致使该驰名商标注册人的利益可能受到损害”。

区分，商家被要求在竞价排名广告右边明确标注为“付费广告”，或者搜索引擎通常将付费广告放在搜索结果的右边。《电子商务法》第 40 条规定：对于竞价排名的商品或者服务，应当显著标明“广告”。《互联网信息搜索服务管理规定》第 11 条规定：互联网信息搜索服务提供者提供付费搜索信息服务，应当依法查验客户有关资质，明确付费搜索信息页面比例上限，醒目区分自然搜索结果与付费搜索信息，对付费搜索信息逐条加注显著标识。互联网信息搜索服务提供者提供商业广告信息服务，应当遵守相关法律法规。在这种背景下，一个具有正常资讯且合理谨慎的消费者未必对隐性使用行为“容易产生混淆”，相关裁判有分歧。在没有标注“广告或推广链接”、推广链接排在权利人链接的前序位置的情况下，是否会被认定为“不容易导致混淆”，仍然需要观望和跟踪。需要注意的是，关键词竞价排名案件中的混淆之虞问题，都是在售前混淆框架中的讨论，即不在销售“时点”而在选择商家的环节中。

“大悦城”案

法院指出，一方面，该行为可能会使商标权人基于该商标而应获得的商业机会被剥夺。本案中，使用“大悦城”文字进行搜索的网络用户，其最初目的通常是访问与“大悦城”相关的网站或了解相关信息，这一商业机会系基于中粮集团及其被许可人对于“大悦城”商标的大量使用而产生。但寺库公司的行为却使一部分网络用户因被诉内容而误访问寺库公司的网站，虽然其在进入寺库公司网站后，其能够意识到该网站并非与“大悦城”相关的网站，但这并不必然导致其离开寺库网站，仍有部分用户在该网站上继续浏览，从而可能使原本属于中粮集团的用户转而使用寺库公司的服务，这种情形会造成中粮集团基于其“大悦城”商标所应得的商业机会的流失。另一方面，这种混淆会降低商标与商标权人之间的唯一对应关系。如果被诉行为被认为具有合法性，则不仅意味着寺库公司的这一行为不会被禁止，而且对于除该公司之外的他人使用“大悦城”作为关键词进行网络推广的行为，只要保证实际进入的网站中未使用“大悦城”商标，其行为亦会被认为具有合法性。但如果允许上述情形存在，则必然会产生的后果是，用户用“大悦城”进行搜索进入的并非必然是大悦城或与大悦城相关的网站。虽然用户最终可能不会产生误认，但长此以往则很可能导致用户在搜索结果中看到这一商标时，并不当然将其与商标注册人相对应，从而损害中粮集团已在消费者心目中所建立起的其与“大悦城”商标的唯一对应关系，而商标与商标权人之间所具有的这种唯一对应关系恰恰是商标权人利益的根本保障。[①]

本书认为，无论显性使用关键词还是隐性使用关键词，都应当基于混淆可能性判断的多因素分析法得出结论，不应适用售前混淆理论。

第一，发生售前混淆的传统场景区别于竞价排名场景，用户在互联网搜索场景中的转

① 北京知识产权法院(2015)京知民终字第 1828 号民事判决书。

换成本低，因售前混淆而最终购买商品或服务的概率具有较大的不确定性。在售前混淆场景中，广告主为吸引消费者使用误导性的商业标识（诱饵），使得消费者丧失了选择其他商品的机会，或者导致消费者选择其他商品的机会成本过高，最终使商标权利人的市场份额被转移。美国法官对此归纳为：直接使用竞争对手的商标进行展示，使消费者产生混淆并陷入代价高、持续且不容易回逆的境地……被控违法者已经通过误导，侵占了体现在受保护商标中的商誉，并提高了消费者的搜索成本。[①] 但是，在竞价排名场景中，搜索结果页面同时存在推广链接和权利链接，搜索结果给消费者展示的商品或服务链接增多，消费者可以理性比较这些不同来源、但具有类似风格的商品或服务。即使消费者进入推广链接的官网中，它仍然可以在消除售前的混淆之后低成本地退出推广链接，再次通过自由选择、点击进入权利链接，这给消费者带来的成本仅是“点击几下鼠标”而已，相对于消费者选择机会的增加是微不足道的。[②] 因此，竞价排名实际上并没有增加消费者的选择成本，没有导致消费者接触权利人商品或服务的成本过高。这种差异决定了售前混淆理论在竞价排名场景中的适用空间比较有限。正如美国法官指出：互联网消费者能够轻易逆转这一过程的事实，不支持我们过分扩张商标保护，因为任何混淆都是非常短暂并且可以很快补救的。[③]

第二，我国法院认为售前混淆行为“降低了商标与权利人之间的唯一对应联系”，[④]这种理由值得商榷。首先，商标法保护的商标来源于识别功能，是一种匿名来源的指示，即商标只是确保了其与商品或服务来源之间的稳定联系，而并非唯一联系，商标权无法控制他人对商标的正当使用。最高人民法院在《关于审理商标授权确权行政案件若干问题的规定》第20、21条中均指出，需以自然人姓名或企业名称与特定主体之间建立稳定的对应联系作为保护姓名或企业名称的前提。换言之，“商标与权利人之间的唯一联系”并非商标法的保护对象。其次，“降低对应联系”是指弱化商标显著性的行为，但是商标法为普通注册商标提供救济的基础并非特定行为“降低了”某种联系。普通注册商标专用权不能禁止弱化商标显著性的行为，而只禁止“破坏”这种联系的行为，即破坏了商标的来源识别功能。只有驰名注册商标权利人才有权控制他人弱化商标显著性的行为，例如最高人民法院在《关于审理涉及驰名商标保护的民事纠纷案件应用法律若干问题的解释》第9条第2款规定：“足以使相关公众认为被诉商标与驰名商标具有相当程度的联系，而减弱驰名商标的显著性……的，属于商标法第十三条第二款规定的‘误导公众，致使该驰名商标注册人的利益可能受到损害’。”再次，售前混淆行为阻碍了相关公众接触权利人的商标，引起这一接触障碍的事由必须是一种稳定的、持久的混淆，但凡相关公众还能选择权利人的商

① ［美］马克·A.莱姆利等：《软件与互联网法》（上），张韬略译，商务印书馆2014年版，第258页。
② 凌宗亮：《仅将他人商标用作搜索关键词行为的性质分析》，《中华商标》2015年第9期，第69页；黄汇：《售前混淆之批判和售后混淆之证成——兼谈我国〈商标法〉的第三次修改》，《电子知识产权》2008年第6期，第12页。
③ ［美］马克·A.莱姆利等：《软件与互联网法》（上），张韬略译，商务印书馆2014年版，第260页。
④ 北京知识产权法院（2015）京知民终字第1828号民事判决书。

品且选择成本不高，则“售前的混淆”不会转移权利人的贸易，启动商标权救济的正当性基础将丧失。“降低商标与权利人之间的唯一对应联系”的表述，实则未能准确概括售前混淆对商标权造成的损害，没有关注“降低联系”结果的发生过程，这种“降低联系”的行为可能只是暂时的、不稳定的。

第三，售前混淆仍然属于混淆可能性的一种，其成立与否应当按照混淆可能性的判断方法进行分析，相关公众的注意力程度在售前混淆能否成立的判断中是一个重要因素。美国法官指出：原告仍然应该证明“相当数量的合理谨慎的消费者”在售前阶段的某个时刻，有可能对营销之产品或者服务的来源产生混淆。① 但是，售前混淆理论将这些因素的测试场景限定在“售前阶段”，而售前产生混淆与最终购买之间可能并不具有高度盖然性，尤其在互联网搜索场景中，用户极有可能在售前混淆之后低成本地“明白过来”，从而不会产生购买行为，更不会转移权利人的市场份额。正如美国法官指出：原告初始兴趣混淆的主张若要胜诉，该混淆不应仅是暂时的并且不应“仅是一个可能性”……原告必须证明真实并且“实质性的”混淆可能性……对消费者而言，混淆必须具有真正高的代价。基于商标法的双重保护目的，法院认为初始兴趣混淆只能在消费者被混淆而不仅仅只是被转移的案件中才能成立。因此，互联网时代的用户实际上经验丰富，很多时候网络用户选用某个关键词进行搜索的目的可能只是寻找类似风格的商品或服务，他们不会疏忽到看到某个搜索结果就当成自己的最终目标，换言之，被混淆而购买的消费者的数量可能不具有“相当数量”，而只是小部分，“相当数量的合理谨慎的消费者”因素不利于混淆可能性的最终认定。

3. 售后混淆

美国在一些涉及法拉利汽车模型等案件中，通过扩展“消费者”的范畴适用售后混淆。我国有些法院也步其后尘，但理论上值得反思。这些法院在判决中通过解释相关公众的范围，扩张了商标权的保护范围。长沙市中级人民法院是国内最早引入售后混淆的法院：“基于商标所特有的标识和指示作用，此处的消费者应当包括售前因受广告或他人购买行为影响的潜在消费者、商品销售及售后的消费者等，并不仅限于直接购买的消费者。”②之后，我国多家法院采纳了售后混淆标准。

“LV”案

原告使用“LV”商标的棋盘格箱包系列产品历史悠久，并在中国境内进行了持续的宣传、销售，通过长期的品牌维护和广告宣传投入，该商标已具有较强的显著性，使公众很容易将该商标与原告这一特定提供者联系起来。虽然被控侵权商品上标明了其他商

① [美]马克·A.莱姆利等：《软件与互联网法》(上)，张韬略译，商务印书馆2014年版，第256页。

② 长沙市中级人民法院(2004)长中民三初字第307号民事判决书。

标，而且售价远低于原告正品的销售价格，购买者在实际购买时可能不会对来源产生混淆，但购买者在实际使用时可能会导致其他潜在消费者对商品来源的混淆，造成售后混淆。同时，也可能会使相关公众误认为被控侵权商品与原告具有特定联系，造成关联关系的混淆。[①]

欧盟法院对售后混淆的适用持有争议。在最早的一个案件中，欧盟法院针对被告通过标贴"说明其产品并非阿森纳官方产品"，指出"有些消费者——尤其当他们在被告售出涉案产品之后遇到这些产品且这些产品被带离标贴出现的商场之后——可能将被告的标志理解为指示商品来源的阿森纳俱乐部。"[②]这是欧盟法院首次在案件中引入售后混淆，但是为了补强法院已经得出的混淆结论(抽象的消费者认知)之目的而特别考量了具体的消费者认知，因此具有支撑性和附属性：即使考量被告商场中的标贴，仍然存在混淆可能性。[③] 其后，欧盟法院在 Anheuser Busch 案赋予售后混淆更为独立的地位："为了确定来源识别功能是否受到损害，需要判定'消费者，包括那些离开了第三方销售地之后遇到涉案产品的消费者'，是否可能将被告标志理解为指示第三方产品来源的企业。"[④]但是，欧盟法院随后又在 Picasso/Picaro 案中指出，没有必要考察售后混淆中消费者的低注意力，它不是用于"中和"售中消费者的高注意力。[⑤] 这似乎表明了欧盟法院的"回撤"立场。但是，欧盟法院仍然在之后的 Viking Gas 案考量了售后混淆的具体场景。被告重新罐装带有原商标的压缩汽油瓶，加贴了印有其名称和加油站号码的标签，法院认为使用适当的产品标贴可以降低有关商业联系的错误印象，售后混淆可以避免。[⑥]

欧洲学者对欧盟法院的做法持批评立场，"欧盟法院的案例法没有显示扩大商标侵权分析的概念轮廓的必要性。"[⑦]从商标救济的原理看，售后混淆亦未展现出商标法救济的必要性。传统的售中混淆是因为被告使用商标的行为导致消费者对商品来源产生混淆，消费者极有可能产生错误购买。为了避免发生贸易转移，商标法为这种商标使用行为提供救济。但在售后混淆的场合，消费者误以为质量低劣的产品来自具有较高声誉的商标权利人，这究竟在多大程度上会导致这些消费者不再购买正品，其实是不确定的，或许这反倒会鼓励他们去购买正品(而知道真相后的消费者不会再产生混淆可能)，这与混淆可能性中的稳定、持久的混淆要求相悖。欧洲学者指出，由于售后混淆不发生在具体购买环节，其直接损害仅受限于可能降低消费者将来购买商标商品的意愿；这种损害，落在驰名

① 深圳市福田区人民法院(2015)深福法知民初字第240号民事判决书。

② CJEU, case C－206/01, Arsenal v. Reed, Paragraph 57.

③ Annette Kur, Martin Senftleben. *European Trade Mark Law: A Commentary*. Oxford University Press, 2017, p.387.

④ CJEU, case C－245/02, Anheuser-Busch, para. 60.

⑤ CJEU, case C－361/04, Ruiz Picasso v. OHIM (Picasso/Picaro), para. 42.

⑥ CJEU, case C－46/10, Viking Gas, paras 39－41.

⑦ Annette Kur, Martin Senftleben. *European Trade Mark Law: A Commentary*. Oxford University Press, 2017, p.388.

商标淡化制度中的“丑化”(tarnishmeng)范畴，后者尤其以“声誉商标”和“中等消费者的经济行为被改变或极有可能被改变”为条件。[①] 如果独立适用售后混淆，则可能会架空驰名商标保护的高门槛条件。

4. 反向混淆

在传统的混淆场景中，消费者误以为被告与具有更高知名度的原告存在某种关系，或者被告的产品来自原告。在反向混淆场景中，消费者误以为知名度更低的原告与被告具有某种关系。从本质上看，正向混淆和反向混淆应该没有区别，两者都属于混淆可能性，应当按照多因素测试法进行检验，例如两者都不能绕开商品或服务类似、商标近似等因素。两者之间的区别点在于不同因素在混淆可能性判断过程中的权重，例如被控侵权标识的知名度、被告的善意使用、原告拓展相关市场的可能性等在反向混淆的判断中更为重要。

我国法院最早在“蓝色风暴案”中适用反向混淆，随着商标使用在《商标法》中的地位提升，反向混淆在我国法院适用的空间可能会降低。这里的逻辑主要是：对商标实际使用的重视和强调可能会导致更多商标共存的空间，一方面，因为相关公众已经能够将被控侵权标识与具有较高知名度的被告联系起来，消费者在商标共存的格局中稍加注意即可区分商品来源；另一方面，由于原告商标的知名度较低，《商标法》原则上只保护实际使用商标对商誉带来的贡献。从我国商标司法的最近走向看，我国法院越来越注重商标的实际使用，倾向于不认同反向混淆，例如“非诚勿扰案”再审判决指出：金某某涉案注册商标中的“非诚勿扰”文字本系商贸活动中的常见词汇，用于婚姻介绍服务领域显著性较低，其亦未经过金某某长期、大量的使用而获得后天的显著性。故本案对该注册商标的保护范围和保护强度，应与金某某对该商标的显著性和知名度所做出的贡献相符。[②]

“MK”案

法院指出，第一，尊重在后商标使用人经持续、大量、广泛的宣传和使用所形成的商业成果，被诉侵权标识中已经凝聚了其商业信誉和竞争优势；第二，被告入驻中国时，涉案商标并未通过在先注册权人持续大量的使用，获得更强的对字母相同商标的排斥力和更大的市场空间。因此，涉案商标和被诉侵权标识具有在市场上共存的可能性；第三，充分尊重相关消费者已在客观上将商标区分开来的市场实际，例如认定反向混淆成立，反而会造成相关消费者识别成本的增加和市场秩序的混乱。[③] 另外，上海知识产权法院在“無印良品案”中指出：正是基于被上诉人在对其品牌的运营过程中，一直将“無印良品”“MUJI”

① Annette Kur, Martin Senftleben. *European Trade Mark Law: A Commentary*. Oxford University Press, 2017, p.389.

② 广东省高级人民法院(2016)粤民再447号民事判决书。

③ 杭州市中级人民法院(2017)浙01民初27号民事判决书；浙江省高级人民法院(2018)浙民终157号民事判决书。

及其结合的标识使用于其提供的杂货商品零售服务上，从而使得相关公众已经将该标识与被上诉人及其母公司良品计画之间建立起稳定的对应关系，即普通消费者在被上诉人开设的"無印良品"专卖店或网上店铺中购买涉及第24类商品时，不会误认为该商品源于上诉人。此外，被上诉人销售的第24类商品上使用其自有"MUJI"商标，未使用被诉侵权标识，被上诉人的使用方式已合理避让上诉人的"无印良品"注册商标的权利边界，上诉人关于反向混淆的主张，缺乏事实依据，本院不予采信。[①]

第四节　销售侵权商品的行为

一、基本原理

《商标法》第57条第3项规定，销售侵犯注册商标专用权的商品的，属于侵犯注册商标专用权。本项的调整对象是销售商，是为了规制商品流通环节的商标侵权行为。立法理由称：像这样的商品销售者，与侵犯注册商标专用权的商品的生产者一样，都起到了混淆商品来源、侵犯注册商标专用权、损害消费者利益的作用。[②] 同本条前两项规制的生产行为一样，立法者意图将"制止混淆可能"作为本项的基础。美国麦卡锡教授认为，即使一个销售商与生产产品或贴附商标没有任何"瓜葛"，其销售附有商标的产品行为就足够作为使用商标的行为而构成商标侵权，至于其不知道供应商的侵权行为，这无关紧要。[③] 可见，本项的规制基础应该是禁止被告以"销售的方式"（不是出租或其他）将侵权商品投入市场，避免可能造成相关公众混淆误认的危险性。

（一）历史沿革

本项规定最初在1993年修订《商标法》时增入，当时是为了惩治日益严重的假冒注册商标犯罪行为，其中第38条第2项规定：销售明知是假冒注册商标的商品的，属侵犯注册商标专用权。2001年在修改《商标法》时删除了该项的主观要件，扩大了本项的适用范围，将第52条第2项改成："销售侵犯注册商标专用权的商品的行为"，这不仅删除了主观"明知"的规定，而且从"假冒注册商标"扩大为"侵犯注册商标专用权的商品"。1993年的文本规定成为刑事犯罪行为的客观构成，《刑法》第214条规定了"销售假冒注册商标的商品罪"：销售明知是假冒注册商标的商品，销售金额数额较大的，处三年以下有期徒刑或

---

① 上海知识产权法院(2021)沪73民终734号民事判决书。

② 全国人民代表大会常务委员会法制工作委员会：《中华人民共和国商标法释义》，法律出版社2013年版，第109页。

③ J. Thomas McCarthy. *McCarthy on Trademarks and Unfair Competition* § 25：27 (5th ed.)，June 2020 Update.

者拘役，并处或者单处罚金；销售金额数额巨大的，处三年以上七年以下有期徒刑，并处罚金。

（二）与间接侵权的区别

本项规定与第6项规定常在同一案件中提及，当商标权利人在涉及销售商和市场管理者的情形时，常把销售商和市场管理者作为共同被告。但是销售商的行为与市场管理者的行为在性质上有别，两个主体承担责任的基础也不同，前者基于本项规定，后者则基于第6项规定。两者之间的区别主要如下。

第一，本项规定行为的构成不以销售商的过错为必要条件，《商标法》第64条第2款只是规定了销售商可以通过证明善意无过错而免除赔偿责任，《刑法》第214条以销售商“明知”为构成要件；第6项规定的帮助行为人没有实施商标使用行为，在构成上以“故意”的主观状态和“帮助”的客观行为为必要条件。例如，北京市高级人民法院在一个案件中指出，张某某销售的涉案被控侵权商品系侵犯古乔古希公司注册商标专用权的商品。秀水街市场公司作为市场经营单位，在其收到古乔古希公司寄送的关于商户销售侵犯其商标权的通知及相关材料后，秀水街市场内的该商户仍存在销售侵犯古乔古希公司涉案商标权商品的行为，这表明秀水街市场公司未能及时采取积极措施避免侵权行为的再次发生，致使对古乔古希公司的损害进一步扩大，其主观上具有一定过错。[①]

第二，本项行为仍然属于商标使用行为，是第48条中“将商标用于广告宣传、展览以及其他商业活动”的行为，是商标直接侵权行为，但不属于商标贴附行为。将商标贴附在商品或服务上的行为，也就是生产环节的商标使用行为，属于第57条第1—2项的规制对象。我国一些判决认定销售正品的行为也可能构成商标侵权行为，只是销售行为产生了混淆可能性，不能定性为销售假冒注册商标的商品。在“五芳斋”案中，被告销售的粽子商品（第30类）是正品，但包装（第16类）是假货，被告将正牌商品与假冒包装组合后销售，在销售的涉案礼盒上突出标注“五芳”“美味五芳”“五芳斋”标识，一审法院认为在包装上使用“五芳斋”商标的行为不会侵害粽子注册商标的权利，但侵害了包装上的商标权。二审法院认为，将散装粽装入假冒礼盒中对外销售，会使得相关公众对礼盒粽商品产生混淆误认，破坏礼盒上的注册商标与礼盒内商品的来源指示关系，侵占正品礼盒粽的市场份额。[②] 一、二审法院尽管结论有分歧，但均以第57条第2项作为依据。笔者认为二审观点更为可取，关键问题在于区分包装上的商标所指向的内容是包装还是粽子本身，可以结合主客观两个方面进行判断，不必机械地区分在包装上的使用和粽子产品上的使用，只要相关公众会认为包装上的商标也指代了粽子商品的来源，就构成了粽子商品的使用。

---

① 北京市高级人民法院(2013)高民终字第27号民事判决书。

② 《上海知产法院对侵害“五芳斋”等商标权上诉案作出终审判决》，“上海知产法院”微信公众号，最后访问日期：2022年6月3日。

二、构成判断

适用本项的难题主要在于如何理解“销售”，终端用户对侵权商品的使用是否属于“销售”行为，以及“销售”行为是否包含“许诺销售”。

（一）“销售”的界定

“销售”，又称“买卖”，按照《合同法》第130条规定，买卖合同是出卖人转移标的物的所有权于买受人、买受人支付价款的合同。可见，销售行为通常涉及商品所有权的转移，即通过销售侵犯注册商标的商品以获取利益。而作为商品所有权转移的对价，除了“支付价款”之外，还有“以物易物”等多种方式。通常情形下，商品之所以能以特定对价销售，与商品本身的质量等密不可分，与商标的品牌价值也常有关联。因此，“销售行为”本身蕴含对商标价值的利用，所以才构成商标使用行为。如果特定行为不涉及品牌价值，则通常也不构成销售行为。海淘代购者根据消费者指令从国外品牌商处购得特定商品后再“销售”给消费者，如果其并未从该商品的品牌价值中获利，则代购者的行为实为代理；如果代购者并非根据消费者指令购买，而是自行从海外品牌商处囤货待售，并直接利用了该商品的品牌价值，则这种行为构成销售。

在一些案件中，商标权利人不易寻找销售侵犯注册商标商品的主体，但更容易定位到使用假冒注册商标的主体，于是后者成为商标侵权案件中的被告。终端用户究竟是否要担责？为什么专利法规定商业性使用发明、实用新型产品构成专利侵权，著作权法司法解释规定商业性使用计算机软件构成侵权，而专利法未规定商业性使用外观设计专利构成侵权，著作权法未规定商业性使用除计算机软件外的一般作品构成侵权，商标法也未规定商业性使用商标侵权产品构成侵权，这是否有特殊的立法意图，是不是暗含了立法者倾向于对功能类知识产权（发明、实用新型、软件）的权利人提供更长的保护链条？在深圳市中级人民法院审理的“伟业案”中，酒店的经营者委托他人对酒店进行装修，原告发现装修工程中使用的“伟业牌”木板属于假冒注册商标的商品，遂对酒店经营者和装修者提出商标侵权之诉。一审和二审法院均认为，侵害注册商标专用权的行为不包括使用假冒注册商标商品的行为。[①]

“科　勒”案[②]

原告诉称，被告在其经营的酒店使用了大量带有“KOHLER”商标的马桶和浴缸，但原告并未生产过款式相同的产品，产品的釉面色泽、所使用商标标识的字体、打印方式均

① 深圳市中级人民法院(2010)深中法民三终字第213号裁定书。
② 上海市浦东新区人民法院(2018)沪0115民初37729号民事判决书。

与原告的正品不同，被告所称的购买价格也远低于原告的正品价格，故属于假冒原告商标的商品。洁具既是酒店的服务内容，也是服务标准，被告使用上述产品的目的并非纯消费性使用，而是营利性的销售行为。由于原告产品大多用于五星级酒店，被告使用科勒产品提高了酒店档次，使消费者认为其酒店标准很高。同时，被告酒店在携程平台上的用户评价中有科勒产品照片，用户看到后会对被告酒店有正面印象，被告从中受益。因此，被告购买假冒原告商标的商品并在酒店经营中使用，系为了利用原告品牌的知名度和影响力提升其整体企业形象以吸引客户，其行为已经导致消费者产生误认，属于销售假冒注册商标商品的侵权行为。

法院认为，所谓销售是指以出售、租赁或其他任何方式向第三方提供产品或服务的行为。被告在酒店经营过程中使用涉案马桶、浴缸的行为，并不构成《商标法》规定的销售侵犯注册商标专用权的商品的行为，理由如下：① 酒店在提供服务过程中并未实施销售马桶、浴缸的行为。酒店提供的是以住宿为主的酒店综合服务，马桶、浴缸是酒店提供服务的众多设施之一，与寝具、电器、地板等其他设施并无本质区别。对酒店而言，系将该设施的实用功能作为提供服务的一部分，在经营过程中并无向消费者出售该设施的意思表示或行为。对消费者而言，其在消费中仅是使用这些设施，并不会最终占有或取得该设施。消费者不会认为被告会销售上述设施，更不会也无法向被告购买该设施。② 酒店经营中提供马桶、浴缸供消费者使用的行为亦不等同于销售。在商品销售中，商标起到促进销售的作用，消费者所支付的对价中有部分甚至大部分系针对商品上所使用商标的价值，但在酒店经营中，消费者支付的费用系酒店提供以住宿为主的综合服务的对价，而非马桶和浴缸的对价，更非马桶及浴缸上所使用的商标的对价。根据日常生活经验，尽管马桶、浴缸的品质对酒店经营有一定的影响，但影响酒店服务价格的更重要因素是酒店的评级、服务品牌、整体环境、地段、交通便利程度、服务质量等，影响消费者选择的也多是上述因素。极少有消费者会主要因为马桶、浴缸的品牌而选择酒店，马桶、浴缸上所使用的商标的价值与消费者为酒店付出的费用无直接关联，且占比微乎其微。可见，马桶、浴缸的商标在酒店经营中的作用和价值并不能等同于商标在商品销售中的作用和价值。因此，被告在酒店经营中提供涉案马桶、浴缸供消费者使用的行为并非销售行为，原告的前述主张系对销售行为的过度扩张解释，本院不予采纳。

“乔氏台球”案[①]

法院认为：第一，在台球桌上标注侵权标识的行为由生产者实施，现有证据仅能够证明佰乐桌球俱乐部在经营场所内使用了侵权产品，被控侵权行为实质是对侵权产品的使用行为。第二，我国商标法及其相关法律规定并没有将对侵权产品的使用行为认

① 长春市中级人民法院(2016)吉01民初643号民事判决书。

定为侵犯商标权的行为。在我国商标权的保护制度中，将可能导致消费者对商品或服务的来源产生混淆作为构成商标侵权的必要条件。如果某人没有购买该商品或服务的意愿，即使可能发生混淆，即“旁观者混淆”（又称售后混淆），商标法也不予保护。在俱乐部内打台球的顾客对台球桌并没有购买意愿，不是台球桌的消费者，而是佰乐桌球俱乐部所提供服务的消费者，其对佰乐桌球俱乐部提供的服务来源并不会产生误认。即使佰乐桌球俱乐部在经营场所内使用侵权产品的行为可能会使在该俱乐部内打台球的顾客对侵权台球桌的来源产生混淆，也不属于我国商标保护制度中所认定的侵犯商标权的行为。第三，原告方认为被控侵权行为类似于销售侵权商品的行为，可以比照销售侵权商品的有关规定处理，或者适用《商标法》第 57 条第 7 项“给他人的注册商标专用权作出其他损害的”情形处理。

法院认为，原告方的观点擅自扩大了我国商标权保护的范围，不能成立。第一，被控侵权行为不能比照销售侵权商品有关规定处理。佰乐桌球俱乐部在为顾客提供服务的过程中，并没有发生侵权产品的物权转移，与销售行为存在根本差异。第二，在本案中不能适用《商标法》第 57 条第 7 项的兜底条款，将被控侵权行为纳入侵权行为范围。兜底条款是为了确保立法的周延性和稳定性所采用的一种常用的立法技术，是当所列举的具体侵权行为不能适应复杂的社会生活或者随着社会发展出现新型侵权行为时，依据立法的原则和精神适用的条款，而本案的被控侵权行为显然不能适用兜底条款。我国《商标法》第 57 条采用列举的方式规定了六种具体侵犯商标权的侵权行为，第 7 项“给他人的注册商标专用权作出其他损害的”系兜底条款。除我国《商标法》第 57 条规定的六种具体侵权行为以外，相关的司法解释中又明确了几种情形属于第 7 项“给他人的注册商标专用权作出其他损害的”情形，但对社会生活中长期广泛存在的经营性使用侵权产品的行为，在《商标法》及相关法律规定中却从未将之规定为侵权行为。反观与之类似的专利权侵权立法，我国《专利法》第 11 条明确规定，未经许可以生产经营目的使用发明、实用新型专利产品的行为是侵犯专利权的行为。可见，未将经营性使用侵权产品的行为作为侵犯商标权的行为予以明确规定并非立法的局限性，而是此行为已经超过了我国商标法保护的范围，无法依据立法精神和原则适用兜底条款将之作为侵权行为予以禁止。

（二）许诺销售的规制

我国《专利法》同时禁止销售和许诺销售行为。《最高人民法院关于审理专利纠纷案件适用法律问题的若干规定》第 24 条规定，许诺销售是指以做广告、在商店橱窗中陈列或者在展销会上展出等方式作出销售侵权产品的意思表示。我国《商标法》及其司法解释中并无“许诺销售”的说法，那么，许诺销售是否构成商标侵权？《商标法》的“空白”究竟是立法者有意为之还是技术疏忽？在一些案件中，由于侵权产品的特殊性，权利人无法就被告销售的侵权产品提出证据，只能主张被告的“许诺销售”行为构成侵权，究竟能否认定被告销售了侵权产品？

“凯 撒”案[①]

北京航天凯撒公司是铝合金衬塑管等非金属管产品的专业生产厂家，拥有“曲弹”“ASAK”“航天凯撒”等注册商标，吉林长垣公司被诉未经授权，擅自将带有北京航天凯撒公司注册商标标识的产品图片作为其官方网站“铝合金衬塑复合管”产品的宣传图片，在互联网上进行宣传。一审法院认为，判断商标侵权，首先应当判断被控侵权行为是否属于商标意义上的使用，即所使用的标识是否具有指示商品或服务来源的作用。未经商标注册人的许可，在同一种商品上使用与其注册商标相同的商标的，属于侵犯注册商标专用权的侵权行为。因此，吉林长垣公司在其经营网站上使用介绍性文字的行为侵犯了北京航天凯撒公司的商标专用权。

二审法院认为，一审法院适用《商标法》第 57 条第 1 项的规定，而该项所针对的是生产侵权产品。该案吉林长垣在其经营网站上使用介绍性文字的行为，属于《商标法》第 48 条规定的将商标“用于广告宣传、展览以及其他商业活动中，用于识别商品来源”的商标性使用，属于为销售目的展示产品的行为，即许诺销售。因此该案应适用《商标法》第 57 条第 3 项的规定。对于许诺销售的产品又应分两种情况讨论：一是销售北京航天凯撒公司及其合法授权的公司生产的标有涉案商标的产品，该行为不属于侵犯北京航天凯撒公司注册商标专用权的商品。二是销售由第三方生产的冒用北京航天凯撒公司注册商标专用权的商品。针对该情形，北京航天凯撒公司应承担证明责任，在其不能提交被诉侵权产品实物、吉林长垣公司坚称未实际销售侵权产品的情况下，不能认定吉林长垣公司在其官网上许诺销售的涉案产品是侵犯北京航天凯撒公司注册商标专用权的商品。

可见，二审法院要求权利人围绕本项规定承担“实际销售侵权产品”的举证责任。实践中，另有法院通过分配举证义务要求被告反证其销售的商品为正品，否则就认定被告销售了侵权商品。

“LEMO”案

原告雷莫公司是“LEMO”和“雷莫”两个商标的独占被许可人，两商标核定使用范围为第 9 类接线盒、电器连接器、光纤连接器、电器插头、电器接插件等商品。被告埃弗矣公司在第三方平台中国制造网上开设的网店中载明其销售“Lemo”品牌的连接器。另外，该页面还载明下列内容：“Lemo 连接器、ODU 连接器的中国制造商(供应商)，提供血氧饱

---

① 北京知识产权法院(2016)京 73 民终 934 号民事判决书。

和度探头的Lemo(ODU)连接器”。雷莫公司认为,被告在上述网店使用“Lemo”商标销售非原告生产的商品,构成商标侵权,向法院提起诉讼。在该案中,雷莫公司并未购买埃弗矣公司在第三方平台上销售的产品。二审法院认为,原告并未购买被控侵权产品实物,埃弗矣公司在宣传中使用涉案商标是否构成侵权,首先需判断所销售的产品是否系“LEMO”品牌的正品。在案证据显示,埃弗矣公司在第三方平台上声称其是Lemo连接器的中国制造商、供应商,所售Lemo连接器系其制造并供应。对此,埃弗矣公司并未提供证据证明其经雷莫公司授权有权在其制造并供应的连接器上使用涉案商标“Lemo”,也未提供其他证据证明其所销售产品系“LEMO”品牌的正品。基于民事诉讼高度盖然性的证明标准,雷莫公司提供的证据足以证明埃弗矣公司销售的产品系侵权产品。[①]

许诺销售与销售行为都是利用商标不当获利并容易导致相关公众混淆的行为,理应受到相同评价。我国台湾地区“商标法”第5条第2款规定,为行销之目的,持有、陈列、贩卖、输出或输入前款之商品,[②]并足以使相关消费者认识其为商标,是为商标之使用。这里的“陈列”是指“许诺销售”,是为行销目的而陈设排列前款商品供人选购之意,例如将商品摆列于货架或橱窗。美国法律规定,使用侵权商标进行单纯的广告活动足以构成一个独立的侵权行为。《兰哈姆法》第32(1)条中的“许诺销售”是指无需证明被告在许诺销售时实际持有侵权或假冒的商品;然而,如果被告没有实施实际销售活动,则法院只需发布禁令。[③] 欧盟《商标条例》第9条(3)(b)和《商标指令》第10条(3)(b)明确将“许诺销售”和“销售”(putting on the market,使商品处于自由流通的状态)并列,一起作为商标权禁止之列,但以“将这些商品投放在欧盟市场”为必要条件。[④] 而且,欧盟在上述规定中将“许诺销售”与“仓储”并列(作为一项),这些行为(包括“进口”行为)本质上都发生在“实际销售”之前。可见,无论是美国法还是欧洲法,许诺销售的违法性与销售行为相当,不必以实际销售的发生为必要条件,但以实际销售将会发生为前提。我国法律没有明确规定“许诺销售”的法律性质,理应作出类推将“许诺销售侵犯注册商标商品的行为”认定为侵权。北京和上海法院审理的上述两个案件均未采取这种类推的思路,而是围绕“销售行为”进行证明责任的分配,但容易导致不同的分配结果进而影响商标侵权结论。从根本解决方案看,《商标法》第48条中的商标使用行为包含“将商标用于广告和交易文书”,因此许诺销售符合商标使用行为的特征,仓储和进口行为(不包含转口或过境)也同样如此。

---

① 上海知识产权法院(2017)沪73民终244号民事判决书。

② 前款是指将商标用于商品或其包装容器。

③ J. Thomas McCarthy. *McCarthy on Trademarks and Unfair Competition* (5th ed.), June 2020 Update.

④ CJEU, case C－405/03, Class International, para. 61 and operative part. The trade mark proprietor may oppose the offering or the sale of such goods when it necessarily entails the putting of those goods on the market in the Community.

第五节　伪造、擅自制造及销售假冒注册商标标识

一、基本原理

《商标法》第 57 条第 4 项规定，伪造、擅自制造他人注册商标标识或者销售伪造、擅自制造的注册商标标识的，属侵犯注册商标专用权。所谓伪造是指未经商标注册人许可而仿造他人注册商标的图样及物质实体制造出与该注册商标标识相同的商标标识。擅自制造是指未经商标权利人许可在商标印制合同规定的印数之外，又私自加印商标标识的行为。伪造与擅自制造的共同特点是未经商标注册人许可的行为；区别在于前者的商标标识本身是假的，而后者的商标标识本身是真的。[①] 伪造、擅自制造他人注册商标标识的行为，目的在于将其用于自己的或供他人用于其生产或者销售的同一种商品或者类似商品上，以便以假充真、以次充好，误导消费者；而销售伪造、擅自制造的注册商标标识的行为，其目的是直接获取非法利益。[②]

本项是《商标法》第 57 条前三项规定的商标侵权行为的前端行为，是将商标标识作为商品进行制造或者销售，对行为人的主观状态不做要求。如果不加制止，假冒注册商标标识将充斥市场，后续与商品或服务相结合，实施《商标法》前三项规定的行为，对权利人、消费者的利益和市场竞争秩序都会造成损害。因此，本项蕴含了预防该等商标后续被用于实施侵权行为的危险性功能。但是，单纯伪造或制造注册商标的行为，因未能与商品或服务相结合，不构成商标使用行为。麦卡锡教授认为，仅复制商标而没有混淆或淡化可能性时，并不构成商标侵权。[③] 本项规定突破了这一传统理论，我国台湾地区“商标法”第 70 条第 3 款称这一规定为“拟制”的商标侵权，权利人可排除或防止侵害，但以“明知有侵害商标权之虞”为条件，这与我国大陆地区的规定有别。

二、标识类犯罪

为了打击这种行为，《刑法》第 215 条(以下简称标识类犯罪)规定了非法制造、销售非法制造的注册商标标识罪：伪造、擅自制造他人注册商标标识或者销售伪造、擅自制造的注册商标标识，情节严重的，处三年以下有期徒刑、拘役或者管制，并处或者单处罚金；情

① 全国人民代表大会常务委员会法制工作委员会：《中华人民共和国商标法释义》，法律出版社 2013 年版，第 109 页。

② 全国人民代表大会常务委员会法制工作委员会：《中华人民共和国商标法释义》，法律出版社 2013 年版，第 110 页。

③ J. Thomas McCarthy. *McCarthy on Trademarks and Unfair Competition* (5th ed.), June 2020 Update.

节特别严重的，处三年以上七年以下有期徒刑，并处罚金。《最高人民法院、最高人民检察院关于办理侵犯知识产权刑事案件具体应用法律若干问题的解释》对上述条文中的“情节严重”“情节特别严重”作出了具体规定，伪造、擅自制造他人注册商标标识或者销售伪造、擅自制造的注册商标标识，具有下列情形之一的，属于“情节严重”，应当以非法制造、销售非法制造的注册商标标识罪判处 3 年以下有期徒刑、拘役或者管制，并处或者单处罚金：① 伪造、擅自制造或者销售伪造、擅自制造的注册商标标识数量在 2 万件以上，或者非法经营数额在 5 万元以上，或者违法所得数额在 3 万元以上的；② 伪造、擅自制造或者销售伪造、擅自制造两种以上注册商标标识数量在 1 万件以上，或者非法经营数额在 3 万元以上，或者违法所得数额在 2 万元以上的；③ 其他情节严重的情形。具有下列情形之一的，属于“情节特别严重”，应当以非法制造、销售非法制造的注册商标标识罪判处 3 年以上 7 年以下有期徒刑，并处罚金：① 伪造、擅自制造或者销售伪造、擅自制造的注册商标标识数量在 10 万件以上，或者非法经营数额在 25 万元以上，或者违法所得数额在 15 万元以上的；② 伪造、擅自制造或者销售伪造、擅自制造两种以上注册商标标识数量在 5 万件以上，或者非法经营数额在 15 万元以上，或者违法所得数额在 10 万元以上的；③ 其他情节特别严重的情形。

需要注意的是，刑法关于商标类犯罪的规定共有三个罪名：假冒注册商标罪、销售假冒注册商标的商品罪以及非法制造、销售非法制造的注册商标标识罪。对这些罪名进行准确评价的基础就是把握相应民事侵权行为的认定，如果民事侵权行为都不成立，则相应的犯罪行为必然不成立。假冒注册商标罪对应的商标侵权行为是《商标法》第 57 条第 1 项，其以保护商标识别功能为目的，以商标使用行为的实施为条件；销售假冒注册商标的商品罪对应的商标侵权行为是《商标法》第 57 条第 3 项，是假冒注册商标行为在销售端的延长；非法制造、销售非法制造的注册商标标识罪对应于《商标法》第 57 条第 4 项的商标侵权行为。在实践中，很多案件在认定为假冒注册商标罪和销售注册商标罪的过程中存在一定的争议：商标使用行为的构成、商标功能损害判断、相同商标及相同商品或服务的判断等。而本节所述的标识类犯罪却似乎不存在这些构成要素，只要在标识数量或者违法所得超出法定门槛，则可将相应行为定为本罪。为了回避争议，一些法院以非法制造销售标识犯罪定性处理，使本罪成为商标犯罪的口袋罪。这带来的问题是，一些不构成民事侵权的行为（例如可适用商标权穷竭）被纳入“口袋罪”中；即使注册商标依法应被撤销（例如连续三年未使用）而被《商标法》予以否定评价，但依然可以获得《刑法》的积极保护；《刑法》明确不规制的商标侵权（例如涉及商品或服务跨类）被变相地纳入刑法规制，法律评价明显失当。对标识类犯罪的准确理解，应当置于商标犯罪体系和民刑一体化的背景中。既然合法行为构成刑事违法性的阻却事由，那么，标识类犯罪应以商标侵权的成立为前提，商标侵权抗辩事由可以作为本罪的过滤规则；既然其他两种商标犯罪都以“双相同”商标侵权为前提，立法者在刑事规制范畴中排除了近似商标侵权和驰名商标淡化，则标识类犯罪也应有“双相同”的侵权前提，从而使本罪成为其他两罪的从属型罪名，而不是兜底型罪名；既然连续三年不使用商标是一种撤销事由和不赔偿抗辩事由，则在认定本罪时也应从严，以权利人的商标实际使用为前提。①

“费列罗巧克力”案②

被告人以非法营利为目的，委托他人非法制造带有“费列罗”相关注册商标的标签、底卡、塑料盒、底托、外包装纸箱、胶带等包装材料，将采购的上述产品的巧克力单球用假冒包材擅自分装为“费列罗”品牌巧克力，并篡改部分产品生产日期、保质日期，之后由刘某某、刘某对外销售。法院没有将涉案商品（正牌巧克力与冒牌包装的结合体）认定为“假冒商品”。首先，司法实践中认定正品分装销售行为构成商标民事侵权的依据并非《商标法》第 57 条第 1 项，故正品分装销售行为构成假冒注册商标罪缺乏前提依据。其次，从“同一种商品”的认定来看，认定“同一种商品”，应当在权利人注册商标核定使用的商品和行为人实际生产销售的商品之间进行比较。被告人分装的巧克力单球系权利人的商品，在认定“同一种商品”时，没有比对基础。再次，从侵害的法益来看，被告人的行为未侵害《刑法》第 213 条所保护的商标识别功能这一法益。《商标法》第 48 条规定，商标的使用，是指将商标用于商品、商品包装或者容器以及商品交易文书上，或者将商标用于广告宣传、展览以及其他商业活动中，用于识别商品来源的行为。《最高人民法院、最高人民检察院关于办理侵犯知识产权刑事案件具体应用法律若干问题的解释》第 8 条第 2 款明确《刑法》第 213 条中的“使用”，是指将注册商标或者假冒的注册商标用于商品、商品包装或者容器以及产品说明书、商品交易文书，或者将注册商标或假冒的注册商标用于广告宣传、展览以及其他商业活动等行为。从《商标法》《刑法》及相关司法解释的规定来看，使用商标主要是为了识别商品来源，而《刑法》第 213 条保护的法益也是商标的基本、核心功能，即识别功能。本案被告人将权利人的巧克力单球进行分装，并未导致商品来源的混淆，并未侵害《刑法》第 213 条保护的法益。

法院认为，被告人未经权利人许可，委托他人伪造带有权利人注册商标标识的包装材料，依法构成非法制造注册商标标识罪。首先，从法律规定来看，《商标法》将伪造、擅自制造注册商标标识的行为作为一种独立的侵权行为加以规制。《商标法》第 67 条第 3 款规定，伪造、擅自制造他人注册商标标识或者销售伪造、擅自制造的注册商标标识，构成犯罪的，除赔偿被侵权人的损失外，依法追究刑事责任。《商标法》第 67 条的第 1、2、3 款的规定各自独立，从条款关系上看没有前后、互补、递进的关系。结合《刑法》第 215 条以及相关司法解释的规定，构成该罪名也是以情节严重为条件，未将正品上附着伪造、擅自制造

① 刘铁光：《论商标保护民刑之间的衔接》，《环球法律评论》2023 年第 4 期。

② 上海市第三中级人民法院(2021)沪 03 刑初 25 号刑事判决书。

标识的行为排除在犯罪之外。其次,从社会危害性来看,被告人委托他人大批量地制造带有他人注册商标的包材,旨在通过购入低价产品更换包装冒充高价产品的方式牟取非法利益,不仅破坏了我国商标印制管理规定,而且对权利人的商誉和消费者利益造成了损害。此外,被告人不具备食品分装许可资质,无法保证分装环节的卫生环境条件和分装人员的健康状况符合分装标准,分装过程中还篡改了生产、保质日期,存在食品安全风险,给消费者的健康带来安全隐患。因此,被告人委托他人伪造印有权利人注册商标标识包材的行为,具有较大社会危害性,符合非法制造注册商标标识罪的构成要件,应以该罪定罪处罚。

第六节　反向假冒行为

一、基本原理

《商标法》第 57 条第 5 项规定,未经商标注册人同意,更换其注册商标并将该更换商标的商品又投入市场的,属于商标侵权行为。这种行为又被称为反向假冒行为。立法理由指出:反向假冒行为不仅侵犯了商标权人享有的注册商标使用权,非法掩盖了商品的真实来源,而且侵犯了消费者的知情权,使消费者对商品来源,生产者和提供者产生误认,对注册商标有效地发挥其功能和商标注册人的商品声誉造成了妨碍,甚至引起商品流通秩序的混乱。[①] 在我国司法实践中,法院通常认为反向假冒行为会使相关公众对于商品的来源产生误认,使消费者认为原本来自权利人的商品系被告生产或提供,阻碍了权利人利用商标创建品牌、凝聚商誉。在美国的司法实践中,第九巡回法院在一个明示反向假冒(express reverse passing ... off as)的案件中的意见颇具代表性:从政策角度看,这种行为就像传统假冒(palming off)行为一样违法,因为试图盗用或利用他人的才能和努力;更重要的是,产品的真正所有人被剥夺了在产品上广告自己名称和商誉的机会,否则通过公众对其满意产品的来源认知即可建立商誉,最终的购买者也被剥夺了知道产品真正来源的机会,并被误导性地认为该产品有不同的来源。[②]

从文义上看,更换商标、未经同意、投入市场的行为是反向假冒的构成要件,在理解时需把握其实质。反向假冒行为无需评价行为人所使用的商标究竟与权利人的商标是否构成相同或近似,即使行为人不使用商标而仅移除或遮挡权利人的商标导致所销售的商品“无牌”,也不妨碍其行为的不法性,此所谓“默示的反向假冒行为。”这种行为的实质是将去标后的产品与行为人的商业经营活动相关联(例如成为自己的核心产品或其中的一个

① 全国人民代表大会常务委员会法制工作委员会:《中华人民共和国商标法释义》,法律出版社 2013 年版,第 110 页。

② Smith v. Montoro, 648 F.2d 602, 607 (9th Cir.1981).

部件），借助权利人的产品商誉为自己的商业活动提供助力，掩盖产品的真实来源。

“AOV”商标

原告是“malata”注册商标的专用权人，该商标经国家工商行政管理局商标局依法注册，注册号为第1630324号，核定使用的商品为第9类“计算机、便携计算机、计算机键盘、计算机外围设备、集成电路卡、笔记本电脑”等，该商标现处于有效期内，原告依法享有上述注册商标的专用权。安装在浙江省宁波市镇海区新城核心区总部经济商务楼的24台平板电脑系由被告制造，在平板电脑背部盖板的右下方标有“AOV”标识，覆盖了喷涂在此处的“malata”商标及原告的企业名称。

原告认为，原告的商标、公司信息已完全被标注有“AOV”标识的白色标签覆盖，上述所有平板电脑上的“AOV”白色标签均非原告所贴，被告仁歌公司、亿人公司、中天公司未经原告同意，擅自更换标识的行为，使得相关公众无法识别涉案商品系原告商品，构成反向假冒，侵害了原告享有的商标权。被告仁歌公司、亿人公司、中天公司则认为，其提供的是中天公司拥有自主知识产权的中央控制系统软件，该软件由各部分组成一个有机的整体，涉案的平板电脑只是装有该系统软件的载体，被诉侵权商品是结合了新软件和硬件的商品，与原告的商品不是同类商品，在该商品上覆盖原告的“malata”商标，使用其拥有合法授权的“AOV”标识，不构成商标侵权。

法院认为，即使如被告中天公司所称，中天公司购买了原告制造的“malata”平板电脑，卸载了原有的软件程序，安装了其享有计算机软件著作权的中央控制系统软件，也不能改变作为该软件载体的硬件仍为平板电脑的事实。就该硬件设施而言，仍是原告制造的平板电脑，与“malata”商标核定使用的“计算机、便携计算机、笔记本电脑”属相同或类似的商品。原告在自己制造的平板电脑上使用了享有专用权的“malata”商标，符合法律规定，发挥了商标识别商品来源的作用。现被告中天公司将“AOV”商标覆盖在“malata”商标之上，并将更换了商标的平板电脑又投入市场，剥夺了原告向相关公众展示其商标的权利，使相关公众对涉案平板电脑的来源产生误认，将原本源于原告的商品误认为和“AOV”商标有特定联系的商品，使原告失去了通过市场创建品牌，获得商誉的机会，妨碍了“malata”注册商标发挥识别作用的功能，无法体现其品牌价值。被告中天公司的行为对原告依法享有的注册商标专用权造成损害，其行为构成商标侵权。被告亿人公司购买了被告中天公司的涉案平板出售给被告仁歌公司，被告仁歌公司将涉案平板电脑出售给盛云公司，其后安装在浙江省宁波市镇海区新城核心区总部经济商务楼，被告亿人公司、仁歌公司的行为系销售侵犯注册商标专用权的商品，也构成商标侵权。[①]

---

① 宁波市中级人民法院（2015）浙甬知初字第41号民事判决书；浙江省高级人民法院（2016）浙民终458号民事裁定书。

二、版权法与商标法的边界

(一) 商标法中的“商品”

美国很多反向假冒的案例涉及《兰哈姆法》第 43 条中“商品或服务”“商品或服务来源”、商标法与版权法关系的理解。在影视行业(以及游戏产业)中,特定演员及其表演是吸引观众的重要因素,这些演员的名字对电影的票房具有相当的号召力。2003 年,美国最高法院通过 Dastar 案表达立场,拒绝就作品中虚假表明身份的行为适用《兰哈姆法》第 43(a)条。

“Dastar”案

在该案中,原告是电视剧的创作者,后来该作品进入公有领域。被告重新编辑这些电视剧,表明自己是作者并对原告的身份没有做出任何指向。美国最高法院指出,第 43(a)条下的“来源”(origin)是指“用于销售的有形商品的生产者,不是这些商品上的任何思想、概念或信息的作者”。[①] 美国最高法院指出,尽管第 43(a)条包含反向假冒,但是这一诉因仅针对有形物品生产者的虚假标识,因此不能适用于包含在这些物品中的思想或创造性的表达,当被告仅抄袭原告的无形财产时,反向假冒显然不能成立:对“产品来源”(origin of goods)的自然理解是:在市场上销售的有形产品生产者,也就是本案中被告销售的录像带。这个概念可能延伸至不仅包括实际生产者,而且包括委托或承担有形产品生产责任的商标所有人。但是,这个词语不能用于指那些创造产品中所包含的思想或信息的作者。这种延伸不仅超出了字面含义,而且与《兰哈姆法》的历史和目的不符合。[②] 如果这种对作品作者错误标识的行为发生在作品宣传或广告过程中,则因落入《兰哈姆法》43(a)(1)(B)“虚假宣传”条款而受到禁止。

我国法院审理的“人在囧途案”没有采纳这种观点。

“人在囧途”案[③]

一审法院认为,被告故意变更电影名称为《人再囧途之泰囧》,主观上具有通过使用相近似的电影名称攀附电影《人在囧途》已有商誉的意图,客观上造成了相关公众的混淆误认,损害了华旗公司的竞争利益,属于《反不正当竞争法》第 5 条第 2 项规定的“仿冒知名商品特有名称”的行为,同时,考虑到被告电影《人再囧途之泰囧》与华旗公司电影《人在囧途》属于同类型电影,影片的主要演员基本相同,被告在使用相近似的电影名称基础上,多次公开发表“升级版”等言论,违反了市场经营活动中应该遵循的公平、诚实信用原则,违反了

---

① Dastar Corp. v. Twentieth Century Fox Film Corp., 539 U.S.23, 37 (2003).

② Dastar Corp. v. Twentieth Century Fox Film Corp., 539 U.S.23, 28 - 29 (2003).

③ 最高人民法院(2015)民三终字第 4 号民事判决书。

《反不正当竞争法》第2条第1款的规定，构成不正当竞争，应当承担相应的民事责任。

上诉理由认为，电影名称不具有区分《反不正当竞争法》意义上的产品来源（影片出品人）的作用，不构成该法所保护的商品特有名称，不应适用第5条第2项予以保护。一般消费者在关注电影作品判断作品来源即提供者时，更多的关注的是电影作品的主创团队，是通过主创（导演、编剧、演员）等来判断，以决定其消费电影产品的意愿……行业内无论是相关行政法规还是行业实践，均不禁止影片名称相同或相近似的情况，只要影片内容不同即可。

二审法院指出，由于所涉及的商品是电影，是否能通过认定知名商品来进行保护是双方争议的问题。电影作为综合艺术，兼具文化作品与商品的综合属性，既具备文化规律和社会效益，也具备经济规律与经济利益。其作为商品一旦投入文化消费市场，即具有商品的属性。五名上诉人在上诉意见中也认同电影是特殊商品，但也不否认，电影作为商品具有时效性和独创性等，并非如普通商品一样可进行简单复制生产、流通销售，通常电影制作完成需要制作参与方的共同努力，在市场化的过程中也发展出各种营销手段。电影上映一般在特定的档期集中播放，档期结束后出品方不会再组织大规模的宣传，且一般情况下多数人不会重复观看一部电影，因此，在认定电影作品是否属于知名商品时，不应过分强调持续宣传时间、销售时间等，而应当注重考察电影作品投入市场前后的宣传情况、所获得的票房成绩包括制作成本、制作过程与经济收益的关系、相关公众的评价以及是否具有持续的影响力等相关因素。电影作为商品，包括创作、摄制、发行、放映的市场化过程，对于相关公众而言，电影名称识别的是电影本身，并非仅针对出品方，而是可能涉及电影的导演、编剧、主演，出品方，以及电影的题材、类型、叙事模式等综合性因素。电影名称与电影的出品方是否具有对应关系，并不影响对电影名称显著特征的判断。

（二）区分创作行为和商标使用

对角色名称或标题等作品元素的利用行为，究竟是作者还是影视公司有权利禁止，取决于针对著作权侵权还是仿冒行为，行为性质的不同导致有关权益的归属也不同。我国这几年在影视行业、网络游戏行业等娱乐产业中频繁发生“使用知名服务特有名称”的纠纷，涉及商品或服务来源的判断，我国法院总体持肯定意见，认为知名影视剧或热门游戏中的特有角色名称、电影或书籍名称可以受到保护，多数判决并未专门分析著作权与商业标识权益之间的关系，也未专门分析智力成果的来源与有形载体的来源之间的区别，即涉案主体究竟是智力成果的创作者还是有形载体的生产者。笔者认为，商标法中的“商品”可以包含有形物和无形物，只要进入市场流通就可以成为商品。作品是一种无形财产，文学作品的标题或美术作品本身因长期使用行为而可能产生来源区分功能，他人未经许可的使用使作品载体的销量下降，作品载体的生产者可以寻求商标法救济。但是，作品标题或作品本身的使用，向公众传递的是一种艺术信息，是一种艺术表达，指向创作者而不是载体生产者，这种使用通常不构成商标性使用。相关公众支付对价购买作品的物理载体

或购票，是为了欣赏作品的内容。换言之，相关公众认可或不认可的对象是作品的制作内容，而不是物理载体的精良或粗糙，作品创作者因作品标题和作品内容承受相关公众的评价。因此，作品标题的识别对象应该是作品的内容，而不是有形载体，其对应的商品或服务类别应该是第41类中的出版服务、编写或创作服务等。这类服务的“来源”应该是创作的“作者”，而不是出版或制作作品载体的出版社或影视公司。创作服务更适合通过“独创性高低”加以评价，而不是“知名度大小”。即使商标法可以对该类服务的来源加以评价（因作品进入市场流通，作者可能成为《反不正当竞争法》中的经营者），但在混淆可能性的认定方面，作品往往具有复杂综合的元素，读者单纯因标题、人物角色或人物关系受到混淆的可能性不高，即使他人利用了作品标题、作品中的人物角色名称或人物关系，读者还可能因为作品故事情节、叙事风格等的独立性而消除混淆可能性。此外，如果利用作品名称或其他作品元素导致相关公众对作品之间的关系产生误解（例如授权关系），此时不宜由商标法评价，由著作权法评价更为合理。

“鬼吹灯”案

玄霆公司是知名文学作品《鬼吹灯Ⅰ》《鬼吹灯Ⅱ》(简称《鬼吹灯》系列作品)的著作权及相关的衍生权利所有人。张牧野是《牧野诡事》小说作品的作者，在授权东阳公司、爱奇艺公司将《牧野诡事》文字作品改编成涉案影视剧的过程中，在《牧野诡事》作品前冠之以“鬼吹灯”标识。玄霆公司认为，爱奇艺公司、东阳公司作为涉案影视剧的制片者，在影视剧的名称中使用“鬼吹灯”标识、在涉案影视剧的先导介绍片中使用“《鬼吹灯》金晨被赞是中国版盖尔加朵”“《鬼吹灯》剧组伙食棒，王大陆吃小孩发胖”“《鬼吹灯》主创采访鬼吹灯片场欢乐多”“《鬼吹灯》导演谈角色不一样的鬼吹灯”等用语，侵害了玄霆徐州分公司的知名商品特有名称权益，张牧野同时作为涉案影视剧的编剧和监制，亦构成侵权。

法院认为，在对“鬼吹灯”一词进行单独评价时，因该词过于简短，高度抽象，很难表达出具体的思想内容，而思想外显的方式就是表达，因此仅凭“鬼吹灯”一词无法成为具体思想的表达，更无法构成我国著作权法保护的具有独创性的表达，故“鬼吹灯”一词不构成著作权保护的对象。任何人使用“鬼吹灯”一词都不会受到我国著作权法的苛难，各方当事人对此并无异议，本院亦以为然。但这并不意味着“鬼吹灯”作为商品名称使用时，在满足一定条件的情况下，不具有任何值得法律保护的利益，无法得到其他法律的保护。

法院认为，对于创作行为而言，法律对“具有独创性并能以某种有形形式复制”的创作成果赋予著作权，并在一定时间内通过赋予著作权人控制作品使用、传播的方式，来保护这种创作成果，因此创作行为直接产生的是著作权。同时，经营者在从事商品交换的过程中，经过长期、广泛、持续、规模的销售、使用、宣传、推广等行为后，商品可能成为知名商品，商品的名称可能具有区别商品来源的显著特征，此时经营者对该商品名称就具有了不同于其他经营者的利益，法律对这种利益也没有漠视，而是通过禁止他人擅自使用该知名商品特有名称的方式来保护该种利益，因此知名商品特有名称权益源于经营者长期、广泛、持续、规模地使用，源于经营者对该商品知名度、名称特有性的培育、贡献。综上，创作行为的结果是产生著作权，但因著作权与知名商品特有名称权益产生方式的不同，创作行为本身并不能产生知名商品特有的名称权益。而作品构思的巧妙、语言的优美、情节的曲折、内容的引人入胜均来自创作行为，因此具备上述特征的作品不能当然产生知名商品特有名称。作品创作完成后，对作品进行长期、广泛、持续、规模的使用、宣传才是作品知名度、作品名称识别程度从无到有、从弱到强、从低到高的实质性原因。对于已经构成知名商品的特有名称而言，对商品知名、商品名称特有是否进行了长期、广泛、持续、规模的使用、宣传，应当成为判断其是否该权益主体的标准。对商品知名度、商品名称独特性做出贡献的主体享有该权益，反之则不应成为该权益的主体。张牧野的创作行为产生的后果是，使《鬼吹灯》系列小说、“鬼吹灯”首次作为小说名称从“无”到“有”；玄霆公司对《鬼吹灯》系列小说长期、广泛、持续、规模的宣传、运营产生的后果是，使《鬼吹灯》系列小说从“非知名商品”到“知名商品”“鬼吹灯”作为小说名称从“不具有显著特征”到“具有显著特征”。张牧野没有对《鬼吹灯》系列小说进行长期、广泛、持续、规模的宣传、运营。玄霆公司才是知名商品特有名称的贡献主体，“鬼吹灯”作为小说名称的知名商品特有名称应属于玄霆公司。[①]

（三）艺术相关性

与作品相关的使用行为究竟在何种程度上构成了商标使用还是艺术创作，美国法院提出了“艺术相关性”标准。当商标是在表达价值的意义上使用（for their expressive value）而不是在来源识别意义上使用时，需要平衡公众言论自由的利益和公众不受混淆的利益。[②] Rogers 案为分析这种利益平衡提供了法律框架：在表达性作品中使用商标的行为不具有可诉性，除非这种使用与所涉作品之间不具有艺术相关性，或者尽管具有一定相关性，但如此使用明显对作品来源或内容产生混淆。[③] 一些案件认为这种“艺术相关性”只是不能为零即可，“即使最轻微的艺术相关性也足够，法院不应施加严格的艺术分析”，[④]即使原告提供的调查报告显示被告在网络游戏使用原告肖像的行为使多数消费者产生混淆，法院仍然认为这种混淆的风险应让步于艺术表达的利益。[⑤] 可见，美国法院一度对“艺术相关性”的把握相当低，但凡商标使用与艺术创作之间有一定相关性，特别是在内容意义上使用商标时则满足该标准，这会导致大量涉及与作品创作相关的案件都被排除在商标侵权的范围。网络游戏的角色形象等既有艺术创作成分，又有来源于识别色彩，如果这种角色正好是他人有商标权的商标，这种使用应该属于艺术表达性的使用。为了

---

① 徐州市中级人民法院(2017)苏 03 民初 27 号民事判决书。

② Twentieth Century Fox TV v. Empire Distribution, Inc., 875 F.3d 1192, 1196 (9th Cir. 2017).

③ Rogers v. Grimaldi, 875 F.2d 994, 999 (2d Cir. 1989).

④ Brown v. Elec. Arts, Inc., 724 F.3d 1235, 1243, 1245 (9th Cir. 2013).

⑤ Brown v. Elec. Arts, Inc., 724 F.3d 1235, 1246 (9th Cir. 2013).

复原真实场景的需要，在拍电影的时候使用了麦当劳商标，这应该也是艺术表达性的使用。在NFT或元宇宙中的数字作品上使用他人商标，是否能排除商标法的适用？美国法院认为在游戏的虚拟社区找到pig pen俱乐部，该俱乐部外观及品牌与原告现实中经营的俱乐部极为相似，这是一种艺术创作的行为。[①] 为了限制"艺术相关性"的过宽适用，美国法院指出：如果将迪士尼公司的米老鼠商标贴在一副米老鼠图画的底部，则使用该迪士尼商标虽然与图画主题相关，但仍然会让相关公众误以为这幅画是迪士尼公司创作或授权的；如果只是在图书上绘画了米老鼠标志，则这种内容上的使用不会使相关公众产生错误认识。[②] 这说明，对"艺术相关性"的把握不能过于宽松。

加州南区法院"Seuss"案[③]

原告Dr. Seuss撰写和插图的*Oh the Places You'll Go!*（G0!）图书在美国非常畅销，学生在大学毕业和高中毕业时常将其作为赠送礼物，在《纽约时报》畅销书排名常年位列第一。被告制作了《星际迷航》科幻影视系列电视剧，在封面或首页上使用*Oh The Places You'll Boldly Go!*原告认为被告使用相同的标题、字体和插图风格侵犯了其版权和商标权，其中*Oh the Places You'll Go!*是原告的注册商标，任何经过原告授权使用该注册商标的封面都会有相似的插图和字体，被告未经授权的使用会使得消费者误以为其经过了原告授权，原告为此还提交了消费者混淆的市场调查报告。在版权侵权方面，地区法院认为被告将*Oh the Places You'll Go!*与《星际迷航》电视剧(franchise)的混合使用虽然具有高度转换性，但不会对原告作品市场造成损害，故构成合理使用。在商标侵权方面，地区法院适用了上述Roger案的规则，即只有没有任何艺术相关性地使用商标行为才不受《宪法第一修正案》的保护，而被告在本案中对原告商标的使用与其电视剧作品之间具有艺术相关性；此外，被告的版权页明确声明："这是滑稽模仿，与CBS工作室或Dr.Seuss之间不具有任何联系或背书"，被告还在封面注明："Dr.Seuss未经授权"，因此也不存在明确的混淆可能性。

第七节　共同侵权行为

一、基本原理

狭义的共同侵权一般仅指基于共同意思联络的主观关联所实施的侵权行为。广义的共同侵权则包含导致同一损害后果的客观关联，例如引诱、帮助侵权(《民法典》第1169

① E.S.S. Entertainment 2000，Inc. Rock Star Videos，Inc.，547 F.3d 1095 (9th Cir. 2008).
② Gordon v. Drape Creative，Inc，909 F.3d 257 (9th Cir. 2018).
③ Dr. Seuss Enterprises L.P. v. ComicMix LLC，300 F.Supp.3d 1073 (2017).

条)和共同危险行为。无论广义的共同侵权还是狭义的共同侵权，侵权人都需要承担连带责任。知识产权法中的间接侵权理论来自美国法，其范围大致包含引诱侵权、帮助侵权和替代责任，中国立法中没有直接引入间接侵权制度，中国法院通常运用共同侵权制度处理间接侵权案件。

(一) 构成要件

《商标法》第 57 条第 6 项规定，故意为侵犯他人商标专用权行为提供便利条件，帮助他人实施侵犯商标专用权行为的行为，属于商标侵权行为。为了明确“帮助行为”的客观类型，《商标法实施条例》第 75 条规定，为侵犯他人商标专用权提供仓储、运输、邮寄、印制、隐匿、经营场所、网络商品交易平台等，属于《商标法》第 57 条第 6 项规定的提供便利条件。这虽然由立法者“直接”规定为商标侵权行为，但在学理上不应将其理解为直接侵权行为，而是一种间接侵权行为。

《商标法》第 57 条第 6 项规定的行为，是一种帮助他人实施商标侵权的辅助侵权行为。在构成上，其要求在主观上具有“故意”，客观上为侵犯他人商标权的行为提供便利条件。有疑问的是：究竟如何理解本项对主观方面的要求？是严格适用条文中的“故意”，还是宽泛地理解为“过错”？从基本原理上看，帮助侵权属于共同侵权的一种类型，共同侵权行为的构成，在主观上既可以是共同的故意，也可以是共同的过失。我国著作权立法和司法实践通常都将“明知或者应知”作为帮助侵权的主观状态，例如《信息网络传播权保护条例》第 23 条规定，网络服务提供者明知或者应知所链接的作品、表演、录音录像制品系侵权的，应当承担共同侵权责任。在技术上，我们更愿意相信本项规定中的“故意”可能是立法者在立法技术上的“疏漏”，而非“有意为之”。本项的立法释义指出：如果行为人对自己的行为具有辅助侵权的性质没有认识或者没有认识的可能性，就不应当承担相应的责任。① 这似乎也表明本项包含“应知”，这里“没有认识或者没有认识的可能性”，可以理解为不存在“明知或者应知”情形；反过来，只要有“明知或应知”，则具有“认识或者认识的可能性”，则满足了本项关于主观状态的要求。除《商标法》以外，立法者在其他一些法律中也有规定“明知”，但被司法解释明确为“明知或应知”的情形，应当可以作为支持这种解读的重要脚注，例如最高人民法院、最高人民检察院《关于办理侵犯知识产权刑事案件具体应用法律若干问题的解释》第 9 条第 2 款第 4 项规定：“其他知道或者应当知道是假冒注册商标的商品的情形”，应当认定为《刑法》第 214 条规定的“明知”。

(二) 间接侵权

“间接侵权”在美国商标法上并非一个制定法的概念，而是来自普通法。美国学者指

① 全国人民代表大会常务委员会法制工作委员会：《中华人民共和国商标法释义》，法律出版社 2013 年版，第 111 页。

出，尽管《兰哈姆法》并无明确条文针对直接侵权人以外之人规定商标间接侵权，但是法院通常借用普通侵权法上的规则发展出共同侵权（contributory liability）和替代侵权（vicarious liability），并适用于注册商标和非注册商标的侵权。[①] 因此，严格来说，间接侵权并不等同于共同侵权，后者只是前者的一种类型。间接侵权概念的提出，一方面，可以直观地在构成要件上区分于直接侵权，有助于理解这一特殊的侵权样态；另一方面，便于权利人对间接侵权行为人单独追究责任，而无需追加直接侵权人的连带责任。我国法院在司法实践中对"间接侵权"的表述比较谨慎，[②]最高人民法院在两次专利侵权纠纷司法解释中均未使用"间接侵权"的概念。[③]

尽管一些法院在判决中提及间接侵权理论，但司法实践总体倾向于通过共同侵权理论来解决有关问题。一些法院允许权利人单独对间接侵权人提起诉讼，且不要求权利人证明实际已经发生了直接侵权行为或者他人应当承担法律责任。例如"西电诉索尼专利侵权纠纷案"的一审法院指出："一般来说，间接侵权应以直接侵权的存在为前提，但是，这并不意味着专利权人应该证明有另一主体实际从事了直接侵权行为，而仅需证明有一个最终主体按照被控侵权产品的预设方式进行使用全部技术特征就已满足条件，至于该最终主体是否要承担侵权责任，与间接侵权的成立无关。"但一些法院对此持谨慎立场，该案二审判决指出：在没有直接实施人的前提下，仅认定其中一个部件的提供者构成帮助侵权，不符合帮助侵权的构成要件，而且也过分扩大对权利人的保护，不当损害了社会公众的利益。[④] 可见，二审法院没有使用"间接侵权"的表述，其尝试在共同侵权框架中评价帮助侵权行为。

二、网络服务提供者的共同侵权责任

中国司法实践中的间接侵权案件最早发生在网络版权侵权领域。网络服务提供者的版权侵权责任认定中的焦点问题是主观过错的认定，这通常涉及两个基本规则：避风港规则和红旗规则。这两个规则在我国本土化发展过程中逐渐得到完善，但也遇到了不少问题。共同侵权理论能够克服避风港规则的制度刚性，应当通过调整理性人的注意义务，使网络服务提供者的主观过错认定更具周延性，从而能够适应新技术的发展。

① Mary LaFrance. *Understanding Trademark Law*. LexisNexis，2009，p.249.

② 北京市高级人民法院在2001年《专利侵权判定若干问题的意见（试行）》第73条明确了间接侵权的概念：间接侵权是指行为人实施的行为并不构成直接侵犯他人专利权，但故意诱导、怂恿、教唆别人实施他人专利，发生直接的侵权行为，行为人在主观上有诱导或唆使别人侵犯专利权的故意，客观上为别人直接侵权行为的发生提供了必要的条件。2014年北京市高级人民法院《专利侵权判定指南》不再使用"间接侵权"的概念。

③ 《最高人民法院关于审理侵犯专利权纠纷案件应用法律若干问题的解释（二）》第21条："明知有关产品系专门用于实施专利的材料、设备、零部件、中间物等，未经专利权人许可，为生产经营目的将该产品提供给他人实施了侵犯专利权的行为，权利人主张该提供者的行为属于侵权责任法第9条规定的帮助他人实施侵权行为的，人民法院应予支持。明知有关产品、方法被授予专利权，未经专利权人许可，为生产经营目的积极诱导他人实施了侵犯专利权的行为，权利人主张该诱导者的行为属于侵权责任法第9条规定的教唆他人实施侵权行为的，人民法院应予支持。"

④ 北京市高级人民法院（2017）京民终454号民事判决书。

(一) 避风港规则、红旗规则与共同侵权的一般规则

1. *避风港规则的历史与改革*

互联网在 20 世纪 90 年代兴起时，对网络言论的规制理论极具争议。全球各国对网络言论的规制立场并不明朗，对网络服务商的定位较为模糊，网络服务商是否应当对网络言论进行审查成为当时的重要争议话题。[①] 进入千禧年，美国《通信规范法》第 230 条和网络版权领域避风港规则的确立标志着网络言论和网络版权的规制理论逐渐成熟，网络服务商的定位基本得到了解决。按照美国《通信规范法》第 230 条，网络服务商不是出版商，不需要对使用其服务的第三方言论承担法律责任。几乎同时，美国国会通过《千禧年数字版权法案》(*DMCA*)，为网络服务商的版权侵权认定建立了避风港规则。在此之前的网络版权法领域，美国最高法院通过索尼案确立了"实质非侵权用途"的免责事由，[②]一度使版权间接侵权理论的适用充满不确定性。避风港规则成功地减少了传统间接侵权理论在网络空间中适用的不确定性，从而在版权人、网络服务商和网络用户之间建立了微妙的平衡。如果在共同侵权责任的框架中分析，网络服务商的主观过错(对注意义务的违反)可以分为实际知情和应当知情两种类型，立法者只是通过设计"通知删除机制"使实际知情的判断更有预测性，同时为网络服务商引入红旗标准压缩应当知情的范围。一方面，"避风港规则"详细规定了"通知删除机制"，如果网络服务商在接到权利人的侵权通知后根据法律法规采取了合理措施，使侵权通知在服务对象与权利人之间流转，则网络服务商不承担赔偿责任；另一方面，如果网络服务商"对明显侵权的内容知情"(aware of facts or circumstances from which infringing activity is apparent)，则不能适用避风港规则。

避风港规则极大地促进了网络产业的发展，对中国知识产权法的立法和司法都产生了深远影响。但是，避风港规则诞生近 30 年，网络技术、网络平台生态与 30 年前不可同日而语，避风港规则建立之初的利益平衡已被打破。在技术迅猛发展和生态持续变化的网络服务市场，制定任何刚性的规则或者对避风港规则做任何技术上的修改都可能赶不上变化，正所谓"制定任何足够具体、可预测的规则的代价，就是它可能在明天成为恶作剧。"[③]旨在为网络服务商提供免责事由的避风港规则，[④]在如今科技创新加速的背景中正有演化为恶作剧的风险。脱胎于侵权法一般规则的避风港规则，最终仍然需要由侵权法

① [美] 劳伦斯·莱斯格：《代码 2.0：网络空间中的法律》，李旭、沈伟伟译，清华大学出版社 2018 年版，第 18—23 页。

② Sony Corp. of America v. Universal City Studios, Inc., 464 U.S. 417 (1984).

③ Craig A. Grossman. From Sony to Grokster, The Failure of the Copyright Doctrines of Contributory Infringement and Vicarious Liability to Resolve the War Between Content and Destructive Technologies. *Buffalo L. Rev.*, Vol. 53, 2005, pp.141, 238.

④ 将通知删除规则定位为归责事由，在我国逐渐占据主流地位。例如《电子商务法》第 42 条第 2 款和《民法典》第 1195 条第 2 款均规定网络服务商未及时采取必要措施的，对损害的扩大部分与侵权用户承担连带责任。本书基于 1998 年的避风港规则诞生时的初衷，继续保留免责事由的定性。

一般规则(注意义务的违反)加以挽救,核心在于在理性人标准中完善侵权预见可能性理论。网络服务商的过错可分为明知和应知两种类型。启动通知删除机制后,网络服务商的主观状态多为明知,对应《民法典》第 1195 和 1196 条;相反则为应知,对应《民法典》第 1197 条,应当区分两种不同类型采取不同的可预见性标准。在通知删除机制的运作中,以侵权预见的一般可能性作为网络服务商进行初步审查的判断标准;在不涉及通知删除机制的场景中,则以侵权预见的较大可能性作为网络服务商的认知基准,应当拒绝引入红旗标准,放弃事前审查或监控、具体知情等概念,强化网络平台治理。

2. 注意义务的类型化

理性人标准包括预见可能性和防止可能性两个方面。由于该标准过于抽象,我国学者和实践对注意义务的研究偏爱类型化,例如《最高人民法院关于审理侵害信息网络传播权民事纠纷案件适用法律若干问题的规定》(简称《信网权解释》)第 9 条列出了网络服务商应知判断的类型化因素。商标法领域也如此,我国一些法院在商标侵权案件中对电商平台未尽合理注意义务的情形进行了类型化,例如《涉电商平台知识产权案件审理指南》第 23 条规定,电商平台经营者在知识产权方面的合理注意义务不包括一般性的事前监控义务,但符合下述情形的,人民法院可以认定电商平台经营者未尽到合理注意义务:① 未履行建立知识产权保护规则、核验登记经营者入驻信息等与知识产权保护存在关联的法定义务;② 品牌“旗舰店”“专卖店”等类型的经营者入驻时,未要求其提交商标注册证或相关授权;③ 未采取侵权行为发生时已普遍存在的监控侵权的有效技术手段,例如未对标注“假货”“高仿”等字样的链接进行过滤、未在已经投诉成立的侵权链接再次上架时进行拦截等。需要注意的是,在前互联网时代,我国司法实践的主流观点认为监控义务(审查义务)是注意义务的内涵,2002 年颁布的《关于审理著作权民事纠纷案件适用法律若干问题的解释》第 20 条的规定,出版者应当对于其出版行为的授权、稿件来源和署名、所编辑出版物的内容等进行审查。进入互联网时代后,我国司法实践主流认为审查义务与注意义务不同,网络服务商不应承担主动的内容审查义务(具体知情标准由此而生),这种观点在学理上难以立足,因直接获益、知名作品、重复侵权等引发的审查义务也属于注意义务的范畴。[①]《涉电商平台知识产权案件审理指南》第 3 项要求网络服务商尽其所能地采取技术手段进行过滤或者拦截,这也属于注意义务的范畴。

网络服务提供者的注意义务还能从其应对侵权行为所采取的“必要措施”做出判断,这主要体现在其采取必要措施的时间“及时”性和类型合理性两个方面。“是否及时”,需要根据具体场景判断,原则上可以尊重平台自治。在判断“必要措施”与“过错认定”之间的关系时,需要注意两点:一是“删除措施”有时候并不属于合理的“必要措施”,即使网络服务提供者采取了删除措施,但仍然不符合在特定场景中理性人的标准,则其仍然需要承

① 王杰:《网络存储空间服务提供者的注意义务新解》,《法律科学》2020 年第 3 期,第 106—107 页。

担责任，例如“衣恋案”就属于这种情形，表明中国法院并没有僵化地把“删除”措施作为知识产权侵权的免责事由，还要从效果方面进行认定。[①] 二是“必要措施”的种类很多，网络服务提供者只需要采取合理的措施即可，并不总是需要“删除”，例如在版权法领域中已经被认可的“转通知”(阿里云案)。在“嘉易烤诉天猫等专利侵权案”中，法院认为天猫公司作为电子商务平台服务的提供者，基于其对专利侵权判断的能力、侵权投诉胜诉概率以及利益平衡等因素的考量，并不必然要求其在接受投诉后对被投诉商品立即采取删除和屏蔽措施。[②] 这在商标侵权案件中应该能够同样适用。

“衣恋诉淘宝等商标侵权”案

衣念公司发现杜某某通过淘宝网销售侵权商品后，先后 7 次向淘宝公司发送侵权通知函，淘宝公司审核后先后 7 次删除了杜某某发布的商品信息，淘宝公司认为，其已经采取了必要的措施。法院认为，网络服务提供者删除信息后，如果网络用户仍然利用其提供的网络服务继续实施侵权行为，网络服务提供者则应当进一步采取必要的措施以制止继续侵权。哪些措施属于必要的措施，应当根据网络服务的类型、技术可行性、成本、侵权情节等因素确定。具体到网络交易平台服务提供商，这些措施可以是对网络用户进行公开警告、降低信用评级、限制发布商品信息直至关闭该网络用户的账户等。[③]

（二）法律的修改

自从网络版权法中引入了避风港规则之后，我国相继在《侵权责任法》《电子商务法》《民法典》中对这一规则作了修改，基本围绕在避风港规则（通知必要措施机制）层面的技术修补，在网络服务商可预见能力方面的着力不多。

1.《侵权责任法》

在《侵权责任法》中，“避风港规则”得到了进一步发展。《侵权责任法》第 36 条第 2 款规定：网络用户利用网络服务实施侵权行为的，被侵权人有权通知网络服务提供者采取删除、屏蔽、断开链接等必要措施。网络服务提供者接到通知后未及时采取必要措施的，对损害的扩大部分与该网络用户承担连带责任。根据该款规定，“避风港规则”出现了如下三个特点：一是网络服务提供者应当采取的措施不限于“删除或者断开链接”，而可以根据情况采取“必要措施”，“通知删除规则”变成“通知—必要措施”规则；二是“避风港规

① 参见“爱奇艺诉字节案”，北京市海淀区人民法院(2018)京 0108 民初 49421 号民事判决书。字节公司在应当知晓用户通过今日头条 App 利用其所提供信息存储空间和信息流推荐服务实施侵害延剧信息网络传播权之行为的情况下，确实开展了删除、屏蔽等工作，满足了应当依法采取相应措施的形式要求，但从本案证据所反映出的实际处理结果来看，其在当时所采取的措施，并不符合有效制止、预防明显侵权的实质性要求，应当认定其在本案中所采取的相关措施尚未达到“必要”的程度。在此情况下，字节公司仍为实施侵权行为的用户提供了相应的信息存储空间服务和传播技术支持，构成帮助侵权，应当与其用户承担连带责任。

② 浙江省高级人民法院浙知终字第 186 号民事判决书。

③ 上海市第一中级人民法院(2011)沪一中民五(知)终字第 40 号民事判决书。

则”可适用于所有类型的网络侵权行为，当然也包括专利侵权案件和商标侵权案件，而不局限于划定网络服务提供者在涉及信息网络传播权侵权案件中的责任边界；三是“避风港规则”可覆盖所有类型的网络服务提供者，而不局限于信息存储空间服务提供商、搜索或链接服务提供商。

“阿里云服务”案

2015 年 8 月，乐动卓越公司接到玩家投诉称，网址为 www.callmt.com 的网站提供《我叫 MT 畅爽版》的下载及游戏充值服务。乐动卓越公司经比对发现，该款游戏涉嫌非法复制其游戏的数据包，而通过技术手段发现，该款游戏内容存储于阿里云公司的服务器。之后，乐动卓越公司两次致函阿里云公司，要求其删除涉嫌侵权内容，并提供服务器租用人的具体信息，但没有得到阿里云公司的配合。乐动卓越公司认为，阿里云公司的行为涉嫌构成共同侵权，因而诉至法院。一审法院认为：① 乐东卓越公司向阿里云发出的通知构成“有效通知”。② 阿里云公司对于乐动卓越公司的通知一直持消极态度，从乐动卓越公司第一次发出通知，到诉讼中阿里云公司采取措施，阿里云公司在长达 8 个月的时间里未采取任何措施，远远超出了反应的合理时间，主观上未意识到损害后果存在过错，客观上导致了损害后果的持续扩大，阿里云公司对此应当承担相应的法律责任。

二审法院认为：① 从技术特征及法律法规规定、行业监管层面进行比较，阿里云公司提供的云服务器租赁服务不同于信息存储空间服务。云服务器租赁服务与自动接入、自动传输服务和自动缓存服务，在技术特征和行业监管规则层面有明显不同。云服务器租赁服务属于“互联网数据中心业务”，不同于“互联网接入服务业务”。因此，本案不能适用《著作权法》和《信息网络传播权保护条例》，而应当适用《侵权责任法》第 36 条之规定。② 乐动卓越的三次通知均属不合格通知，网络服务提供者不负有进一步联系、核实、调查的义务。③《侵权责任法》第 36 条第 2 款规定了“通知加采取必要措施”规则，既考虑到权利人主张著作权、商标权或人格权等权益的性质和侵权判断难度不同，也考虑到网络服务提供者可能不仅限于“信息存储空间服务”和“搜索、链接服务”，接到有效通知后简单采取移除措施或其他等效措施，有可能会对提供其他性质服务的网络服务提供者或其用户的合法利益造成不当损害。在这种不适合直接采取删除措施的情况下，为了警示侵权人，在一定程度上防止损害后果的扩大，“转通知”可以成为“必要措施”从而使网络服务提供者达到免责条件。如果投诉通知合格，阿里云公司没有在合理期间内进行“转通知”，则可能不符合免责条件，进而在直接侵权成立的情况下，构成帮助侵权并因此承担侵权责任。[①]

① 北京知识产权法院(2017)京 73 民终 1194 号民事判决书。

2.《电子商务法》

《电子商务法》对避风港规则的发展主要集中在"15 天等待期"以及"错误通知的责任"，同时改变了"转通知"的法律性质。

(1) 电商平台对通知和反通知的审查。《电子商务法》第 42 条规定：知识产权权利人认为其知识产权受到侵害的，有权通知电子商务平台经营者采取删除、屏蔽、断开链接、终止交易和服务等必要措施。通知应当包括构成侵权的初步证据。电子商务平台经营者接到通知后，应当及时采取必要措施，并将该通知转送平台内经营者。其第 43 条第 2 款：电子商务平台经营者接到声明后，应当将该声明转送发出通知的知识产权权利人，并告知其可以向有关主管部门投诉或者向人民法院起诉。电子商务平台经营者在转送声明到达知识产权权利人后 15 日内，未收到权利人已经投诉或者起诉通知的，应当及时终止所采取的措施。

在《侵权责任法》背景中，"转通知"可以作为一种"必要措施"；但在《电子商务法》框架中，"转通知"成为电商平台的一项程序义务，不再成为一项"必要措施"。只要投诉人的"通知"满足了法律要件(合格通知)，则触发电商平台"转通知"的程序义务。在这种背景中，应当赋予电商平台在判断"合格通知"和"必要措施"过程中更大的审查空间，即允许电商平台根据具体情况做实质审查。上述"15 天等待期"规则可能迫使大量的侵权投诉进入司法渠道。平台内经营者因被采取必要措施及被转通知而产生"被警示"的效应，甚至商品被下架、链接被删除等，相当于权利人在无担保情况下获得一个诉前禁令，这对经营者会造成无法弥补的巨大损失。对此，有两个方案可供选择：一是应当允许平台在收到"侵权通知"、做出"是否侵权的实质判断"之后再决定采取何种"必要措施"，而不必在收到"侵权通知"后立即采取"必要措施"；同时允许电商平台丰富"必要措施"的类型，例如"要求投诉人提交一定的担保"或者"转通知"继续作为"必要措施"。二是允许平台内商家及时提出恢复链接或商品的行为保全，以平衡"15 天等待期"所带来的后果。

"恢复链接行为保全"案(指导性案例 217 号)

在确定是否依被诉侵权人的申请采取恢复链接行为保全措施时应主要考虑以下因素：申请人的请求是否具有事实基础和法律依据；不恢复链接是否会对申请人造成难以弥补的损害；恢复链接对专利权人可能造成的损害是否会超过不恢复链接对被诉侵权人造成的损害；恢复链接是否会损害社会公共利益；是否存在不宜恢复链接的其他情形。

第一，联某公司的请求是否具有事实基础和法律依据。本案为侵害实用新型专利权纠纷。我国实用新型专利的授权并不经过实质性审查，其权利稳定性较弱。为了平衡专利权人的利益及同业竞争者、社会公众的利益，维护正常、有序的网络运营环境，专利权人要求电子商务平台经营者删除涉嫌侵害实用新型专利权的产品销售链接时，应当提交由专利行政部门作出的专利权评价报告。专利权人无正当理由不提交的，电子商务平台经营者可以拒绝删除链接，但法院经审理后认定侵权的除外。本案中，天某公司在原审法院认定侵权成立后及时删除了被诉侵权产品的销售链接，但二审中涉案专利权已被国家知识产权局因缺乏新颖性而被宣告全部无效，博某公司即将提起行政诉讼，专利有效性处于不确定状态。联某公司因本案诉讼及368号案，截至2020年11月5日，支付宝账户余额共被冻结1 560万元，正常生产经营受到严重影响。在此情况下，联某公司要求天某公司恢复产品链接具有事实与法律依据。

第二，不恢复链接是否会对申请人造成难以弥补的损害。在涉电子商务平台知识产权侵权纠纷中，删除、屏蔽、断开商品销售链接不仅将使该商品无法在电子商务平台上销售，而且将影响该商品之前累积的访问量、搜索权重及账户评级，进而降低平台内经营者的市场竞争优势。因此，确定"难以弥补的损害"应考量是否存在以下情形之一：① 不采取行为保全措施是否会使申请人的商誉等人身性质的权利受到无法挽回的损害；② 不采取行为保全措施是否会导致申请人市场竞争优势或商业机会严重丧失，导致即使因错误删除链接等情况可以请求金钱赔偿，但损失非常大或者非常复杂以致无法准确计算其数额。

第三，恢复链接对专利权人可能造成的损害是否会超过不恢复链接对被诉侵权人造成的损害。被诉侵权产品与涉案专利产品虽为同类产品，但市场上类似产品众多，并不会导致博某公司的专利产品因恢复链接而被完全替代。而且，法院已经考虑到因恢复链接可能给博某公司带来的损失，并将冻结联某公司支付宝账户相应金额及恢复链接后继续销售的部分可得利益，联某公司也明确表示同意。在此情况下，相较于不恢复链接对联某公司正常经营的影响，恢复链接对博某公司可能造成的损害较小。

第四，恢复链接是否会损害社会公共利益。在专利侵权纠纷中，社会公共利益一般考量的是公众健康、环保以及其他重大社会利益。本案被诉侵权产品系用于家庭日常生活的拖把桶，恢复链接时考量的重要因素是否会对公众健康、环保造成影响，特别是需要考虑是否会对消费者的人身财产造成不应有的损害，而本案无证据表明被诉侵权产品存在上述可能损害公共利益的情形。

(2)"投诉错误"的责任。《电子商务法》第42条第3款规定："未及时采取必要措施的，对损害的扩大部分与平台内经营者承担连带责任。因通知错误造成平台内经营者损害的，依法承担民事责任。恶意发出错误通知造成平台内经营者损失的，加倍承担赔偿责任。"本款规定的"错误通知"，究竟如何判断？只要最终法院判决不构成知识产权侵权，即认为构成"错误通知"吗？只要作为投诉的权利基础被宣告无效，即认为构成"错误通知"吗？

知识产权被宣告无效，导致自始无效的后果，进而导致当初的投诉行为构成错误通知。按照《电子商务法》的上述规定，投诉者应当承担民事责任。就损害赔偿责任而言，应当坚持以过错归责为原则，即只有在投诉者当时存在过错时才承担损害赔偿责任。因此，不能仅因为失权就必然要求投诉者承担损害赔偿责任，而需要进一步判断投诉者在投诉之时对其权利稳定性的认识状态。从投诉者知道其权利被宣告无效之日起，其更应主动及时向平台撤回投诉，否则表明其怠于履行自己的谨慎注意义务，放任可能产生的损害后果的扩大，投诉者主观存在过错，应当承担损害赔偿责任；如果能进一步查清投诉者属于故意而不是放任或疏忽大意，则属于“明知通知错误仍不及时撤回或者更正”的情形，构成恶意通知，其应承担后续链接被持续下架期间损失的加倍赔偿责任。[①]《最高法关于审理涉电子商务平台知识产权民事案件的指导意见》第 6 条规定，人民法院认定通知人是否具有《电子商务法》第 42 条第 3 款所称的“恶意”，可以考量下列因素：提交伪造、变造的权利证明；提交虚假侵权对比的鉴定意见、专家意见；明知权利状态不稳定仍发出通知；明知通知错误仍不及时撤回或者更正；反复提交错误通知；等等。

如果投诉通知因为不构成侵权而被驳回，这种情形属于对侵权构成的实体判断，理应更宽容对待，不能因为后续不成立侵权而反推投诉当时存在错误，否则无异于提高投诉门槛，要求投诉者当时对侵权成立与否作出准确判断。

“康贝厂”案

浙江省高级人民法院指出，专利权人吕某及其独家许可人康贝厂基于自身的判断，依据淘宝公司设定的投诉规则，向淘宝公司就涉案产品作侵权投诉，系其寻求权利救济的正当途径。至于康贝厂在投诉中所主张的侵权事实最终是否属实，不排除投诉人基于其认识水平所囿而作出的错误判断。且本案属不正当竞争纠纷，并非侵犯专利权之诉或确认不侵权之诉，故无需就涉案被控销售产品是否落入涉案专利保护范围作出评判。如果认定康贝厂的涉案投诉行为构成不正当竞争，会对正常的投诉行为产生深远的不良影响。因为要求只有侵权投诉得到司法的最终侵权判定方可认定为合适投诉的话，显然对权利人责之过苛，会给投诉行为带来极大的不确定性，并使相关的投诉争议解决机制形同虚设，既增加当事人的争议解决成本，也会降低争议的解决效率。[②]

根据最高法院《关于审查知识产权纠纷行为保全案件适用法律若干问题的规定》第 16 条，只要权利基础事后被无效或保全申请未被支持则反推保全申请有误，从而要求投诉人在投诉之前更为谨慎。该条规定，“有下列情形之一的，应当认定属于《民事诉讼法》第 105 条规定的‘申请有错误’：……② 行为保全措施因请求保护的知识产权被宣告无效等原因自始不当；③ 申请责令被申请人停止侵害知识产权或者不正当竞争，但生效裁判认定不构成侵权或者不正当竞争。”行为保全的“错误”之所以采取严格责任（客观归责），

① 《小心！错误通知变恶意通知，性质大不同！》，“余杭法院”微信公众号，最后访问日期：2022 年 7 月 19 日。

② 浙江省高级人民法院（2010）浙知终字第 196 号民事判决书。

可能是因为法院认为这是将判决的提前执行，行为保全将明显改变双方当事人之间的利益平衡，因此对申请人的要求更为严格。这种做法不应推广到投诉案件中，如果将维权行为看作一种商业言论而可能构成商业诋毁的话，这种客观归责的做法将与商业诋毁的主观要件相悖。[①]《最高人民法院关于涉网络知识产权侵权纠纷几个法律适用问题的批复》第5条规定：知识产权权利人发出的通知内容与客观事实不符，但其在诉讼中主张该通知系善意提交并请求免责，且能够举证证明的，人民法院依法审查属实后应当予以支持。由此可见，最高人民法院倾向采取过错责任的立场，要求权利人举证证明其投诉行为乃出于善意，笔者认为比较合理，遵循了侵权认定的过错责任原则。

3.《民法典》

《民法典》在《电子商务法》的基础上完善了“等待期”的规定，进一步明确了“转通知”作为电商平台的程序义务。《民法典》第1195条第2款规定：网络服务提供者接到通知后，应当及时将该通知转送相关网络用户，并根据构成侵权的初步证据和服务类型采取必要措施；未及时采取必要措施的，对损害的扩大部分与该网络用户承担连带责任。《民法典》第1196条第2款规定：网络服务提供者接到声明后，应当将该声明转送发出通知的权利人，并告知其可以向有关部门投诉或者向人民法院提起诉讼。网络服务提供者在转送声明到达权利人后的合理期限内，未收到权利人已经投诉或者提起诉讼通知的，应当及时终止所采取的措施。

本款在《电子商务法》15条的基础上调整为“合理期限”内，为网络服务提供者留下更多自治空间。从字面解读看，“转通知”在性质上延续了《电子商务法》中的程序性，不能作为“必要措施”的类型。但是在立法目的上，可以将“转通知”解读为“必要措施”的类型。由于采取“必要措施”的目的在于防止侵权后果进一步扩大，“必要措施”不仅包括删除、屏蔽等手段，而且包括转通知措施。[②] 立法者也指出：“对于提供接入、缓存的网络服务提供者……可以将侵权通知转送给相应网站”。[③]

三、市场管理者的共同侵权责任

市场管理者共同侵权认定的主要问题集中在对主观过错的判断。市场管理者通过与商铺签订《租赁协议》或类似市场管理的协议，约定其可以终止《租赁协议》、断电断水、召集商铺经营者谈话整改、向其发出要求整改的通知；作为日常管理的组成部分，它可以在

① 《反不正当竞争法》第11条：经营者不得编造、传播虚假信息或者误导性信息，损害竞争对手的商业信誉、商品声誉。最高法院就商业诋毁的主观构成通常采取过错标准，例如最高人民法院(2015)民申字第191号民事裁定书：权利人发送侵权警告行为的属性及其正当性，通常要根据权利人的权利状况、警告内容及发送的意图、对象、方式、范围等多种因素进行综合判断。假如专利权人明知或者应知竞争对手不可能构成侵权，仍然“虚晃一枪”地提起专利侵权诉讼，事后又撤回侵权诉讼，并轻率地向竞争对手的客户发送侵权警告函，以此损害竞争对手商誉的，其行为就有可能构成不正当竞争。

② 毕文轩：《民法典视阈下新型网络服务提供者知识产权侵权责任研究》，《法律科学》2023年第5期，第55页。

③ 黄薇：《中华人民共和国民法典释义(下)》，法律出版社2020年版，第2315页。

市场内进行日常巡逻，在《租赁协议》中要求商铺自觉遵守知识产权法。通过这种方式，市场管理者可以实现对商铺商品销售行为的管理。市场管理者采取了上述有关措施之后，如果商铺仍然实施侵权行为，如何认定市场管理者的主观过错？实践中存在两种观点。

（一）"措施有效性"的结果判断

实践中有观点对市场管理者课以较重的注意义务，以市场管理者采取相关措施对商标侵权行为的实际效果作为判断标准，可理解为"结果论"。如果实际防止了侵权行为的发生，则认定市场管理者采取的措施有效，且已经尽到注意义务，反之则不然。

"羿丰"案

羿丰公司（甲方）与承租人（乙方）签订《广州市白云区白云世界皮具贸易中心商铺租赁合同》，约定羿丰公司将位于广州市白云区解放北路1356、1358号广州市白云区白云世界皮具贸易中心商铺出租给乙方入场经营使用。合同的第5条第1款第(7)项约定：甲方作为市场开办者有权也有责任依照有关法规和市场管理规定对场内经营者（暨乙方）的经营活动进行监督管理，乙方若因同一类经营违法行为被执法机关查处两次的，甲方有权即时解除本合同收回乙方经营的商铺，并有权要求乙方按合同约定承担违约责任；第2款第(1)项约定：乙方保证具有独立完全的民事权利和民事行为能力，是合法的合同主体。乙方须依据国家有关法律规定，独立办理经营所需的工商、税务等有效证照，守法、诚信、合法经营；第(5)项约定：乙方独立自主经营、自负盈亏，一切债权债务和法律责任须自行承担，与甲方及物业管理公司无关。双方就该合同还签署了三份附件，即《市场管理规定》《安全责任书》和《防火责任书》。其中，《市场管理规定》第1条第9款规定：自觉遵守国家有关知识产权保护方面的法规，依法保护自身的知识产权不受侵犯，也不侵犯他人合法的知识产权权益。

羿丰公司在市场多处设置了整顿规范市场经营秩序宣传栏，张贴了《关于严禁经销假冒伪劣商品的公告》《商品管理补充规定》（简称《补充规定》）等通知。《补充规定》载明：第一，本商场严格禁止经销假冒伪劣商品，一经发现本商场即予以没收，被工商部门查处的，本商场还将责令档口停业整改3天；档口合同档主（承租人）及经营者均须向商场作出书面检讨，保证改过，经本商场批准后方可再开档营业；被本商场或工商部门第三次查处的档口，本商场将取消合同到期后档口承租人的续租权；对屡教不改，被本商场或工商部门三次查处后，又被发现经销假冒伪劣商品的，本商场将立即终止承租人的档口承租权，即时收回档口，没收档口押金及其他预缴费用，责令其限期离场。第二，羿丰公司组建了规范市场经营秩序领导小组，下设打假组和支援组，主要工作内容包括积极配合政府有关部门开展打假工作、对经销假冒"BURBERRY"等国际知名品牌的商户进行耐心细致的说服教育、对说服教育仍不加改正的商户严格按公司商场管理规定及补充规定进行处罚以

及每日不少于两次的例行巡查,对商场内的售假侵权行为予以警告或处罚等。

一审法院认为,被控侵权商品的销售价格明显偏低,无证据证明侵权商品的销售者是勃贝雷公司授权的零售商或批发商,故认定被控侵权商品属于假冒勃贝雷公司涉案注册商标的侵权商品。羿丰公司市场内相关商铺销售假冒勃贝雷公司注册商标商品的行为属于侵害勃贝雷公司注册商标专用权的行为。该案系商标侵权诉讼,确定主体间的权责不能仅依据合同约定,而应侧重于分析主体行为的主客观状态以及与损害后果的因果关系;租赁合同的内部约定并不能对抗外部权利人。勃贝雷公司认为通过先后两次公证行为表明,羿丰公司在明知或应知涉案商铺存在侵权行为的情况下,仍为涉案商铺提供经营场所和市场管理服务,其采取的措施也不足以有效制止侵权行为的发生,故应当为其间接性的侵权行为承担责任。

该案羿丰公司是否承担间接侵权责任,应视其作为专业市场开办方和管理方是否履行了对权利人的承诺和法定的管理义务,而其衡量的标准应看是否有效阻止了侵权行为的发生。羿丰公司与商铺档主签署的市场管理规定中,明确规定了商铺承租人不得侵犯他人合法的知识产权。虽然羿丰公司举证了对商铺出具的停业整顿通知,但没有对该停业整顿实际执行的情况和与其终止租赁合同的情况进行举证。

在承租的商铺发生违法行为后,羿丰公司虽然更换了部分涉案商铺的承租人、在市场的宣传栏张贴了《关于严禁经销假冒伪劣商品的公告》《商品管理补充规定》、成立市场经营秩序领导小组和打假办公室,对市场内的商铺进行巡查等措施,但如果不以实际效果进行衡量,任何措施均容易流于形式……羿丰公司所在的区域系商标侵权的高发地早已众所周知,原审法院已明确了作为专业市场管理者的羿丰公司负有管理市场经营活动的义务,其管理义务在标准的把握上应较一般人基于诚实信用原则而应有的注意义务更高。[①]

(二)“措施有效性”的过程判断

这种观点不采纳“结果论”,而是需要实质性审查市场管理者采取措施的合理性。这种观点更具合理性,不能从特定结果的发生倒推行为人是否具有主观过错,市场管理者在从事管理活动的过程中可能存在一系列管理行为,需要进行过程判断,结合具体环节的特定情形判断其是否尽到了注意义务。

“淘淘巷”案

2011 年 6 月,王某与淘淘巷公司签订《淘淘巷管理服务合同》,经营期限自 2011 年 10

① 广州市白云山区人民法院(2012)穗云法知民初字第 114 号判决书;广州知识产权法院(2015)粤知法商民终字第 174 号民事判决书。

月5日至2012年10月4日，管理服务费为34 900元/年。约定双方的权利义务包括：甲方淘淘巷公司作为管理经营者，对各经营商户进行统一经营管理和服务；经双方协商确定乙方王某经营的商品种类为箱包；甲方安排现场管理人员应通过店区内的各商户商铺进行统一管理，确保公平竞争、守法经营，为店区创造良好的经营环境、秩序以及良好的商业形象；甲方有权制定各项管理制度并向乙方公布，对乙方的经营活动实行统一管理、监督、检查，有权按规定对乙方违反各项管理制度的行为做出批评、处以违约金、解除合同等处理；甲方有义务按照法律规定、本合同约定及"淘淘巷"各项管理制度的规定，对"淘淘巷"内各商铺的经营商户违法、违约、违反"淘淘巷"管理制度的行为进行制止及处理，为店区创造良好的经营环境；乙方在经营中必须严格遵守国家有关法规政策、本合同的规定、《淘淘巷商户经营手册》以及其他淘淘巷各项管理制度；乙方接受甲方的管理，并接受根据合同约定、管理制度规定对违约及违反制度的行为所作出的处理决定；乙方违反甲方的有关管理规定，后果严重或经甲方警告后再次发生的，因乙方的过错给甲方造成重大经济损失或严重商誉损害的，乙方除应依法或按约定承担违约责任外，甲方有权立即解除本合同，如甲方解除合同的，乙方还应另行支付相当于3个月管理服务费的违约金；乙方已通读了上述条款及《淘淘巷商户经营手册》等附件的内容，对所有内容无异议。《淘淘巷商户经营手册》规定：承租人不得销售任何假冒伪劣商品，不得销售无厂名、无厂址、无合格证等任何"三无"产品。

2011年12月1日，路易威登马利蒂向淘淘巷公司邮寄《关于要求你公司制止侵犯注册商标专用权行为的警告函》(简称《警告函》)，函中列明包括王某在内的10家商铺存在销售假冒路易威登马利蒂注册商标商品的行为，要求淘淘巷公司采取有效措施制止前述商户的售假行为。2011年12月27日，淘淘巷公司召开会议，其提供了召集包括王某在内的相关商户召开会议的会议记录、《关于重申不得销售假冒、伪劣及三无产品的重要通知》及各商户的签收单，王某等商户在会议记录上签字。淘淘巷公司还提交了向包括王某在内的经营户所发的《警告函》及淘淘巷公司工作人员每日巡查表及巡场照片光盘，用以证明淘淘巷公司在路易威登马利蒂提起该案诉讼后，不计成本地加大了管理力度。之后，路易威登马利蒂仍然发现王某存在售假行为。

南京市中级人民法院指出，只要市场管理者采取了召集商铺开会、告知其相关侵权后果、进行教育批评等行为之后，就应当认为其已经采取了合理措施，不能要求市场管理者采取断电、断水、终止合同等行为。[①] 二审法院认为，王某在淘淘巷公司收到路易威登马利蒂邮寄的《警告函》前发生的侵权行为，系其独立违法经营的结果。淘淘巷公司通过与王某签订《淘淘巷管理服务合同》以及通过制定《淘淘巷商户经营手册》等尽到了引导、督促等前期管理义务……在路易威登马利蒂发函告知王某的侵权行为后，淘淘巷公司召开了会议、发出了通知，参加会议的人员、通知的对象均包括王某。在会议和通知中，淘淘巷

① 南京市中级人民法院(2012)宁知民初字第457号民事判决书。

公司均指出了相关商户存在销售假冒路易威登马利蒂注册商标商品的行为，重申禁止销售假冒注册商标商品的行为，相关商户也承诺不再销售假货。淘淘巷公司主观上没有放任侵权行为，客观上亦已尽到管理、监督、检查、批评等义务，不存在过错。淘淘巷公司在此时没有解除与王某之间的租赁和管理合同，不能视为其为王某持续的商标侵权行为提供帮助和便利条件。①

第八节 其他商标侵权行为

一、行为法定的争议

《商标法》第57条第7项规定了“给他人的注册商标专用权造成其他损害的行为”，即其他商标侵权行为。本项属于兜底条款，在实践中究竟怎么适用存在疑问。我国一些法院采取宽泛的解释立场，依此项规定对注册商标的质量保证功能、广告功能等提供保护，究竟有无正当性？是否应当遵从体系解释的方法，认为本项规定对注册商标的保护程度不应超出本条前6项，即仍然应当在混淆机制的框架中提供保护？即使在混淆机制的框架下，是否任何类型的混淆都属于商标侵权行为？扩大商标救济的行为类型，将商标其他功能纳入《商标法》第57条第7项中，是我国部分法院试图扩张商标权范围的一种典型方式。总体而言，目前用法实践对扩大商标权范围的做法存在分歧。例如刮损商品二维码和批号后再销售该商品的行为，原告或许遭受损失，但被告未因注册商标而得利，也未实施反向假冒中的更改注册商标的行为。一审法院认为“由于涉案商品的二维码和批号均被刮损，一方面，使得玫琳凯公司无法对其商品质量进行追踪和管理，破坏了玫琳凯公司的质量管控体系，妨碍商标权人对其生产或授权生产的商品实施包括召回在内的质量追踪措施，干扰了商标权人控制商品质量的权利；另一方面，使得涉案商品的包装破损，破坏了商品的完整性，损害了商品的整体美观度，使消费者无法获得玫琳凯公司提供的与涉案商品相对应的质量保证、售后服务。这势必导致公众对商标权人商品和服务的评价降低，对涉案注册商标的美誉度产生负面影响，从而破坏了涉案注册商标的品质保证和信誉承载功能。”②二审法院则认为：“被诉侵权产品本身外包装未有缺失，产品来源信息清晰可见”“该商品的质量始终处于玫琳凯公司的管控条件下，涉案商标的品质保障功能并不因二维码、生产批号等信息的缺失而受到影响。”③

其实从司法解释的规定，结合知识产权法定原则，对《商标法》第51条第7项的理解

① 江苏省高级人民法院(2013)苏知民终字第0059号民事判决书。
② 杭州市中级人民法院(2017)浙01民初972号民事判决书。
③ 浙江省高级人民法院(2020)浙民终479号民事判决书。

应当严格限缩。《商标民事案件司法解释》(2002 年)第 1 条规定，下列行为属于《商标法》第 52 条第(5)项规定的给他人注册商标专用权造成其他损害的行为：① 将与他人注册商标相同或者相近似的文字作为企业的字号在相同或者类似商品上突出使用，容易使相关公众产生误认的；② 复制、摹仿、翻译他人注册的驰名商标或其主要部分在不相同或者不相类似商品上作为商标使用，误导公众，致使该驰名商标注册人的利益可能受到损害的；③ 将与他人注册商标相同或者相近似的文字注册为域名，并且通过该域名进行相关商品交易的电子商务，容易使相关公众产生误认的。上述三种行为中，第二种行为已经在 2013 年修订《商标法》时成为第 13 条的一种情形，是一种典型的淡化驰名商标的行为；其他两种行为分别将注册商标作为企业字号、域名，且实施商标法意义上使用，用于相关商品的交易并具有混淆可能性。若被告的行为只是在表彰营业主体意义上使用字号、企业名称或域名，则原则上应当由反不正当竞争法评价。换言之，被告的行为是否成立商标使用行为、是否与商品或服务结合、主观上的恶意等，导致产生了进入商标法评价还是反不正当竞争法评价的差异。

二、突出使用字号

(一) 突出使用

《商标民事案件司法解释》第 1 条规定的第一种情形要求“突出使用注册商标”，是“不规范使用注册商标”的一种类型。只有在“突出使用等不规范使用”情形时才可能构成商标侵权行为。在《商标法》与《反不正当竞争法》中，“突出使用字号”“单独简化使用字号”都是典型的“不规范使用”的样态，产生了企业名称意义以外的商标意义，强化字号对于标识商品或服务来源的功能，一旦与商品或服务结合则属于商标法意义上的使用行为，因而落入商标权的控制范围。商标侵权行为的构成，在主观上并不要求行为人的主观故意，也无需考虑注册商标的知名度。在救济方式上，只需要判令被告规范使用企业名称，使后者在标识企业主体意义上使用，则可避免发生商标侵权。我国司法实践指出：“登记、使用企业名称的行为本身不具有恶意，仅在实际使用过程中，因企业名称的简化使用、突出使用等不规范使用行为，导致相关公众将其与他人注册商标产生混淆误认的，属于侵害商标权的行为，应判令相关企业规范使用其企业名称。”[①]

(二) 规范使用

在有些情形下，即使被告规范使用企业名称，也可能会导致市场混淆之虞，这尤其发生在原告的注册商标知名度较高、被告登记使用该企业名称的行为明显存在傍名牌等主

① 四川省高级人民法院(2014)川知民终字第 5 号民事判决书；四川省成都市中级人民法院(2013)成民初字第 415 号民事判决书。

观恶意时，此时行为人是在企业名称意义上使用标识，未实施商标使用行为，但可构成不正当竞争行为，[①]依照《商标法》第58条规定执行（将他人注册商标、未注册的驰名商标作为企业名称中的字号使用，误导公众，构成不正当竞争行为的，依照《反不正当竞争法》处理）。我国最高人民法院如此认定："登记、使用企业名称的行为本身缺乏正当性，不正当地将他人具有较高知名度的在先注册商标作为字号注册登记为企业名称，即使规范使用仍足以产生市场混淆的，属于不正当竞争行为，应判令停止使用或者变更企业名称。"[②]

实践中有分歧的地方在于原告商标知名度的认定，进而影响被告的主观状态认定，例比如在和睦家案中，一审法院和再审法院产生了观点上的分歧，笔者赞同再审法院的观点，只要字号使用在先，应可作出推定，即同行业经营者应当知道该字号，负有避开使用相同字号的义务，这种法政策的取向可以避免因在个案中审查字号知名度而产生裁判分歧。

"和睦家"案[③]

和睦家医疗管理咨询（北京）有限公司（简称和睦家公司）是国内最早提供国际高端水平的民营医疗机构之一，自1996年3月北京和睦家医疗中心有限公司成立以来，至2010年7月，北京、上海、天津、广州陆续成立了七家和睦家医疗机构，均使用"和睦家"作为企业字号。和睦家公司在第44类医院、保健、医药咨询等服务上的第4182278号"和睦家"图文组合商标、第4182184号"和睦家"图形商标获准注册。福州和睦佳成立于2011年4月和6月，经营范围包括妇产科、内科等。福州和睦佳在实际经营中有突出使用"和睦佳"字样的行为。

一审法院认为，和睦家公司的商标虽然注册在先，但未在福州乃至福建省内设立"和睦家"有关医疗机构或开展与"和睦家"有关的医疗服务，和睦家公司企业字号不具有较高知名度，福州和睦佳企业名称的注册使用本身并不违法，判令福州和睦佳规范使用企业名称、停止突出使用行为。[④] 最高人民法院改判认为，"'和睦家'字号在福州和睦佳成立前具有一定市场知名度，为相关公众所知悉。福州和睦佳作为同业竞业者仍将与'和睦家'呼叫完全相同、用字基本一致的'和睦佳'作为医疗服务企业的字号，其主观上具有攀附和睦家公司商誉的故意，也易造成相关公众的混淆误认，并且这种混淆误认无论其是否突出使用均难以避免。"

三、使用域名进行商品交易

《商标民事案件司法解释》第1条规定的第三种情形是将他人注册商标用作域名的行

---

① 曹建明：《求真务实、锐意进取、努力建设公正高效权威的知识产权审判制度——在第二次全国法院知识产权审判工作会议上的讲话》（2008年2月19日）；孔祥俊：《商标与不正当竞争法》，法律出版社2009年版，第551、556、562页。

② 最高人民法院（2018）最高法民再428号民事判决书。

③ 最高人民法院（2018）最高法民再428号民事判决书。

④ 福州市中级人民法院（2016）闽01民初597号民事判决书。

为，这种行为在法律适用上可能构成商标侵权，也可能构成不正当竞争。

他人使用域名构成侵犯注册商标专用权的情形，应当按照商标侵权的原理进行分析。2002年《商标民事案件司法解释》规定，因域名抢注行为侵犯商标专用权的，应当以“注册商标与域名构成相同或近似”“将域名用于电子商务”为构成要件。该项规定从属于商标侵权的构成要件，实则要求这种域名使用必须与商品或服务相结合，即要求“商标使用”。域名只有当其作为商标使用时，才能创设商标法上的权益，《最高法院关于商标民事纠纷的司法解释》第1条规定了“通过该域名进行相关商品交易的电子商务”的条件，实质上是对商标侵权判定过程中商标使用条件的坚持。美国也有法院指出：“如果一个域名仅用于指示网络环境中的一个地址，则该域名没有发挥商标的功能。……域名注册行为仅与网络环境中指向计算机设备的技术功能相联系……在判断域名使用行为构成侵权之前，不只需要考察名称的注册行为。”①

除商标使用行为之外，还应考察使用他人商标的行为是用于何种电子商务，以满足“相关商品交易”条件，即应当在“相同或类似商品或服务”上使用。

“360”案

法院认为，只有将“相关商品交易”解释为不限于“相同或类似商品服务”，而且包含了与商标知名度相适应的商品或服务，才能保证法律概念内涵的统一……无论是平台的运营过程中还是消费者在接受互联网金融服务时，通常都需要借助相应的计算机软件和计算机程序作为技术支持，互联网金融服务的全过程通常依托于计算机软件在网上平台完成，体现出金融服务与计算机技术的深度融合。因此，互联网金融服务与计算机软件商品和计算机软件程序，具有较大的关联性，二者的消费群体之间存在较大的重叠。“360”商标在互联网使用群体中具有很高的知名度，被告注册使用 www.360daidai.com 域名提供互联网金融服务的行为，容易使相关公众误认为该域名与奇虎公司之间存在许可使用、关联企业关系等特定联系，属于从事“相关商品交易”电子商务活动、容易造成相关公众的误认的行为。②

普通注册商标专用权的排他范围，在“类似商品或服务”的认定问题上确实存在不少争议，我国司法实践素有依照关联混淆理论将关联商品认定为“类似商品或服务”的做法，这在限缩驰名商标认定的必要性方面具有重要价值，但容易模糊类似商品与跨类商品之间的界限。北京知识产权法院的上述判决基于司法解释的体系解读，把驰名商标的淡化和普通商标的混淆同时解释为“误认”，值得商榷。

最后还有混淆可能性条件，要考虑网络用户的搜索期待、混淆的持久性和概率程度

---

① Lockheed Martin Corp.v. Network Solutions, Inc., 985 F. Supp.949, 956－957, (C.D. Cal. 1997), judgment aff'd, 194 F.3d 980, (9th Cir. 1999).

② 北京知识产权法院(2016)京73民初98号民事判决书。

等。实践中还有判决认为必须存在实际商品交易，否则在事实上不会产生“混淆可能性”，有法院认为，涉案网站既无产品规格、型号、外观图片、价格等具体的产品信息，也无可以通过点击相关网页内容就可以在网站上进行商品交易的功能及设置，相关公众不能通过该网站直接与上海某公司进行商品交易活动，原告也未举证说明上海某公司直接通过该网站进行了商品的交易活动，故难以认定上海某公司利用该网站实际进行了商品交易的电子商务，不存在易使相关公众对其商品来源产生误认后果的事实基础。上述网站上虽有“WAM 产品配件”字样，但该文字在整体上系对产品类别名称的表述，且未突出使用“WAM”字样，故该“WAM”字样不具有商标标识作用。因此，上海某公司注册涉案域名、经营涉案网站的行为不构成侵害原告的商标排他使用权。① 这一观点值得商榷。将原告的注册商标登记为域名，准备用于相关商品的电子商务活动，原告可否禁止这种行为？在传统的商标侵权案件中，假设被告在商品上完成了相同或近似商标的贴附行为，这些准备投入市场的商品在仓库中被查获，被告的行为是否构成商标侵权行为？这在商标法上涉及混淆可能性和实际混淆的区别，商标侵权的构成是混淆可能性，而不是实际混淆，已在前文阐述。

参考文献

一、著作

[1] 全国人民代表大会常务委员会法制工作委员会：《中华人民共和国商标法释义》，法律出版社 2013 年版。

[2] 袁曙宏：《商标法与商标法实施条例修改条文释义》，中国法制出版社 2014 年版。

[3] 刘维：《商标权的救济基础研究》，法律出版社 2016 年版。

[4] 孔祥俊：《商标与反不正当竞争法》，法律出版社 2009 年版。

[5] 王太平：《商标法：原理与案例》，北京大学出版社 2015 年版。

[6] [美] 马克·A.莱姆利等：《软件与互联网法》，张韬略译，商务印书馆 2014 年版。

[7] 黄薇：《中华人民共和国民法典释义（下）》，法律出版社 2020 年版。

[8] Annette Kur, Martin Senftleben. *European Trade Mark Law: A Commentary*. Oxford University Press, 2017.

[9] Mary LaFrance. *Understanding Trademark Law* (3rd edition). Carolina Academic Press, 2016.

[10] J. Thomas McCarthy. *McCarthy on Trademarks and Unfair Competition* (5th edition). June 2020 Update. Westlaw, 2010.

[11] Tobias Cohen Jehoram, Constant Van Nispen & Tony Huydecoper. *European Trademark Law*.

① 上海市浦东新区人民法院(2013)浦民三(知)初字第 67 号民事判决书。该案支持了原告以域名为基础的不正当竞争请求，但未支持商标侵权。

Wolters Kluwer, 2010.

[12] Nuno Pires De Carvalho. *The TRIPS Regime of Trademarks and Designs* (4th Edition). Wolters Kluwer, 2019.

[13] Charles E. McKenney and George F. Long III. *Federal Unfair Competition: Lanham Act 43 (a)*. February 2020 Update, Westlaw, 2002.

[14] WIPO. *Joint Recommendation Concerning Provisions on the Protection of Marks and Other Industrial Propery Rights in Signs, on the Internet*. WIPO Publication, 2002.

二、论文

[1] 黄汇：《商标使用地域性原理的理解立场及适用逻辑》,《中国法学》2019年第5期。

[2] 刘维：《论界定商标侵权使用行为的两步审查法》,《北方法学》2015年第2期。

[3] 孔祥俊：《商标使用行为法律构造的实质主义：基于涉外贴牌加工商标侵权案的展开》,《中外法学》2020年第5期。

[4] 刘维：《论商标使用在商标侵权判定中的独立地位》,《上海财经大学学报》2018年第1期。

[5] 王太平：《商标法上商标使用概念的统一及其制度完善》,《中外法学》2021年第4期。

[6] 彭学龙：《知识产权法的符号学分析》,《中国社会科学报》2021年4月14日,第4版。

[7] 吕炳斌：《商标侵权中"商标性使用"的地位与认定》,《法学家》2020年第2期。

[8] 刘润涛：《关键词推广使用他人商标的反不正当竞争法规制》,《上海财经大学学报》2016年第4期。

[9] 崔国斌：《知识产权法官造法批判》,《中国法学》2006年第1期。

[10] 何怀文：《"商标性使用"的法律效力》,《浙江大学学报(人文社会科学版)》2014年第2期。

[11] 张韬略、张倩瑶：《后台型竞价排名的商标侵权及不正当竞争认定》,《同济大学学报(社会科学版)》2017年第6期。

[12] 王太平：《论商标使用在商标侵权构成中的地位》,《法学》2017年第8期。

[13] 刘维：《商标识别功能损害判定研究》,《知识产权》2014年第9期。

[14] 孙山：《重释知识产权法定原则》,《当代法学》2018年第6期。

[15] 王嗣卓：《涉应用程序商标侵权案件中类似商品和服务的认定》,《中华商标》2022年第6期。

[16] 杜颖、张呈玥：《元宇宙技术背景下商标法律制度的回应》,《知识产权》2023年第1期。

[17] 杨静：《商标授权确权中地域性原则的重构——基于中美实践的比较》,《知识产权》2020年第3期。

[18] 刘维、张琪、张嘉莹：《涉外定牌加工类案裁判的回顾与展望——评江苏省高级人民法院"东风"案判决》,《中华商标》2017年第5期。

[19] 凌宗亮：《仅将他人商标用作搜索关键词行为的性质分析》,《中华商标》2015年第9期。

[20] 黄汇：《售前混淆之批判和售后混淆之证成——兼谈我国《商标法》的第三次修改》,《电子知识产权》2008年第6期。

[21] 刘铁光：《论商标保护民刑之间的衔接》,《环球法律评论》2023年第4期。

[22] 崔国斌：《网络服务商共同侵权制度之重塑》,《法学研究》2013年第4期。

[23] 王杰：《网络存储空间服务提供者的注意义务新解》,《法律科学(西北政法大学学报)》2020年第3期。

[24] 毕文轩:《〈民法典〉视阈下新型网络服务提供者知识产权侵权责任研究》,《法律科学(西北政法大学学报)》2023年第5期。

[25] M.R.F. Senftleben. Function Theory and International Exhaustion: Why it is Wise to Confine the Double Identity Rule in EU Trade Mark Law to Cases Affecting the Origin Function. *European Intellectual Property Review*, Vol. 36, 2014.

[26] Barton Beebe. An Empirical Study of the Multifactor Tests for Trademark Infringement. *Carlifornia Law Review*, Vol. 94, 2006.

三、电子文献

[1] 陈月:《两个"轻松筹"?不同类别不用愁》,https://mp.weixin.qq.com/s/Adwr2ewRP3fTtna6zTan1g,最后访问日期:2023年4月10日。

[2] 申正权、张书青:《"嘀嘀"商标纠纷终落幕,主审法官跟你聊聊那些重要细节》,https://mp.weixin.qq.com/s/lMHIyQfFNLT-GqSYWhjIDQ,最后访问日期:2023年4月10日。

[3]《2015北京知识产权司法保护商标典型案例和创新性案例点评》,http://www.cicn.com.cn/zggsb/2016-04/19/cms84651article.shtml,最后访问日期:2019年7月29日。

[4]《上海知产法院对侵害"五芳斋"等商标权上诉案作出终审判决》,https://mp.weixin.qq.com/s/kQBt1NN3aYPDSbPexZQsWg,最后访问日期:2022年6月有3日。

[5]《小心!错误通知变恶意通知,性质大不同!》,https://mp.weixin.qq.com/s/6MdEqxl9T6_zKQb8WdBzbg,最后访问日期:2022年7月19日。

[6] Ryan Waddoups. What the Hermès MetaBirkins Victory Means for the NFT Market, https://www.surfacemag.com/articles/hermes-metabirkin-lawsuit-nft-market/,最后访问日期:2023年6月6日。

四、其他文献

[1] 上海市第一中级人民法院知识产权审判庭:《网络著作权司法保护问题研究》,上海市第一中级人民法院,2010年。

[2] 曹建明:《求真务实、锐意进取、努力建设公正高效权威的知识产权审判制度——在第二次全国法院知识产权审判工作会议上的讲话》,2008年2月19日。

第六章 商标侵权与赔偿抗辩

本章主要介绍我国《商标法》明确规定或在司法上得到普遍认可的抗辩类型。被告在商标侵权诉讼中的抗辩事由主要可分为商标侵权抗辩和赔偿抗辩，被告对这些抗辩事由承担证明责任。

第一节 通用名称抗辩

我国《商标法》第59条第1款规定了商标的正当使用抗辩。正当使用是指经营者为了说明自己所提供的商品或服务，便于消费者辨认，可以对他人注册商标中所包含的信息依法不经注册商标权人许可而使用。[①] 正当使用抗辩包含通用名称抗辩和描述性使用抗辩两种类型，均体现在本款的规定中：注册商标中含有的本商品的通用名称、图形、型号，或者直接表示商品的质量、主要原料、功能、用途、重量、数量及其他特点，或者含有的地名，注册商标专用权人无权禁止他人正当使用。本条第2款规定了三维标志的正当使用抗辩，即他人有权不经许可正当使用三维标志中的功能性形状。由于功能性形状处于公有领域的范畴，因此，第2款在性质上应当属于通用名称抗辩，而不是描述性使用抗辩。本节主要介绍通用名称抗辩。

一、基本原理

《最高人民法院关于审理商标授权确权行政案件若干问题的规定》第10条第1款规定，诉争商标属于法定的商品名称或者约定俗成的商品名称的，人民法院应当认定其属于《商标法》第11条第1款第(1)项所指的通用名称。依据法律规定或者国家标准、行业标准属于商品通用名称的，应当认定为通用名称。相关公众普遍认为某一名称能够指代一类商品的，应当认定为约定俗成的通用名称。被专业工具书、辞典等列为商品名称的，可

① 全国人民代表大会常务委员会法制工作委员会：《中华人民共和国商标法释义》，法律出版社2013年版，第112页。

以作为认定约定俗成的通用名称的参考。依照上述司法解释的规定，通用名称可以分为法定的通用名称和约定俗称的通用名称，类型不同会导致举证方法不同，但不论哪种通用名称，均应当由被告完成举证，且举证责任的要求都很高。一旦法院认可此项举证责任已经完成，则对权利人及相关行业产生较大影响，被告乃至行业中的相关竞争者均可提起针对此商标的无效宣告程序。也正因为如此，实践中对通用名称抗辩倾向于严格把握。

二、构成判断

（一）构成要件

在司法实践中，被告要证明原告的注册商标或其要素是商品的通用名称，可从法定和约定通用名称的路径提出相应的证据材料，但须证明该名称具有广泛性和规范性，即不仅要求在全国范围和行业范围内得到广泛认同，而且要求足以清晰指代和体现一类商品与另一类商品之间的根本区别。例北京市高级人民法院（2006）高行终字第188号行政判决指出：通用名称应具有广泛性、规范性的特征。就通用名称的广泛性而言，其应该是国家或者某一行业所共用的，仅为某一区域所使用的名称，不具有广泛性；就规范性而言，其应该符合一定的标准，反映一类商品与另一类商品之间根本区别，即应指代明确。

有时候，较高的商标知名度是该商标成为通用名称的"前站"，公司必须控制其成为通用名称的风险。例如，"优盘""阿司匹林"等商品通用名称曾经都是知名的商品商标。与一种独特或专利产品或已与服务相联系，或者经过强大广告宣传的商标，具有成为通用商标的风险。因为在这些情况下，消费者往往容易看到商标就想到商品或服务，从而成为后者呼叫的指代。[①] 但是，很多商标也往往在危险境地被挽救，权利人通过使用其他更方便替代的通用词汇，使商标免于通用化。[②] 避免商标通用化的措施还有：将商标使用的商品范围扩大，从而避免通用化的危险性；[③]商标、商品名称与新产品同时推出；积极宣示商标信息；干预商标名称的错误使用；持续进行商标显著性回复之努力。Singer、Goodyear曾经分别于1888和1896年被美国法院认定为通用名称，但之后由于长时间地专用与广告宣传，这两个商标分别在1938和1959年被判决重新取得显著性）。[④]

以下三个案件，"状元红""泥人张""盲公饼"在有关行业和区域内具有较高品牌知名度，被告提出了通用名称抗辩，法院认为尚不满足广泛性特征而均未认定为通用名称。

---

① See Dresser Indus., Inc. v. Heraeus Engelhard Vacuum, Inc., 395 F.2d 457 (3d Cir), cert. denied, 393 U.S. 934 (1968).

② Ty, Inc. v. Softbelly's Inc., 353 F.3d 528, 532 (7th Cir. 2003).

③ Mary LaFrance. *Understanding Trademark Law*. LexisNexis, 2009, p.60.

④ 袁真富：《公司知识产权管理：思路与策略》，清华大学出版社2023年版，第241页。

“状元红”[①]案

根据原告提交的证据所表明的事实，在争议商标注册之前，确有浙江省4家企业的黄酒等酒类产品的包装上使用了“状元红”的名称，在相关词典、文学作品和酒行业书籍中也有“状元红”名称渊源的记载。但商品的通用名称应当具有广泛性、规范性的特征，即应当具有在国家区域范围内或者某一行业范围内的共用性，仅为国家部分区域或部分企业所使用的名称不具有通用名称的广泛性。原告的证据所表明的上述事实不能证明“状元红”的使用已经达到了国家区域或行业程度上的广泛性并足以形成通用名称。

“泥人张”[②]案

具有很高知名度、承载着极大商业价值的特定人群的称谓，应当受到法律保护；该特定人群所传承的特定技艺或者作品的特定称谓用作商品名称时，可作为反不正当竞争法上知名商品（包括服务）的特有名称受到法律保护……本案中的“泥人张”显然并非法定的通用名称。判断其是否约定俗成的通用名称时，应当以全国范围内的相关公众的通常认识为标准，因为泥塑行业和商品在全国范围内均有分布。……通用称谓不具有识别特定商品来源即商品提供者的功能，在判断“行业（或商品）＋姓氏”的称谓是否属于通用称谓时，应当考虑该称谓是否属于仅有的称谓方法、该称谓所指的人物或者商品的来源是否特定、该称谓是否使用了文学上的比较手法等因素……从日常生活经验出发，“行业＋姓氏”或者“商品＋姓氏”确实是社会大众特别是北京人对民间艺人的一种称谓方法。但是，这种方法并不是仅有的一种称谓方法，而且，这也不意味着根据这种方法产生的称谓就必然是相关商品的通用名称，是人人可以自由使用的称谓。“泥人＋姓氏”并非对泥塑艺人的通用称谓，被申请人提供的证据不能证明全国范围内的张姓泥塑艺人均被普遍称为“泥人张”。

“盲公饼”[③]案

根据查明的事实可以看出，盲公饼是有着200多年历史的一种佛山特产，具有特定的历史渊源和地方文化特色。虽然香记公司主张“盲公饼”是通用名称，但未能举出证据证明在我国内地还有其他厂商生产“盲公饼”，从而形成多家主体共存的局面。虽然有些书籍介绍了“盲公饼”的做法，我国港澳地区也有一些厂商生产各种品牌的“盲公饼”，这些客观事实有可能使某些相关公众会认为“盲公饼”是一类产品的名称，但由于特定的历史起源、发展过程和长期唯一的提供主体以及客观的市场格局，我国内地的大多数相关公众会

① 北京市第一中级人民法院（2006）一中行初字第195号行政判决书。
② 最高人民法院（2010）民提字第113号民事判决书。
③ 最高人民法院（2011）民提字第55号民事判决书。

将“盲公饼”认知为某主体提供的某种产品。因此,在被诉侵权行为发生时,盲公饼仍保持着产品和品牌混合的属性,具有指示商品来源的意义,并没有通用化,不属于通用名称。……对于这种名称,给予其较强的保护,禁止别人未经许可使用,有利于保持产品的特点和文化传统,使得产品做大做强,消费者也能真正品尝到产品的风味和背后的文化;相反,如果允许其他厂家生产销售“盲公饼”,一方面,权利人的权益受到损害;另一方面,也可能切断了该产品所承载的历史、传统和文化,破坏了已有的市场秩序。

(二) 认定时点

通用名称的认定,一般以商标注册申请时的状况为准。《最高人民法院关于审理商标授权确权行政案件若干问题的意见》规定:“人民法院审查判断诉争商标是否属于通用名称,一般以提出商标注册申请时的事实状态为准。如果申请时不属于通用名称,但在核准注册时诉争商标已经成为通用名称的,仍应认定其属于本商品的通用名称;虽在申请时属于本商品的通用名称,但在核准注册时已经不是通用名称的,则不妨碍其取得注册。”

“银骏眉”案①

第5936209号“银骏眉”商标,由正山茶叶公司于2007年3月9日申请,指定使用商品为第30类3002类似群组的茶、冰茶、茶饮料、茶叶代用品。经商标局审查,于2009年6月23日作出《商标驳回通知书》,被异议商标不予核准注册。正山茶叶公司不服,向商标评审委员会提出复审。2009年12月7日,商标评审委员会认定被异议商标可以起到区分商品来源的作用,不会误导公众,予以初步审定。在公告期内桐木茶叶公司向商标局提出异议申请,商标局认为“银骏眉”不是红茶的品种名称,亦未直接表示商品的主要原料、特点,不会导致消费者的误认,裁定被异议商标予以核准注册。桐木茶叶公司向商标评审委员会提起复审。2013年1月4日,商标评审委员会裁定被异议商标予以核准注册。

一审法院认为,根据正山茶叶公司向商标评审委员会提交的证据可以确定,正山茶叶公司地处福建省武夷山国家自然保护区内,这里是“正山小种红茶”的发源地,正山茶叶公司的法定代表人江元勋先生是“正山小种红茶”的世家传人。从2004年开始,正山茶叶公司开始对“正山小种红茶”的制茶工艺进行探索研究,将茶芽用红茶的制作工艺进行制作,其干茶条型似眉毛状,且该茶芽取自武夷山桐木关的崇山峻岭中,其制作茶师中有三人的名字中都带有“骏”字,正山茶叶公司将此茶取名为“骏眉”。同时,又根据茶叶的品质及采摘标准的不同,分为金、银、铜三个等级,故正山茶叶公司将此类茶叶命名为金骏眉、银骏

① 最高人民法院(2013)高行终字第1766号民事判决书。

眉、铜骏眉。之后，正山茶叶公司开始使用“银骏眉”，获得消费者的广泛认可，并很快成为正山茶叶公司生产的一种高端红茶的品牌。而且，中国茶叶流通协会、海峡茶业交流协会、武夷山市茶业局等出具的文件也能够证明正山茶叶公司于2005年在原正山小种传统工艺的基础上研制开发出了高品质红茶，根据口感分为三个档次，分别命名为“金骏眉”“银骏眉”“铜骏眉”。因此，正山茶叶公司于2007年3月9日在“茶”等商品上申请注册“银骏眉”商标，是为了标示该商品的提供者属于正山茶叶公司。

2004年6月1日实施的《中华人民共和国农业行业标准NY/T780—2004》适用于各类红茶产品，规定的范围包括红茶的术语和定义、规格、要求、试验方法、检验规则、标签、包装、运输和贮存。红茶是用新梢的芽、叶、嫩茎经过萎凋、揉捻(切碎)、发酵、干燥等工艺加工，表现红色特征的茶。从规格上分为工夫红茶、红碎茶、小种红茶、名优红茶。根据2008年10月1日实施的《中华人民共和国国家标准》(GB/T13738.1—2008)指出，红茶分为：红碎茶、工夫红茶、小种红茶三种。其中红碎茶产品分为大叶种红碎茶和中小叶种红碎茶两个品种。2011年12月31日福建省质量技术监督局发布的DB35福建省地方标准《地理标志产品武夷红茶》，其中将武夷红茶产品分为：正山小种、小种、烟小种、奇红。上述国家标准、地方标准、行业标准均未将“银骏眉”作为商品的通用名称予以收录，因此，“银骏眉”不是茶叶的法定通用名称。

约定俗成的名称是经过大家共同长期的社会实践而确定形成的事物名称，属于事先商定的名称。根据桐木茶叶公司和正山茶叶公司提交的证据，在行业协会中，均没有将“银骏眉”作为红茶的一种约定俗称的名称。而且，有关茶叶的国家标准、行业标准以及专业书籍、辞典和茶史文献中均没有记载“银骏眉”为茶叶的品种的内容。中国茶叶流通协会、海峡茶业交流协会、武夷山市茶业局等出具的文件也能够证明正山茶叶公司将其在正山小种的传统工艺的基础上研制开发的高品质红茶命名为“金骏眉”“银骏眉”“铜骏眉”。“银骏眉”品牌由正山茶叶公司创立并申请注册在茶商品上。在没有获得注册之前，正山茶叶公司一直将“金骏眉”与其已经注册的“元正”“正山堂”商标一并使用，这些事实足以证明正山茶叶公司并没有将“银骏眉”作为通用商品名称使用的意愿。所以，桐木茶叶公司主张“银骏眉”属于约定俗成的茶叶名称的内容缺乏事实依据。

二审法院指出，被异议商标于2007年3月9日申请注册，指定使用在“茶、冰茶、茶饮料、茶叶代用品”等商品上，现有证据不能证明此日之前除正山茶叶公司外，其他市场主体使用“银骏眉”这一名称指代某一类茶商品，也未能证明茶商品领域中的相关公众将“银骏眉”作为商品名称加以识别和对待。因此，依据现有在案证据，不能证明在被异议商标申请注册时，“银骏眉”已被相关公众作为茶等商品的通用名称加以识别和对待，故不能认定在被异议商标申请注册时，“银骏眉”属于茶等商品的通用名称。但是，被异议商标是否构成其指定使用商品的通用名称、其申请注册是否违反了《商标法》第11条第1款第(1)项的规定，亦应当考虑商标评审委员会于2013年1月4日作出第53056号裁定时的实际情况。

正山茶叶公司向商标评审委员会提交的证据中，证据2是中国茶叶流通协会于2011年7月29日出具的中茶协字(2011)51号《证明》、证据11是海峡茶叶交流协会于2009年7月22日出具的《证明》、证据13是武夷山市茶叶局2009年7月31日出具的《证明》等，上述证据均载明正山茶叶公司"于2005年在原正山小种红茶传统工艺的基础上研制开发了高品质红茶，并根据口感品质，首次按三个档次分为金骏眉、银骏眉和铜骏眉，并在此工艺基础上开发了妃子笑、百年老枞等正山堂系列高端红茶。"从上述证明的具体内容看，中国茶叶流通协会、海峡茶叶交流协会和武夷山市茶叶局等行业协会、主管机关均将"银骏眉"作为正山茶叶公司研制的某一档次的红茶品种名称使用。证据15是"陆羽奖"颁奖典礼现场文字整理及视频截图，显示"金骏眉"和"银骏眉"系武夷名茶。桐木茶叶公司向商标评审委员会提交的证据材料中，证据3、4、5显示相关公众是将"银骏眉"作为一种红茶的商品名称加以识别和对待的。而结合桐木茶叶公司在诉讼过程中补充提交的武夷山市人民政府于2010年8月4日向国家质量监督检验检疫总局做出的《武夷山市人民政府关于将福建武夷山市武夷红茶列为地理标志产品保护的请示》、武夷山市星村镇桐木村委会于2012年9月28日出具的《关于"金骏眉"茶叶的情况说明》等证据，相关公众系将"银骏眉"作为一种红茶商品的通用名称加以识别和对待的，尤其是《武夷山市人民政府关于将福建武夷山市武夷红茶列为地理标志产品保护的请示》更是明确指出："武夷红茶按照品质特征和加工工艺，可分为正山小种、小种、烟小种、奇红品种……'奇红'是近年出现的一些武夷红茶新品种，例如金骏眉、银骏眉、小赤甘、妃子笑等品种"，同时以其中的"金骏眉"为例明确记载了相关茶叶的制作工艺。

第二节 描述性使用抗辩

一、基本原理

"描述性使用抗辩"，仅指与使用描述性标志相对应的概念，即第59条第1款中除"通用名称抗辩"之外的情形。我国法律界在不同背景中对描述性使用抗辩给出了不同"称谓"。孔祥俊教授在其著作中称为"法定的合理使用"或"描述性合理使用"；①浙江省高级人民法院在一份规范性意见中使用了"正当使用抗辩"：②审查正当使用抗辩是否成立，应从被告的使用意图、使用方式和使用效果等方面，结合注册商标的显著性和知名度进行全面审查，必要时还应考察注册商标以及被告使用标识的历史因素。北京市高

① 孔祥俊：《商标与反不正当竞争法：原理与判例》，法律出版社2009年版，第333、336页。

② 《浙江省高级人民法院民事审判第三庭关于商标侵权抗辩事由审查综述》第2、3条。

级人民法院使用“正当使用抗辩”，并认为构成正当使用商标标识的行为应当具备以下要件：① 使用出于善意；② 不是作为自己商品的商标使用；③ 使用只是为了说明或者描述自己的商品。[①] 虽然说法不同，但这些情形应该都是指使用人按照交易习惯诚信使用商标且仅在描述商品或服务特点意义上使用该商标，而非用于识别商品或服务来源，因此处于商标权效力的拘束范围之外。

二、构成判断

在我国司法实践中，法官需要判断行为人是否在商品或服务特点意义上使用商标且“直接表示”，通常还要结合使用人的主观意图和使用行为的客观效果进行综合判断，“直接表示”与“使用人的主观意图”“使用行为的效果”三者之间相互验证，这些要件在其他国家或地区的商标法律中也大同小异，例如美国《兰哈姆法》第 33(b)(4)规定：被控侵权的名称、术语或标志的使用，如果是作为一种标记以外的使用……是指以描述性的方式，并且仅出于诚实信用的原则，用来公正地描述相关的商品或服务，或者其地理来源的术语或标志的使用。上述条文规定了“直接描述”和“正当善意使用”两个要件，没有规定“使用效果”要件。但“直接描述”和“正当善意使用”情况下产生混淆的可能性很小，[②]因而具有支配性。此外，既然是“直接描述”，则并非在识别来源的意义上使用；反之亦然。在 Beer Nuts 案件中，原告主张被告将 Brews Nuts 使用在啤酒杯的行为构成商标侵权。上诉法院认为，如果描述性使用事实上是一种商标使用，则上述正当使用抗辩就不能成立。当商标被用于吸引公众注意，是一个包装上最显著的要素并作为整体支配一个包装时，它就是一个“标识”。本案中的 Brews Nuts 就是这种情形，[③]被告的使用构成商标使用，因此被告无法主张正当使用抗辩。

我国台湾地区“商标法”第 36 条尽管在条文上没有主观意图要素，但在实际适用过程中需要结合主观意图、使用效果等：以符合商业交易习惯之诚实信用方法，表示自己之姓名、名称，或其商品或服务之名称、形状、品质、性质、特性、用途、产地或其他有关商品或服务本身之说明，非作为商标使用者。这一规定在修订之前的版本是：“凡以善意且合理使用之方法”。删除“善意”的理由在于：“依一般商业交易习惯的普通使用方法，提供商品或服务本身有关的资讯，包括可能知悉他人商标权存在，但属于符合商业交易习惯的合理使用情形，只有司法实务上认为此善意系民法上不知情，为厘清其文义，爰修正为符合商业交易习惯之诚信的信用方法，以符合立法意旨。”“在符合四种情形下，即使是知悉他人商标权存在，其行为既不该当违法性，自得为不受他人商标权效力所拘束之抗辩”。“因此倘故意将自己姓名突出使用，以致让消费者认为是标榜商品的商标，而致消费者对其指示的

① 《北京市高级人民法院关于审理商标民事纠纷案件若干问题的解答》第 26 点。
② KP Permanent Make-Up, Inc. v. Lasting Impression I, Inc., 543 U.S. 111. (2004), 121 - 122.
③ Beer Nuts, Inc. v. Clover Club Foods Co., 711 F.2d 934, 938(1983).

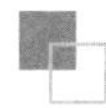

商品来源产生混淆误认之虞，或有不公平竞争之虞者，即难谓系属商业交易习惯之诚实信用方法，应不该当本款之合理使用。”是否符合商业交易习惯的诚实信用方法，“应视行为人于使用时，客观上是否符合一般商业诚实标示习惯，有无意图影射或攀附他人商标的商誉，而致影响公平竞争秩序以为判断。”可见，主观意图和使用效果是“符合交易习惯的诚实信用方法”的判断因素，但不应作为描述性合理使用判断的构成要件。“仅为说明”其商品或服务，也“须合并考量其他使用方式，是否符合商业上普通标示的习惯，或市场上诚实交易的实务”。[①] 再如我国最高人民法院审理的“庆丰”案，该案被告法定代表人名为“徐庆丰”，企业字号也为“庆丰”，在诉讼中抗辩称其对法定代表人姓名和企业字号有正当使用权。但最高人民法院认定：对于消费者而言，被告对“庆丰”的使用不是单纯对其姓名的使用，而是可以在餐饮服务上产生来源识别作用，属于在该服务类别上的商标性使用，构成侵权。[②] 最高法院实际上考虑了行为人的主观意图和实际效果。

第三节　指示性使用抗辩

一、基本原理

指示性合理使用是指第三人以他人的商标指示该他人的商品或服务，此种方式之使用系利用他人商标指示他人的商品或服务来源的功能，来表示自己所提供商品或服务的内容或用途等。[③] 虽然在性质上属于商标意义上的使用，但使用人不做这种使用，就无法向相关公众真实告知商品或服务的来源信息。如果不使用这个商标，就无法完成比较、评论、称呼或其他目的。[④] 美国联邦第九巡回法院在一个案件中认为，被告必须说明：① 如果不使用原告的商标，原告的产品或服务就无法区分；② 被告仅在合理的范围内使用商标以表示原告的产品或服务；③ 被告的行为不会暗示赞助或背书关系。[⑤] 我国《商标法》并未明确规定指示性合理使用制度。《最高人民法院关于充分发挥知识产权审判职能作用推动社会主义文化大发展大繁荣和促进经济自主协调发展若干问题的意见》第 22 条规定，被诉侵权人为描述或者说明其产品或者服务的特点而善意合理地使用相同或者近似标识的，可以依法认定为正当使用。《北京市高级人民法院关于审理商标民事纠纷案件若干问题的解答》第 27 点规定：在销售商品时，为说明来源、指示用途等在必要范围内使用他人注册商标标识的，属于正当使用商标标识的行为。

---

① 我国台湾地区“商标法”第 36 条释义。
② 参见最高人民法院(2016)最高法民再 238 号民事判决书，本案为“2016 年中国法院十大知识产权案件”之一。
③ 我国台湾地区“商标法”第 36 条释义。
④ New Kids on the Block v. News America Publishing, Inc., 971 F.2d 302 (9th Cir. 1992).
⑤ Cairns v. Franklin Mint Co, 292 F.3d 1139, 1151.

我国台湾地区“商标法”第36条的说明指出：行为人需要符合商业交易习惯的诚实信用方法（主观上没有不正当竞争或攀附他人商标的意图，客观上使用的方法须符合诚实信用的原则）、使用他人商标为必要行为、使用结果不会造成相关消费者对于商品或服务来源，产生混淆误认之虞。使用他人商标是否“必须”，是此项抗辩可否成立的一个重要判断因素。超出“必要”程度，使用行为往往会“滑入”商标侵权的范畴。在做具体判断时，可以设定多种可能情形，对这些不同情形进行比较得出“最佳实践”，例如正品转售商为了告知消费者其销售的商品的品牌而在广告中使用他人商标，可以有多种使用方式：单独使用他人商标作为店招、在店招中将他人商标作为主要部分同时将自己商标作为次要部分、在店招中使用他人商标作为次要部分同时将自己商标作为主要部分、在店招中同时使用他人商标和自己商标同时注明两者之间无经销授权关系等。可以看出，为了告诉消费者相关必要信息可以有多种方式，前两种超出了必要限度。

指示性合理使用的经典例子有：零配件销售商为了说明其商品与商标权人商标产品的相容性、提供商标权人商品的维修服务、比较广告。他们对商标的使用也发挥了来源识别功能，但这种使用是为了必要地向消费者告知商品或服务的必要信息，如果不这么使用的话，就无法向消费者告知相关必要信息。此外，经营者在比较广告中为了说明其品牌产品的特点也需要使用竞争对手的商标，提升消费者对不同品牌产品的认识。我国台湾地区有一则比较性广告案例。某电锅制造产商推出其电锅产品，广告称：台湾家电市场，某电锅最优良，但本公司所产电锅比某电锅新颖实用，价钱便宜，如不满意，退还价金。处理结果认为该制造产商并未在广告中使用电锅之商标，也未在其产品上使用相同或近似之商标，难认有侵害某电锅之商标权。[①] 实践中，一些当事人之间订有商品经销合同，但没有签订商标许可协议，这就涉及在销售正品过程中使用商标的问题。《江苏省高级人民法院侵害商标权民事纠纷案件审理指南》第6.1.2条规定：指示商品或服务特点、来源等的指示性使用在产品修理、零配件制造、产品销售、产品组装等商业领域中，经营者为了向消费者描述其制造、销售的商品或提供的服务内容、来源等，应当允许其合理使用商标权人的商标。但经营者必须遵守指示性合理使用的规则，在使用时应当基于诚信善意，不能以描述的需要为由随意扩大使用商标权人的商标，使用商标的具体形式、程度应保持在合理范畴之内，不会对商标权人的合法权益造成损害。

二、构成判断

指示性合理使用抗辩案件在事实上呈现出两种倾向：在类似商品上使用他人的商品商标，以及在正品的宣传推广等服务上使用他人的商品商标。第一种类型的案件涉及对商品商标的使用，即使用他人商标以说明商品特点或来源时是否必需；第二种类型的案件常涉及

① 我国台湾地区“商标法”第36条释义。

服务商标，即使用他人商标用于说明商品来源时是否超出必要范围而产生了识别服务来源的功能。

(一) 在类似商品上使用商品商标

在类似商品上使用他人的商品商标，使用人意在借用他人商标向消费者传递一种“可比较的信息”，表明具有某种风格和特点，这种使用在客观上攀附了他人商标的商誉，通常不构成指示性使用。

“老干妈”案①

法院认为，商标法上的合理使用主要包括两种情形：描述性使用与指示性使用。描述性使用是指生产经营者使用他人的商标对自己生产经营的商品予以叙述性描述。指示性使用是指为指明产品、服务的种类而使用他人的商标。必须承认，如果是为了描述、指明商品的基本信息，应当允许他人在不引起消费者混淆、误认或联想的情况下，正常、合理地使用权利人的商标。可见，区分商标合理使用和侵权使用的界限应该是：这种使用不致引起一般消费者或相关公众对商品来源的混淆或误认，也不应使消费者对该商品与使用的商标间产生不恰当联想。具体到本案，涉案产品上虽然印有“老干妈味”字样，涉案产品也确实添加了“老干妈”牌豆豉，但不同于“原味”“香辣”“黑胡椒”等口味，“老干妈”在现实生活中并非任何一种口味，也不是任何一种原料，而是原告所拥有的驰名商标，具有强烈的显著性，与原告具有唯一对应关系。因此，不能将“老干妈”视为一个描述性词汇运用在涉案产品之上，被诉侵权行为不符合《商标法》第 59 条第 1 款的规定。同时，关于商标的指示性使用，现实生活中指示性使用多出现在零配件贸易、维修服务行业以及其他消耗性产品的销售领域，用以表示自己所生产的产品或提供的服务与商标权人的产品相适配，目的在于将商品与有关商品相匹配的信息传达给潜在消费者。我国法律对此没有直接规定，但在实践中，商标指示性使用是指在销售商品时，为说明来源、指示用途等在必要范围内使用他人注册商标标识的行为，属于正当使用商标标识的行为，可见，认定被诉侵权人的使用行为是否构成指示性使用需要衡量其使用他人商标的必要性，即是否说明或传达真实信息所必需。判断“必要性”需要满足两个条件：一是若不使用商标标识便难以描述商品或服务的性质或范围；二是不得大量使用商标权人的商标标识。本案中，涉案产品配料中添加了老干妈牌豆豉，但标注“老干妈味”字样并非描述涉案产品之必需，被告贵州永红公司可以直接采取标注“麻辣味”“豆豉味”等字样来说明涉案牛肉棒的口味，而非替代性地直接借用涉案驰名商标。因此，被诉侵权行为易引起消费者将涉案产品与原告贵阳老干妈公司之间建立不恰当的联系，将涉案“老干妈”商标所享有的优良商誉投射到涉案

---

① 北京知识产权法院(2015)京知民初字第 1944 号民事判决书。

产品之上，故不属于合理使用的范畴。

(二) 在宣传推广等服务上使用商品商标

我国有不少案件涉及在正品的宣传推广中使用他人商标，这种案件常与商标权穷竭抗辩交织。在判断该种行为是否构成商标侵权时，需要对商标使用的商品或服务类型进行考察。如果使用人仅在正品或者为了告知正品信息的宣传，则这种使用可能构成指示性使用；如果这种使用超出了合理必要的范畴，例如是在服务上全面使用，则可能构成商标侵权。

"GUCCI"案

古乔公司系涉案四个"GUCCI"注册商标的权利人，依法享有注册商标专用权。古乔公司指控的涉案商标侵权行为包括：涉案店铺招牌上先后突出使用"GUCCI"和"OUTLETGUCCI"；店内装潢中先后突出使用"GUCCI"和"OUTLETGUCCI"，并认为上述使用行为均构成对古乔公司四个商标的侵害。涉案四个商标标识相同，均为"GUCCI"，但同时注册为商品商标(一个商标注册于第18类、两个商标注册于第25类)和服务商标(注册于第35类)，涉案店铺由盼多芙公司和兴皋公司先后经营，盼多芙公司、兴皋公司虽然未获得古乔公司的商标授权，但其销售的商品并无证据表明属于假冒商品，古乔公司在本案中亦不主张其销售的是侵权商品。

原审法院认为，古乔公司指控盼多芙公司、兴皋公司侵犯古乔公司商品商标专用权，不能成立。关于盼多芙公司、兴皋公司是否侵犯古乔公司的服务商标专用权，商标权人无权禁止他人在销售商品过程中对其商品商标的指示性使用，即使是同时注册了与商品商标标识相同的服务商标，也不能禁止他人对商品商标的指示性使用。因此，本案中需对盼多芙公司、兴皋公司在销售并非假冒"GUCCI"商标的商品过程中的商标使用行为，系属于为指示所销售商品而使用商标，还是属于用以标识服务来源而使用商标进行判断。如果对商标的使用超出了为指示所销售商品所必需的方式，并且足以产生标识服务来源的效果，则构成对服务商标的侵权。盼多芙公司、兴皋公司在涉案店铺招牌上先后使用"GUCCI"和"OUTLETGUCCI"，在店内装潢中先后使用"GUCCI"和"OUTLETGUCCI"，且该装潢位于店铺的醒目位置、面积较大；除"GUCCI"外，其他标识均系"OUTLET"和"GUCCI"的组合，而"OUTLET"一词在英文中的意思为"品牌折扣店"或"工厂店"，中文音译为"奥特莱斯"，是行业公认并为消费者所熟知的一种折扣销售模式；盼多芙公司、兴皋公司在使用上述标识的同时，并没有附加其他标识用以区分服务来源，故上述标识的使用已经超出了指示所销售商品所必需使用的范围，具备了表示服务来源的功能，足以使相关公众误认为销售服务系商标权人(古乔公司)提供或者与商标权人(古乔公司)存在商标许可使用等关联关系。因此，原审法院认为盼多芙公司、兴皋公司先后使用上述标识的行为，均已经构成对古乔公司"GUCCI"服务商标的侵犯。

上诉法院认为，在销售他人商品时，属于正当使用他人商标标识的行为，一般情况下应当同时满足以下条件：① 使用商标标识系出于善意；② 未将商标标识作为自己商品或服务的商标使用；② 仅说明或者描述自己经营的商品等必要范围内使用他人商标标识。而本案中，盼多芙公司、兴皋公司系在涉案店铺招牌上先后使用“GUCCI”和“OUTLETGUCCI”；在店铺内的醒目位置使用较大面积的“GUCCI”和“OUTLETGUCCI”作为店内的装潢。盼多芙公司、兴皋公司的上述使用方式，足以使相关公众认为涉案店铺的经营者、经营涉案店铺商品的服务者、涉案店铺货品展出服务的提供者是古乔公司或者与古乔公司存在商标许可使用等关联关系。显然，盼多芙公司、兴皋公司的上述使用方式已经超出了说明、描述自己经营的商品的必要范围，而产生了对涉案店铺经营者、涉案店铺所提供的服务来源的标识作用。①

“芬迪”案

益朗公司在江苏省昆山市首创奥特莱斯商场内开设“FENDI”店铺，并在店铺的店招、外墙指示牌、折扣信息指示牌、店内装潢、销售票据、购物袋，以及首创公司的宣传册、楼层指示牌及微信公众号中使用了“FENDI”商标。益朗公司在其街区出入口处标明了其公司的中英文标识；在提供消费者的购物袋上显著标明了其公司的英文标识及公司的企业名称、联系方式，购物袋底部明确标注了公司销售的诸多品牌；在本案一审审理中，益朗公司还在涉案店铺的橱窗内放置了广告牌，显著标明了公司的标识。益朗公司在店铺内销售的商品均是“FENDI”正品，该正品商品进口自国外，属于平行进口商品，但是益朗公司并非芬迪公司授权的直营店。

上海市浦东新区人民法院认为，对益朗公司行为的考量点应当在于益朗公司对“FENDI”标识的使用是否属于商标合理使用的范畴，包括对以下因素的考量：① 使用行为是否出于善意和合理；② 使用行为是否必要；③ 使用行为是否会使相关公众产生混淆和误认。一审法院认为，益朗公司销售的系正牌“FENDI”产品，其经营的商铺位于奥特莱斯商场，这种折扣商场的营业面积较大，益朗公司为了向消费者标识其商品的来源，便于消费者寻找到其欲购买的品牌，有必要在店招标明其出售产品的品牌，以明确其出售产品的类别。益朗公司的这种使用方式只是为了向相关公众传递其出售的商品源于芬迪公司的客观事实，用以指示其提供的商品的真实来源，而非为了让相关公众产生混淆。

本案经二审改判和再审审理，认为在商品销售服务中使用服务标识的行为构成对权利人第 35 类商标的侵权。二审法院认为在店招上使用 FENDI 标识构成对芬迪公司第 35 类服务(企业经营管理)注册商标的相同侵权。再审法院则认为，第 35 类不包括经营

① 上海知识产权法院(2015)沪知民终字第 185 号民事判决书。

主体作为销售主体的商品批发、零售服务(而只是替他人经营或管理)，益朗公司构成近似侵权。再审法院认为，客观上可能导致消费者产生混淆的商标使用行为并非一概不构成商标合理使用，为指示说明商品或服务用途、来源等真实信息而使用他人商标的行为即使可能导致混淆，也应当以使用目的是否善意、方式是否合理、是否符合诚信的商业惯例作为合理使用的判断标准。关于益朗公司的使用目的是否系善意，本院再审认为，一般情况下，店招系用来表明店铺经营者身份，但店铺使用店招并不必然出于指明经营者身份的目的，也可能是为了向消费者提示和宣传店铺所经营的商品或服务，便于消费者迅速寻找到其欲购买的商品或服务。因此，仅凭益朗公司在涉案店铺的店招上使用“FENDI”标识这一事实不足以认定益朗公司在主观上具有混淆服务来源的目的。本案难以认定益朗公司在主观上存在混淆服务来源的意图。

关于益朗公司的使用行为是否必要和合理，本案的特殊性在于，益朗公司经营的涉案商铺位于奥特莱斯商场内，这种商场系以名牌且低价的商品吸引顾客，其商铺的设置通常以品牌为单元，并在单元外部显著标注该单元所经营的品牌名称，以便消费者在大面积、多街区的奥特莱斯商场中找到其欲购买的品牌商品。因此，在奥特莱斯商场内，零售商在商铺外部显著标注其经营商品的商标具有一定的合理性和必要性。但判断益朗公司的使用行为是否超过了说明或者描述自己经营商品的必要范围、是否具有合理性，还应当在使用方式的必要性和混淆可能性之间进行价值衡量和取舍。在奥特莱斯商场内，如果不允许零售商在商铺外部显著标注其经营商品的商标，会产生以下两种后果：一是奥特莱斯商场若要在各个商铺外显著标注所经营的品牌名称，则只能引入品牌所有者或者与品牌所有者存在商标许可关系的经营者，而排斥其他零售商，这将削弱奥特莱斯商场的低价优势；二是若奥特莱斯商场引入的经营者与品牌所有者不存在商标许可关系，则其无法在商铺外显著标注所经营的品牌名称，这将削弱商场购物的便利性。尽管如此，如前所述，益朗公司的使用行为容易导致消费者对涉案店铺与芬迪公司之间的关联关系产生混淆，直接损害商标的来源识别功能。本院再审认为，两害相权取其轻，不宜以损害商标基本功能为代价换取奥特莱斯商场的低价优势和便利性，对于奥特莱斯商场内合理使用品牌商标的必要范围应予以限缩。[①]

针对这种在广告中使用商标以促进正品销售的行为，美国法院认为商标侵权与商标权穷竭之间的边界在于，不得使相关公众对销售商的身份产生误解。大量的案件涉及被告在广告中做出虚假陈述，或暗示其为原告的经销力量，多数法院认为这种行为会导致相关公众产生关联关系的混淆。经销商以不改变商品状态的方式再售(resell)一个品牌正品的权利，还包含了一项向他人广告其正在销售某种品牌产品的权利，只要这

---

① 上海市高级人民法院(2019)沪民再5号民事判决书。

种广告并不使消费者错误地以为经销商是生产商的代理人或者授权的分销商。[①] 因此，这里的主要问题是起草一份清晰且真实的广告。正如霍姆斯法官所言：当一个商标以一种并不欺骗公众的方式被使用时，这篇文字中没有任何"神圣"(sanctity)以避免其被用于告知真相。商标不是禁忌。[②] 因此，判断经销商能否在店招或广告中使用他人商标，关键在于判断该经销商使用他人商标的具体方式是否会使相关公众产生混淆误认，或者换个角度看，这种使用行为是否经销商告知商品"真相"所必需且在必要限度之内。

"Matrix"[③]案

生产商(Matrix)以理发店专业美容师使用或者销售的方式推出一款护发产品，它希望消费者能够以这种方式获得专业的建议根据其自身发质使用相应的产品。Matrix 因此每年在专业美容师使用和销售这款产品的培训上花费巨额的培训费用。其指控一家零售折扣店(retail outlet)在存储、销售的这款护发产品上使用权利商标而构成侵权和不正当竞争。Matrix 基于两项理论提出诉请：一是被告规避了原告销售体系中的质量控制功能。由于被告销售这款产品的过程中没有配备专业美容师，消费者在这种状况下购买的商品可能未必符合其自身发质特点，进而影响产品的效果、损害原告产品的声誉，因此被告销售的产品并非完整的正品。二是被告的行为会导致相关公众误以为其得到了 Matrix 的授权。法院针对第一项主张指出：没有任何一个消费者在进入被告场所购买这款产品时会对"是否获得美容师的咨询"产生误解。尽管 Matrix 主张消费者可能错误购买产品进而损害其产品的声誉，但是我们在兰哈姆法中找不到对应的诉因，我们拒绝通过支持原告诉请的方式扩张兰哈姆法的边界。关于第二项主张，法院认为也不能成立，因为这件产品是由 Matrix 生产和标记的，被告没有将原告的商标或宣传材料与被告的名称结合，也没有将原告的商标用在被告的展览摊位，更没做虚假性的陈述，所以被告销售这种产品的行为不会产生关联关系的混淆。

"Sam's Club"[④]案

原告是一款珠宝产品的商标(David Yurman)权利人。被告商场(Sam's Club)销售原告(Yurman)的正品珠宝，并在商场和网站大量宣传这种珠宝的销售。原告认为，被告对这款珠宝产品的广告努力宣传程度高于商场的其他商品，这种行为会让人以为被告经过原告的授权或认证，属于原告授权的经销商网络进而产生混淆。法院认为商标权穷竭有

---

① J. Thomas McCarthy, McCarthy on Trademarks and Unfair Competition § 25: 43 (5th ed.)

② Prestonettes, Inc. v. Coty, 264 U.S. 359 (1924).

③ Matrix Essentials, Inc. v. Emporium Drug Mart, 988 F.2d 587, 590 - 593 (5th Cir. 1993).

④ David Yurman Enterprises, LLC v. Sam's East, Inc., 2015 WL 1602136 (S.D. Tex. 2015).

两个例外：一是销售商销售的商标产品明显区别于所有权人销售的商品；二是销售商释放一种错误印象，让人以为其与权利人之间存在附属关系或者赞助关系。本案属于第二种情形。显著性和说服性地使用一个商标将暗示附属关系（prominent and pervasive use of a mark will suggest affiliation）。本案区别于 Matrix 案的关键在于，本案包含显著性和进取性的广告宣传（prominent and aggressive advertising），包括在互联网和实体店内对原告珠宝和材料的显著性展示（prominent display）。

第四节　在先使用抗辩

一、基本原理

《商标法》第 59 第 3 款规定：商标注册人申请商标注册前，他人已经在同一种商品或者类似商品上先于商标注册人使用与注册商标相同或者近似并有一定影响的商标的，注册商标专用权人无权禁止该使用人在原使用范围内继续使用该商标，但可以要求其附加适当区别标识。本款规定即为商标在先使用抗辩，是 2013 年修订《商标法》时为了平衡商标在先使用人和注册商标专用权人之间的利益而新增的内容，主要目的是保护那些已经在市场上具有一定影响但未注册的商标所有人的权益。[①]《商标法》第 32 条后段只是在商标授权确权阶段对未注册商标提供保护，本款则在商标侵权阶段对满足特定条件的未注册商标持有人提供了一项积极抗辩。如果不对在先使用人的商誉提供保护，则不仅可能鼓励商标恶意抢注，而且不当地剥夺在先使用人的商誉，妨碍消费者基于对商誉的信赖选购商品或服务。这项积极抗辩并非一项“法定权利”（使用行为在我国商标法中不产生商标权），不会当然地被先使用人通过许可、转让的方式使第三人承继或享有，而应当审查被许可人或被转让人是否符合本款的条件（例如申请注册之日前是否已经实际使用商标）。

二、构成条件

为了避免对商标注册制度造成冲击，本条严格限定了在先使用抗辩的成立条件。立法机关指出：首先，在先使用的未注册商标必须是具有一定市场影响的商标；其次，在先使用的未注册商标只能在原使用范围内继续适用；最后，注册商标专用权人可以要求在先使用的未注册商标附加适当区别标识，以免发生混淆，造成消费者误认。[②] 上述第一个限

① 全国人民代表大会常务委员会法制工作委员会：《中华人民共和国商标法释义》，法律出版社 2013 年版，第 113 页。

② 全国人民代表大会常务委员会法制工作委员会：《中华人民共和国商标法释义》，法律出版社 2013 年版，第 114 页。

定(在先使用、有一定影响)是此项抗辩构成的规定;后两个限定(原使用范围、避免混淆)是当抗辩成立之后的效果规定。

本项规定在实践中存在不少争议。就第一项限定而言,“未注册商标的在先使用”,究竟要求先于“注册商标的申请之日”“注册商标的初审公告之日”,还是“注册商标的使用之日”?就后两项效果限定而言,究竟如何理解“原有范围”?如果使用人扩大生产销售规模,是不是突破了“原有范围”?如果使用人作出新的使用许可,是否突破了“原有范围”?如果使用人改变销售方式,是否突破了“原有范围”?从现有实践看,“原有范围”应该是在确定标准时间基础上对“商标使用方式”的限定,而不必对“销售规模”进行限定,例如最高人民法院指出,确定商标先用权抗辩中的“原有范围”,应主要考虑商标使用的地域范围和使用方式。在商标注册人申请或实际使用商标后,在原实体店铺影响范围之外增设新店或拓展互联网经营方式的,应当认定已经超出了原有范围。[①] 此外,关于此项抗辩的主体也有一定争议。“启航考研案”判决指出:使用的主体是否仅限于“在先使用人”本人及在先已获授权许可的“被许可使用人,”这是否过于绝对?在先使用主体是否应包括在先使用人的继受者?被许可使用人为何享有先使用抗辩?一旦突破原有范围,商标权利人可否诉请认定使用人构成商标侵权?其所能主张的损害赔偿数额,是超出原有范围部分的使用行为吗?

《商标法》第 59 条第 3 款规定了“申请商标注册前”,立法者是为了鼓励商标注册、维护商标注册机制,即将商标申请时点之后的期待利益都保留给商标申请人(蕴含着对商标申请利益的保护),而不能以商标申请初审公告日或者商标注册核准日为基准,将商标申请公告日之前甚至注册核准日之前的使用利益都保留给先使用人(是否宽泛解释“注册前”,以初审公告日作为时间标准,以最大限度保护先使用人值得探讨。有法院指出:对于“原使用范围”的含义,商标法及司法解释亦无明确规定,故需结合商标法的基本原理及该条款的立法目的来理解。认定在先使用人知晓在后注册商标的申请或使用的事实之前的使用范围属于“原有”范围,时间点应为在后注册商标的初步审查公告日。地域上的范围应当指在先使用商标的“影响”或商誉所涵盖的地域范围,在先使用人不应在该地域范围之外扩张使用商标。[②] 但这并不意味着先使用人在“申请商标注册”后的任何利益都不能得到保护。

一方面,我国《商标法》第 32 条后段只保护“具有一定影响”的未注册商标,《最高人民法院关于审理不正当竞争民事案件应用法律若干问题的解释》第 1 条第 2 款规定:“有一定影响”的未注册商标持有人仅有权禁止恶意的使用人在不同地域擅自使用其已经具有一定影响的商标。这意味着,即使商标注册人先于在先使用人使用相关商标,但如果没有

---

① 最高人民法院(2018)最高法民再 43 号民事裁定书。

② 福建省高级人民法院(2021)闽民终 208 号民事判决书。

一定影响，则其无权禁止在先使用人继续使用；即使商标注册人的使用产生了一定影响，其也无权禁止善意使用人在不同地域继续使用。因此，“先于使用之日”的观点不能成立，而采取“初审公告日”为时间点可能更为合适。

另一方面，不应静态地理解“原使用范围”。我国台湾地区“商标法”第36条在修法过程中删除了“以原产销规模为限”，其用意是不限制原产销规模，修正后的法条所载之“但以原使用之商品或服务为限”用语，应理解为无地理区域及业务规模之限制，立法者在删除“以原产销规模为限”之限制时，应已预见不同方式之产销规模形态，若谓仅限于原址扩店，或仅限于原地理区域内开设分店，显然系擅自增加法条文义所未明文之限制。[①] 按照这种解释，在先使用人扩大销售区域和销售规模都不受商标权的拘束，这未免过于绝对，对商标注册制度的冲击太大。依本书作者之见解，行为人仍应考虑是否以商业惯例中合理可期待的方式善意为之，如果在先使用人的先前使用行为已经在更大范围内（商誉已经产生实际影响的范围、依照消费者通常理解判断）具有一定影响，则不应机械限定其只能继续原有规模、原有商品或服务或者原经营地址的使用，而是可以在商誉已经可以覆盖的范围内采取许可等方式扩大规模。宁波市中级人民法院在“包子叔叔”案中指出，判断“原有范围”的地域范围及商标使用方式，应以在先使用人使用其未注册商标的具体商业方式及未注册商标商誉所及的范围为主要判断依据，使用范围并非简单等同于使用规模、使用地点，应进行个案判断，在本案中主要考虑因素为未注册商标使用的地域范围和商业使用方式。该院还指出，未注册商标特许经营加盟商即使是在原告申请注册商标之后加盟（但未注册商标持有人在原告申请注册商标之前已经采取特许经营模式），其也应享有先用权抗辩，这是为了确保在先未注册商标原有识别功能的发挥。[②] 该判决过于保护先使用人，实质导致“申请注册商标”之后的被许可人享有抗辩权，应该以原告商标的初审公告日为时点、对先使用人的商誉所及范围进行判断，若实际已经覆盖宁波地区，则应当允许在该地区继续采取加盟许可的方式吸收新的加盟商，否则应禁止这种行为。再如线上销售和线下销售关系。互联网市场是一个重要的竞争领域，如果允许先使用人从线下进入线上市场，可能很快扭转市场竞争格局，权利人的市场利益将受到实质影响，权利人与使用人之间的竞争格局能很快被打破，因此应当保持谨慎。

“启 航” 案[③]

依据《商标法》第59条第3款的规定，先用抗辩的适用需要符合如下要件：他人在注册商标申请日之前存在在先使用商标的行为；在先使用行为原则上应早于商标注册人对商标的使用行为；在先使用的商标应具有一定影响；被诉侵权行为系他人在原有范围内的

① 我国台湾地区“商标法”第36条释义。
② 宁波市中级人民法院(2020)浙02民终4652号民事判决书。
③ 北京知识产权法院(2015)京知民终字第588号民事判决书。

使用行为。

1. 他人在注册商标“申请日”之前存在在先使用商标的行为

该要件是对在先使用行为时间点的限定。《商标法》第 59 条第 3 款规定只有在注册商标“申请日”之前使用商标的行为才属于“在先”使用行为，并非因为注册商标自申请日起便成为受《商标法》保护的注册商标，而是因为在我国采用商标注册制度而非商标使用制度的情况下，商标法各具体制度的设置应尽可能保障注册制度的正常运转。而以“申请日”作为在先使用行为的起算点，显然比以“注册日”作为起算点更有利于维护商标注册人的合法预期利益，并有利于维护商标注册制度。

将在先使用行为的时间点确定为“申请日”还是“注册日”，取决于立法者如何确定从“申请日”到“注册日”这一期间内产生的商标使用行为的后续法律后果。如果以“申请日”作为时间点，则该期间内的使用行为将无法使使用人在商标注册后的后续使用行为具有合法性。但以“注册日”为时间点，则其后续使用行为只要在原有范围内，注册商标人将无法要求他人停止在原有范围内的后续使用行为。前者有利于商标申请人，后者有利于商标使用人。目前采用的以申请日为时间点的作法，其目的在于引导社会公众将其商标进行注册，而非仅进行使用，从而更好地维护注册制度。

2. 在先使用行为原则上应早于商标注册人对商标的使用行为

依据《商标法》第 59 条第 3 款的规定，在先使用人行使在先使用抗辩权的条件之一是其“先于”商标注册人使用了与注册商标相同或者近似并有一定影响的商标。也就是说，在先使用人的使用行为不仅需要早于注册商标的注册申请日，而且在商标注册人于申请日之前已经使用该商标的情况下，在先使用人的使用行为还必须早于商标注册人对该商标的使用时间。

主要原因在于：如果商标注册人在申请注册前使用了商标，使商标发挥了标识作用，并使相关公众建立起标识与商品的联系，则有必要禁止在后使用人再行使用，以排除相关公众的混淆误认……《最高人民法院关于审理不正当竞争民事案件应用法律若干问题的解释》第 1 条第 2 款特别指出：“在不同地域范围内使用相同或者近似的知名商品的名称、包装、装潢，在后使用者能够证明其善意使用的，不构成反不正当竞争法第 5 条第(2)项规定的不正当竞争行为。”对知名商品的名称、包装、装潢的保护，受到了使用地域和在后使用者主观过错的限制，只有恶意在后使用行为才可能构成不正当竞争行为。而《反不正当竞争法》所指的商品的名称、包装、装潢，实际上就是未注册商标。基于此，在《商标法》第 59 条第 3 款的适用中，虽然从字面含义上，在先使用行为应早于商标注册人对商标的使用行为，但是因该要求的实质是要通过这个要件排除在先使用人具有恶意的情形，故在把握这个要件时应把在先使用是否出于善意作为重要的考量因素，而不应拘泥于条款本身关于时间点先后的字面用语。“在先善意地在同一种或类似商品或服务上使用与他人注册商标相同或相近似并有一定影响的商标，在先使用人有权在原有范围内继续使用该商标，而不应被认定为侵犯他人注册商标专用权。”具体而言，并非只要商标注册人早于在先使用人对商标进行了使用便当然认定先用抗辩不成立，例如商标注册人虽存在在先使用行为，但在先使用人对此并不知晓，且亦无其他证据证明在先使用人存在明知或应知商标注册人对注册商标的“申请意图”，却仍在同一种或类似商品或服务上使用相同或相近似的商标等其他恶意情形的，即不能仅因商标注册人具有在先使用行为而否认先用抗辩的成立。

3. 在先使用的商标应具有一定影响

《商标法》第 59 条第 3 款系为未注册商标提供保护的条款，其主要目的是保护那些已经在市场上具有一定影响但未注册的商标所有人的权益，其解决的是在先使用人对其未注册商标进行后续使用行为的合法性问题。《商标法》为未注册商标提供保护的前提在于在先使用人基于其对未注册商标的使用已产生了需要商标法保护的利益，而此种利益的产生原则上不需要该商标具有较高知名度，亦不要求其知名度已延展及较大的地域范围。因此，通常情况下，如果使用人对其商标的使用确系真实使用，且经过使用已使得商标在使用地域内起到识别作用，则该商标便具有了获得保护的必要性。相应地，该商标便已达到该规定中“一定影响”的要求。

4. 被诉侵权行为系他人在原有范围内的使用行为

因《商标法》对第 59 条第 3 款的“原有范围”并无细化规定，故对该条款中的“原有范围”的要求应结合该条款的立法目的、商标本身的特性以及经营活动的特点等因素综合分析。商标使用同时涉及“商标”“商品或服务”“使用行为”及“使用主体”等要素，对原有范围的理解也应从上述要素着手。

(1) 在后使用的“商标”及“商品或服务”应与在先使用的商标及商品或服务“相同”或“基本相同”。在先使用人后续使用行为的合法性源于其在先的商标使用行为，因此，后续使用行为只能限于在先使用的商标及商品或服务，而不能延展及未使用过的类似商品或服务上的近似商标。

需要指出的是，先用抗辩中的这一限定与注册商标的保护规则有所不同，不同之处体现在注册商标的保护范围不仅包括相同商标以及相同商品或服务，而且包括近似商标以及类似商品或服务，但先用抗辩则并不延展及近似商标及类似商品或服务。存在上述区别主要源于二者性质不同。先用抗辩制度的目的在于通过限制商标专用权以保护商标在先使用人的正当利益，其主要解决的是商标自用行为的合法性问题(即在先使用人后续使用该商标的行为是否具有合法性的问题)，而不是为商标在先使用人设定等同于商标专用权的权利。但对注册商标的保护则解决的是禁用问题(即注册商标权人可以在多大范围内禁止他人使用其注册商标)。因在先使用人自用行为的合法性源于其在先商标使用行为，故在其并未在类似商品或服务上使用过近似商标的情况下，后续使用行为显然无法延续至上述范围。但商标注册人禁用权的主要作用在于如何避免混淆误认的产生，而混淆

误认既可能源于他人在相同商品或服务上使用相同商标，亦可能源于他人在类似商品或服务上使用近似商标，因此，禁用权的范围可以延展及类似商品或服务上的近似商标。

(2) 商标在后使用行为的规模不受在先使用规模的限制。本判决所称的“使用规模”是指在先使用人自身的经营规模，不包括许可他人使用的情形。《商标法》第 59 条第 3 款的规定目的是保护那些已经在市场上具有一定影响但未注册的商标的所有人的权益，该保护应是实质性的，而非仅是一种无实际价值和意义的形式上的保护。如果对在后使用行为的使用规模进行限制，会在很大程度上消减《商标法》第 59 条第 3 款为在先使用人所提供的应有的保护，使该条款规定失去本来要达到的目的，因此，对在后使用行为的使用规模不应有所限制。

从经营者对于商标的发展空间的需求角度出发，虽然一些经营者使用商标的目的仅限于在本地小规模经营，但亦具有相当比例的经营者希望将其商标发展壮大。对此部分经营者而言，其商标在可预见的未来是否具有合理发展空间，决定了经营者是否有动机将其继续用于经营活动。如果该商标只能在一定规模范围内使用，超出范围将可能构成侵权，则对于经营者来说，该商标不仅不可能为其带来更多的市场价值，而且需要增加成本以确保其经营规模控制在一定范围内以避免侵权风险，这一结果很可能会使部分经营者难有继续使用其商标的动机。相应地，其已获得商誉亦必将难以延续，其基于商誉已获得或可能获得的利益将难以得到维护。

此外，如果对使用规模进行限制，则必须考虑时间点问题，即在哪一时间点之前的使用规模属于原有范围。对使用规模予以限制通常可能涉及的时间点无非申请日、注册日或注册公告日，但无论以哪个时间点作为确定原有规模的时间点，所面临的共同问题是在具体案件中，原告的起诉时间距离上述时间均有相当长一段期限。以本案为例，起诉时间与申请日(2001 年)相差 13 年，与注册日(2003 年)相差 11 年，与注册公告日(2010 年)相差 4 年。这一情形意味着在先使用人如想继续使用其商标将不得不退回到某一时间点之前的经营规模。这一结果一方面会使在先使用人已实际取得的市场利益被剥夺；另一方面，在先使用人不得不花费成本去确定其在该时间点的经营规模，并将其后续的使用行为控制在该规模内，故有可能导致在先使用人难以再有继续使用其商标的动机。

对于在先使用人的后续使用规模不作限制虽会使商标权人的利益受到一定影响，但因为《商标法》为注册商标提供的保护力度仍远大于对于未注册商标的保护，故这一作法并不会动摇现有的商标注册制度。例如，注册商标的禁用权范围既包括相同商品或服务上的相同商标，亦包括类似商品或服务上的近似商标，商标注册人可以禁止他人在上述范围内使用商标并可以获得相应赔偿。但在先使用人的先用抗辩则仅限于在相同或基本相同的商品或服务上使用相同或基本相同的商标的行为，且该抗辩亦不会产生如同商标权一样的对世权，依据《商标法》不具有对他人行为的阻却力。《商标法》的上述制度设计足以使商标使用人在权衡利弊的情况下选择商标注册而非商标使用，以保护其正常的经营行为。因此，对原有范围的上述限定既实现了《商标法》为在先使用提供实际保护的意图，又不会对商标注册制度产生实质性影响。

(3) 使用的主体仅限于“在先使用人”本人及在先已获授权许可的“被许可使用人”。在先使用人本人对商标的后续使用不属于超出原有范围的情形，自不待言。在先已获授权许可的“被许可使用人”的使用亦不超出原有范围。

三、商标权与包装装潢权益的竞合

本条实质上是对未注册商标的保护，因此本条还涉及与《反不正当竞争法》第 6 条之间的协调，主要体现为两个问题。

第一，在同一标识上同时存在注册商标权和名称包装装潢权益时，权益人该如何选择请求权基础？可以自由选择其一还是应当由法院释明优先选择注册商标权？这涉及《商标法》与《反不正当竞争法》之间的关系问题，目前在学术界争议较大。[①] 最高人民法院在《关于适用〈中华人民共和国反不正当竞争法〉若干问题的解释》第 1 条中规定：“经营者扰乱市场竞争秩序，损害其他经营者或者消费者合法权益，且属于违反反不正当竞争法第 2 章及专利法、商标法、著作权法等规定之外情形的，人民法院可以适用反不正当竞争法第 2 条予以认定。”第 24 条：“对于同一侵权人针对同一主体在同一时间和地域范围实施的侵权行为，人民法院已经认定侵害著作权、专利权或者注册商标专用权等并判令承担民事责任，当事人又以该行为构成不正当竞争为由请求同一侵权人承担民事责任的，人民法院不予支持。”最高人民法院可能倾向于认为专门法相比反不正当竞争法的适用具有优先性。最高人民法院曾经指出：“反不正当竞争法对于知名商品特有名称的保护本质上是对未注册商标的保护，相对于商标法对注册商标的保护而言具有补充性。商标核准注册后，在其核定使用的商品范围内，与其相同或者近似的标识，不能再通过实际使用行为而产生未注册商标权或者知名商品特有名称权，否则将损害商标注册制度的基本价值。”[②]但是，如果注册商标权利人单独选择《反不正当竞争法》第 6 条为法律依据，或者明确放弃特别法的主张，则法院应当继续审理。

第二，当被告就同一标识享有注册商标权并规范使用的情形下，原告以在先使用的名称包装装潢权益为基础(《反不正当竞争法》第 6 条)请求被告停止使用，可否支持？如果答案肯定，这是否超出了《商标法》第 59 条第 3 项的制度本意、动摇注册制度的根基？该项规定只是赋予了未注册商标权益人对抗在后注册商标的权利，而没有赋予其请求停止

---

① 孔祥俊：《反不正当竞争法补充保护知识产权的有限性》，《中国法律评论》2023 年第 3 期；蒋舸：《知识产权法与反不正当竞争法一般条款的关系》，《法学研究》2019 年第 2 期；黄汇：《反不正当竞争法对未注册商标的有效保护及其制度重塑》，《中国法学》2022 年第 5 期；刘维：《论隐性使用搜索关键词的反不正当竞争法规制》，《南大法学》2023 年第 6 期。

② 最高人民法院知识产权审判庭《关于“荣华月饼”是否知名商品特有名称等有关问题的复函》(2013 年7 月)。

在后注册商标使用的权利。笔者认为不正当竞争行为区别于商标侵权行为，《反不正当竞争法》关注行为的实质正当性，应当支持原告的诉请。即使被告拥有注册商标，也可能因为滥用权利或其他情形而构成不正当，拥有注册商标并非豁免行为不当的事由，正如有学者指出："在权利冲突的情况下，双方的权利都有合法的外观，反不正当竞争法并不简单拘泥于这种外在合法性，而是通过追问权利来源的实质正当性，对权利人的权利进行某种约束和限制。"①

"纽巴伦"案

"有一定影响的商品装潢"系《反不正当竞争法》明确规定的受保护权益，其与注册商标权分属彼此独立的知识产权类型。相关司法解释也明确在先取得的合法权益包括商标权、知名商品特有装潢等。商标权与"有一定影响的商品装潢"在构成要件、形成时间、权利客体、保护范围及期限等方面均不同。特别是《商标法》第 36 条规定，经审查异议不成立而准予注册的商标，商标注册申请人取得商标专用权的时间自初步审定公告三个月期满之日起计算。自该商标公告期满之日起至准予注册决定做出前，对他人在同一种或者类似商品上使用与该商标相同或相近似的标志，无法通过商标侵权进行法律救济。因此，在被诉侵权行为可能同时构成商标侵权及不正当竞争时，属于请求权竞合。在涉及请求权竞合的案件中，权利人可以明确择一法律关系对涉案行为进行主张……纽巴伦公司使用的斜杠 N 标识虽系其注册商标，但原告的鞋两侧 N 字母装潢使用在先……被控侵权行为是否注册商标的使用行为，不构成不正当竞争案件的抗辩事由。只要被告在后的标识使用行为与他人在先有一定影响的商品装潢构成近似，容易导致消费者混淆的，就构成不正当竞争。②

第五节　不承担赔偿责任的抗辩

一、三年不使用免赔抗辩

《商标法》第 64 条第 1 款规定，注册商标专用权人请求赔偿，被控侵权人以注册商标专用权人未使用注册商标提出抗辩的，人民法院可以要求注册商标专用权人提供此前三年内实际使用该注册商标的证据。注册商标专用权人不能证明此前三年内实际使用过该注册商标，也不能证明因侵权行为受到其他损失的，被控侵权人不承担赔偿责任。本条是在 2013 年修改《商标法》时增加的条文，通过强调商标使用的地位以缓和注册商标制度的

---

① 谢晓尧：《超越荆棘的丛林：也论〈反不正当竞争法〉之适用》，《知识产权》2023 年第 8 期。
② 上海市浦东新区人民法院(2017)沪 0115 民初 1798 号民事判决书。

绝对性所带来的弊端。

从第64条的文义看，被告只要提出“未使用抗辩”的主张，法院则要求原告证明此前三年的商标使用情况，或者其所遭受的其他损失。可见，立法者在立法技术上明确规定了举证责任倒置，举证责任由原告承担。如果原告未能完成举证责任，则被告不承担赔偿责任，但因成立商标侵权行为而承担停止侵权的责任。被告还可向商标局提出因三年不使用而撤销原告注册商标的请求。《商标法》第49条第2款规定，注册商标成为其核定使用的商品的通用名称或者没有正当理由连续三年不使用的，任何单位或者个人可以向商标局申请撤销该注册商标。

本条规定与第49条第2款之间具有目的和价值的一致性，但是在字面上，两处规定却不尽一致，例如后者规定“没有正当理由”连续三年不使用；前者只是规定“连续三年不使用”，在解释上应当允许权利人参照第49条第2款提出“正当理由”抗辩。《商标法实施条例》第67条规定，下列情形属于《商标法》第49条规定的正当理由：不可抗力；政府政策性限制；破产清算；其他不可归责于商标注册人的正当事由。

此外，如何计算“三年”的起算点？是从提起诉讼之日起算还是侵权行为发生之日起算？《商标法实施条例》第66条规定，有《商标法》第49条规定的注册商标无正当理由连续3年不使用情形的，任何单位或者个人可以向商标局申请撤销该注册商标，提交申请时应当说明有关情况。商标局受理后应当通知商标注册人，限其自收到通知之日起2个月内提交该商标在撤销申请提出前使用的证据材料或者说明不使用的正当理由；期满未提供使用的证据材料或者证据材料无效并没有正当理由的，由商标局撤销其注册商标。可见，在撤销注册商标的程序中，撤销申请人只需要说明有关情况，商标注册人应当提交其使用商标的证据材料或说明不使用的正当理由，而且本条规定了使用商标的起算点是从“撤销申请提出前”三年。那么，在三年不使用免除赔偿抗辩中，笔者认为也应以提起诉讼之日作为计算三年不使用的起点。

在一些涉及商标转让的案件中，受让人受让商标后并未使用商标而提起商标侵权之诉，被控侵权人主张其连续三年未使用商标、不应当承担赔偿责任，受让人提出证据证明让与人实际使用的情形，此时让与人的商标使用证据是否具有相关性？笔者对此持否定意见，本条是为鼓励商标实际使用，因实际使用享有商誉的主体是让与人，受让人并非实际使用主体，其对转让之前的商标不享有实体利益，自然也无诉权；相反，如果承认其对转让之前的商标也享有诉权，则变相地认可诉权的单纯让与为合法，违反诉讼法的基本原理。当然，如果让与人仅是在象征意义上少量使用商标，则让与人的实际使用行为不产生商誉，也无权主张相关利益。

二、合法来源抗辩

为了平衡知识产权权利人与善意销售商之间的利益，知识产权法的各类分支都规定

了合法来源抗辩。《商标法》第 64 条第 2 款规定：销售不知道是侵犯注册商标专用权的商品，能证明该商品是自己合法取得并说明提供者的，不承担赔偿责任。本款与第 1 款一样，是针对损害赔偿请求的抗辩，但本款的举证责任需由被告承担。从体系上看，本款抗辩是针对《商标法》第 57 条第 3 项规定的销售商侵权行为，销售商只有满足本款规定的条件，才能免除损害赔偿责任。这些条件包括：第一，销售商证明其"不知道"是侵权商品；第二，销售商证明其获取该侵权商品的合法性并说明提供者。

如何理解上述条文中的"不知道"？经营者是否需要在从事商品销售或服务提供之前委托律师做商标检索报告甚至侵权风险分析，才能证明其"不知道"？按照损害赔偿法的基本原理，主观过错是侵权人承担损害赔偿责任的前提条件，主观过错通常的表述是"明知（故意）或应知（过失）"，这里的"不知道"，应当理解为行为人不具有主观过错。但是本条的主观过错要件与商品获取途径的合法性之间究竟是什么关系？是相互补充、缺一不可吗？还是相互印证，购买途径的合法性即可推定行为人主观上的"不知情"？前者可能更合理。因为销售商获得侵权商品的行为即使具有合法性，其在主观上可能也未必"善意"，例如明明知道该商品的价格远低于市场，极有可能是侵权商品，但仍然购买该商品；反过来，有时候销售商确实不知情，但是其购买途径未必合法。

1. 合法来源

《商标法实施条例》第 79 条规定，下列情形属于《商标法》第 60 条规定的能证明该商品是自己合法取得的情形：① 有供货单位合法签章的供货清单和货款收据且经查证属实或者供货单位认可的；② 有供销双方签订的进货合同且经查证已真实履行的；③ 有合法进货发票且发票记载事项与涉案商品对应的；④ 其他能够证明合法取得涉案商品的情形。这里的"供货清单和货款收据"分别作为交易文件和履行文件，之间能够形成证据链条。对于单纯的"履行证明"或"交易证明"，司法实践中比较谨慎。例如《浙江省高级人民法院民事审判第三庭关于商标侵权抗辩事由审查综述》第 23 条，销售者提供的证明被诉商品具有合法来源的各类证据，只要能形成足以证明被诉商品具有合法来源的证据链即可，而无需要求销售者穷尽所有的证据。销售者仅提供供货单位证明、供货单位经办人证言等证据的，不宜直接认定被诉商品具有合法来源。

2. 善意不知情

《浙江省高级人民法院民事审判第三庭关于商标侵权抗辩事由审查综述》21 规定："销售者在取得被诉商品时尽到了合理注意义务的，可认定其不知道被诉商品是侵权商品。销售者是否尽到了注意义务，可根据商品的进货渠道、进货价格、商标知名程度、销售者经营规模和专业化程度等因素综合认定。"22 规定："有下列情形之一的，不能认定销售者对被诉商品已尽到了合理注意义务：① 被诉商品存在未标明生产者、包装粗制滥造等明显瑕疵的；② 销售者收到商标权人的侵权警告函后仍继续销售被诉商品的；③ 销售者因曾销售相同商品被人民法院生效判决确认侵权或被行政执法管理部门处罚的；④ 销售者未履行法律法规规定的对被诉商品的审查义务的；⑤ 其他能证明销售者知道或应当知道被诉商品是侵权商品的情形。”

第六节　权利用尽抗辩

一、基本原理

（一）构成要件

知识产权权利用尽抗辩（exhaustion defense），又称为“首次销售原则”（the first-sale doctrine），通常是为了缓解商品所有权与有关知识产权之间的冲突。在商标法领域，载有商标的商品一经售出，商标专用权人便无权控制后续商品所有权人对该商品的进一步销售，对商品的进一步销售是商品所有权人处分权的范畴，只要商品及商标的状况不发生变化，消费者也不会因为商品的再次销售受到来源欺诈。我国《商标法》没有条文明确规定商标权的权利用尽抗辩，但从《商标法》第 57 条第 3 项的反面解读可知，销售正品的行为不构成商标侵权。

商标权用尽的适用取决于两个条件：商标的商品已经销售，这种销售行为是由商标专用权人或经其同意作出，[①]需要说明以下五点：第一，权利用尽原则之产生的一个重要基础是权利人从正品的首次销售中回收了成本，其不能永久控制正品的每一次销售。否则，权利人通过商标权获得了其本不该获得的利益。但是，如果权利人与其下手通过合同方式约定了产品的转售限制（例如从下手的每次转售中获利 10%），则这种获利重新具有了正当性基础，是基于合同而并非商标权。第二，为销售而实施的进口行为或者许诺销售等准备行为，都不满足“销售”要件，因为商品所有权尚未发生转移，商标的经济价值尚未实现，专用权人保留为确保商品质量而拥有的全部控制。[②] 第三，商标权的同意，可以从其明确的意思表示或者销售商品的行为推导出。如果权利人在商品上已经表明了“禁止流转”的意思表示，则说明权利人不希望商品的进一步流转。[③] 第四，如果销售行为并非由权利人作出，而是由与其具有经济关联的主体作出且权利人能够控制该商品的销售，则也能适用权利穷竭。[④] 第五，如果涉及的商品存在改动状况，则改动的程度不能构成“实

① Annette Kur, Martin Senftleben. *European Trade Mark Law: A Commentary*. Oxford University Press, 2017, p.513.

② Annette Kur, Martin Senftleben. *European Trade Mark Law: A Commentary*. Oxford University Press, 2017, p.513.

③ C-414/99 to C-416/99, Zino Davidoff and Levi Strauss, para. 55-56.

④ Annette Kur, Martin Senftleben. *European Trade Mark Law: A Commentary*. Oxford University Press, 2017, p.515.

质性差异”，这是为了确保商标的来源识别功能。如果商品状况的改动构成了“实质性差异”，则商标权被重新激活，权利人可以再次控制商品的销售行为。多数案件所争议的问题在于如何认定“实质性差异”，这涉及商标权范围扩张与商品流通之间的边界。

适用这一原则的典型案例可追溯至20世纪初。1924年在美国法院审理的Coty案中，被告购买了一种搽粉的正品，将其加压后添加黏合剂，再放入金属盒销售，此外，他还购买了一种瓶装香水的正品，并以更小的瓶子销售。地方法院要求被告在瓶子上加贴标签：普雷斯顿斯特斯（Prestonesttes）表示，这些内容是科蒂（Coty）在纽约独立重新装瓶的，并且与科蒂公司无关。霍姆斯法官代表美国最高法院出具意见指出，被告只是在行使所有权及告知真相，原告不能阻止被告告知商品组成的性质及来源。如果被告使用“Coty”文字的方式与其他文字不同，则可能会产生欺诈。[①] 之后的一份判决指出，如果购买者仅使用生产者的商标存储（stock）、展示（display）和再售（resell）了生产者的产品，这不会侵犯商标权，因为当零售商（retailer）仅以生产者的商标再售一个真正的（genuine）、未改变（unaltered）的商品，零售商对生产商商标的使用不会就产品的性质、质量和来源欺骗或混淆公众。[②] 此后，美国法院审理了一些构成商标侵权的转售案件。常涉及质量控制例外。

（二）质量控制例外

首次销售原则的范围体现了商标权对商品销售的控制程度，商品质量保障功能通常是调节这一范围的因素，如何认识质量保证功能与权利用尽之间的关系是学术界的一大难题。商标权权利用尽规则的适用对象是“合法售出的、未经改变的真品”。如果载有商标的商品并非“合法售出”，例如反向假冒情形，商标权利人并未通过此次销售行为收回必要的商业回报；即使载有商标的商品是合法售出的，但销售商改变了商标或商品的形态，对商标功能的发挥形成障碍，消费者的利益受到损害，在这些情形下，销售商无法主张权利用尽规则。一些国家或地区对此有基本共识，美国称之为“质量控制例外”。《欧盟商标指令》第7条第2款规定：商标专用权人有正当理由对抗商品的进一步商业流通，尤其是商品状况在投放市场后遭到改变或损坏时，不适用第1款规定。我国台湾地区“商标法”第36条第2项规定：附有注册商标之商品，由商标权人或经其同意之人于市场上交易流通，或经有关机关依法拍卖或处置者，商标权人不得就该商品主张商标权。但为防止商品变质、受损或其他正当事由者，不在此限。我国台湾学者认为：商标专用权人仍得禁止分装、改变包装并要求须适当冷藏或提供售后服务或禁止流通等，以维护商标信誉以及消费者权益。[③] 这是对商标权人实行强保护的立场。

---

① Prestonettes, Inc., v. Coty, 264 U.S. 359, 368 (1924).

② Tumblebus Inc. v. Cranmer, 399 F.3d 754, 766－77 (6th Cir. 2005).

③ 曾陈明汝：《商标法原理》，中国人民大学出版社2003年版，第78页。

但是究竟怎么理解“商品状况在投放市场后遭到改变或损坏”，不同法院可能存在不同尺度的把握。[①]

销售“瓷壁俑”案

1998年美国发生过一起更换商品包装的案件。原告通过“Precious Moments”商标销售瓷壁俑商品。由于商品本身的易碎特征，原告对商品的包装有严格的质量控制，日积月累，该商标在市场上具有较高的美誉度。被告未经许可，以不同包装销售从原告购买的这些商品。原告认为这种销售行为无法控制商品质量，因此被告重新包装的商品不属于“正品”；此外，按照Coty案要求的信息披露原则，被告未能在产品上披露重新包装行为是由被告实施的。法院支持第二项主张，认为被告未能披露重新包装的信息，会导致相关公众对被告在重新包装（不充分的透明塑料包装）中的角色产生混淆，法院为此发布禁令，要求被告在包装上加贴适当的“重新包装通知”。关于第一项主张，法院追溯了第二巡回法院对质量控制理论的发展。“如果销售的产品不符合商标权人关于质量控制的标准，则会导致对商标形象的贬低。”“《兰哈姆法》提供的最为珍贵和重要的保护是控制权利人商标名下（无论生产还是销售）的商品的质量。”“如果这种情况发生了，则非标准商品（the non-conforming product）不应被认定为正品，其销售行为构成商标侵权。”当产品本身存在缺陷或潜在缺陷而消费者却没能力发现（not be readily able to detect）时，[②]法院通常接受质量控制理论。原告在本案中主张，即使被告在包装中披露信息，被告也无法控制商品的质量，被告这种不充分的保护性包装会使商品破碎或剥落，消费者在商场中对此无法检查和处理，最终会对商品质量感到失望。原告的这项主张似乎走得太远了，会超出质量控制理论的边界，该项理论的核心在于相关公众是否可能因为质量控制的缺失而产生混淆，上面所有案件都涉及产品本身存在的缺陷或可能缺陷是消费者无力察觉的。如果消费者被充分告知这经过了被告的重新包装，即使商品之后发生了破碎，消费者也不可能因商品破碎而产生混淆。鉴于不可能发生消费者混淆，首次销售原则的质量控制例外不能适用于本案。[③]

二、案例类型

权利用尽抗辩通常发生在商品销售环节，例如美国执业者梳理了这些案件类型：在二手或翻新的商品上使用他人商标、覆盖或抹去他人商标、使用他人商标销售替代品、产品的重新包装或重新标签、使用他人商标销售尚未检测或不达标的商品、截取他人广播电

---

① 刘维：《论商标权穷竭的功能虚置与价值回归》，《知识产权》2023年第1期。

② Shell Oil Co. v. Commercial Petroleum, Inc., 928 F.2d 104 (4th Cir.1991)（壳牌公司关于清洗水槽泵的严格要求没有被遵守）；*El Greco*, 806 F.2d 392（被告销售的鞋子没有经过原告质量检查）；*Adolph Coors*, 486 F.Supp.131（分销商对啤酒没有保持规定的冷藏标准）。

③ Enesco Corp. v. Price/Costco Inc., 146 F.3d 1083, 1086 - 87(9th Cir. 1998).

视信号后在自己的酒店播放等。[①] 这些案件类型涉及滥用他人商标与权利用尽之间的边界，下面根据我国情况介绍三类案件。

（一）平行进口

平行进口（parallel importation）是指第三人未得到内国商标权人之同意而自外国输入之行为；而其所输入之正品，在内国市场销售，与内国商标权人或独家经销商之正常输入行为并行，且在内国市场竞销。[②] 这种行为的合法或违法存在争议，所以平行输入商品的销售市场又称为灰色市场。平行进口有别于权利用尽，后者发生在商品的垂直销售过程中，前者则涉及商标权地域性背景下的商标权冲突。而弥合两者的关键在于要求内国商标权人或独家经销商与外国出口商为同一主体或关联主体，否则不构成平行进口。因此，平行进口问题由无条件不允许以维护属地主义原则正在转变为在一定条件下的承认。[③] 我国法院总体对平行进口持开放态度。

"KÖSTRITZER"案[④]

四海致祥公司销售的啤酒系来自库斯亭泽公司或者与库斯亭泽公司相关联的企业，并非假冒"KÖSTRITZER"商标的侵权产品。大西洋C贸易公司认为，即使四海致祥公司销售的啤酒是正品，因其没有得到授权在中国销售，亦侵犯了涉案商标的专用权。

一审法院认为，首先，商标权对于其权利人的意义在于保护权利人的投资，在商标权人同意首次投放市场之后，其已经获得足额的回报，在商标权人许可使用其商标的商品出售后，他人如何转售该商品，该商标权人无权过问；其次，商标是区分商品来源的标志，保护商标的目的在于避免消费者对商品来源发生混淆，商标权人首先使用商标并将商品投放市场足以避免消费者发生混淆。因此，鉴于四海致祥公司销售的"KÖSTRITZER"啤酒系来自库斯亭泽公司或者库斯亭泽公司相关联的企业，可以认定库斯亭泽公司在商品首次投放市场过程中已经获得了与其商标权相对应的足额的回报，同时也足以避免消费者对商品来源产生混淆。据此，四海致祥公司的销售行为不构成对涉案商标专用权的侵犯。二审法院指出，是否禁止商标平行进口，应当依据我国现行法律法规的规定予以确定。由于我国《商标法》及其他法律并未明确禁止商标平行进口，因此，四海致祥公司将欧洲市场上合法流通的"KÖSTRITZER"系列啤酒进口到我国进行销售，并不违反我国《商标法》及其他法律的规定。大西洋C公司认为商标平行进口违反我国法律的主张缺乏法律依据。

---

① Charles E. McKenney and George F. Long III, Federal Unfair Competition: Lanham Act 43(a) § 3: 34, February 2020 Update.

② 曾陈明汝：《商标法原理》，中国人民大学出版社2003年版，第81页。

③ 曾陈明汝：《商标法原理》，中国人民大学出版社2003年版，第81页。

④ 北京市高级人民法院(2015)高民(知)终字第1931号民事判决书。

《北京市高级人民法院关于当前知识产权审判中需要注意的若干法律问题》回答了“关于平行进口是否构成侵害商标权”的问题：商标法虽未将“指示性使用”明确列为不侵权的抗辩事由，但是考虑到商标法所保护的是标志与商品来源的对应性，而商标禁用权也是为此而设置的，绝非为商标权人垄断商品的流通环节所创设，即商标权利用尽规则应当是市场自由竞争所必须存在的基本规则之一。在此基础上，若被控侵权商品确实源于商标权人或其授权主体，此时商标权人已经从“第一次”销售中实现了商标的商业价值，而不能再阻止他人进行“二次”销售或合理的商业营销，否则，将阻碍市场的正常自由竞争秩序建立的进程，因此“平行进口”应被司法所接受，不构成侵害商标权。

上述规定中有个条件：“被控侵权商品确实源于商标权人或其授权主体”。假如这一条件并不满足，特别是在当前跨境贸易发达、海淘兴起的背景下，被控侵权商品不是源于商标权人或其授权主体，此时按照商标权的地域性原则，代购者在国内的转售行为构成侵权。要求这一条件的一个理由在于确保权利人控制载有商标的商品的质量，否则该商品也无法被认定为正品。美国一些法院在质量控制理论的支撑下强化了对商标权的保护程度，认为即使商品的质量实际上没有发生变化，但只要权利人丧失了质量控制的机会，则这种商品不再属于“正品”。EI Grece 案被解读为，“除非商品是在商标权利人确立的质量控制标准下生产和销售的，否则该商品不是正品。”[①]日本自从 Fred Perry 案之后的一系列案件都引用了权利人相同要件，[②]我国法院通常持有相同见解，例如北京市高级人民法院的上述解答，还有天津市高级人民法院《关于涉平行进口商标侵权纠纷案件的审判指引（试行）》第 1 条指出，平行进口是指平行进口的商品源于商标权人或者其授权主体，且履行了合法的入境手续。

（二）分装行为

销售商对商品进行分装销售的行为，也是经典的涉及权利用尽抗辩案件。一些法院通过质量控制例外原则判决被告的行为构成侵权，例如“不二家案”，但有些法院认为只要被告作出了充分的信息披露，则不会导致消费者混淆误认，这里以江苏省盐城市中级人民法院审理的“中华铅笔案”为例。[③] 美国法院以“商品本身的质量是否存在缺陷或潜在缺陷且消费者无力察觉”来限制质量控制理论的适用，避免过分扩大商标权的范围。

“中华铅笔”案

中文兴公司从老凤祥公司处购入 10 支装的中华铅笔后，将其更改为 4 支装。在该 4

① McCarthy on Trademarks and Unfair Competition § 25：42 (5th ed.).

② 倪雯：《论日本商标产品平行进口合法性判定的“三要件”规则》，南京师范大学法律硕士学位论文，2017 年，第 14 页；[日] 田村善之：《日本知识产权法》，周超、李雨峰、李希同译，张玉敏审校，知识产权出版社 2011 年版，第 542 页。作者认为：“当在该外国的商标权人与日本的商标权人为同一人或者在法律上、经济上可以被视为具有同一人关系时，该商标则具有在日本注册商标同一处的功能。”

③ 江苏省淮安市中级人民法院(2014)淮中知民初字第 0007 号民事判决书。

支装的分包装中，附有一个吊带，吊带上标注了老凤祥的注册商标和商品基本信息。此外，文兴公司在标签反面添加了本公司的信息，并标明其为供应商。盐城市中级人民法院认为，文兴公司对商品进行分装并加注供应商信息的行为并不构成对老凤祥商标权的侵害。法院认为：

首先，从涉案商标在被诉侵权商品上的使用方式看，虽然被控侵权商品使用了老凤祥的注册商标，但是，一是分包装使用涉案注册商标的形式与老凤祥正品包装装潢上使用形式一致，不存在对涉案商标的贬损；二是分包装并未对显示商品来源的生产者信息进行更改；三是分包装并未对商品本身，即铅笔的独立消费性做任何改变，商品质量或消费安全未受影响；四是其销售模式系超市，在所售商品上附着吊牌标签符合一般商业惯例。

其次，从被诉侵权行为是否会使相关公众对商品来源产生混淆、误认角度分析。在本案中，被诉侵权商品包装上使用老凤祥涉案商标的目的在于客观如实地向消费者说明商品的品牌，而且分包装保留了商品生产者的相关信息，能够充分说明商品的来源。此外，作为独立消费单位的铅笔本身也标明了生产者名称，故该商标指示性使用并未使涉案商标与老凤祥商品的对应性受到影响，没有损害商标的识别功能。

再次，从被诉侵权行为是否造成老凤祥涉案商标合法权益损害方面考虑，法院认为，作为商标权人的老凤祥将合法附有商标的商品首次投入市场后，商品物权即已转移，其意图通过该商品及所附商标获取经济利益的目的便已实现。老凤祥不应再以对商品上的商标享有专用权为由阻碍商品的进一步流通，否则就直接损害了商品在市场自由流转这一市场经济赖以存在的基本原则，构成对商标权的滥用。

(三) 翻新行为

前面介绍“Precious Moments”案时提到一个规则，如果销售商再售商品的过程中对商品状况做出了变动，销售商应当对这些变动做出充分的披露，但是如果即使做出充分披露也无法避免消费者的混淆可能时，即无论如何销售商销售的商品都不能作为“正品”，则销售商的行为构成商标侵权，“商品再造”就涉及这种情形。很多商品翻新或维修案件，就涉及“不可再造”因素。针对翻新或维修的产品，只要零售商在商品上做出了充分披露，由于消费者对此类商品的预期不像全新商品那么高，对这些产品的维修通常不至于引起消费者混淆误认；但如果修改幅度过大，以致让消费者觉得这是一个全新的产品，此时如果再使用原有商标，则极有可能使消费者产生混淆。

“冠军”案[1]

原告是“冠军牌”火花塞的生产者。被告收集并修理二手的火花塞，然后再次售出。

---

① Champion Spark Plug Co. v. Sanders, 331 U.S. 125, 129 - 130 (1947).

被告在二手的火花塞上保留了“冠军”字样，外包装上也有“冠军”字样，每个火花塞及其小包装上印有标签载明本火花塞已经再次翻新过(renewed)。但是被告公司的名称或地址信息均未印在外包装的盒子上。地区法院和上诉法院都认为被告构成侵权并发布禁令，但在是否要求被告去除二手火花塞上的“冠军”字样时产生了分歧。上诉法院修改了地区法院的禁令内容，拒绝去除二手火花塞上的“冠军”字样，同时要求以清晰、显著可见、对比颜色的方式打上“二手”或“修理”字样。

美国最高法院认为，有些情形下如果翻新或修理过于频繁或过于基础，以致使用初始名字来称呼该商品都有点用词不当，即使使用 used or repaired 等字样也是不恰当的。本案并不涉及这种情形。被告的修理行为没有赋予火花塞新的造型设计，其只是对原始状况的复位(restoration)……在案证据表明重修的火花塞在质量上更低劣，但是这在多数二手商品上都有这个问题，同时降低了消费者的成本。只要这个二手商品是在信息充分披露情况下售出的，质量低劣并不是一个问题……完全的披露能够给予生产者所有应得之保护。上诉法院的禁令内容就是根据这个原则作出的。

三、商标权用尽的价值回归

我国一些法院存在扩张商标权控制范围的冲动，它们将包装装潢、商品信息、商标标识的改动都作为“实质性差异”的判断因素，且将“影响消费者购买意愿或对商标权益造成其他损害”作为商标侵权的归责事由。针对改变商品状况的商标使用行为的评价，商标功能理论是否受到损害正成为中国法院的主流说理模式，在法律运行层面成为此类案件中商标侵权判断的标准。这需要反思。

(一) 来源识别功能的坚守

商标法的救济对象应当是商标的基本功能，即来源识别功能，商标权复活只能在来源识别功能受到损害时才能发生。《商标法》第 57 条中的混淆可能性即是判断来源识别功能受到实质性破坏的标准，[①]因此需要揭示商品状况差异影响混淆可能性判断的原理。销售商拥有处分商品的所有权，并非任何改变商品状况的行为都构成商标侵权，混淆可能性的开放性足以使其胜任调节商标权与所有权关系的工具，从而在商标权救济理论中纳入“商品状况的差异”，避免将其他价值目标与商标权救济理论混同。

美国法院在多个案件中接受质量控制理论，尤其当涉案商品存在严格的质量控制体系、海关检验程序等场景时。美国第五巡回上诉法院指出，上面支持质量控制理论的所有案件(例如壳牌案等)都有一个共同的特点，即每个案件的产品都含有一些缺陷或潜在缺

① 全国人民代表大会常务委员会法制工作委员会：《中华人民共和国商标法释义》，法律出版社 2013 年版，第 108 页。

陷且消费者对此不容易察觉;如果未经授权的经销商不采取权利人对质量的严格监控体系,则这些产品可能会存在缺陷,而且消费者不容易察觉这点。[①] 但是,美国第九巡回上诉法院在 1998 年审理的上述案件使商标侵权救济退回至商标基本功能的保护层面,即使被告没有完全按照原告的方式销售某产品,只要相关公众对此不会产生误解,则这种方式就处于合法销售的范畴。所以,激活商标权的理由在于消费者不容易察觉到商品改动后的缺陷进而产生售后的"误认"(原本以为这是具有某种标准质量的正品,结果在使用后却发现是质量较次的二手货,使用人对商品质量的期待有所落差,这种落差构成"实质性差异"的程度,这或许会导致使用人误以为这是其他生产商提供的,从而产生来源混淆),这就激活了商标权。因此只要使用人对商品的差异状况做了真实披露,则这种对商品质量的"误认"就可以被消除。但是,如果这种商品的改动太大以致形成"再造"(改造人成了实质意义上的新生产者),则无论如何披露这些信息,消费者都会对这件商品的来源产生混淆(以为来自商标权人,实质上却来自改造人),商标权被激活。

(二) 商品状况差异影响混淆可能性的情景分析

按照商标法理论,混淆可能性的分析因素主要有:商标知名度和显著性、商标近似程度、商品类似程度、相关公众的认知、主观意图、实际混淆等。[②] 其中,相关公众的认知因素缝合了静态、抽象、规范的混淆可能性分析与动态、具体、实际竞争使用样态之间的距离,因此"相关公众的认知判断"是审查具体呈现的市场形态的"后门"(backdoor),需要尊重市场实际。[③] 欧洲法院甚至指出,中等消费者的认知在多因素分析中具有决定性作用。[④] 在商品转售类案件中,商品状况差异对消费者购买意愿或购买决策的影响,集中体现为相关公众的认知因素对混淆可能性判断的作用,这种影响可以通过消费决策理论加以解释。

消费决策理论中的顾客决策是指顾客谨慎地评价某一产品、品牌或服务属性,并进行理性的选择。[⑤] 这一决策过程可以概括为:消费者经过信息搜寻之后对品牌形成期望,并对品牌进行评价和选择,然后形成消费决策。[⑥] 可见,消费者的品牌期望是消费决策过程中的重要因素。消费者购买一件特定商品时会期待这件商品具有稳定、相同的特征,商标法通过排除他人使用相同商标而确保消费者的这种预期,避免消费者在决策时被混淆。因此,消费者混淆可能性判断的实质性过程,是以消费者的品牌预期为枢纽,判断不同情

---

① Matrix Essentials, Inc. v. Emporium Drug Mart, 988 F.2d 587, 591 (1993).

② 《最高人民法院关于审理商标授权确权行政案件若干问题的规定》第 12 条;《最高人民法院关于审理商标民事纠纷案件适用法律若干问题的解释》第 11 条。

③ Annette Kur, Martin Senftleben. *European Trade Mark Law: A Commentary*. Oxford University Press, 2017, p.380.

④ Case C－252/12, Specsavers v. Asda, para. 35 (2013).

⑤ [美] 戴维.I.马瑟斯博、博尔.I.霍金斯:《认识顾客》,陈荣、许销冰译,机械工业出版社 2019 年版,第 326 页。

⑥ 姚作为:《服务消费决策行为研究》,中国标准出版社 2007 年版,第 33 页。

景和商品属性对消费者品牌预期所产生的影响。

1. *商品属性影响混淆可能性判断的原理*

首先，商家通过商品属性促使消费者形成稳定预期而影响消费决策。之所以消费者的决策因商品属性发生了变化，是因为商品属性的变化影响了消费者预期，此时可认定为消费者已经就商品来源产生了混淆可能性。显然，只有影响消费决策的商品属性才能纳入混淆可能性的分析框架。具体而言，“商品状况的差异”对混淆可能性的影响判断可以分为两个步骤：确定“具有差异的商品属性”以及该等差异是否足以影响消费者决策。这种分析过程与虚假宣传条款的适用过程较为类似。立法者认为对引发虚假宣传的商品属性信息应当进行广义理解，既可以包括关于商品或者服务的自然属性的信息（例如商品的性能、功能、产地、用途、质量、成分、有效期限等），还可以包括商品的市场信息（例如价格、销售状况、用户评价等），但这些信息的虚假宣传是否对购买行为有实质性影响？[①] 鉴于消费者行为决策机制具有同一性，触发虚假宣传和混淆可能性的商品属性应当相同，即都应当作广义理解，但这些商品属性是否足以导致虚假宣传或者混淆可能性，则应当依照商品属性的类型及其消费者预期的影响加以判断。

其次，商品的成分、产地、功能、性能等自然属性直接影响商品的质量，能够实质性地影响消费者决策。传统的消费者行为决策理论以质量为核心分析框架，认为质量是顾客进行服务品牌消费决策的主要判断依据与评价变量。与此同时，经典的商标理论试图表达一个逻辑：市场上的每个企业向消费者按照特定且可识别的质量并以反映生产成本以及合理附加利润的价格提供商品或服务。[②] 可见，商品质量的稳定性是商标向消费者所传递的一个重要信息，商品质量的差异是影响消费者购买决定的重要因素。比较遗憾的是，商品质量在混淆可能性多因素分析过程中一直不受重视，它并不位列美国多数法院中的分析因素清单中。[③]

美国法院对影响混淆可能性判断的商品状况差异采取“重大差异标准”，[④]以商品质量为核心的商品自然属性的差异就属于这种重大差异。美国法院认为，并非任何商品差异都会混淆消费者，标有同一商标但“发生重大变化的商品”将混淆消费者，这种“重大变化”是指消费者认为与其购买决策具有相关性的特征。[⑤] 受此标准的影响，美国海关针对平行进口商品的监管也采取类似标准：在进口商品与权利人的商品之间存在“物理性且重大的差异”(physically and material)时，海关有权查扣这些商品，即使美国和外国商标权利人具有母子、关联或者其他控制关系；这种差异包括：商品的具体成分，商品的组成

① 王瑞贺：《中华人民共和国反不正当竞争法释义》，法律出版社 2018 年版，第 25—26 页。

② ［英］杰里米·菲利普斯：《商标法实证性分析》，马强译，中国人民大学出版社 2014 年版，第 562 页。

③ Richard L. Kirkpatrick. *Likelihood of Confusion in Trademark Law*. Practising Law Institute, Intellectual Property Law Library.

④ Davidoff & CIE, S.A. v. PLD Intern. Corp., 263 F.3d 1297, 1302 (11th Cir. 2001).

⑤ Davidoff & CIE, S.A. v. PLD Intern. Corp., 263 F.3d 1297, 1302 (2001).

和结构，商品的功能和效果，具有法规要求的特征（例如资质）差异，其他可能导致消费者混淆或欺诈的区分性、明确性的、可界定因素。[①]

再次，产品追踪码、生产批号、包装、中文或英文标志、销售模式、品牌标识等商品的市场信息，也可能影响消费者对品牌的预期和评价，进而影响消费者决策。市场营销理论指出：顾客购买产品时的决策还包括产品的包装、品牌和标识等内容，因为它们具有功能性和象征性意义。[②] 有的美国法院认为应当将市场属性也纳入重大差异范畴：由于影响消费者偏好的因素特别多，因此应该以较低的门槛衡量重大差异标准；只要有商品物理上的可见差异（physical difference），则都将导致混淆可能性，这些特征包括组成成分、外观形状和语言差异等。[③] 在一个刮损条形码的案件中，被告认为其刮损行为发生在香水瓶的背面底部位置，商品状况的差异不应该构成“重大差异”。法院持否定意见：这种刮损对检查香水瓶的消费者来说清晰可见；在销售香水瓶的过程中，销售商不仅销售瓶中的产品，而且销售了附载于瓶子上的商标的商业形象（commercial magnetism），因此，瓶子外观对建立这种形象也比较重要，瓶子外观成为影响消费者购买决定的重要因素。[④]

相较于商品质量等自然属性而言，商品的市场属性对消费者决策的影响程度更具争议空间，主要理由在于这些指标的替代作用更强，或者在竞争者之间差别不大而对顾客决策产生不了影响。[⑤] 因此，商品的市场属性究竟在何种程度上影响混淆可能性，取决于这种信息是否影响了消费者的品牌预期。“顾客所购买的或追求的是需要的满足，而不是具体形态的物质特性。”[⑥]商品自然属性未必一定会影响顾客决策，商品的市场属性也未必完全与顾客决策无关。“有的顾客在决策时甚至并不注重产品属性，而是更多地关注购买或使用时的感受、情绪和环境”等因素。[⑦] 除此之外，顾客决策还可能取决于顾客介入程度，即顾客对某一特定购买需要而产生的对购买过程的关心程度，顾客可能纯粹因商品的特定自然或社会属性而购买，而其他商品属性对顾客而言无关紧要，则这一商品属性的决定意义更大，这就能够解释为什么在奢侈品或者食品药品等领域更容易发生混淆可能性。影响品牌选择的评价标准（商品属性）的权重随着情景变化，因此，商品属性或购买情景对顾客决策的实质作用具有高度情景化特征，几乎不可能对这些因素的作用进行类型化的规整。

2. 不成立混淆可能性判断的情景

购买决策和消费过程总是发生在特定情景之中，沟通情景、购买情景、使用情景和处

---

① U.S. Department of Homeland Security (An Informed Compliance Publication 2012): What Every Member of the Trade Community Should Know About: CBP (U.S. Customs and Border Protection) Enforcement of Intellectual Property Rights.

② [美] 戴维.L.马瑟斯博、博尔.I.霍金斯：《认识顾客》，陈荣、许销冰译，机械工业出版社 2019 年版，第 17 页。

③ Davidoff & CIE, S.A. v. PLD Intern. Corp., 263 F.3d 1297, 1302 (11th Cir. 2001).

④ Davidoff & CIE, S.A. v. PLD Intern. Corp., 263 F.3d 1297, 1303 (11th Cir. 2001).

⑤ [美] 戴维.L.马瑟斯博、博尔.I.霍金斯：《认识顾客》，陈荣、许销冰译，机械工业出版社 2019 年版，第 393、395 页。

⑥ [美] 戴维.L.马瑟斯博、博尔.I.霍金斯：《认识顾客》，陈荣、许销冰译，机械工业出版社 2019 年版，第 17 页。

⑦ [美] 戴维.L.马瑟斯博、博尔.I.霍金斯：《认识顾客》，陈荣、许销冰译，机械工业出版社 2019 年版，第 326 页。

置情景是较为典型的四种，这些情景是在商品和广告之外的、影响消费者决策的现实和社会等环境。[①] 在评价改变商品状况的行为是否具有混淆可能性时，不仅应当将商品的自然属性和社会属性考虑在内，而且应注意"现实和社会环境"的影响。销售商是否基于特定法规的要求，或者是否基于约定俗成的商业惯例改变商品状况，或者是否自行披露了商品状况的差异性，是影响消费者购买决定的社会情景。基于消费者对品牌形成的预期，应当排除在这三种情景中成立混淆可能性。

首先，转售商自行披露了商品状况的差异性。如果转售商已经披露商品状况之间的差异性，则消费者对这些商品的来源应该具有清晰的认识和稳定的预期，其不可能产生混淆。美国法院指出，如果消费者被充分告知已经过被告的重新包装，即使商品之后发生了破碎，消费者也不可能因商品破碎而产生混淆。鉴于不可能发生消费者混淆，首次销售原则的质量控制例外不能适用于本案。[②] 在特定情景中，即使转售商没有明确披露商品状况信息，但是消费者对商品的相应属性已经形成预期，也不应成立混淆可能性，例如"消费者在购买二手商品时具有不同的期待"，[③]他们不会期待二手商品与一手商品具有相同的质量，则二手商品质量的差异不应构成影响消费者混淆的属性。反之，如果商品状况发生了极其严重的改动，转售商品已经实质上区别于正品，并且不能通过信息披露的方式准确描述商品的来源，例如更换发动机等五大总成核心部件的行为，[④]则转售商使用商标的行为应具有混淆可能性。

其次，转售商依照法律法规变动商品状况的情形。在医药、美容、酒品等行业中，监管者为了保护消费者的知情权强制销售商加贴商品相关信息，例如我国《产品质量法》第 27 条和《食品安全法》第 66 条规定，进口商品应有中文标签，特别是进口食品必须粘贴经检验检疫机构审核备案的中文标签。根据上述法律加贴中文标签的行为，是销售商严格遵守法律规定的结果，消费者理应对相应的要求有期待，因此这种行为不应构成商标侵权。欧洲法院在药品重新包装的案件中指出，需要判断销售商是否基于特定法规的要求而重新包装，如果重新包装是出于进口商获取商业优势的目的，而不是为了满足进口国的法规目的，则不满足"必要性测试"。[⑤]

再次，依照行业惯例改变商品状况的情形，相关公众对商品状况的差异具有稳定的预期，转售商的行为也不应成立混淆可能性。在一起重新包装的案件中，被告在分包装标签上擅自使用了与原告注册商标相同的标识，在标签反面添加了供应商信息，我国法院指出：苏果的销售模式系超市的通常作法，在所售商品上附着吊牌标签符合一般商业惯

① [美] 戴维.L.马瑟斯博、博尔.I.霍金斯：《认识顾客》，陈荣、许销冰译，机械工业出版社 2019 年版，第 302 页。

② Enesco Corp.v. Price/Costco Inc., 146 F.3d 1083, 1086 - 87(9th Cir. 1998).

③ Nitro Leisure Prods., L.L.C. v. Acushnet Co., 341 F.3d B56, 1362 - 1363(Fed. Cir. 2003).

④ 天津市滨海新区人民法院(2020)津 0116 民初 3814 号民事判决书。

⑤ C - 348/04, Boehringer Ingelheim and Others, paras 36. Case C - 297/15, Ferring, para. 29.

例，[①]因此不构成商标侵权。这种依照行业惯例改动商品状况的商标使用行为，在欧洲可被纳入忠实使用之列，不构成混淆可能性，“商标专用权与商品所有权之间需要平衡，后者涉及商品自由流通的利益，销售商负有按照诚实商业惯例使用商标的忠实义务。”[②]

综上，改变商品状况的使用可能导致相关公众对商品来源产生直接混淆，即误以为某商品或服务源于权利人或经过权利人的授权，但实际上该商品或服务的属性被销售商做出实质性改动以致不应再被合理地理解为源于权利人或经权利人授权之人。基于消费决策行为理论，通过消费者的品牌预期将商品属性纳入混淆可能性检验过程，其与传统商标法理论中的混淆可能性检验要素相吻合。消费者的品牌预期与消费者的注意力程度具有实质统一性，消费者的品牌预期越大，则消费者在购物过程中施加的注意力越低，则消费者因商品属性差异所产生的混淆可能性越大。因此，应当注意顾客决策的情景化特征，强调“商品状况差异”对顾客决策的实质性作用，以“对消费者决策的实质性影响”作为衡量混淆可能性成立与否的标准。对一个理性的、中等智识的消费者而言，商品质量等自然属性相比包装、批号等市场属性更具有不可替代性，对消费者决策的影响更大。

第七节　其他抗辩

除《商标法》明确规定的抗辩类型之外，商标侵权及赔偿抗辩还有其他类型。这一论断的正当性主要有两个方面：一是知识产权保护奉行“公有领域为原则”，在知识产权法定范围之外应当都属于公有领域，因此侵权抗辩的类型理论上不应有限制，而应当呈现开放性特征。二是正当使用抗辩的功能在于平衡对商标权保护与对其他利益的保护，而“其他利益”具有开放性，可能来自宪法中的言论自由、版权法中的内容表达，以及自由竞争。正因为如此，欧美的商标侵权抗辩通常分为：法定抗辩类型和其他抗辩类型（基于言论自由的抗辩等），商标法明确的抗辩类型属于法定类型。这里介绍三种主要的其他抗辩类型。

一、时效和懈怠抗辩

《商标民事纠纷司法解释》第 18 条规定，侵犯注册商标专用权的诉讼时效为三年，自商标注册人或者利害权利人知道或者应当知道侵权行为之日起计算。商标注册人或者利害关系人超过三年起诉的，如果侵权行为在起诉时仍在持续，在该注册商标专用权有效期

---

① 江苏省淮安市中级人民法院(2014)淮中知民初字第 0007 号民事判决书。

② Annette Kur, Martin Senftleben. *European Trade Mark Law: A Commentary*. Oxford University Press, 2017, p.516.

限内，人民法院应当判决被告停止侵权行为，侵权损害赔偿数额应当自权利人向人民法院起诉之日起向前推算三年计算。由此可见，如果原告未能及时维权，被告可提出诉讼时效的抗辩（不履行抗辩），法院通常不会支持原告的诉请，但法院不会主动适用此项抗辩。[①]但是，如果被告的侵权行为一直持续，则此项抗辩不能阻止停止侵权请求权（禁令请求），但可以限制损害赔偿金的计算期限。

比较法中懈怠抗辩（laches defense）也源于“睡于权利之上者，将失权”的基本法理，[②]是指商标权人已经知道或者应当知道被告对其商标进行侵权使用之后，没有正当理由延迟提起诉讼时，被告可以据此对抗商标权人要求法律救济的权利。[③] 在美国法中，懈怠抗辩通常可以阻却商标权人的损害赔偿请求权，如果被告并非故意侵权，则还可阻却权利人获得禁令。按照美国学者的主流观点，“基于懈怠的禁止反悔”区别于“基于默示许可的禁止反悔”。默示许可仅指商标权人通过积极的言语或者行动向另一方传达出默示同意，而懈怠仅指没有任何言语或行动表示的消极同意。[④] 可见，由于美国法中不存在诉讼时效制度，懈怠制度在一定程度上发挥了诉讼时效的功能，对权利人的限制效果更强（完全限制损害赔偿请求，部分限制停止侵害请求），从而迫使权利人积极行使权利，避免没完没了地诉讼。汉德法官在一个案件中指出：“在1930年第一次开始真正受到损害的时候，原告就什么也没有做；没有任何抗议的言语，或者抱怨的行动，任由被告使用长达6年多的时间；而被告的牛奶业务一直保持增长。现在原告还能寻求什么样的平衡呢？怎么能够期待我们扼杀一个多年以来彬彬有礼地允许甚至积极鼓励其像芥末树一样生成的竞争者呢？我们有什么理由毁掉在它的纵容和同意之下建立起来的大型企业？”[⑤]

最高人民法院在2009年发布的《关于当前经济形势下知识产权审判服务大局若干问题的意见》（法发〔2009〕23号）第15条中规定：“权利人长期放任侵权、怠于维权，在其请求停止侵害时，倘若责令停止有关行为会在当事人之间造成较大的利益不平衡，可以审慎地考虑不再责令停止行为，但不影响依法给予合理的赔偿。”本条规定通常被认为属于“侵权但不停止”的特殊责任承担方式，但也有观点认为这属于对懈怠抗辩的规定。[⑥] 只是上述规定过于原则，懈怠抗辩的构成和效果仍存在模糊。例如何为“长期放任”“利益不平衡”？为什么被告只是可以对抗停止侵害请求权，而不能对抗损害赔偿请求权？笔者认为，与其说本条是懈怠抗辩的规定，还不如将其作为建构懈怠抗辩的基础。在构成上，应当设置三个条件。首先，设置怠于维权的最低期限。可参照德国法规定采用5年作为时

---

① 《民法典》第192条：“诉讼时效期间届满的，义务人可以提出不履行义务的抗辩。诉讼时效期间届满后，义务人同意履行的，不得以诉讼时效期间届满为由抗辩；义务人已经自愿履行的，不得请求返还；”第193条：“人民法院不得主动适用诉讼时效的规定。”

② Hot wax, Inc v. Turtle wax, inc., 191 F.3d 813, 820 (7th Cir. 1999).

③ 李扬：《商标侵权中的懈怠抗辩》，《清华法学》2015年第2期。

④ J. Thomas McCarthy. *McCarthy on Trademarks and Unfair Competition* (Fifth Edition). June 2020.

⑤ Dwinnell Wright Co.v.White House Milk Co.132 F.2d 822, 825 - 826(2d Cir.1943).

⑥ 戴哲：《论知识产权懈怠抗辨引入的必要性与规则构建》，《环球法律评论》2024年第3期。

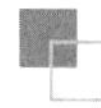

间要素的底限要求，这与我国商标无效的5年争议期对接，可进一步解释“懈怠但不失权”的效果。其次，权利人应使相对人确信其不会行使权利，那么，权利人此后若再行使权利，则将与自己先前的行为造成自相矛盾，进而损害之前相对人产生的信赖。此时，应当以“权利人知晓侵权行为”作为关键；如果权利人并不知晓侵权行为的存在，则不适用懈怠抗辩。再次，以信赖要素替换“利益不平衡”之要件。域外法院常在解释信赖要素上以“信赖投资”为认定关键，即相对人需基于信赖从事特定的行为，已经为使用知识产权客体作出财产投资并构成相对人商业活动的经济基础。在效果上，此项抗辩是为了保护相对人的信赖利益，不是为了惩罚权利人，因此不宜使权利人失去实体权，只是相对人得就权利人的请求权作出抗辩，包括停止侵权请求权和损害赔偿请求权。① 如此，懈怠抗辩和时效抗辩都可成为督促权利行使、限制权利滥用的抗辩类型。

二、商标共存抗辩

商标共存现象，是指不同企业使用相同或近似商标销售产品或服务，而不损害他人的营业。商标共存是指不同企业合法地将相同或近似商标使用在相同或类似商品或服务上，经善意长期使用或者依据双方协议而形成了一种稳定的市场共存格局。

中国和美国商标法都有共存使用(concurrent use)商标的现象。美国法采取商标使用制度，很容易造成不同地理区域的善意使用人使用相同或近似商标的现象。我国很多共存案件涉及历史因素，②双方当事人在较为接近的时间开始使用相同或近似商标，各自在相应市场中经过较长时间的使用，且主观上均为善意，直到双方市场扩大且不可避免地产生利益冲突。我国最高人民法院指出：对于使用时间较长、已建立较高市场声誉和形成相关公众群体的诉争商标，应当准确把握商标法有关保护在先商业标志权益与维护市场秩序相协调的立法精神，充分尊重相关公众已在客观上将相关商业标志区别开来的市场实际，注重维护已经形成和稳定的市场秩序。③

除善意共存使用导致的商标侵权纠纷之外，商标申请程序中也会遇到共存问题。申请注册的商标与在先商标近似，但在先商标权人在申请程序中明确同意申请人申请注册该商标，即双方达成了共存协议，商标局是否应当允许核准商标的注册？实践中类似案例争议较大。商标共存协议效力认定在我国实践中存在不同意见，根本上取决于商标所有人主义和消费者主义两种观念。究竟应该尊重当事人之间的意思自治、认可商标共存协议的效力(权利人中心主义)，还是不受干扰地对“容易导致相关公众混淆”进行审查(消费者中心主义)？是否应当区分核定商品为普通商品还是药品、食品？是否应当区分相同商标还是近似商标？“容易导致相关公众混淆”的法律性质是什么，是否等同于公共利益？

---

① 戴哲：《论知识产权懈怠抗辨引人的必要性与规则构建》，《环球法律评论》2024年第3期。

② 黄武双、刘维等：《商标共存：原理与判例》，法律出版社2013年版。

③ 《最高人民法院关于审理商标授权确权行政案件若干问题的意见》(法发〔2010〕12号)第1条。

我国法院通常认可共存协议的效力，2019 年北京市高级人民法院在《商标授权确权行政案件审理指南》中明确指出："判断是否构成近似商标时，共存协议可以作为排除混淆的初步证据"，但不接受附条件或附期限的共存协议。[①] 学术界的代表意见认为，商标共存利大于弊的客观情况、我国商标法的私权保护取向以及商标先用权等相关制度的发展趋势共同决定了我国应该明确承认商标共存，通过恰当的商标共存协议内容、正确使用商标及附加区别标志等对商标共存的弊端予以适当规制。[②]

"张小泉"案[③]

在张小泉商标侵权案中，杭州张小泉剪刀厂于 1964 年 8 月 1 日，经注册取得张小泉文字与剪刀图形组合的张小泉牌注册商标，核定使用商品为日用剪刀。之后逐步取得"张小泉牌"注册商标（被认定为驰名商标）和"张小泉"文字商标。上海张小泉刀剪总店（简称"刀剪总店"，后被授予中华老字号）成立于 1956 年 1 月 6 日，开业之后一直在产品及外包装上突出使用"上海张小泉"或"张小泉"字样，后取得"泉字牌"商标。杭州张小泉剪刀厂诉称刀剪总店构成商标侵权和不正当竞争。

法院认为："'张小泉'品牌的形成已有数百年历史，其品牌知名度和声誉的产生有着长期的历史原因。原告与被告均对'张小泉'品牌声誉的形成做出过一定的贡献。因此，应当在考虑特定历史背景的前提下，根据公平、诚实信用以及保护在先取得的合法权利的原则来处理本案。""'刀剪总店'并非在原告的商标驰名后，为争夺市场才故意在产品及包装上突出使用'张小泉'，并且行政法规、规章允许企业使用简化名称和字号。特别是被告'刀剪总店'评为中华老字号的事实，证明了'剪总店'使用'张小泉'字号已被广大消费者认同，且使用已长达数十年之久，在相关消费群体中形成了一定的知名度。因此，'刀剪总店'突出使用'张小泉'不具有主观恶意。考虑到原告的注册商标与'刀剪总店'的企业名称产生时的特定历史背景，从公平和诚信原则出发，不认定被告'刀剪总店'突出使用"张小泉"或'上海张小泉'的行为构成对原告的注册商标的侵犯和不正当竞争。"

商标法中的消费者利益不具有独立性，消费者在商标法中不享有诉权。[④] 在商标注册程序中，混淆误认是用于判断侵害在先商标权的条件；在商标侵权判定中，混淆之虞是象征商标权的私权即将受到损害的危险信号，可见消费者利益最终服务于商标权，保护商标权也就保护了消费者利益。商标权人以自由转让为原则，只是在混淆之虞足够具体和强大时，商标局可拒绝商标转让。基于这种思考，可在原则上认可共存协议的效力，只是

① 《北京市高级人民法院商标授权确权行政案件审理指南》15.10。

② 王太平：《商标共存的法理逻辑与制度构造》，《法律科学》2018 年第 3 期。

③ 上海市第二中级人民法院(1999)沪二中知初字第 13 号民事判决书；上海市高级人民法院(2004)沪高民三(知)终字第 27 号民事判决书。

④ 关于商标法与反不正当竞争法中的消费者利益，可参见刘维、陈鹏宇：《论数字时代反不正当竞争法中的消费者利益》，《知识产权》2023 年第 7 期。

混淆之虞足够具体和强大时拒绝商标注册或要求附加区别标识(附条件注册)。如果一方当事人违反共存协议条款,在商标注册程序中提出异议或撤销,法院认为这种行为违反诚实信用原则,仍然尊重共存协议的效力。[①] 在没有明显或者严重误导公众的情形下,尊重商标所有人主义可能是更优的选择。此外,在双方当事人构成相同商标的情形中,由于《商标法》第 57 条第 1 项的行为不以混淆可能性为条件,因此,法院或行政机构不应接受此种情形的共存协议。

"NEXUS"案[②]

谷歌公司于 2012 年 11 月 7 日提出注册"NEXUS"商标,指定使用商品为第 9 类"手持式计算机、便携式计算机"。本案引证商标为第 1465863 号"NEXUS"商标,由案外人株式会社岛野于 1999 年 5 月 13 日提出注册申请,核定使用商品为第 9 类自行车用计算机。谷歌公司主张其与引证商标权利人签署了商标共存协议,因此申请商标应予核准注册。

一审和二审法院均认为,商标法的立法目的一方面在于保护商标权人的利益,维护其商标信誉,保护生产、经营者的利益;另一方面,在于保障消费者利益,防止市场混淆,促进社会主义市场经济的发展。因此,若诉争商标与在先商标指定使用的商品相同或类似,且诉争商标标识与在先商标标识相同或极为近似,出于维护正常市场秩序、防止混淆的目的,通常不应考虑相关的共存协议。再审提出了三点理由:

第一,根据《商标法》第 42、43 条等规定,商标权人可以依法转让、许可其商标权,亦有权通过放弃、不再续展等方式处分其商标权。在商标评审委员会业已作出被诉决定,认定申请商标与引证商标构成类似商品上的近似商标的情况下,引证商标权利人通过出具同意书,明确对争议商标的注册、使用予以认可,实质上也是引证商标权利人处分其合法权利的方式之一。在该同意书没有损害国家利益、社会公共利益或者第三人合法权益的情况下,应当给予必要的尊重。

第二,根据《商标法》第 1 条的规定,保障消费者的利益和生产、经营者的利益均是商标法的立法目的,二者不可偏废。虽然是否容易造成相关公众的混淆、误认是适用《商标法》第 28 条的重要考虑因素,但也要考虑到相关公众对于近似商业标志具有一定的分辨能力,在现实生活中也难以完全、绝对地排除商业标志的混淆可能性,尤其是在存在特定历史因素等特殊情形下,还可能存在不同生产、经营者善意注册、使用的特定商业标志的共存。在本案中,相较于不确定是否受到损害的一般消费者的利益,申请商标的注册和使用对于引证商标权利人株式会社岛野利益的影响更为直接和现实。株式会社岛野出具同意书,明确同意谷歌公司在我国申请和使用包括申请商标在内的有关商标权,表明株式会

① 最高人民法院(2011)知行字第 50 号行政裁定书。
② 最高人民法院(2016)最高法行再 103 号行政判决书。

社岛野对申请商标的注册是否容易导致相关公众的混淆、误认持否定或者容忍态度。考虑到谷歌公司、株式会社岛野分别为相关领域的知名企业，本案中没有证据证明谷歌公司申请或使用申请商标时存在攀附株式会社岛野及引证商标知名度的恶意，也没有证据证明申请商标的注册会损害国家利益或者社会公共利益。在没有客观证据证明的情况下，不宜简单以尚不确定的“损害消费者利益”为由，否定引证商标权利人作为生产、经营者对其合法权益的判断和处分，故对引证商标权利人出具的同意书不予考虑。

第三，虽然商标的主要作用在于区分商品或者服务的来源，但除申请商标和引证商标外，包括谷歌公司的企业名称及字号、相关商品特有的包装装潢等其他商业标志也可以一并起到区分来源的作用。因此，如果在实际使用过程中结合其他商业标志，可以有效避免相关公众混淆、误认，则可以准予申请商标注册。

三、权利滥用抗辩

在商标侵权诉讼中，被告抗辩称原告的注册商标系恶意抢注取得，不应受到保护。我国已有多个判决基于《商标法》第 4 条支持这种抗辩。除此之外，我国法院还支持实际权利人以《反不正当竞争法》第 2 条或者侵权法一般条款为依据，针对“通过侵害他人在先权利而恶意取得、行使商标权的行为”提起诉讼。[①]

“歌力思”案[②]

“歌力思案”的裁判要旨指出，当事人违反诚实信用原则，损害他人合法权益，扰乱市场正当竞争秩序，恶意取得、行使商标权并主张他人侵权的，人民法院应当以构成权利滥用为由，判决对其诉讼请求不予支持。在本案判决中，王某某取得和行使“歌力思”商标权的行为难谓正当。“歌力思”商标由中文文字“歌力思”构成，与歌力思公司在先使用的企业字号及在先注册的“歌力思”商标的文字构成完全相同。“歌力思”本身为无固有含义的臆造词，具有较强的固有显著性，依常理判断，在完全没有接触或知悉的情况下，因巧合而出现雷同注册的可能性较低。作为地域接近、经营范围关联程度较高的商品经营者，王某

① 杭州市余杭区人民法院(2017)浙 0110 民初 18627 号民事判决书：① 李某存在接触拜耳关爱公司的产品和作品的可能，其并未就涉案商标标识的来源进行举证或合理说明，因此，可以认定李某注册的涉案商标构成对拜耳关爱公司作品主要部分的抄袭，侵犯了拜耳关爱公司对涉案图案所享有的著作权。② 李某注册涉案商标的动机并非利用涉案商标开展正常的经营活动，而欲通过投诉、售卖等方式进行获利；李某的大量注册行为并非为正常经营活动或维护自身的知识产权所需，而是一种明显的囤积商标牟利的行为。综上，李某明知原告对涉案图案享有在先权利以及在先使用于涉案产品上，仍然利用原告未及时注册商标的漏洞，将其主要识别部分申请注册为商标，并以该恶意抢注的商标针对涉案产品发起投诉以谋取利益，以及欲通过直接售卖商标以获得暴利。李某的获利方式并非基于诚实劳动，而是攫取他人在先取得的成果及积累的商誉，属于典型的不劳而获行为，该种通过侵犯他人在先权利而恶意取得、行使商标权的行为，违反了诚实信用原则，扰乱了市场的正当竞争秩序，应认定为《反不正当竞争法》第 2 条规定的不正当竞争行为。

② 浙江省高级人民法院(2013)浙知终字第 222 号民事判决书、最高人民法院(2014)民提字第 24 号民事判决书。

某对“歌力思”字号及商标完全不了解的可能性较低。在上述情形下，王某某仍在手提包、钱包等商品上申请注册“歌力思”商标，其行为难谓正当。王某某以非善意取得的商标权对歌力思公司的正当使用行为提起的侵权之诉，构成权利滥用。

“优衣库”案

指南针公司、中唯公司一审共同诉称，其系第 10619071 号注册商标的共有人，共同享有注册商标专用权。该注册商标的核定使用商品为第 25 类的服装、鞋、帽等，使用期限自 2013 年 6 月 21 日—2023 年 6 月 20 日。优衣库公司与优衣库光启城店未经许可，在相同商品上及相关网络推广宣传中使用与涉案注册商标相同的标识，侵犯了指南针公司、中唯公司享有的注册商标专用权，故诉至一审法院，请求判令优衣库公司、优衣库光启城店：① 立即停止侵犯商标专用权的行为；② 共同赔偿经济损失人民币 15 万元以及为制止侵权所支付的合理费用 12 498 元，共计 162 498 元；③ 共同在《上海日报》上就商标侵权行为刊登声明及连续 30 日在优衣库光启城店入口处显著位置张贴启事，排除妨碍、消除影响。

一审法院认为被告的行为构成商标侵权，但不支持原告的损害赔偿请求。优衣库公司、优衣库光启城店未经指南针公司、中唯公司许可，在互联网宣传中使用了与原告注册商标相同的被诉侵权标识，并销售带有该标识的商品，其行为属于侵害指南针公司、中唯公司注册商标专用权的行为，依法应承担相应的民事责任……原告注册商标并非为了使用，而是以商标注册并转让为其经营模式……指南针公司、中唯公司未能成功转让涉案注册商标，即分别以优衣库公司、迅销公司及其各自门店侵害该商标专用权为由，就基本相同的事实展开系列诉讼。值得注意的是，指南针公司、中唯公司在每个案件中均以优衣库公司或迅销公司及作为其门店的一家分公司作为共同被告起诉，利用优衣库公司或迅销公司门店众多的特点，形成全国范围内的批量诉讼。原告所采用的诉讼方式使案件数量、诉讼成本均明显上升。此举是正当维权还是期望通过诉讼达到将该商标高价转让的目的则不无疑问。综上所述，指南针公司、中唯公司的前述行为明显不符合鼓励商标使用、激活商标资源的原则，而系利用注册商标不正当获利，将商标作为索赔的工具。鉴于指南针公司、中唯公司的商标并未实际使用，该商标并不产生商品来源的区分功能，亦未产生相应的市场价值，故指南针公司、中唯公司并无商标使用价值的损失，其要求被告承担赔偿经济损失的诉讼请求无事实和法律依据，不予支持。

最高人民法院采取了与“歌力思案”相同的立场，认为原告构成权利滥用。指南针公司、中唯公司以不正当方式取得商标权后，目标明确指向优衣库公司等，意图将该商标高价转让，在未能成功转让该商标后，又分别以优衣库公司、迅销公司及其各自门店侵害该商标专用权为由，以基本相同的事实提起系列诉讼，在每个案件中均以优衣库公司或迅销公司及作为其门店的一家分公司作为共同被告起诉，利用优衣库公司或迅销公司门店众多的特点，形成全国范围内的批量诉讼，请求法院判令优衣库公司或迅销公司及其众多门店停止使用并索取赔偿，主观恶意明显，其行为明显违反诚实信用原则，对其借用司法资源以商标权谋取不正当利益之行为，本院依法不予保护；优衣库公司关于指南针公司、中唯公司恶意诉讼的抗辩成立，予以支持。二审法院虽然考虑了指南针公司、中唯公司之恶意，判令不支持其索赔请求，但对其是否诚实信用行使商标权未进行全面考虑，适用法律有所不当。①

参考文献

一、著作

[1] 全国人民代表大会常务委员会法制工作委员会：《中华人民共和国商标法释义》，法律出版社 2013 年版。

[2] 袁真富：《公司知识产权管理：思路与策略》，清华大学出版社 2023 年版。

[3] 孔祥俊：《商标与反不正当竞争法》，法律出版社 2009 年版。

[4] 曾陈明汝：《商标法原理》，中国人民大学出版社 2003 年版。

[5] [日] 田村善之：《日本知识产权法》，周超、李雨峰、李希同译，知识产权出版社 2011 年版。

[6] [美] 戴维. L. 马瑟斯博，博尔. I. 霍金斯：《认识顾客》，陈荣、许销冰译，机械工业出版社 2019 年版。

[7] 姚作为：《服务消费决策行为研究》，中国标准出版社 2007 年版。

[8] 王瑞贺：《中华人民共和国反不正当竞争法释义》，法律出版社 2018 年版。

[9] [英] 杰里米.菲利普斯：《商标法实证性分析》，马强译，中国人民大学出版社 2014 年版。

[10] 黄武双、刘维等：《商标共存：原理与判例》，法律出版社 2013 年版。

[11] Mary LaFrance. *Understanding Trademark Law*. LexisNexis, 2009.

[12] J. Thomas McCarthy. *McCarthy on Trademarks and Unfair Competition* (5th edition), June 2020 Update. Westlaw.

[13] Annette Kur, Martin Senftleben. *European Trade Mark Law: A Commentary*. Oxford University Press, 2017.

[14] Richard L. Kirkpatrick. *Likelihood of Confusion in Trademark Law*. Practising Law Institute, Intellectual Property Law Library, 2013.

二、论文

[1] 孔祥俊：《反不正当竞争法补充保护知识产权的有限性》，《中国法律评论》2023 年第 3 期。

[2] 蒋舸：《知识产权法与反不正当竞争法一般条款的关系——以图式的认知经济性为分析视角》，《法学研究》2019 年第 2 期。

[3] 黄汇：《反不正当竞争法对未注册商标的有效保护及其制度重塑》，《中国法学》2022 年第 5 期。

① 最高人民法院(2018)最高法民再 390 号民事判决书。

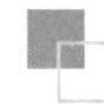

[4] 刘维:《论隐性使用搜索关键词的反不正当竞争法规制》,《南大法学》2023 年第 6 期。

[5] 谢晓尧:《超越荆棘的丛林:也论〈反不正当竞争法〉之适用》,《知识产权》2023 年第 1 期。

[6] 刘维:《论商标权穷竭的功能虚置与价值回归》,《知识产权》2023 年第 1 期。

[7] 李扬:《商标侵权诉讼中的懈怠抗辩——美国法的评析及其启示》,《清华法学》2015 年第 2 期。

[8] 王太平:《商标共存的法理逻辑与制度构造》,《法律科学(西北政法大学学报)》2018 年第 3 期。

[9] 刘维、陈鹏宇:《论数字时代反不正当竞争法中的消费者利益》,《知识产权》2023 年第 7 期。

[10] 吴晶博:《论日本商标产品平行进口合法性判定的"三要件"规则》,南京师范大学硕士论文,2017 年。

[11] 戴哲:《论知识产权懈怠抗辩引入的必要性与规则构建》,《环球法律评论》2024 年第 3 期。

第七章 驰名商标的特殊保护

由于各国历史传统、语言表述等方面的差异，关于驰名商标的称谓，西方国家存在 well known trademark、famous trademark、marks with a reputation、notorious、highly renowned 等相关表述；中日两国则存在驰名商标、著名商标等相关表述。这些不同称谓背后的法律制度，究竟是否具有完全相同的内涵，仍然是个谜，例如欧洲学者指出："驰名商标（marks being well-known）和声誉商标（marks having a reputation）要求之间的关系，至今没有得到明确的澄清。"[①]驰名商标法律制度较对普通商标的保护正当性更为特殊、保护范围更为宽泛，国际上普遍接受了驰名商标反淡化理论，但各国在驰名商标的门槛、是否区分注册驰名商标和未注册驰名商标、淡化行为的类型等具体制度方面存在差异。

保护驰名商标的正当性源于其本身蕴含的财产价值以及避免对驰名商标显著性的损害，通常认为是对商标之沟通、广告和投资功能的保护（communication, advertising and investment）。我国驰名商标反淡化保护机制的发展主要源于对国际条约的遵守，在实践中受欧盟法的影响较大。

第一节 驰名商标保护的历史渊源

一、国际上的规定

对驰名商标提供禁止淡化的特殊保护是国际通例，不论国界均应予以保护。

（一）国际条约的规定

1.《巴黎公约》

《巴黎公约》(1967 年)第 6 条之二(1)款规定：联盟各国承诺，如果其立法允许，或者

① Annette Kur. *European Trademark Law*, 288.

根据利益相关方的请求，拒绝或撤销一个商标的注册并禁止其使用，当该商标构成对另一标志的复制、模仿或翻译，容易产生混淆，且该标志被注册国或使用国的主管机关认为在该国已为公众所熟知的商标，并用于相同或类似的商品。当商标的主要部分构成对任何此类知名商标的复制或模仿，并且可能造成混淆时，这些规定也应适用。

从《巴黎公约》的上述条文可以看出，已经注册或已经使用的驰名商标所有人有权请求拒绝或撤销，或者请求禁止他人在该国申请注册、使用复制、模仿或翻译该驰名商标及其必要组成部分的标识，只要这种注册或使用行为可能导致在相同或近似商品上产生混淆。"其核心精神是，尽管甲国的商标未在乙国注册，但如果其事实上已经广为知晓，且经乙国主管机构认定为驰名，乙国应当拒绝他人在先注册申请，他人已经在先注册的，应当撤销其注册。"[①]从字面上看，《巴黎公约》的上述规定只是为未注册的驰名商标提供了禁止混淆的保护，对已经注册的驰名商标并未提供特殊保护机制。《巴黎公约》规定的划时代意义在于，其缓解了多数国家将注册作为商标保护条件的规定，从而在一定意义上通过"驰名"代替"注册"作为特定商标的公示手段，这种商标仍然只是在禁止混淆的意义上受到保护，但突破了商标保护的地域性和独立性，即不论该商标是否已经在本国注册，只要其驰名，则提供驰名商标的保护是一种国际义务。直到 TRIPS 协议第 16 条第 2 款的生效，注册驰名商标的反淡化保护机制才成为一种国际认可的制度。

2. TRIPs 协定第 16 条第 2 款和第 3 款

(第 2 款)《巴黎公约》(1967 年)第 6 条之二的规定，应相应地适用于服务。在确定一个商标是否驰名商标时，成员国应考虑相关公众领域内对该商标的了解，包括由于对该商标的推广而在有关成员国内获得的了解。(第 3 款)《巴黎公约》(1967 年)第 6 条之二的规定，应准用于与注册商标所核定的商品或服务不相似的商品或服务，前提是该商标在与这些商品或服务相关的情况下的使用会表明这些商品或服务与注册商标所有者之间存在联系，并且注册商标所有者的利益可能会因这种使用而受到损害。

TRIPs 协议的上述规定采取了"准用"技术，使《巴黎公约》的规定得以延续，但又有创新。第一，第 16 条第 2 款将《巴黎公约》的规定扩大到服务商标；第二，第 16 条第 2 款进一步澄清了认定驰名商标的相关公众立场，不要求社会公众广为人知。一些专业性强的领域中的商品，可能只是在专业领域内的知名度较高；一些商品可能只是在一国的部分地理区域销售；一些商品可能只是为特定年龄群的人所接触；这些情形都可以被认定为驰名商标，成员国对此可以设定自己的门槛。[②] 第三，根据第 16 条第 2 款的规定，因宣传广告

---

① 全国人民代表大会常务委员会法制工作委员会：《中华人民共和国商标法释义》，法律出版社 2013 年版，第 32—33 页。

② Nuno Pires De Carvalho. *The TRIPS Regime of Trademarks and Designs* (4th Edition). Wolters Kluwer, 2019, p.405.

而获得的知名度认识可以作为认定驰名的因素，而不要求在商品或服务上实际使用(actual use)，争议的问题在于该条是否导致驰名商标的保护不以“在商业中使用”(use in the course of trade)为条件。第四，第 16 条第 3 款使《巴黎公约》第 6 条之二的规定对已经注册的驰名商标提供特殊保护，即在不类似的商品或服务上的跨类保护，只要在这些商品或服务上的使用行为会与该已经注册的驰名商标之间产生一种联系，且可能损害该驰名商标所有人的利益。这就使驰名商标的保护范围扩大到其声誉所及的未注册的“不相同或者不相类似商品或者服务”。[①] 这说明国际条约呈现出保护驰名商标的差异化结构，即针对未注册驰名商标适用禁止混淆机制，针对注册驰名商标则适用禁止淡化机制。当然，这只是国际条约层面上作出的最低保护要求。不同国家可以根据情况做出不同的选择。欧洲遵循国际条约对驰名商标保护的差异化结构，即只为注册驰名商标提供反淡化保护，美国则超出国际条约要求的保护水平、一律为所有的驰名商标提供反淡化保护。

(二) 美国和欧盟的规定

1. 美国

1927 年商标从业者 Frank Schechter 在《哈佛法律评论》上的一篇文章强调要保护商标的显著性，[②]这成为美国后来的驰名商标反淡化制度的源头。这篇文章发表后没有被立即引起重视，1946 年《兰哈姆法》也未引入反淡化制度。但随后美国法院逐渐接受反淡化法，各州也开始制定《反淡化法》。驰名商标保护从此开始突破传统的消费者混淆机制，被作为一种财产受到保护。

美国联邦和州法院在 20 世纪中叶开始接受驰名商标反淡化制度。这些案例法上的发展集中体现在《反不正当竞争法重述(第三次)》第 25 条中，该条有两款：一方面强调了商标法只存在混淆禁止和淡化禁止机制，行为人不可能在没有混淆可能性又不构成淡化行为的情况下承担商标侵权责任；另一方面，重述了美国反淡化的案例法只承认弱化和丑化这两种行为，不接受“搭便车”作为一种淡化行为。此外，本条还为驰名商标的淡化提供了言论自由抗辩。

第一款：模仿(resembles)他人商标、商号、集体商标或证明商标的行为，在缺乏混淆可能性证据的情况下，只有在可适用反淡化法时才在商标法下承担责任。行为人承担责任的条件是：如果行为人以可能将他人商标与行为人的具体商品、服务或营业联系起来的方式使用该标识(is likely to associate the other's mark with the goods, services, or business of the actor)：(a) 他人的商标具有较强显著性，且该商标与行为人的商品、服务

---

① 全国人民代表大会常务委员会法制工作委员会：《中华人民共和国商标法释义》，法律出版社 2013 年版，第 33 页。

② Frank I. Schecter. The Rational Basis of Trademark Protection. *Harv. L. Rev.*, Vol. 40, 1927, pp.813, 825.

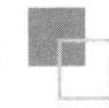

或营业之间的联系可能降低了该商标的显著性；(b) 该商标与行为人的商品、服务或营业之间的联系，或者行为人使用行为的性质，可能贬低他人商品、服务或营业，或者玷污他人商标的形象。

第二款：模仿他人商标、商号、集体商标或证明商标的行为，如果并不是以可能将他人商标与行为人的商品、服务或营业联系起来的方式使用，而是为了评论、批判、讥讽、戏仿或者贬低他人商品、服务、营业或商标，在缺乏混淆可能性证据的情形下，只有当该行为满足诽谤、侵犯隐私或致害诋毁的情况下才承担责任。

在联邦层面，1995 年通过的《联邦商标反淡化法案》(FTDA)第 3 条禁止商业性使用他人商标：如果这种使用是在该商标成为驰名(famous)之后且淡化该商标显著特征的条件下，而不论是否存在竞争关系或者混淆可能性。该法案的目的是防止后续使用行为弱化驰名商标的显著性或者丑化、贬低该商标，即使缺乏混淆可能性时亦同。① 2006 年，美国国会出台《商标反淡化修正案》(TDRA)，对 1995 年制定法中的若干条款进行了修正。2006 年修正案第 2 条进一步明确了淡化行为的两种类型："通过弱化进行淡化商标或商号与驰名商标之间的相似所产生的联系，导致驰名商标显著性受损"，以及"通过玷污进行淡化商标或商号与驰名商标之间的相似所产生的联系，导致驰名商标的商誉受损"。

2. 欧盟

有学者将欧洲的驰名商标的保护归纳为三个层次：一是在相同或类似商品和服务上对未注册驰名商标的保护，以混淆可能性为条件，这对应于《巴黎公约》第 6 条之二和 TRIPs 协议第 16 条第 2 款；二是超出特定原则(principle of speciality)对注册声誉商标提供保护，这对应于 TRIPs 协议第 16 条第 3 款；三是超出特定原则对驰名商标提供保护，且不以注册为条件。欧洲有些成员国认为不应该区分注册与否对驰名商标提供不同程度的保护，它们将未注册声誉商标的保护范围也扩展到禁止淡化，例如斯洛伐克(《商标法》第 4 条)、捷克(《商标法》第 7 条)、波兰(《知识产权法》第 132 条第 2 款)、爱沙尼亚(《商标法》第 10 条)、拉脱维亚(《商标法》第 8 条)、丹麦(《商标法》第 4 条)、罗马尼亚(《商标与地理标记法》第 6 条)、法国(《知识产权法》第 L713－5 条)。② 欧洲学者认为，区分商誉商标和驰名商标的细微差别在实践中几乎没有意义，能够享有延伸保护(extended protection)的声誉商标也应得到《巴黎公约》第 6 条驰名商标的保护。

欧洲的驰名商标反淡化制度集中体现在《欧盟商标协调指令》第 5 条第 2 款，任何第三人未经商标权人同意不得在商业中，将与注册商标相同或近似的标记使用在不类似的

① H.R.Rep.No. 374, 104th Cong., 1st Sess. 3 (1995); 1995 U.S. Code Cong. & Admin. News 1029, 1030; Mary LaFrance. *Understanding Trademark Law*. LexisNexis, 2009, p.213.

② Danguole Klimkeviciute. The Legal Protection of Well-known Trademarks and Trademarks with a Reputation: The Trends of the Legal Regulation in the EU Member States. *Social Science Studies*, 2010.

商品或服务上，只要商标在成员国享有声誉且这种标记的使用行为无正当理由不当利用，或损害商标的显著性特征或声誉。本款将反淡化保护限定在注册驰名商标上，包含三种类型：搭便车、弱化、丑化。从欧洲法院的案例法看，[①]"弱化"和"丑化"的内涵与美国法一致。所谓"不当利用商标的显著性特征、声誉"或"搭便车"(free-riding)，这种行为无关对商标的损害，而关系第三方由于使用相同或近似标记为其带去竞争优势。[②] 只要在先驰名商标与被诉商标之间建立了"联系可能性"，那么，在先驰名商标的竞争优势就可能被借用或"输送"到被诉商标上，至于最终是否构成"搭便车"，则还需结合使用人的主观状态及客观效果等综合考量。在立法理念上，欧洲立法者表现出对权利人更强势的保护立场，美国立法者则表现出对自由竞争的谨慎干预。

二、中国法的移植

(一) 历史沿革

我国 2001 年《商标法》首次引入了驰名商标保护的特殊机制。参照国际条约和欧盟法的规定，注册驰名商标和未注册驰名商标在我国依照不同款项受到不同程度的保护。《商标法》第 13 条第 2 款是对未注册驰名商标的规定：就相同或者类似商品申请注册的商标是复制、摹仿或者翻译他人未在中国注册的驰名商标，容易导致混淆的，不予注册并禁止使用。本款对未注册商标的保护程度与《巴黎公约》第 6 条之二持平，即对未注册驰名商标提供禁止混淆保护。《商标法》第 13 条第 3 款对注册驰名商标提供跨类保护：就不相同或者不相类似商品申请注册的商标是复制、摹仿或者翻译他人已经在中国注册的驰名商标，误导公众，致使该驰名商标注册人的利益可能受到损害的，不予注册并禁止使用。这种保护也超过了对普通注册商标的保护程度。

如何理解《商标法》第 13 条第 3 款中的"误导公众、致使该驰名商标注册人的利益可能受到损害"？"误导公众"，在我国商标法与反不正当竞争法的语境中通常认为是"混淆可能"的"同义词"，经典的驰名商标反淡化制度不可能使用"混淆可能"的概念，而通常指商标权人的利益受到损害(商誉被不当利用、商誉被丑化、显著性被弱化)，例如上述 TRIPs 协议第 16 条第 2 款、美国法和欧盟法中的用语。在这里，我们当然更愿意相信这是立法技术上的瑕疵。

可能的解释是，我国立法者试图融合《巴黎公约》第 6 条之二以及 TRIPS 协议第 16 条第 2 款的规定，所以既保留了前者中的"误导公众"(混淆可能性)，又吸收了后者中的"致使该驰名商标注册人的利益可能受到损害"。尽管 2001 年之后的司法实践不乏依据该款项为注册驰名商标提供反淡化保护的案例，但直到 2009 年《最高人民法院关于审理

① Case C252/07 Intel, paragraph 29.

② Case C487/07 L'Oréal SA, paragraph 41.

涉及驰名商标保护的民事纠纷案件应用法律若干问题的解释》第 9 条第 2 款，最高法院才正式澄清理论和实践中的各种解读，从而更明确地展现了中国注册驰名商标的反淡化保护规则，表现出借鉴欧洲法及保护权利人的倾向：足以使相关公众认为被诉商标与驰名商标具有相当程度的联系，而减弱驰名商标的显著性、贬损驰名商标的市场声誉，或者不正当利用驰名商标的市场声誉的，属于《商标法》第 13 条第 2 款规定的“误导公众，致使该驰名商标注册人的利益可能受到损害”。

(二) 未完成的改革

既然驰名商标保护的基本原理是为了保护商誉避免损害商标显著性，为什么要区分对待注册驰名商标和未注册驰名商标的保护？依笔者之见，我国商标法应为未注册驰名商标提供反淡化保护，根据商标的驰名程度确定其跨类保护的范围。

1. 依照知名度高低提供保护

驰名商标保护的根基既不在于商标注册与否，也不在于商标的显著性高低，而是商标的知名度。从我国《反不正当竞争法》第 6 条看，尚未达到驰名程度但已有一定影响的普通未注册商标，可以阻止他人进行混淆性使用，这与《商标法》第 13 条中对未注册驰名商标的保护强度相当。但是，《反不正当竞争法》第 6 条中“有一定影响”所体现的商标知名度比《商标法》第 13 条中的“驰名”更低，从体系看，应当增强对后者的保护强度，使不同知名程度的商标可以享受不同程度的保护，从而符合商标保护的比例性。

2. 公共政策的调整需求

如今随着国际交往之间的密切程度加剧、互联网技术和电子商务的兴起，各国(尤其是活跃经济体)商品或服务市场之间的关联性增强，在一些国家驰名的商标比以往更容易在其他国家的相关公众群体中驰名，即使该商标尚未在其他国家注册或使用，也可能被其他国家的相关公众接受为“驰名”。基于公共政策的考虑，随着我国对“走出去”战略和“品牌强国”战略的鼓励，以及我国从商标大国走向商标强国的转变，[①]对未注册驰名商标提供禁止淡化保护的正当性比以往更强。

第二节　我国驰名商标淡化行为的构成

驰名商标能否受到保护以及保护范围的确定，有赖于反淡化机制中各构成要素的认定。特定因素不能成立将导致反淡化机制的不能适用。特定因素把握门槛的调节，

---

① 按照国家对品牌价值的排名指标中，中国仅次于美国位居全球第二，《2020 年全球品牌财富 500 报告》，https://brandirectory.com/rankings/global/table，最后访问日期：2020 年 4 月 20 日。

将导致驰名商标保护范围的调节。驰名商标的跨类保护究竟应当跨到何种商品或服务上，也需要根据这些因素综合确定。

一、使用行为

(一) 商标性使用

在美国法上，淡化案件中的使用行为只是要求发生在“商业中”。2006 TDRA 第 2 条第 1 款只是规定了“在商业中”(in commerce)，该条第 3 款反面规定了三大类除外情形(exclusions)。下列行为不属于本条中的淡化行为：首先，合理使用，包括对驰名商标的描述性(discriptive)或指示性(normative)合理使用，并非用于指示行为人商品或服务的来源，这包括：① 允许消费者比较商品或服务的广告或促销；② 指示及戏仿、批判或者评论驰名商标所有人或其商品、服务。其次，任何形式的新闻报道及新闻评论。再次，任何非商业性地使用商标。在这些除外情形中，“描述性使用”是为了允许他人真实描述商品或服务的特点；“新闻报道”“批判评论”等是为了鼓励商业交易以外的言论自由。问题是如何理解其中第一种类型“指示性使用”作为淡化行为的例外？为什么要强调这种类型的例外？“来源意义上的使用行为”与淡化行为之间是什么关系？美国学者的解释是，这仅表明国会试图将淡化的例外限定在“描述性使用和指示性使用”范围，而不是要创设一个更宽泛的“非来源使用”的例外。[①] 上述规定和学界观点说明淡化驰名商标的行为同时也指向了商品或服务的来源。“花花公子案”表明，指示性使用并不是因为其属于“非来源使用”性质才被作为例外，而是因为这些使用行为真实指向了驰名商标所有人的商品或服务，这种使用不会在商标与商品或服务之间产生不当联系。这说明驰名商标淡化中的“使用”也是一种来源识别意义上的使用。

“花花公子”案[②]

被告是 1981 年原告花花公子的封面女郎并被选为 1981 年“花花公子年度女郎”。被告在其网站中使用了“1981 年度花花公子女郎”，她在其网站上发布自己照片的信息，并为这些照片的销售做宣传，推出其照片俱乐部的会员制度，促销发言人服务。原告指控被告在其网站使用其商标的行为构成商标侵权和淡化：① 在其网站的元标签(metatags)使用“花花公子”和“女郎”；② 在网站顶栏位置使用“1981 年度女郎”；③ 在各种横幅广告(banner ads)中使用“1981 年度女郎”和“1981 年度花花公子女郎”；④ 在网页中重复使用“PMOY81”作为水印。

一审和二审法院都认为被告的上述使用行为构成指示性使用(nominative use)。在

① Mary LaFrance. *Understanding Trademark Law*. LexisNexis，2009，p.216.

② Playboy Enterprises，Inc. v. Welles，279 F.3d 796，805－806(2002).

传统意义上，法院认可两种形式的淡化行为：弱化(burring)和丑化(tarnishment)。当他人使用商标的行为制造了如下可能性时，弱化就发生了：该商标丧失其作为识别原告商品的独特指示器的能力。丑化则在一个驰名商标不当地与一种劣质或冒犯性的商品或服务联系在一起时产生。淡化行为的损害并非通过对商品或服务来源产生消费者混淆的方式而出现，而是在消费者印象中通过制造该商标与其他商品或服务之间联系的方式产生。美国第一巡回法院曾经指出，淡化行为无关来源指示功能而是为了禁止利用或搭商标所有人商誉的"便车"。[①] 如果使用者不会在商标与新商品之间产生不当联系，而只是指向商标所有人的商品，那么这种行为就不构成淡化行为，因为不会有任何损害。反淡化法认可这个原则，并明确排除商标使用者在商业广告和促销活动中为比较其商品而指向驰名商标所有人的竞争性商品或服务行为的责任。基于同样的原因，指示性使用行为也应被排除在外。指示性使用指向商标所有人的商品，它并没有在消费者印象中对新商品及商标所有人的商标之间创设不当联系。当本案被告指出她的"头衔"时，她实际是在指向原告的一种商品。她真实地指出她曾经的荣誉，就像乔丹指出他曾是公牛队的队员，或者两次金像奖得主一样，不构成淡化行为。一项荣誉不会因为过去被颁发而被减损或淡化，也不会因为过去的获得者真实指出他们是得主而被减损或淡化。当然，荣誉的颁发者可以通过合同限制得主使用这项头衔，但只要是指示性的，商标法就不便涉足。至于简称"PMOY"，它不是指示性使用，需要发回重审以判断是否值得保护。

(二) 不以本国使用为条件

按照TRIPs协议第16条第2款的规定，因广告宣传而获得的知名度可以作为驰名商标认定的依据。有观点认为，驰名商标的认定不以"在本国使用"为条件。这种解读是否与《巴黎公约》第6条的规定相违背？《巴黎公约》第6条中的"使用"表述，是否意味着对驰名商标的保护必须以"在本国使用"为条件？从TRIPs协议中该款的历史演变看，本款是在美国1990年提交文本的基础上发展而来，美国的提案指出："合约国应当拒绝注册或者撤销注册，并禁止可能与他人驰名商标导致混淆的商标使用。在认定一个商标是否驰名时，有关其在国际贸易中使用和推广(promotion)的程度应当被考虑在内。合约国不应要求超出相关公众范围的商誉程度。"美国对此提案的解释是：成员国不应只关心其国内市场的情况。其目的是防止企业家注册未在特定领土使用的国际知名商标(防止恶意抢注)，以便讨价还价由合法所有者回购。可见，从该文本的历史提案可以知晓对驰名商标的保护不以在该国实际使用了该商标为条件，通过互联网的宣传、旅游交流的便利等而产生的知名度，同时可以受到驰名商标的延伸保护。

世界知识产权组织驰名商标专家委员会从体系角度也表达了相同的看法，即《巴黎公

① I.P. Lund Trading ApS v. Kohler Co., 163 F.3d 27, 50 (1st Cir.1998).

约》第6条实质上并未限定对驰名商标保护的“使用门槛条件”。对未注册商标的保护(我国《反不正当竞争法》的仿冒条款)应当基于“实际使用”和“商誉”两个条件，《巴黎公约》第10条对此设有明确规定。为了使《巴黎公约》第6条的规定有意义，对驰名商标的保护不应被解读为在某成员国已经实际使用为条件，否则，对驰名商标的保护完全可以被《巴黎公约》第10条所涵盖，《巴黎公约》第6条将没有存在的价值。[①] 英国法持相同见解，即便只向海外提供产品或服务，只要其在英国有消费者，那么经营者也可能具备必要的商誉。[②] 互联网的发展使外国经营者在英国建立商誉变得更加容易。在 Hotel Cipriani v. Ciriani (Grovesnor Street)(2010)案中，原告在威尼斯有一家“享誉全球”的旅馆，名为 Hotel Cipriani。上诉法院 Lloyd 法官判决，原告在英国拥有足够数量的顾客，此外，原告的许多电话预定都来自英国个人、旅游代理机构或旅游公司，这表明原告通过营销已在本地获得了商誉。

在我国，《商标法》的立法者没有在第13条中特别规定“不以本国的使用”为保护条件，驰名商标的保护仍然应当以第48条中的商标使用为前提，这种使用包括在商品或服务上的使用，也包括在广告中的使用。笔者建议立法者在修订《商标法》时能够在第13条中增设这一特殊规定。由于缺乏类似普通注册商标保护中商标使用制度的过滤，对驰名商标保护容易走向绝对化，此时非常有必要同步在《商标法》中增设对驰名商标保护的例外或正当使用情形，以缓解商标权保护与竞争自由、文艺表达等利益之间的冲突。

二、驰名

驰名商标反淡化机制侧重于保护商标的知名度，而不是商标的识别力，并非任何具有识别力的商标都可享受驰名商标的反淡化保护。因此“驰名”是启动该机制的首要条件。

(一)“驰名”的证明

构成淡化驰名商标的行为，需要以请求保护的注册商标具有驰名为条件。《商标法》第14条第1款规定了认定商标驰名的考虑因素：① 相关公众对该商标的知晓程度；② 该商标使用的持续时间；③ 该商标的任何宣传工作的持续时间、程度和地理范围；④ 该商标作为驰名商标受保护的记录；⑤ 该商标驰名的其他因素。除这些明确规定的因素之外，《最高人民法院关于审理涉及驰名商标保护的民事纠纷案件应用法律若干问题的解释》第5条对以上因素作出了细化，其中特别规定了“该商标享有的市场声誉”，表明中国只保护具有美誉度的驰名商标。

---

① Nuno Pires De Carvalho. *The TRIPS Regime of Trademarks and Designs* (4th Edition). Wolters Kluwer, 2019, p.408.

② Pete Waterman Ltd. v CBS United Kingdom Ltd. [1993] E.M.L.R. 27 CA.

美国对驰名的范围有较高的要求，成文法规定了“美国公众普遍知悉”的条件。2006年美国TDRA第2条第2款规定：一个商标在如下情形下为驰名，它被美国普遍消费者公众(general consuming public of the United States)广泛接受为商标所有人商品或服务来源的指代。在认定一个商标是否拥有足够的认知程度时，法院可考虑如下相关因素：① 该商标进行广告及推广的持续时间、程度和地理范围；② 该商标名下的商品或服务的销售数量、金额及地理范围；③ 该商标被实际认知的程度；④ 该商标是否被注册。世界知识产权组织《关于驰名商标保护规定的联合建议》第2条第2款使用了“相关公众”的表述，对应于某成员国中的部分相关公众。例如，某商标在销售渠道为人所周知，则足以认其为驰名商标。欧洲法院持相同看法，不要求在成员国的全部领域都驰名，只要在该成员国的实质性部分(substantial part of it)驰名即可。①

可见，各国基于本国产业或公共政策的考量对“驰名”的认定门槛存在差异，我国《商标法》采取了“相关公众”标准。此外，基于TRIPs协定第16条第2款的规定，既然可基于推广情况获得的知名度而认定驰名，那么这种知名度可能是美誉，也可能“臭名昭著”。消费者可能会把某些非常知名的商品与低廉的品质联系起来，但这不妨碍这些商标的驰名，这些商标的商品可能因其价格低廉而对消费者产生巨大的吸引力。因此，合理的推论应该是相关公众中的多数是否知道该商标及其所指示的商品，而不是消费者的主观喜好。②

(二) 国内驰名与驰名商标原则

我国《商标法》的上述规定使用了“相关公众”的表述，与普通注册商标保护制度相同。原工商总局《驰名商标认定和保护规定》第2条规定：驰名商标是在中国为相关公众所熟知的商标，延续了《商标法》的表述。最高人民法院在司法解释中没有采取这种表述，而是采用了“社会公众广为知晓”的表述，似乎提高了驰名商标的认定门槛。《最高人民法院关于审理涉及驰名商标保护的民事纠纷案件应用法律若干问题的解释》第8条规定：对于在中国境内为社会公众广为知晓的商标，原告已提供其商标驰名的基本证据，或者被告不持异议的，人民法院对该商标驰名的事实予以认定。按照我国司法实践对“社会公众”的理解，这应该仅指“中国的社会公众”，最高人民法院在“無印良品案”中认为：一系列证据……只能证明“無印良品”商标在日本、中国香港地区等地宣传使用的情况以及在这些地区的知名度，并不能证明在中国内地实际使用并具有一定影响的事实。③ 国外驰名的事实，对该商标在国内的驰名认定仅具有参考作用。

---

① Annette Kur, European Trademark Law, 289.

② Nuno Pires De Carvalho. *The TRIPS Regime of Trademarks and Designs* (4th Edition). Wolters Kluwer, 2019, p.409.

③ 最高人民法院(2012)行提字第2号行政判决书。

随着互联网经济和全球传媒发展，商标使用的事实与知名度所及的地域可能发生分离的情况，出现了未在一国境内实际使用（或大量使用）者却已被该国或该区域潜在相关公众广为知晓的情形……他们通过认知一个商标而对商品或服务的提供者产生认知，并对商品的质量产生信赖，使商标的来源识别功能得以实现，这种现象可称为“商誉溢出”。[①] 世界知识产权组织《关于驰名商标保护规定的联合建议》（简称《建议》）第2条第3款认为，不应当区分国内注册（使用）和国外注册（使用），“成员国不得将下列因素作为认定驰名商标的条件：① 该商标已在该成员国中使用，或获得注册，或提出注册申请；② 该商标在除该成员国以外的任何管辖范围内驰名，或获得注册，或提出注册申请；③ 该商标在该成员国的全体公众中驰名。”可见，该《建议》已经非常关注商标在全球驰名的事实，借以对驰名与否作出法律判断。美国制定法未区分驰名商标注册与否而提供不同程度的保护，美国案例法上有所谓的“驰名商标原则”。美国第九巡回区法院认为，由于国际旅行和国际商务很容易实现，国家之间的商业纽带超过了地理边界，“驰名商标原则”在如今时代非常重要。根据“驰名商标原则”，即使驰名商标在美国境内没有使用或注册……驰名商标也会受到保护。其背后的原理是保护企业的商誉不被商标刺客在他国抢先注册。[②] 这是对商标地域性原则的例外。当然，美国第二巡回区法院并不接受驰名商标原则，认为驰名商标原则在《兰哈姆法》中没有一席之地。[③]

近年，我国对域外驰名证据的采信愈发宽松，只要域外驰名的情况对国内相关公众有较强的辐射效应，则可作为认定国内驰名的证据。这种做法有一定合理性，司法实践中长期坚持的“双重地域限定规则”无法解释“商誉溢出”现象，不能很好地适应网络无界化和经济全球化时代的新特点，同时符合国际上对驰名商标保护的要求（不以本国使用为条件）。但这种对商标地域性的突破只能作为一种例外，是在驰名商标认定领域中的特别做法。商标法中其他制度的适用是否应坚守地域性，应当以相关行为对国内相关公众是否存在实质影响为标准，综合案件相关因素进行判断。

“MANOLO BLAHNIK”案

判断域外自然人姓名及其同名品牌的知名度情况，首先，应考虑其在中国的影响力及为相关公众知悉的情况；其次，形成于域外及中国香港地区的知名度证据并辐射至中国内地的情况亦应当被考虑，尤其是对于尚未进入中国内地的品牌欲在我国寻求受保护时，域外证据若能证明可以辐射至中国内地被相关公众所知悉，则该证据可以作为知

① 杨静：《商标授权确权中地域性原则的重构——基于中美实践的比较》，《知识产权》2020年第3期。

② De Beers LV Trademark, Ltd. v. DeBeers Diamond Syndicate, Inc., 04 Civ. 4099 (DLC), 2005 U.S. Dist. LEXIS 37827, at *1 (S.D.N.Y. Dec. 29, 2005).

③ Almacenes Exito S.A. v. El Gallo Meat Mkt. Inc., 381 F. Supp.2d 324 (S.D.N.Y. 2005).

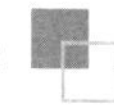

名证据被法院采纳。[①]

“V7 Toning Light”案

海飞公司提交的证据可以证明海飞公司在诉争商标申请日前在韩国网络媒体、机场广告等平台中对“V7 Toning Light”品牌进行了宣传推广，该品牌于诉争商标申请日前在韩国已具有一定知名度。虽然诉争商标申请日与海飞公司推出和宣传推广“V7 Toning Light”品牌的时间仅相差数月，且海飞公司提供的“V7 Toning Light”商标的使用和宣传等上述证据多形成于域外，但在网络时代下，化妆品等消费群体通过境外网站即时了解境外新晋品牌，通过代购、海外购、出境游免税店购物等新型营销模式购买境外热销品牌商品的情形较为常见。海飞公司提交的与“V7 Toning Light”面霜等商品相关的美容博主微博、代购文章和文章下评论亦可证明，我国境内相关消费者在诉争商标申请日前对海飞公司的“V7 Toning Light”面霜已有一定程度的了解和认知。同时，综合考虑以下情形：① 韩惠娇人公司与海飞公司系同行业经营者；② “V7 Toning Light”商标为臆造词等情形，韩惠娇人公司申请注册与海飞公司在先使用的商标完全一致，且未作出合理解释；③ 韩惠娇人公司在实际使用诉争商标的过程中具有倚靠海飞公司商品的主观恶意，结合本案具体情况，可以认定在诉争商标申请日前，海飞公司的“V7 Toning Light”商标在“化妆品”商品上在中国境内已经使用且具有一定知名度。[②]

三、联系

区别于普通注册商标保护中的“混淆可能性”要件，驰名商标保护以“联系可能性”(likelihood of association)为要件。“联系可能性”的发生，影响驰名商标的保护范围。

(一) “联系”的内涵

从前述国际及美国、欧洲、我国的规定看，“相关消费者的联系”是适用驰名商标淡化制度的前提，美国商标法权威学者麦卡锡先生指出：如果一个理性的消费者不可能在脑海中将两种使用联系起来，则不可能有“淡化”，只有当一个理性的消费者对当事人之间的标志使用行为产生某种联系时，淡化理论才能成立。[③] 但是这里“联系”的内涵究竟是什么，似乎有不同的规定。

《巴黎公约》的前述规定含有“驰名商标所有人与被控使用的商品或服务之间的联系”，《美国反不正当竞争法重述(第三次)》也有类似规定。但是，美国制定法存在不同规

---

① 雷用剑、明星楠：《最高人民法院再审改判——保护姓名权，让 Manolo Blahnik 在中国做回了自己》，“万慧达知识产权”微信公众号，最后访问日期：2022 年 8 月 31 日。

② 北京知识产权法院(2020)京 73 行初 3998 号；北京市高级人民法院(2022)京行终 6002 号。

③ J. Thomas McCarthy. *McCarthy on Trademarks and Unfair Competition* (Fourth Edition), § 24.13.

定。2006年美国TDRA第2条第2款(B)规定，“弱化”源于商标或商号与驰名商标之间的相似性所产生的联系以致损害驰名商标的显著性。TDRA第2条第2款(C)规定：“丑化”源于商标或商号与驰名商标之间的相似性所产生的联系以致损害驰名商标的商誉。我国最高人民法院的前述解释规定了“注册驰名商标与被诉商标之间的联系”，与美国制定法的规定相同。我国司法实践似乎未刻意作出区分，例如就对“中信”商标的跨类保护，法院认为被异议商标核定使用的商品为玻璃钢容器、非金属容器等虽与金融类服务存在差异，但在引证商标为驰名商标的情况下，被异议商标的使用仍会降低引证商标的显著性，模糊该驰名商标与其核定使用服务之间的唯一特定联系，进而弱化驰名商标的区别特征，损害中信集团的利益。[①]

以上两种规定不存在实质性区别。驰名商标与商品或服务之间的联系，意指驰名商标的指示能力被弱化，相关公众搜索成本增加；两个商标之间的联系，主要指两个商标之间的近似度。相比而言，前一种表述更为规范，偏向于损害角度。总体而言，“联系可能性”的认定比“混淆可能性”更宽松。欧盟法院指出“仅触发对商标的记忆”还不足以认定为混淆可能性，但“相关公众对两个商标之间产生的联想足以构成联系可能性”，[②]这可能导致对驰名商标保护的绝对化，使一些具有讽刺性质、装饰性质、艺术创作性质的使用行为被认定为驰名商标侵权。在德国法院的一个案件中，利用明信片讽刺性地暗指巧克力生产商Milka的商标和促销活动具有可诉性，因为使相关公众想起了Milka的驰名商标。法院在考虑了驰名商标损害与艺术创作自由之保障的关系后，认为艺术创作自由具有更高的价值，这种行为属于正当使用。[③] 因此，有必要在修订《商标法》时增设驰名商标的正当使用制度。

(二)“联系”的判断

诸多因素影响“联系可能性”的判断。《最高人民法院关于审理商标授权确权行政案件若干问题的规定》第13条规定：“当事人依据《商标法》第13条第3款主张诉争商标构成对其已注册的驰名商标的复制、摹仿或者翻译而不应予以注册或者应予无效的，人民法院应当综合考虑如下因素，以认定诉争商标的使用是否足以使相关公众认为其与驰名商标具有相当程度的联系，从而误导公众，致使驰名商标注册人的利益可能受到损害：① 引证商标的显著性和知名程度；② 商标标志是否足够近似；③ 指定使用的商品情况；④ 相关公众的重合程度及注意程度；⑤ 与引证商标近似的标志被其他市场主体合法使用的情况或者其他相关因素。”2006年美国TDRA第2条第2款(B)规定，在认定商标或商号是

---

① 北京市第一中级人民法院(2014)一中知行初字第236号行政判决；北京市高级人民法院(2014)高行(知)终字第2227号行政判决书。

② CJEU, case C－251/95, Sabèl v. Puma, paras 16－26. CJEU, case C－102/07, Adidas v. Marca, para. 41.

③ Annette Kur, European Trademark Law, 412.

否可能产生弱化时，法院可考虑如下因素：① 商标或商号与驰名商标之间的相似性；② 驰名商标固有或获得显著性的强弱；③ 驰名商标所有人排他性使用驰名商标的程度；④ 驰名商标的知名度；⑤ 商标或商号所有人是否有意制造与驰名商标之间的联系；⑥ 商标或商号与驰名商标之间的实际联系。这种判断方式类似于混淆可能性的判断，我国《商标法》第 13 条中"复制、模仿、翻译"的表述，说明"商标与标识之间的相同或近似"是驰名商标反淡化保护的构成要件，这与《商标法》第 57 条中商标相同或近似的地位相当。在欧洲法中，一旦满足驰名的要件之后，还需要判断商标相同或近似的要件；由于驰名商标的保护机制是以联系可能性作为触发条件，因此在判断两个商标是否构成近似时不需要达到混淆可能性的程度，只需要相关公众在两者之间能建立起一种联系即可，可以参考读音、形状和含义的比较。[①]

其他因素（例如相关公众的情况、商标知名度或显著性等）可用于调节驰名商标的保护范围，使对驰名商标的保护不至于过于绝对和僵化，能够根据市场的具体情况对驰名商标的保护范围做出调整。我国有法院指出，商标法对驰名商标提供强于一般商标的保护本意在于保护该驰名商标所具有的强显著性及良好的市场声誉。但需要注意的是，驰名商标的知名度处于不断积累且会根据市场的变化而变化；同时，驰名商标的显著性亦存在差异。……通常而言，对驰名商标的保护范围及保护强度与其知名度及显著性成正比，即知名度愈高、显著性愈强，对其保护范围愈宽、保护强度愈强。对于驰名商标跨类保护的范围应当综合考虑驰名商标的显著程度、诉争商标的相关公众对驰名商标的知晓程度，以及使用驰名商标的商品与诉争商标指定或核定使用商品之间的关联程度，以是否"误导公众，致使该驰名商标注册人的利益可能受到损害"为判断标准。[②]

四、损害

根据我国最高人民法院司法解释的规定，基于上述"联系"所产生的损害有三种类型：减弱驰名商标的显著性（弱化）、贬损驰名商标的市场声誉（丑化）、不正当利用驰名商标的市场声誉的（搭便车）。这是驰名商标侵权分析中的关键要件。这三种类型损害之间构成选言关系，只要满足其一即可。理论上，前两种类型侧重于考察权利人商标价值的下降，第三种类型则注重他人所获得利益的增加。在认定驰名商标淡化过程中，同样应当采用驰名商标认定过程中的"社会公众标准"，不应认为驰名商标认定和驰名商标淡化认定过程中存在两个"公众"标准。

1. 弱化

相关公众看到侵权标识就想到权利人的驰名商标时，一个商标就会丧失作为原告产

---

① Annette Kur, European Trademark Law, 402, 410.

② 北京市高级人民法院(2013)高行终字第 210 号行政判决书。

品的唯一指示的能力，就产生了弱化，这主要是对驰名商标沟通功能的保护。商标的显著性越强，就越有可能被冲淡。这里试举"YKK案"来说明判断"弱化"是否产生的综合因素判断。该案中的焦点问题是，基于在"拉链"商品上驰名的事实，申请人可否获得在"车辆内装饰品"上的保护？二审法院和再审法院的观点截然相反，似乎表明这一综合判断过程，如同混淆可能性判断一样充满主观色彩。

"YKK"案

北京市高级人民法院认为，驰名商标仅是具有较高知名度的商标，即使被认定为驰名商标也不必然给予其全类保护。驰名商标在保护权利人利益的同时，也应当为社会公众的自由模仿留有余地。对于已经在我国注册的驰名商标，在不相类似商品上确定其保护范围时，应与其驰名程度相适应。如果驰名商标使用的商品与被异议商标使用的商品距离过于遥远，可不将该驰名商标的保护范围扩展到被异议商标使用的商品上。……被异议商标指定使用的"气泵(车辆附件)、车辆减震器、车辆内装饰品、汽车"等商品与YKK株式会社"YKK"商标所使用的"拉链"等商品在功能、用途、生产部门、销售渠道、消费群体等方面差距甚远，相关公众看到被异议商标一般不会认为其与YKK株式会社使用在拉链商品上的"YKK"商标存在关联，通常也不会产生误导公众，并使YKK株式会社利益受到损害的后果。①

最高人民法院对请求保护的商品做了进一步区分后认为，首先，YKK株式会社的在案证据可以证明，拉链可以用于车辆内装饰品，两者属于上下游产品关系。对此，被申请人商标评审委员会亦予以认可。其次，"YKK"属臆造词，本身显著性较强，在YKK商标于拉链商品上已经具有很高知名度的情况下，基于"车辆内装饰品"与"拉链"具有上下游产品关系，故可以认定两者具有较强的商品关联性。因此，YKK商标可以基于在"拉链"商品上驰名的事实获得在"车辆内装饰品"上的保护。②

从体系看，驰名商标反淡化保护机制缺乏"商标使用行为"的过滤环节，且"联想可能性"的认定门槛较为宽松，此处的"损害"要件应有必要适当提高门槛，不能认为他人使用了驰名商标就会弱化其显著性。欧洲法院指出，损害显著性或声誉的证据应当要求"驰名商标所使用的商品或服务的中等消费者的经济行为发生改变，或者将来发生改变的严重可能性"。③ 而且，"改变中等消费者的经济行为"这一条件是客观标准，不能从诸如消费者认知等主观因素中加以推导，消费者注意两商标之间的近似还不够。④ 欧洲法院尚未进一步阐释何为"客观标准"，这是否要求权利人提交有关消费者经济行为实际上已经发

① 北京市高级人民法院(2013)高行终字第1275号行政判决书。
② 最高人民法院(2016)最高法行再67号行政判决书。
③ CJEU, case C-252/07, Intel Corporation, para. 77.
④ CJEU, case C383/12 P, Environmental Manufacturing v. OHIM (Wolf Jardin), para. 37.

生了改变的证据？笔者认为不能过于绝对化，类似于混淆可能性的认定，应当允许结合个案情形综合判断，否则可能变相要求证明存在实际混淆。这种标准已经接近了混淆可能性（改变消费者选择）的判断标准，是否对“弱化”的认定过于严格，也是值得思考的。欧洲法院在一些案件中采取了另一种认定方式：当被告的使用对“驰名商标退化为通用词汇”具有贡献时，驰名商标的显著性就受到了损害，被告仅将驰名商标用作搜索关键词的行为还不足以退化其显著性，驰名商标作为沟通和广告的工具并未受到减损。[①] 这种方式避免了“弱化”要件认定的程式化，运用了商标功能理论作为终极判断标准，值得参考。需要注意的是，驰名商标淡化损害本就发生在跨类商品或服务上，“弱化”的产生不以双方当事人之间存在竞争关系为前提。实践中，法院不应以双方当事人竞争关系之有无论证“弱化”成立与否。

2. 丑化

丑化声誉，实质上是对驰名商标吸引能力（power of attraction）的损害，集中体现为广告功能。丑化的发生，多与行为人使用的商品或服务相关，行为人“转换性”地在一种消极场景中使用驰名商标（alteration of plaintiff's mark in a negative setting），使消费者将某些负面的特征映射到驰名商标之上，最终与低劣的商品或服务联系起来。美国法院在一个案件中指出，当一个商标与某种低劣品质的产品联系起来，或者在一种不健康或令人生厌的背景中描述该商标，并导致了相关公众将被告产品的低劣品质与原告的不相关商品联系起来时，就产生了丑化。[②] 例如，某酒吧使用“路易威登”作为企业字号、使用“LV”宣传其酒吧为“欧洲顶级夜店品牌 CLUBLV”并在微信公众号的链接中使用带有色情内容的照片和描写，法院认为这构成对驰名商标的丑化。[③]

3. 搭便车

驰名商标权人为创建和维持商标形象而付出了较大的努力，当他人试图通过使用驰名商标并从其吸引力和声誉中受益，然而却不对驰名商标权利人支付任何经济补偿，这就构成不正当利用驰名商标的声誉。这种情形在欧洲被称为“搭便车”，主要是对驰名商标投资功能的保护。在这种类型的案件中，权利人无需证明其遭受的损害，即便驰名商标的显著性和声誉并未受到影响，被告的行为也具有可诉性。欧洲法院认为应当结合个案因素进行综合判断，这些因素包括：商标的显著性和知名度、商标之间的近似程度、商品之间的相关程度。这并不要求权利人证明被告实际从使用行为中获得了不当利益，而允许法院进行推导。[④] 在程序上可以分为三个步骤进行判断：第一，被告是否利用了驰名商标以吸引相关公众对被告商品或服务的注意力；第二，被告是否从使用行为中获得了真实的

① CJEU, case C-323/09, Interflora v. Marks & Spencer, para. 79.

② New York Stock Exchange, Inc. v. New York, New York Hotel, LLC, 293 F.3d 550, 557 (2d Cir.2002).

③ 惠州市中级人民法院(2017)粤13民初113号民事判决书。

④ CJEU, case C-487/07, L'Oréal v. Bellure, paras. 44, 49.

优势(real advantage)，例如引诱消费者购买被告的商品或服务；第三，被告未就这种行为支付报酬，使用他人驰名商标用作关键词的行为就构成搭便车。[①] 我国法院的驰名商标案件中以“搭便车”类型居多。

“清 华” 案[②]

法院认为，清华大学作为一所众所周知的综合性大学，其对理工科领域的人才培养及科研贡献尤为突出，拥有多项国家级科研项目，获得多项国家技术发明奖并申请专利，旗下设有同方股份有限公司等企业。“清华”作为清华大学的简称，在“学校(教育)、教育、培训”等服务领域为一般公众广为知晓且享有极高声誉。学校、教育、培训服务与使用被诉标识的空气能热水器分属不同领域，两者在商品(服务)性质、消费对象等方面虽然存在差异，但基于清华大学具有众所周知的知名度及其在理工科领域享有的极高声誉，并结合聚阳公司在经营过程中对“清华太阳能集团有限公司”“清華企業”等字样的使用情况等综合考虑，相关公众容易误认为标有被诉标识的商品源于清华大学或其关联企业，或聚阳公司在经营活动中使用“清华”二字得到了清华大学的许可，或聚阳公司与清华大学之间存在参股控股、关联企业等特定联系。概言之，聚阳公司使用被诉标识的行为容易使相关公众误以为其与清华大学具有相当程度的联系，从而不当利用了清华大学驰名商标的声誉，损害了清华大学的利益。

五、正当使用

正当使用对驰名商标的绝对保护具有重要价值。类似于普通注册商标权，正当使用条款的立法目的是实现对商标权保护与其他利益保护之间的平衡。《欧洲商标一号指令》第 10 条第 2 款关于商标排他权(exclusive right)的规定可以分为三种情形：在相同商品或服务上使用相同商标；在相关商品或服务上使用相同或近似商标，且导致混淆可能性的行为；使用相同或近似商标，不论使用商品或服务的相关性(相同、类似或不类似)，且商标在成员国具有声誉(reputation)，这种使用无正当理由(without due cause)损害了商标显著性或者声誉，或者不当利用了商标的声誉。该条中的“无正当理由”，其实就为被告提供了一个灵活的抗辩或缓冲，可以称为驰名商标的正当使用情形。美国法对驰名商标的正当使用情形规定得更明确，2006 TDRA 第 2 条第 3 款规定了三种除外情形：合理使用、新闻报道、非商业使用。就《美国宪法(第一修正案)》规定的“言论自由原则”而言，“如果反淡化法被解释为允许商标所有人禁止在非商业环境中使用其商标，而这些环境被认为是负面的或令人反感的，那么，公司就可以通过禁止在批评其行为的评论中使用其商标来保

① case C-323/09, Interflora v. Marks & Spencer, para. 88,90.

② 广东省高级人民法院(2016)粤民终 1734 号民事判决书。

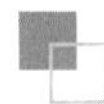

护自己免受批评。"[①]在平衡言论自由与商标保护之间界限时，关键在于判断被告的言论是否属于基于观点的评论，且法院对言论自由更具倾向性。

在欧盟传统案例法中，正当使用抗辩的适用比较严格，被告必须提供充分的证据证明其具有使用驰名商标的必要性，他不能合理地被指望停止这种使用，或者不能为商标所有权让步。[②] 但是这种立场在欧盟案例法中逐渐被软化，正当使用抗辩不仅能够在客观上具有压倒性利益（overarching objectives）的场合中适用，例如言论自由和竞争自由，而且可以发生在具有主观理由（subjective reasons）的场合，例如被告善意继续使用一个冲突性标识。[③] 由于正当使用抗辩是利益平衡的结果，因此，其只是导致驰名商标权利人必须容忍他人使用近似标识，而不代表被告拥有使用这种冲突性标识的权利。

前述压倒性的利益主要包括两种情形：商业言论自由的利益、政治和艺术表达自由的利益。欧盟案例法中关于商业言论自由的代表性案例就是前述关键词搜索案件，尽管这种行为不当利用了驰名商标的商誉，但是这种行为只是多提供了一种选择，处于正当竞争的范畴，因此并非"无正当理由"。[④] 关于艺术表达自由的案例，可参见德国法院的"明信片案"。法国最高法院允许将 ESSO 商标用于绿色和平组织发起的环保运动，该运动以 E $$O 为素材制作漫画、批评公司的环境政策。[⑤] 前述关于主观理由的抗辩，主要涉及第三方善意使用的利益与驰名商标利益之间的冲突，欧洲法院在"百威诉红牛案"中作出了阐述，与我国《商标法》中的在先使用抗辩类似。该案中，百威在红牛注册 Red Bull 商标之前已经开始在酒吧和餐饮服务使用 Bulldog，随后完成了注册。法院侧重考察了两个因素：一是 Bulldog 标识是如何被相关公众接受的，其声誉如何。如果其在 Red Bull 注册之前越有声誉，则越有必要允许其持续使用。二是使用 Bulldog 标识的主观意图，特别是能量饮料与酒吧餐饮服务之间的关联度。[⑥]

我国《商标法》没有就驰名商标的正当使用作出专门规定，司法实践中通常在商标使用、商标近似、损害等对驰名商标保护的构成要件方面排除被告的责任。如下案件中，法院在驰名商标淡化认定中的"相关公众"范围、"陈述性使用""商标近似""联系可能性""淡化损害与竞争关系"等基本概念方面存在认识偏差，可参照前文相关部分的阐述。这里只是说明，"陈述性使用"应为"叙述性使用"或者"描述性使用"（法院在判决中指向不明确），但通常全面模仿（不仅文字的模仿，而且整体装潢的模仿）行为不应认定为构成"叙述性使用"或者"描述性使用"。

---

① J. Thomas McCarthy. *McCarthy on Trademarks and Unfair Competition* (Fourth Edition), § 24.90.

② Annette Kur, European Trademark Law, 422,

③ case C - 65/12, Leidseplein Beheer v. Red Bull, paras 45 - 48.

④ Interflora v. Marks & Spencer, paras.91.

⑤ Annette Kur, European Trademark Law, 427.

⑥ case C - 65/12, Leidseplein Beheer v. Red Bull, paras. 53 - 59.

“今日头条诉今日油条”案①

2020 年 6 月，今日油条公司注册“今日油条 YT”微信公众号，通过该微信公众号宣传“今日油条”加盟项目并开展加盟业务，该微信公众号的内容里多处使用标识 **油条 今日油条**。同月，今日油条公司在河南省郑州市金水区投资开设了第一家直营店，即今日油条早餐店，售卖油条、豆浆、豆花等食品。今日油条早餐店于 2020 年 7 月正式营业，由今日油条公司运营管理。今日油条早餐店的餐馆门头招牌、店内装潢、菜单、食品包装、员工服装、广告以及宣传材料等多处使用标识 **油条 今日油条**。抖音公司起诉被告构成商标侵权和不正当竞争。

一审法院指出：驰名商标的跨类保护不等于全类保护，给予驰名商标跨类保护的程度应该与其所标识的商品或者服务上的显著性强弱相关，并且对驰名商标与被诉侵权商标之间的近似度要求应当达到足以使得相关公众产生联想并认为二者具备相当程度联系的高度，若相关公众在看到被诉侵权商标时仅有与驰名商标产生简单联想的可能性而无法建立相当程度的联系时，则难以认定其对驰名商标的显著性造成了削弱。一是关于涉案注册商标的显著程度……被诉侵权标识使用的“油条”“今日油条”文字与涉案注册商标并不相同或近似，其同样是将公有领域中早已存在的通用词汇进行组合和选用，若涉案注册商标对此进行严格限制，显然有失公平。二是关于被诉侵权标识与涉案注册商标的联系程度。只有当相关公众认为被诉侵权标识与涉案注册商标存在相当程度的联系时，涉案注册商标才有被弱化的可能性，故既要准确划定相关公众的范围，也要确定“相当程度联系”所需达到的高度……商标淡化认定中的“相关公众”则是造成误导的范围。由于对驰名商标淡化保护是在其所使用的商品或者服务类别之外主张权利，故亦应以被诉商标所使用的商品或服务类别的相关公众作为判断的对象。

法律允许他人在一定范围内善意正当地使用与他人商标相同或近似的标记，不构成侵犯商标专用权，包括叙述性使用、指示性使用、说明性使用和非商业使用等，举重以明轻，对于与他人商标相似程度更低甚至不相近似的正当商标使用行为，不应定性为侵权。客观上，被诉侵权标识使用在油条等小吃以及餐饮服务上是一种陈述性描述，其“今日”旨在表明其提供油条等食品的新鲜程度，“油条”即为其提供商品的性质和类型，说明其名称和主要特点，并没有超出合理使用的必要限度。从主观上，考虑到其使用的商品服务类别与涉案注册商标核定商品类别相差甚远，抖音公司在食品、餐饮服务市场上并不具有现实利益，今日油条公司等与抖音公司在食品、餐饮服务商场上亦无直接或间接的竞争关系，故即使认为今日油条公司等使用的被诉侵权标识部分借鉴了涉案注册商标的创意，亦难以认为今日油条公司等具有损害抖音公司利益(不正当竞争的目的、利用抖音公司涉案注

① 广州知识产权法院(2020)粤 73 民初 2332 号民事判决书。

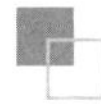

册商标已有商誉、与其建立联系的企图)。因此,今日油条公司等对被诉侵权标识的使用行为没有不正当利用驰名商标的市场声誉。

第三节　驰名商标的认定途径及原则

一、驰名商标认定的途径

《商标法》第 14 条第 2、3、4 款规定了驰名商标认定的三种不同途径。

(一) 商标注册审查及违法查处程序

第一种途径是在商标注册审查及违法查处程序中,这虽然涉及两种程序,但都是由商标局对商标是否驰名作出认定,且均规定在一个条款中。

《商标法》第 14 条第 2 款规定: 在商标注册审查、工商行政管理部门查处商标违法案件过程中,当事人依照本法第 13 条规定主张权利的,商标局根据审查、处理案件的需要,可以对商标驰名情况作出认定。需要注意的是,工商行政管理部门有权查处侵犯注册商标专用权的案件,但是无权对商标驰名情况作出认定,当事人提出认定申请的,应当转交商标局认定。[①] 2010 年 9 月 15 日,国家商标局在商标驰字[2010]第 180 号《关于认定"BMW"商标为驰名商标的批复》中认定:"宝马股份公司注册并使用在商标注册用商品和服务国际分类第 12 类机动车辆、摩托车及其零件商品上的'BMW'注册商标为驰名商标"。

(二) 商标争议程序

第二种途径是在商标异议、无效等争议程序中,权利人依照《商标法》第 13 条请求认定驰名商标,由商标评审委员会进行认定,并宣告相关注册商标无效。《商标法》第 14 条第 3 款规定,在商标争议处理过程中,当事人依照本法第 13 条规定主张权利的,商标评审委员会根据处理案件的需要,可以对商标驰名情况作出认定。

"美图秀秀"案[②]

第 12454059 号"美图秀秀 MEITUXIUXIU"商标,由贝荣雄于 2013 年 4 月 19 日申请注册,注册公告日期为 2014 年 9 月 28 日,核定使用的商品为第 3 类: 洗发液;洗洁精;鞋油;研磨膏;玫瑰油;化妆品;牙膏;干花瓣与香料混合物(香料);动物用化妆品;空气芳

① 全国人民代表大会常务委员会法制工作委员会:《中华人民共和国商标法释义》,法律出版社 2013 年版,第 38 页。

② 商标评审委员会商评字[2016]第 68468 号《关于第 12454059 号"美图秀秀 MEITUXIUXIU"商标无效宣告请求裁定书》;北京市高级人民法院(2017)京行终 3764 号行政判决书。

香剂(截止)。专用期限至2024年9月27日。

第7099841号“美图秀秀”商标(简称引证商标)，由美图网公司于2008年12月8日申请注册，注册公告日期为2010年10月14日，核定使用的商品为第9类：磁数据媒介；电脑软件(录制好的)；电子字典；计算机；计算机程序(可下载软件)；已录制的计算机程序(程序)；信息处理机(中央处理装置)；光盘；网络通信设备；带有图书的电子发声装置(截止)。专用期限至2020年10月13日。

美图网公司于2015年7月24日向商标评审委员会提出对争议商标的无效宣告请求。2016年8月1日，商标评审委员会作出裁定：在争议商标申请注册前，美图网公司主营业务已涉及多个省市地区，美图网公司通过期刊、报纸及网络宣传等形式对引证商标及其产品进行广泛宣传。经多年的宣传、使用，美图网公司的引证商标及产品已获得多项荣誉，在相关公众中已具有较高知名度。商标评审委员会认为在争议商标申请注册前，引证商标在第9类已录制好的计算机程序(程序)、计算机程序(可下载软件)、电脑软件(录制好的)商品上已为相关公众广为知晓并享有较高声誉，依据2013年《商标法》第14条认定驰名商标所应考虑因素的要求，引证商标可以认定为使用在“已录制的计算机程序(程序)、计算机程序(可下载软件)、电脑软件(录制好的)”商品上的驰名商标。争议商标中文部分“美图秀秀”为该商标的显著识别部分之一，与引证商标“美图秀秀”文字构成完全相同，已构成对引证商标的复制、摹仿。争议商标在化妆品、牙膏等商品上的使用，不正当地借用了引证商标的知名度，易使相关公众混淆或认为与美图网公司之间存在某种关联，致使美图网公司的利益可能受到损害，故争议商标已构成2013年《商标法》第13条第3款所指“复制、摹仿、翻译他人已经在中国注册的驰名商标，误导公众、致使该驰名商标注册人的利益可能受到损害”的情形。

(三) 商标民事侵权或行政诉讼程序

第三种途径是在司法程序中，由审理有关案件的人民法院予以认定，并要求有关当事人停止使用该商标，或者宣告注册商标无效。[①]《商标法》第14条第4款规定，在商标民事、行政案件审理过程中，当事人依照本法第13条规定主张权利的，最高人民法院指定的人民法院根据审理案件的需要，可以对商标驰名情况作出认定。

二、驰名商标认定的原则

驰名商标不是一种荣誉称号。设立驰名商标保护制度的目的主要为弥补商标注册制度的不足，对相关公众所熟知的商标在其未注册的部分领域提供保护(对未注册驰名商标

① 全国人民代表大会常务委员会法制工作委员会：《中华人民共和国商标法释义》，法律出版社2013年版，第39页。

提供保护，扩大已经注册的驰名商标的保护范围）。[①] 基于驰名商标保护制度的设立初衷，驰名商标的认定应当遵守三个原则。

（一）被动认定

被动认定又称为事后认定，是在发生商标侵权行为、商标争议，或者商标注册申请之后，主管部门或人民法院根据权利人的请求，对商标是否驰名进行认定。商标局、商标评审委员会、人民法院不得主动对商标驰名情况作出认定，只有当事人依照《商标法》第 13 条规定主张权利……时，商标局、商标评审委员会、人民法院才可以对商标驰名情况作出认定。[②]

为了避免对驰名商标的认定记录进行宣传，防止企业为谋求广告效应和商业利益而追求驰名商标的认定，《商标法》第 14 条第 5 款规定，生产、经营者不得将"驰名商标"字样用于商品、商品包装或者容器上，或者用于广告宣传、展览以及其他商业活动中。行政机关应当在执法中正确区分"驰名商标"的正当使用与违法使用的界限，既要防止滥用驰名商标，也要避免企业的正当使用行为遭受错误打击。[③] 2016 年，原国家工商总局商标局在《关于企业在自建网站上使用驰名商标字样等有关问题的批复》中指出，驰名商标的认定保护记录是一种客观事实，企业在网站上或其他经营活动中对自己商标获得驰名商标扩大保护的记录做事实性陈述，没有突出使用"驰名商标"字样行为的，不属于《商标法》第 14 条第 5 款所述的违法行为。2019 年 11 月，国家知识产权局发布《加强查处商标违法案件中驰名商标保护的通知》，规定企业可在经营活动中对商标获得驰名商标保护的记录做事实性陈述。

（二）按需认定

只有当处理涉及驰名商标案件认定事实时，商标局、商标评审委员会、人民法院才可以对商标驰名情况作出认定。[④] 最高人民法院通过司法解释的方式从正面和反面的角度规定了驰名商标认定的这一原则。这些规定通常是在构成要件层面进行规定，即如果不对商标是否驰名作出认定，就无法通过其他途径保护权利人。至于有时候权利人基于诉讼策略从获取高额赔偿的角度请求法院认定驰名商标，法院是否应当认定，下文的"索菲亚案"[⑤]则对这一问题进行详述。

《关于审理涉及驰名商标保护的民事纠纷案件应用法律若干问题的解释》第 3 条规

---

① 全国人民代表大会常务委员会法制工作委员会：《中华人民共和国商标法释义》，法律出版社 2013 年版，第 33 页。
② 全国人民代表大会常务委员会法制工作委员会：《中华人民共和国商标法释义》，法律出版社 2013 年版，第 39 页。
③ 国家知识产权局：《〈关于政协十三届全国委员会第三次会议第 1198 号（政治法律类 121 号）提案〉答复的函》。
④ 全国人民代表大会常务委员会法制工作委员会：《中华人民共和国商标法释义》，法律出版社 2013 年版，第 39 页。
⑤ 浙江省高级人民法院（2016）浙民终 794 号民事判决书。

定："在下列民事纠纷案件中，人民法院对于所涉商标是否驰名不予审查：① 被诉侵犯商标权或者不正当竞争行为的成立不以商标驰名为事实根据的；② 被诉侵犯商标权或者不正当竞争行为因不具备法律规定的其他要件而不成立的。"前者是基于《商标法》第 57、58 条或者《反不正当竞争法》第 6 条等即可处理的商标侵权或不正当竞争纠纷；后者是不满足"驰名""联系""损害"等驰名商标淡化行为的构成要件。

《关于审理涉及驰名商标保护的民事纠纷案件应用法律若干问题的解释》第 2 条规定：在下列民事纠纷案件中，当事人以商标驰名作为事实根据，人民法院根据案件具体情况，认为确有必要的，对所涉商标是否驰名作出认定：① 以违反《商标法》第 13 条的规定为由，提起的侵犯商标权诉讼；② 以企业名称与其驰名商标相同或者近似为由，提起的侵犯商标权或者不正当竞争诉讼；③ 符合本解释第六条规定的抗辩或者反诉的诉讼。本条第二种情形与《商标法》第 58 条衔接，第三种情形则与该解释第 6 条衔接：原告以被诉商标的使用侵犯其注册商标专用权为由提起民事诉讼，被告以原告的注册商标复制、摹仿或者翻译其在先未注册驰名商标为由提出抗辩或者提起反诉的，应当对其在先未注册商标驰名的事实负举证责任。

认定驰名商标的充分条件，不应仅是侵权成立的要件事实具备，而应是实现对商标权人的有效救济。就注册商标冲突案件中所涉"同类认驰"问题而言，一方面，原告主张认定驰名商标是囿于《权利冲突司法解释》的规定，无法通过一般的商标侵权案件主张权利，丧失了《驰名商标司法解释》赋予驰名商标权利人突破《权利冲突司法解释》规定的权利，不能实现应有的法律救济；另一方面，注册商标冲突中的"同类认驰"，并非商标权人通过诉讼追求不正当目的，不违背驰名商标按需认定制度的设计目的。因此，为更有效地维护商标权人利益、制止侵权行为，可以在注册商标冲突案件中进行"同类认驰"。[①]

"索菲亞"案

2002 年 5 月 7 日，广东汇高贸易有限公司的"索菲亞"商标，经国家工商行政管理局商标局授权为注册商标，核定使用的商品为第 20 类"餐具柜；非金属门装置；家具；家具门；家具用非金属附件；镜子；衣帽架(家具)，"商标注册证号为第 1761206 号。注册有效期限：2002 年 5 月 7 日至 2012 年 5 月 6 日，后经核准续展至 2022 年 5 月 6 日。2003 年 7 月 28 日，该商标转让于广州市宁基装饰实业有限公司；2006 年 9 月 28 日，该商标转让于广州索菲亚家具制品有限公司；2010 年 8 月 6 日，该商标转让于广州市宁基装饰实业股份有限公司；2012 年 2 月 14 日，该商标注册人变更为索菲亚公司。自 2003 年 12 月，索菲亚公司的前身广州市宁基装饰实业有限公司开始在第 20 类商品上使用"索菲亞"商标。2014 年 8 月 14 日，索菲亚公司的"索菲亞"商标，经原国家工商行政管理总局商标局授权

① 范静波：《关于注册商标冲突民事诉讼几个相关问题的探讨》，《知识产权家》2022 年 6 月 28 日。

为注册商标，核定使用的商品为第 6 类：金属门(滑门、拉门)；金属门；金属隔板；金属门板；金属建筑挡板，商标注册证号为第 4287169 号。注册有效期限：2014 年 8 月 14 日至 2024 年 8 月 13 日。

南阳索菲亚公司成立于 2014 年 3 月 31 日，法定代表人为吕小林，股东为吕小林、尹丰荣，注册资本 60 万元，经营范围为：照明灯具、金属吊顶材料、集成吊顶灯、换气扇、浴霸销售及售后服务。2015 年 8 月 7 日，吕小林的第 14504404 号“sofyell”商标，经国家工商行政管理局商标局授权为注册商标，核定使用的商品为第 11 类“照明器械及装置；烹调用装置和设备；空气调节设备；厨房用抽油烟机；龙头；太阳能热水器；淋浴热水器；浴霸；水净化设备和机器；电暖器”；期限：2015 年 8 月 7 日至 2025 年 8 月 6 日。同日，吕小林的第 14504405 号“sofyell”商标，经国家工商行政管理局商标局授权为注册商标，核定使用的商品为第 6 类：金属支架；金属片和金属板；管道用金属接头；金属天花板；金属屋顶；金属地板；金属建筑材料；铝塑板；金属螺母；家具用金属附件。期限为 2015 年 8 月 7 日至 2025 年 8 月 6 日。

本案争议的第一个焦点问题是，是否需要认定第 1761206 号“索菲亞”注册商标为驰名商标。

一审法院认为，索菲亚公司明确主张以其注册在 20 类商品上的第 1761206 号“索菲亞”商标主张权利。经查，索菲亚公司在第 6 类商品上亦注册了第 4287169 号“索菲亞”注册商标，故本案其完全可以以第 4287169 号“索菲亞”注册商标为基础主张商标专用权，而无须以其注册在第 20 类商品上的第 1761206 号“索菲亞”注册商标主张商标专用权。故该院认为本案无必要对第 1761206 号“索菲亞”注册商标是否驰名作出认定。

二审法院认为，商标禁用权的范围具有不确定性，企业为了有效维护自身商誉，往往通过注册系列商标的方式明确、巩固其权利范围。一旦发生侵权纠纷，商标权人有权根据自身的商标体系和诉讼策略选择对其最为有利的商标作为诉讼的权利基础。在本案中，根据索菲亚公司在二审庭审中的陈述，该公司并不生产、销售集成吊顶，故第 4287169 号“索非亞”商标属于防御性商标。此类商标因未经长时间实际使用，显著性和知名度较低，法律对其保护力度较弱，即使商标侵权行为成立，权利人也难以获得较高的赔偿数额以弥补其损失。司法认定驰名商标的本意在于更好地保护驰名商标，在权利人享有多个商标权的情况下，如果法院为避免认定驰名商标，不允许权利人选择以驰名商标跨类保护的方式寻求更为有利的救济，则商标权人的合法利益就难以得到充分保障，与司法认定驰名商标制度的初衷亦背道而驰。因此，本院认为，索菲亚公司以第 1761206 号“索非亞”商标主张权利系对其商标权的正当行使，因该商标的核定使用商品类别为第 20 类“餐具柜；非金属门装置；家具；家具门；家具用非金属附件；镜子；衣帽架(家具)”，与被诉侵权产品集成吊顶(包括扣板与电器模块)在功能、用途、生产部门、销售渠道方面均存在差异，不属于相同或类似商品，故在权利人请求驰名商标保护的情况下，法院有必要根据《最高人民法院关于审理涉及驰名商标保护的民事纠纷案件应用法律若干问题的解释》(以下简称《司法解释》)第 2 条第 1 款，对涉案商标是否驰名作出认定。

(三) 个案认定

立法者在阐释《商标法》第 14 条的含义时对个案认定原则作出了精彩的阐述：商标驰名情况不是固定不变的，原本不驰名的商标可能通过长时间的使用、广告宣传而变得驰名，原本驰名的商标也可能因为市场的发展变化而变得不再驰名。因此，商标是否驰名，应当在个案中作出认定，有关主管机关在特定案件中认定的驰名商标，也仅在该案件中具有意义，一个商标在一个案件中被认定驰名，并不必然表明其在另一个案件中也会被认定驰名。① 最高人民法院的《司法解释》第 13 条规定：在涉及驰名商标保护的民事纠纷案件中，人民法院对于商标驰名的认定，仅作为案件事实和判决理由，不写入判决主文；以调解方式审结的，在调解书中对商标驰名的事实不予认定。

前述"美图秀秀案"的二审，有一种意见就认为，美图网公司提交的销售数据审计报告显示，该公司 2010 年净利润为 145.65 万元；2011 年净利润为－299.99 万元；2012 年净利润为－962.49 万元；2013 年净利润为 43.56 万元；2014 年净利润为 2 626.23 万元。美图网公司在 2010—2013 年的净利润数额较低，不能认定其商标为驰名商标。尽管法院未能支持，但确实反映出公司经营状态的动态性，驰名商标认定也绝非一成不变。二审法院认为，净利润数额只是引证商标商标知名度和美誉度的判断因素之一，对引证商标是否达到驰名的程度仍应以该商标在核定使用的商品上的显著性和知名程度为判断标准，并应考虑互联网行业的经营特点，即软件开发和市场推广阶段的资金投入可能会大于短期内的利润回报。综合全案证据可以证明，在争议商标申请日之前，通过美图网公司长期、广泛、持续的宣传和使用，核定使用在已录制的计算机程序(程序)、计算机程序(可下载软件)、电脑软件(录制好的)商品上的引证商标在图片处理类软件中占据了较大的市场份额，具有较广的销售区域，已经在中国境内为相关公众广泛知晓并享有较高的声誉，构成驰名商标。

第四节　驰名商标保护中的注册商标

对驰名商标的特殊保护，时常遇到的一个问题是：其是否违反了知识产权保护政策？知识产权保护遵循法定主义，信奉"以公有领域为原则，以知识产权保护为例外"的原则，

① 全国人民代表大会常务委员会法制工作委员会：《中华人民共和国商标法释义》，法律出版社 2013 年版，第 36 页。

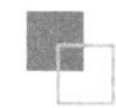

以确保强健的自由竞争和宽容的创新环境，只有在法律有专门授权时，权利人才能行使其专有权利。因此，前述《美国反不正当竞争法重述》提及商标法律不能在混淆保护机制和淡化保护机制以外再提供额外的保护。但是在混淆保护机制与淡化保护机制之间存在一些交叉性的法律问题，涉及注册商标专用权与驰名商标权之间的边界和冲突。

一、注册商标的禁止使用

（一）驰名商标权对抗注册商标权

我国法院强调在实质性意义上解决商业标识之间的民事侵权冲突纠纷，“已经合法注册为商标”并非商标侵权或不正当竞争的合法抗辩，《最高人民法院关于审理注册商标、企业名称与在先权利冲突的民事纠纷案件若干问题的规定》第 1 条第 1 款采取了实质解决争议的立场：原告以他人注册商标使用的文字、图形等侵犯其著作权、外观设计专利权、企业名称权等在先权利为由提起诉讼，符合《民事诉讼法》第 108 条规定的，人民法院应当受理。

但是，针对注册商标之间的冲突纠纷，由于《商标法》规定了相对完善的争议处理程序、行政与司法部门之间主管范围的分工，我国法院长期以来持保守立场，认为应当先由行政主管部门先处理注册商标的有效性问题之后，再由人民法院处理民事侵权纠纷。上述《司法解释》第 1 条第 2 款规定，原告以他人使用在核定商品上的注册商标与其在先的注册商标相同或者近似为由提起诉讼的，法院应当告知原告向有关行政主管机关申请解决。最高人民法院这种规定的本意是回避注册商标专用权的效力评价，在当事人都有注册商标专用权且因一方行使注册商标权而引起的侵权纠纷，必然需要评价注册商标专用权的效力，这属于商标授权确权机构的主管范围。这种规定的合理性其实值得商榷，只要被告系商标使用而产生的侵权纠纷，法院都可受理，在处理上可以驳回原告的诉讼请求，或者要求被告承担侵权责任但不宣告注册商标无效。如果仍然坚持司法解释的规定，原告在策略上只需要提起未注册商标的仿冒之诉即可轻易绕开这种规定，从而在结果上实现了实质性处理争议的相同效果。需要区分的是，大量的案件涉及被告不规范使用其注册商标的情形，此时并非典型的注册商标专用权之间的冲突，而仍然属于传统的商标侵权或不正当竞争冲突纠纷，不应受到上述《司法解释》的制约。

如果在后注册商标是复制、模仿、翻译他人在先驰名商标，驰名商标权利人可否请求注册商标权利人停止使用或者宣告该注册商标无效？《最高人民法院关于审理涉及驰名商标保护的民事纠纷案件应用法律若干问题的解释》第 6 和 11 条涉及这种情形，第 11 条规定：“被告使用的注册商标违反商标法第 13 条的规定，复制、摹仿或者翻译原告驰名商标，构成侵犯商标权的，人民法院应当根据原告的请求，依法判决禁止被告使用该商标。”根据该条规定，法院应当适用《商标法》第 13 条处理驰名商标与注册商标之间的冲突，这里的"驰名商标"应当包含注册驰名商标和未注册驰名商标。这与驰名商标认定的按需认定原则保持一致，按需认定不仅包含构成要件或者定性层面的需要，而且包括获取高额赔偿的需求。

"阿里斯顿"案[①]

马奇公司于1997年8月19日获准注册ARISTON图文组合商标，核定使用商品类别为第11类，包括排气罩、煤气灶、淋浴隔间、空气调节装置、加热板、淋浴桶、散热器、浴用热水器和热水器、浴盆等商品；于1999年3月14日获准注册"阿里斯顿ARISTON"中英文字商标，核定使用商品类别为第11类，包括炉灶、电饭锅、排油烟机、淋浴单间、取暖用锅炉、洗涤槽、散热器、加热元件、热水器、浴缸、浴室装置等。阿里斯顿中国公司是这两个商标的非独占许可使用人。

嘉兴阿里斯顿公司于2005年1月设立。该公司于2005年委托顾某某注册了alisidun.com域名。2008年，顾某某获准注册第11类商品上的"ALSDON"图文组合商标，核定使用商品包括小型取暖器、消毒碗柜、浴用加热器、电加热装置、风扇(空气调节)、冰柜、煤气灶、汽灯、太阳能热水器、厨房用抽油烟机；第5093449号"ALSDON"商标，核定使用商品包括灯、煤气灶、冰柜、风扇(空气调节)、厨房用抽油烟机、电加热装置、暖气装置、太阳能热水器、消毒碗柜、小型取暖器。后上述商标均转让给嘉兴阿里斯顿公司。马奇公司、阿里斯顿中国公司主张嘉兴阿里斯顿公司、蒋某某在生产和销售的金属天花板模块上使用"阿里斯顿"中文标识、"ALSDON"标识侵犯其商标专用权。

法院认为，根据驰名商标司法解释的规定，司法认定驰名商标实行个案认定和被动认定原则，因此之前的行政争议和司法诉讼不予认定驰名商标，并不必然导致本案亦不能根据个案情况作出个案认定……金属天花板与马奇公司、阿里斯顿中国公司上述两商标核定使用商品分属不同类别，马奇公司、阿里斯顿中国公司请求对其商标进行跨类保护，此种保护必须以该商标是驰名商标为前提。嘉兴阿里斯顿公司在第6类商品上有第8199907号"ALSDON"注册商标、第8199995号"阿里斯顿"注册商标，此外，第5298482号"阿里斯顿"商标虽然仍在异议程序阶段，但嘉兴阿里斯顿公司确实持有该商标的商标注册证……针对注册商标之间的冲突，在驰名商标司法解释施行之后区分两种情况进行处理，对于普通注册商标之间的冲突，仍按权利冲突司法解释规定，通过行政途径予以解决；对于驰名商标与注册商标之间的冲突，法院可以直接判决构成侵权的被告禁用其注册商标。本案马奇公司、阿里斯顿中国公司未经行政途径，直接诉请法院判令嘉兴阿里斯顿公司禁用其注册商标。马奇公司、阿里斯顿中国公司的商标必须是驰名商标，其请求方有

① 江苏省南京市中级人民法院(2014)宁知民初字第1号民事判决书；江苏省高级人民法院(2015)苏知民终字第00211号民事判决书。

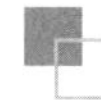

可能获得法院支持。……嘉兴阿里斯顿公司立即停止侵犯马奇公司、阿里斯顿中国公司第 1255550 号、第 G684565 号注册商标专用权的行为；立即停止在企业名称中使用“阿里斯顿”字号，停止在其英文企业名称中使用“ALISIDUN”，并办理名称变更登记；立即停止“alisidun.com”域名的使用；赔偿马奇公司、阿里斯顿中国公司包括制止侵权的合理费用在内的经济损失 200 万元等。

(二) 注册商标权之间的冲突解决

注册商标与其他商业标识之间的冲突属于权利冲突现象。《最高人民法院关于审理涉及知识产权权利冲突民事纠纷案件适用法律若干问题的解释》第 1 条指出：知识产权民事纠纷案件中的权利冲突争议，是指一方当事人根据其享有的知识产权向对方提出诉讼请求，对方当事人以行使自己享有的知识产权为由进行抗辩形成的争议。该解释第 2 条指出：审理涉及权利冲突的知识产权纠纷案件，人民法院应当依照保护在先权利、维护公平竞争和诚实信用的原则正确界定当事人的合法权益。

实践中对注册商标专用权之间的冲突处理方式曾经存在较大争议，最高人民法院认为法院应当告知当事人由商标局处理。[①] 笔者认为不妥，处理注册商标之间的侵权民事纠纷不应先行后民，理由如下：一是注册商标之间的民事侵权纠纷本质上属于民事权益冲突，这种纠纷的解决不需要以行政程序的前置为前提。商标权是民事权利，权利获取的行政程序不会改变民事权利的本质，民事权利之间的冲突纠纷当然属于法院主管的案件范围。如果被告对其注册商标的取得或使用没有实质性利益，例如违反了《商标法》关于商标注册的绝对或相对事由，被告只是假借商标注册的“合法性外衣”、行商标侵权的事实，则法院应当判决被告停止使用注册商标的行为。北京市高级人民法院在一起案件中指出：被控侵权行为发生后获得注册的涉案商标不构成不侵权抗辩理由；诉讼期间取得注册的商标，再审期间被无效宣告，仍应承担停止侵权的民事责任。[②] 这个判决已经涉及注册商标之间的冲突，在处理上已经具有穿透性，即商标注册并非侵权抗辩事由。

二是无论商标注册行为是授权行为还是确权行为，均不影响法院处理注册商标之间的民事侵权纠纷。行政机关只能纠正行政授权或行政确权行为的瑕疵，但因使用商标所产生的权利冲突纠纷属于法院的主管范围，不是不服行政机关作出的具体行政行为所产生的争议，民事权利冲突的当事人之间的民事诉讼与行政程序没有必然联系，法院有权根据侵权案件的是非曲直作出判决，如果被告的商标使用行为产生了混淆可能性，则法院有权根据《商标法》第 57 条判决被告停止使用商标，避免被告商标在市场流通过程中发挥来源识别功能进而对消费者造成混淆。这一判决与无效被告商标分别属于人民法院和行政

---

① 《关于审理注册商标、企业名称与在先权利冲突的民事纠纷案件若干问题的规定》第 1 条第 2 款。

② 北京市高级人民法院(2022)京民再 14 号民事判决书。

机关的不同主管范畴，两者应该各行其道、互不干涉。

三是最高人民法院关于先行后民的司法政策具有历史局限性。最高人民法院在2008年通过了《关于审理注册商标、企业名称与在先权利冲突的民事纠纷案件若干问题的规定》，其中关于注册商标之间的处理规定是为了维护商标注册制度而采取的政策标准，制定者指出这着重考虑了当时的认识程度，“带有很强的权宜色彩，而不是立足于纯粹的法律逻辑上的定性和处置”。[①] 2008年以来我国本土市场迅猛发展，2013、2019年我国对《商标法》进行修改，全社会对真实使用商标和打击恶意注册具有高度共识，商标使用在我国《商标法》及其实践运行中的地位达到新高度。因此，法院对注册商标之间的冲突应当着力于纠纷的实质性解决，审查被告对其注册商标的取得或使用是否具有实质性利益。事实上，最高人民法院副院长曾经在第四次全国法院知识产权审判工作会议上的讲话中表达了相同的意思：要着力强化民事诉讼在特定民行交叉纠纷解决中的引导作用，转变行政程序当然优先或者必须前置的传统思维。

四是先行后民违背诉讼效率，脱离市场实际。迟到的正义等于非正义。如果民事侵权程序先行中止，被告发起商标无效程序，那么，接下来的商标行政确权程序可能耗时过长。商标评审委员会对商标的有效性作出评价之后，一方当事人还可能进入行政诉讼程序，经过一审行政诉讼、二审行政诉讼和再审程序之后，最终对商标的有效性给出结论，然后再重新恢复商标侵权民事一审、二审和再审程序。这期间共七道程序，再加上可能出现的发回重审程序，耗费的时间更长，到最后市场已经发生变化，商标可能都没价值了。杭州奥普与云南奥普、浙江现代新能源公司之间就“奥普 aopu”商标无效程序，共耗费了七年时间，[②]商标无效程序所耗费的成本可见一斑，更别提商标无效程序与侵权程序交叠的情形。

二、相同或类似商品上的禁止使用

《商标法》第13条第3款为注册驰名商标提供跨类保护，那么注册驰名商标权利人可否禁止他人在相同或类似商品上申请或使用相同或近似的注册商标？美国权威学者麦卡锡教授在批评欧洲法院 Davidoff 判决和 Adidas 判决时指出：“反淡化法特别地为驰名商标提供一种特殊和额外的救济，这种额外的保护只能限于传统混淆理论的扩张版都不能涵摄的情形”；[③]“淡化理论和混淆理论并非相同铁轨上的不同站台，由于具有相互独立的

① 孔祥俊：《商标与不正当竞争法：原理与判例》，法律出版社2009年版，第523页。

② 《最高院驳回再审申请，“奥普 aopu”商标无效》，“知识产权那点事”微信公众号，最后访问日期：2017年8月10日。

③ J. Thomas McCarthy. Dilution of A Trademark: European and United States Law Compared. *TMR*, Vol. 94, 2004, pp.1163, 1178.欧洲法院在这两个判决中均将淡化机制适用于竞争性商品或服务案件中。麦卡锡教授指出：“混淆理论可用于解决竞争性或类似商品案件，没必要再启动淡化机制。”“如果将淡化机制也适用于竞争性产品案件，那么必将损害自由公平竞争并扭曲反淡化机制。”

判断标准，它们是相互独立的铁轨。”[①]这种观点似乎过于绝对，忽略了两种理论之间的联系。

在欧洲法院审理的Davidoff诉Gofkid案中，被告在男士化妆品等相同或类似商品上使用Durffee商标。欧洲法院面临的第一个问题是：《商标指令》第4(4)(a)条和第5(2)条是否可以被解释为：可以为注册驰名商标提供在相同或类似商品上的保护？欧洲法院认为，尽管根据《商标指令》序言10，如果一种行为损害商标的一种功能时，第5(1)(a)条授予一项绝对权的保护(Case C－206/01 Arsenal Football Club [2002] Ecr I－10273，paragraph 50 and 51)；而第5(1)(b)条的适用则取决于混淆可能性的存在(Case C－425/98 Marca Mode [2000] ECR I－4861，paragraph 34)。本院还在SABEL案指出(C－251/95 SABEL [1997] ECR I－6191，paragraph 20,21)，指令第5(2)条不应在字面上被解释为仅适用于非类似商品或服务上。当不存在混淆可能性时，驰名商标所有人不应依据第5(1)(b)条以禁止损害商标的显著性或商誉。[②]

根据商标法原理，对普通注册商标和驰名商标的保护机制具有不同的保护基础。商标法基于欺诈理论通过反混淆机制保护普通注册商标，基于财产理论对驰名商标提供反淡化保护机制；“传统商标侵权法主要关注保护消费者对产品或服务来源的正确认识、不被欺诈，而淡化法则保护商标所有人凝结在商标中商誉的投资。”[③]因此，“混淆”意味着商标权的效力限定于“相同或类似商品”上，因为在不类似商品上使用相同或近似商标通常不会使消费者产生混淆误认。如果商标权人要控制“跨类”商品上的商标使用行为，则意味着商标权的理论基础应延展至财产权，即通过驰名商标的淡化保护机制来实现。但是反过来，淡化保护机制中的“联系”具有宽泛的内涵。按照通常的理解，行为人的行为如果已经具有使消费者对商品或服务来源产生混淆可能，那么，当然可以在驰名商标与行为人使用的商品或服务之间制造“联系”，从而发生淡化意义上的损害。跨类保护只是赋予驰名商标权利人额外的特殊保护，并不排斥在需要的情况下提供其在相同或类似商品或服务上的保护。根据“举重以明轻”的解释方法，驰名商标可以在跨类商品或服务上享受保护，当然也可以在相同或类似商品或服务上享受保护。

“宝洁”案[④]

争议商标系第1904474号“威仕达玉兰”商标，其申请日为2001年5月15日，核准注册日为2002年8月21日，核定使用在第3类“洗发液、香皂、洗面奶、浴露、化妆品、皮肤增白霜、香水、防晒剂、喷发胶、爽身粉”商品上，专用权至2022年8月20日，现商标权人为威仕达公司。引证商标一系第380392号“玉兰”商标，申请日为1990年1月1日，申请

① J. Thomas McCarthy. Dilution of A Trademark: European and United States Law Compared. *TMR*, Vol. 94, 2004, pp.1163, 1177.

② Davidoff & Cie SA and Zino Davidoff SA v Gofkid Ltd., Case C－292/00, paragraph 26, 28, 29 (2003).

③ Mary LaFrance. *Understanding Trademark Law*. LexisNexis, 2009, p.205.

④ 最高人民法院(2016)最高法行再13号行政裁定书。

人为宝洁公司，核定使用在第3类"雪花膏、爽身粉、玫瑰蜜、雀斑净"商品上，经续展商标专用权期限至2023年2月28日。引证商标二系第1684381号"玉兰油"商标，其申请日为1999年7月1日，申请人为宝洁公司，核定使用在第3类"香皂、浴液、泡沫浴液、化妆品、牙膏、护肤用化妆剂、个人用除臭剂、洗澡用化妆品、防晒剂、洗面奶"商品上，经续展商标专用权期限至2021年12月20日。

本案焦点问题是：争议商标的注册是否违反了《商标法》第13条第2款以及第41条第2款的规定。

二审法院认为，由于宝洁公司未能提供在争议商标申请日前合理期限内，引证商标一、二使用商品的销售范围、经济指标、广告范围、广告投入、市场排名等证据，故在案证据不足以证明在争议商标申请注册前引证商标一、二已经成为驰名商标。《商标法》第41条第2款规定："已经注册的商标，违反本法第13条、第15条、第16条、第31条规定的，自商标注册之日起5年内，商标所有人或者利害关系人可以请求商标评审委员会裁定撤销该注册商标。对恶意注册的，驰名商标所有人不受5年的时间限制。"首先，争议商标核准注册日为2002年8月21日，宝洁公司提起争议商标的申请日为2010年8月4日，已经超过5年的法定期限。其次，如上所述，宝洁公司不属于驰名商标所有人，其在争议商标核准注册之日起5年届满后提起撤销申请，不符合法律规定。

再审法院指出，《商标法》第13条的规定旨在给予驰名商标较一般注册商标更强的保护，一般注册商标权利人享有专用权以及禁止他人在相同或者类似商品上使用相同或者近似商标的权利，驰名商标权利人除享有上述权利外，还享有禁止他人在不相同或者不相类似商品上使用相同或者近似驰名商标的权利。因此，虽然《商标法》第13条第2款仅规定对"不相同或者不相类似商品申请注册的商标是复制、摹仿或者翻译他人已经在中国注册的驰名商标"之行为予以禁止，根据《商标法》对驰名商标强保护的立法本意，在"相同或者类似商品"上复制、摹仿、翻译他人已经在中国注册的驰名商标申请注册商标的行为，亦属该条所调整的对象。本案争议商标与引证商标一、二核定使用的商品，在功能、用途、销售渠道、消费对象等方面基本相同，属于类似商品，故本案可以适用《商标法》第13条第2款的规定。威仕达公司关于《商标法》第13条第2款只能适用于"不相同或者不相类似"商品的主张，属于对法律的错误理解，本院不予支持。

再审法院认定引证商标一已经构成驰名商标，其知名度可延及引证商标二，同时认定争议商标的注册行为具有恶意。关于威仕达公司申请注册争议商标是否具有恶意的问题。本院认为，根据《商标法》第41条第2款"对恶意注册的，驰名商标所有人不受五年的时间限制"的规定，判断争议商标的注册是否具有恶意，不能仅考虑商标是否已经达到驰名的程度，即只要是驰名商标，就推定申请注册人具有恶意，而应该根据案件具体情节，从主观意图、客观表现等方面综合判断。在本案中，威仕达公司与宝洁公司同为洗化行业经营者，引证商标一、二在争议商标申请注册日前已经具有很高知名度，威仕达公司应当知

晓宝洁公司的引证商标一、二而申请注册争议商标。此外，威仕达公司在实际使用争议商标的过程中具有攀附宝洁公司商标商誉的意图之行为，亦进一步佐证该公司申请注册争议商标具有恶意。

参考文献

一、著作

[1] 全国人民代表大会常务委员会法制工作委员会：《中华人民共和国商标法释义》，法律出版社 2013 年版。

[2] Nuno Pires De Carvalho. *The TRIPS Regime of Trademarks and Designs* (4th Edition). Wolters Kluwer, 2019.

[3] Mary LaFrance. *Understanding Trademark Law*. LexisNexis, 2009.

[4] Peter S. Menell, Mark A. Lemley, Robert P. Merges. *Intellectual Property in the New Technological Age: 2019*. Clause 8 Publishing, 2019.

[5] Annette Kur, Martin Senftleben. *European Trade Mark Law: A Commentary*. Oxford University Press, 2017.

[6] J. Thomas McCarthy. *McCarthy on Trademarks & Unfair Competition* (4th edition). Deerfield, IL: Clark Boardman Callaghan, 1996.

二、论文

[1] 杨静：《商标授权确权中地域性原则的重构——基于中美实践的比较》，《知识产权》2020 年第 3 期。

[2] Danguole Klimkeviciute. The Legal Protection of Well-known Trademarks and Trademarks with a Reputation: The Trends of the Legal Regulation in the EU Member States. *Socialiniu Mokslu Studijos*, Vol. 115, No.C3, 2010.

三、其他文献

[1] BrandFinance：《2020 年全球品牌财富 500 报告》，https://brandirectory.com/rankings/global/table，最后访问日期：2020 年 4 月 20 日。

[2] 雷用剑、明星楠：《最高人民法院再审改判——保护姓名权，让 Manolo Blahnik 在中国做回了自己》，https://mp.weixin.qq.com/s/PxhlE_TSMw-4R_SFMr0mww，最后访问日期：2022 年 8 月 31 日。

[3] 范静波：《关于注册商标冲突民事诉讼几个相关问题的探讨》，https://mp.weixin.qq.com/s/CPuE-NQESuC_WHy9ew7DYQ，最后访问日期：2022 年 6 月 28 日。

第八章 其他商业标志保护

只要满足特定构成要素，商业标志通常可基于相应的条件，享受商标法和反不正当竞争法的保护。商标法在商标使用行为、商品或服务类别、混淆可能性等方面都有严格限定，不能为形态丰富的侵害商标的行为提供全面的制止，此时需要寻求反不正当竞争法的保护。因此美国的《兰哈姆法》包含禁止不正当竞争的规定，学术界的著作通常称为商标和反不正当竞争法。法国学者也认为，商标法著作如未叙及不正当竞争，则其内容尚不完备。[①] 我国《反不正当竞争法》第6、2条都可为侵害商标的行为提供禁止规范。此外，地理标志作为一种特殊的商业标记，具有特殊的规范机制。

第一节　地 理 标 志

作为一种商业标记（主观关联性理论），我国主要通过《商标法》和《反不正当竞争法》为地理标志提供保护。

一、商标法保护

（一）地理标志证明或集体商标的侵权认定

1. 产地和品质标准

地理标志的持有人，通常会将其地理标志注册为集体商标或证明商标。地理标志经核准成为集体商标或证明商标后，权利人可基于商标权制止他人未经许可的商标侵权行为。来自相同产区的商家可以要求使用集体商标或证明商标，但集体或证明商标持有人在注册时会提交使用管理规则，包含产品的品质特征、制造方法、使用商标的手续、使用者的权利和义务、检验监督等，使用人应当履行相应程序之后才能正当使用。对于不符合证明商标或集体商标管理规则的使用人，未经许可在核定产品上使用与相

① 曾陈明汝：《商标法原理》，中国人民大学出版社2003年版，第151页。

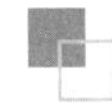

同或近似标识的行为，且容易导致相关公众混淆误认的，权利人有权依法追究其侵害商标权的责任。

实践中，被告来自地理标志所标识的地域，有权向消费者表明产品或服务的真实产区，其是否构成对地名的合理使用？地理标志保护与地名使用之间的关系取决于被告的使用是否在产地和品质方面符合地理标志的标准，可以从具体使用方式和意图等方面判断。如果被告在包装袋上使用“来自五常市的大米”，这应该属于对地名的合理使用；如果被告未经许可使用“五常大米”地理标志字样且发现其产品质量不符合地理标志证明商标的标准，即便其大米的产地确实来自“五常”地区，基于对地理标志证明商标商誉信赖功能的保护，该行为也可能被认定为商标侵权；如果被告使用了“五常大米”地理标志且能证明产地和品质都符合标准，则构成正当使用。《集体商标、证明商标注册和管理办法》第18条第2款规定：“实施条例第6条第2款中的正当使用该地理标志是指正当使用该地理标志中的地名”，即被告可以正当使用“五常”“龙井村”等地名。此外，根据《商标法实施条例》第4条第2款，只有在能够证明其产品满足地理标志、产品质量和工艺标准的前提下，可以使用地理标志。

“五常市大米协会与李某某等侵害商标权纠纷”案①

五常市大米协会经核准在第30类商品上注册了第1607996号五常组合商标和第5789043号“五常大米”文字商标，两商标为证明商标，核定使用商品为大米、大米制品。五常市大米协会制定的《“五常大米”证明商标使用管理规则》对“五常大米”证明商标的使用条件、使用申请程序、管理、保护等进行了明确。其中，该管理规则第5条规定：使用“五常大米”证明商标的产品的生产地域范围为：五常市境内“C”字开口盆地以内，龙凤山水库或拉林河、溪浪河水系浇灌的水田。具体地域范围是：溪浪河、拉林河流域至红旗乡西城子村以东，苇沙河以西，磨盘山以北，硕大户山以南。第9条规定：申请使用“五常大米”证明商标的使用者应向五常市大米协会递交《证明商标使用申请书》；第11条规定：符合“五常大米”证明商标使用条件的，应办理如下事项：① 双方签订《证明商标许可使用合同》；② 申请领取《证明商标准用证》；③ 申请领取证明商标标识；④ 申请人交纳管理费。此外，上述管理规则还对使用“五常大米”证明商标的产品的品质特征、申请程序、被许可使用者的权利和义务等内容进行了规定。被告商品外包装正面最上方中间位置突出标注有“五常”字样，该字样左侧标注有源京达及拼音和图形商标，“五常”字样下方依次显示有“自然香生态米”“金虎长粒香”和老虎图案，包装底部显示有“黑龙江五常香米基地”和“北京金利兴盛粮油商贸有限公司”字样。

法院认为，李某某销售的涉案大米包装袋上标有“五常”字样，上述使用方式足以起到

① 北京市朝阳区人民法院(2016)京0105民初1686号民事判决书。

标识商品来源的作用，属于商标性使用行为。因涉案大米产品与涉案五常组合商标和“五常大米”证明商标核定使用的商品为同一种类商品，涉案大米包装上的“五常”字样与涉案两项注册商标中的主要识别部分“五常”字样相同，基于涉案注册商标的知名度和显著性，涉案大米包装上的上述使用方式足以使相关公众误认为该产品与涉案两项证明商标标识的商品来源相同或者存在特定联系，故涉案大米产品上使用的“五常”标识与涉案注册商标构成近似商标。

对于李某某提出涉案大米产品上同时还使用了源京达汉字及英文组合商标以及“五常”系地名的辩称，一审法院认为，含有地理标志的证明商标的功能在于证明所标识的商品源于特定区域及具有相应的品质特征。在证明商标被在先核准注册的情况下，注册人取得了对该商标的专用权。虽然“五常”是黑龙江省五常市的简称，但在五常市大米协会将含有该地理标志的标识在大米产品上注册为证明商标的情况下，任何能够标识某大米产品源于该地区的商标性使用行为均应符合涉案证明商标的使用管理规则，并征得五常市大米协会的许可，否则，该证明商标将无法正常发挥其标识功能。[①]

2. 关于侵权认定标准的不同观点

我国学术界和司法实践中对地理标志的保护存在不同理解：一是有法院对地理标志提供绝对保护，与《商标法实施条例》第 4 条第 2 款的规定似乎相悖，即对于种茶人公司所称其销售的被诉侵权产品中的茶叶来自西湖龙井茶产区的辩解，即使种茶人公司所称的茶叶的来源地属实，其亦无权未经权利人许可擅自使用与“西湖龙井”相同或相似的证明商标，其仍需向龙井茶协会提出申请并履行该证明商标使用和管理规则中所规定的手续，否则就构成侵犯注册商标专用权。[②] 二是有法院指出被告应当承担举证责任，以证明其产品符合地理标志产品的工艺标准和质量要求，这种做法符合《商标法实施条例》第 4 条第 2 款的规定，同时强化地理标志的保护政策。三是有法院要求原告对被告产品不符合地理标志产品的质量要求或工艺标准的事实承担举证责任。如果特定商品的确产自地理标志核定的地域范围，除非存在相反证据证明该商品不具备地理标志要求的特定品质，否则，应当推定该商品符合使用地理标志的条件，该商品的生产者、销售者等有权正当使用地理标志。

“信阳毛尖”案[③]

被告在商品名称中使用“信阳原产毛尖”、宣传页面以较大字体标明“产于信阳”，法院将举证责任分配给被告：被告仅能够证明受托生产方安溪县如意茶厂曾向信阳市天享有

① 北京市朝阳区人民法院(2015)朝民(知)初字第 4613 号民事判决书；北京知识产权法院(2015)京知民终字第 1180 号民事判决书。

② 林广海、李德军：《擅印“西湖龙井”，叠加式商标侵权应如何追责》，《中国知识产权报》2015 年 10 月 16 日。

③ 上海知识产权法院(2021)沪 73 民终 708 号民事判决书。

机茶专业合作社进过货的事实，不能证明安溪县如意茶厂进购的茶业是否产自信阳毛尖保护基地、是否具有“信阳毛尖”证明商标所标识商品的品质，其所标注产品质量标准与《中华人民共和国国家标准　地理标志产品　信阳毛尖茶》(编号 GB/T22737—2008)并不相同，其亦不能证明被控侵权产品中茶叶是否确系使用安溪县如意茶厂进购的散茶进行分装，此外，琛牌公司也不能证明其使用涉案商标的行为得到了信阳市茶叶协会的许可。法院进一步指出这种使用方式超出了仅介绍产地的合理、必要范围，在互联网销售环境下，此种使用无疑使相关公众在使用“信阳毛尖”进行关键词检索时，能够检索到琛牌公司的商品，虽然其在“信阳”“毛尖”之间使用了“原产”字样，但在商品名称字数众多、不分主次的情况下，此种使用方式并不足以区分琛牌公司茶叶商品的产地和特定品质，而且宣传页面再次强调“信阳原产”，使“信阳”商标同样发挥了证明商标的作用，易使社会公众对该产品所具有的品质产生误解，将产品与“信阳毛尖”这一地理标志证明商标进行联系，故琛牌公司的行为侵害了原告的商标权。①

(二) 地理标志证明或集体商标的正当使用

《商标法实施条例》第 4 条第 2 款规定：以地理标志作为证明商标注册的，其商品符合使用该地理标志条件的自然人、法人或者其他组织可以要求使用该证明商标，控制该证明商标的组织应当允许。以地理标志作为集体商标注册的，其商品符合使用该地理标志条件的自然人、法人或者其他组织，可以要求参加以该地理标志作为集体商标注册的团体、协会或者其他组织，该团体、协会或者其他组织应当依据其章程接纳为会员；不要求参加以该地理标志作为集体商标注册的团体、协会或者其他组织的，也可以正当使用该地理标志，该团体、协会或者其他组织无权禁止。根据《集体商标、证明商标注册和管理办法》第 18 条：凡符合证明商标使用管理规则规定条件的，在履行该证明商标使用管理规则规定的手续后，可以使用该证明商标，注册人不得拒绝办理手续。可见，《商标法》第 59 条第 1 款规定的“通用名称抗辩”“正当使用地名”与《商标法实施条例》第 4 条，共同构成了对地理标志保护的限制。其中，“通用名称抗辩”(不再具有产地和品质识别功能)和“正当使用地名抗辩”(善意的使用意图、符合惯例的使用方式、不混淆的使用后果)在商标法中具有既定的规则，而“地理标志使用抗辩”则是一种特殊的抗辩类型。一般而言，商家在搜索链接描述中使用地理标志的行为，不成立“正当使用地名抗辩”；在一些涉及“逆向使用”地理标志的案件中，例如“并非五常大米”“赛西湖龙井”，被告的抗辩也不能成立，其行为究竟构成商标侵权还是不正当竞争，则取决于被告的行为是否构成商标使用。“盱眙龙虾案”的二审法院实质认可了被告的地名使用抗辩，笔者认为值得商榷，被告完整使用地理标志的行为应属于地理标志意义上的使用，此时应当由被告举证证明其产品符合特定品

① 广东省深圳市福田区人民法院(2021)粤 0304 民初 43544 号民事判决书。

质，否则须承担败诉风险。

如果能够认定被告是在地理标志意义上使用，而不是在地名或者通用名称意义上使用，则此时需要审查被告的产品是否满足特定品质。国际条约和我国均区分葡萄酒、烈性酒与其他产品地理标志保护的差异，《商标法》对普通产品地理标志的保护毕竟存在“误导公众”的限制，不宜对普通产品地理标志提供过于绝对的保护，否则，普通产品地理标志与葡萄酒、烈性酒地理标志的保护强度就会相同。从鼓励加入证明商标的许可体系或称为集体商标的成员单位的政策鼓励角度出发，将举证责任分配给被告可能更容易实现这一目的。在被告可以证明产品来自特定地理区域之后，如果其产品品质的形成几乎是特定地理因素决定，没有人为加工成分，则可以推定该商品符合地理标志条件，例如舟山带鱼，法院可以推定被告的产品满足特定品质；如果地理标志产品的品质不仅由地理因素决定，而且取决于特定工艺、规格等人为技术因素，则应当要求被告进一步举证证明“符合特定品质”。[①]《集体商标、证明商标管理和保护办法(征求意见稿)》第 14 条规定：未履行使用管理规则手续的集体成员或者非集体成员不得使用该集体商标。由此可见，将证明责任分配给被告应该比较合理。

“江苏省盱眙龙虾协会与南京鸡头土菜馆侵害商标权纠纷”[②]案

事实概要

2004 年 12 月 28 日，国家工商主管部门核准盱眙龙虾协会享有“盱眙龙虾”汉字、图形和拼音组合的证明商标，注册号为第 3739968 号，核定使用商品为第 31 类：龙虾(活)，有效期已续展至 2024 年 12 月 27 日。2009 年 4 月 24 日，国家工商主管部门认定盱眙龙虾协会享有的“盱眙龙虾 XUYILONGXIA 及图”注册商标为驰名商标。被告在“鸡头大排档欢迎您”的店面门头旁边，同时悬挂内容为“盱眙龙虾”和“正宗盱眙龙虾”的灯箱。

判决内容

一审法院认为，盱眙龙虾协会系“盱眙龙虾 XUYILONGXIA 及图”注册商标的所有权人，可以自己的名义就侵犯商标权的行为提起诉讼。商标法规定，未经商标注册权利人的许可，在同一种商品上或者类似商品上使用与其注册商标相同或者近似的商标的，属于侵犯商标专用权的行为，而销售侵犯注册商标专用权的商品的，同样构成违法侵权。关于鸡头土菜馆在餐饮经营中使用“盱眙龙虾”字样的行为是否构成侵权问题。首先，涉案商标是以“盱眙龙虾”地理标志进行注册的证明商标，在比较被控侵权标识与涉案商标是否相同或者近似时，应以普通公众的一般注意力为审查标准，包括整体和商标主要组成两方

① 浙江省高级人民法院联合课题组：《关于地理标志商标司法保护的调研》，《人民司法》2023 年第 28 期。

② 南京市玄武区人民法院(2016)苏 0102 民初 4297 号民事判决书；南京市中级人民法院(2017)苏 01 民终 2202 号民事判决书。

面的比对和判断。涉案商标的图形为圆形，是由“盱眙龙虾”的文字、拼音以及图案三部分要素构成，文字和拼音环绕于龙虾图案的外圈。被告在餐饮经营中使用于店头灯箱中的“盱眙龙虾”字样，仅有文字部分与涉案商标相同，在整体上与涉案商标差异较大，不易造成混淆，导致普通公众产生错误认知。

证明商标应不同于商品或者服务商标，证明商标是用以证明商品或者服务的原产地、原料、制造方法、质量或者其他特定品质的标志，使用涉案商标的龙虾，不仅源于盱眙县辖区内的特定水域，而且龙虾本身以及加工过程也有特殊要求。鸡头土菜馆在餐饮经营中使用“盱眙龙虾”字样对外宣传，仅属于向普通公众传递其提供的龙虾原料与盱眙存在关联，至于龙虾是否真正来自盱眙县辖区内的水域，以及龙虾加工方法是否源于盱眙正规渠道，从上述字样中无法得出确定结论，不会使相关公众错误地认为鸡头土菜馆提供的龙虾符合涉案商标所要求的龙虾品质。同时，证明商标的意义在于保证使用其商品的特定品质，既有利于企业的市场推广，也有利于消费者行使选择权。在证明商标中使用地理标志的目的，是为了保证特定产地出产商品的特殊品质，不是垄断性地使用该地理标志，在涉案商标中虽然也使用了地理标志，但仅占涉案商标的较小部分，在涉案商标中具有显著性和识别性的部分应为龙虾图案，盱眙龙虾协会获准涉案商标的注册登记，并不代表其同时获得地理标志的商标专用权利，以及获得禁止其他商事主体在商品或服务中使用地理标志的权利。

二、反不正当竞争保护

地理标志的商标法保护，需要满足《商标法》所设定的条件，例如已经注册为集体商标或者证明商标、原则上应受限于商品或服务类别。当不满足上述条件时，地理标志管理人可以主张《反不正当竞争法》(第 6 条第 4 项)的保护，实现这一保护路径的解释方法在于扩大解释地理标志对产地的“来源”识别功能，严格来说只有发生产地来源的混淆才可适用本项。这是地理标志主观关联性，使相关公众对地理来源产生误认，德国、英国和美国(不正当竞争法、商标法和假冒诉讼)都采取这种理论作为地理标志保护的基础。美国法律规定，证明商标、集体商标的地理标志的地理含义不是保护的障碍，而是必需功能，即地理标志必须向消费者表明商品或服务源自特定地域，此地理描述性信息被消费者认知。①

在“干邑”案中，二审法院不赞同地理标志具有来源识别功能，其倾向于在第二条的框架中禁止攀附地理标志商誉的行为，但是强调了地理标志的通用化风险，运用了驰名商标保护原理。在一个缺乏驰名商标正当使用制度的环境中，宽泛地借用驰名商标原理容易导致权利的扩大保护，且缺乏明确的制定法依据，这种做法值得商榷。

① 王笑冰:《关联性要素与地理标志法的构造》,《法学研究》2015 年第 3 期,第 85 页。

“法国干邑反不正当竞争”案[①]

事实概要

法国国家干邑行业办公室由干邑地区贸易和葡萄栽培部门最具代表性的专业人员组成，名称可由“BNIC”或“干邑行业协会”代替。干邑行业办公室的使命是发展干邑并代表和捍卫行业，以及酿酒师和贸易商的集体利益，目的包括“通过特定的行动来了解、捍卫和促进产区，捍卫和保护名称、产品和产区以及产品价值”。原国家质量监督检验检疫总局组织了对法国国家干邑行业办公室关于干邑在我国注册地理标志保护的申请的审查，批准对干邑(Cognac)实施地理标志保护。自此，干邑成为我国首个获得专门保护的外国地理标志产品。干邑(Cognac)代表法国法定产区内特定葡萄酒的品质。在中国使用干邑(Cognac)标识，必须符合“干邑(Cognac)”“干邑葡萄蒸馏酒(Eau-de-viedeCognac)”或“夏朗德葡萄蒸馏酒(Eau-de-vie des Charentes)”原产地监控制定质量技术要求。

福特中国公司在其福特汽车官方网站(网址：www.ford.com.cn)推广名为“翼虎COGNAC特别版”“新蒙迪欧 EcoBoostl80COGNAC 特别版”“新蒙迪欧 EcoBoost 200COGNAC 特别版”“金牛座 COGNAC 特别版”的福特汽车，上述三款四个 T 车型汽车被称为“福特 COGNAC 特别版”。对于该几款车型的介绍中称“干邑棕内饰是由福特欧洲设计师设计，设计师希望将干邑的新潮雅致引入福特的车内，给购买福特车辆的消费者带来全新的内饰风格。Cognac 特别版外显尊贵，内显人生品味尊贵雅致的 Cognac 干邑带给您全新内饰体验。”在福特中国公司官网宣传中用突出的放大字体标注了“COGNAC”。在百度搜索框中输入“福特干邑”进行搜索，有大量的搜索结果显示为“福特三款干邑棕特别版诚邀您来品鉴汽车之家”，使用宣传语：“并不是所有白兰地都叫干邑，并不是所有福特都是 Cognac”。

法院说理

一审法院指出，2017 年实施的《民法总则》第 123 条已从立法层面将地理标志作为法定知识产权进行了明确。该条进一步表明，地理标志作为一种独立的法定权利，对其保护不应仅依附于商标法，也不以是否申请集体商标或证明商标为要件，同时法律也未对其有效期进行限定。只要经营者以不正当的手段谋取竞争优势或者破坏他人竞争优势的行为，损害了竞争对手或竞争对手之外的经营者，损害了竞争秩序，就应当适用《反不正当竞争法》予以规制。福特中国公司、长安福特公司辩称干邑行业办公室与其从事不同的行业，从而不存在竞争关系，这是福特中国公司、长安福特公司对竞争关系的曲解。本案干邑行业办公室和福特中国公司、长安福特公司之间是否存在竞争关系在于福特中国公司、长安福特公司是否通过不正当手段获取竞争优势，而不取决于其与干邑行业办公室是否

① 江苏省高级人民法院(2021)苏知终 6 号民事判决书；江苏省苏州市中级人民法院(2019)苏 05 知初 353 号。

从事同一行业。本案双方，干邑行业办公室主要在葡萄酒行业；福特中国公司和长安福特公司主要在汽车行业，二者虽不存在产品的直接替代关系，但是存在争夺竞争资源的竞争关系，竞争资源包括消费者的注意力、跨界合作机会等。一审法院进一步阐述了被告的行为违反了《反不正当竞争法》第 6 条第 4 项。

一审判决对于干邑行业办公室的诉讼主体资格、“干邑”“干邑棕”不属于通用名称、福特中国公司及长安福特公司的涉案行为属于不当利用“干邑”的商誉实施的足以导致混淆误认的不正当竞争行为等进行了详细的评述，二审法院予以认同。二审法院进一步借鉴了驰名商标反淡化理论阐述被告行为的危害性。二审法院指出：之所以认定福特中国公司、长安福特公司的涉案行为构成不正当竞争，还有一个重要的利益衡量在于防止“干邑”地理标志通用化的风险。《民法总则》第 123 条第 2 款规定：“知识产权是权利人依法就下列客体享有的专有的权利：……(四)地理标志”。地理标志作为一项知识产权，是以地理标志为依托而设定的一项识别性权利。一项地理标志的声誉是特定地区商品或服务的生产者、提供者长期辛勤努力的结果，它建立起商品或服务与其生产者、提供者的对应关系并使消费者能够认牌购货，从而将品牌溢价利润归于对商品服务质量声誉做出贡献的经营者。当一项地理标志不再与因地理而具有相关特性的商品相关联，而被用作惯用名指称该产品时，该地理标志就变成了一项通用名称。在这种情况下，任何人都可以使用该标志指称某种类型的产品，而不是指称具有独特地理来源和特点品质、信誉的产品。该地理标志不再是一个独特的标志，也不能用于产品的差异化策略。因此，防止地理标志通用化的风险成为保护地理标志的一个重要方面。

即使福特中国公司、长安福特公司的涉案行为不会导致相关公众的混淆误认，但由于福特中国公司、长安福特公司系经营规模遍布全球的汽车生产商，消费群体众多，其在旗下汽车产品和内饰颜色命名上使用“干邑(Cognac)”地理标志，将会使得相关公众在该地理标志系指向白兰地葡萄酒特殊产地的第一含义的原有认知中，出现指代汽车产品名称和颜色名称的其他含义；如果不加以制止，越来越多的行业使用“干邑(Cognac)”地理标志指代颜色，这必将会弱化其原本指向白兰地葡萄酒特殊产地的第一含义，将“干邑(Cognac)”地理标志置于通用化的风险中。《国外地理标志产品保护办法》第 33 条第 2 项规定，获得在华保护的国外地理标志产品，在中国境内属于通用名称或演变为通用名称的，国家知识产权局可以撤销。福特中国公司、长安福特公司的上述行为大大增加了该地理标志被撤销的可能性，无疑会损害干邑行业办公室长期以来为宣传、推广、经营“干邑(Cognac)”地理标志的付出和努力。

第二节　企业名称和商号

商号、企业名称都属于营业标识，它们是区分生产经营主体，即营业主体(经营者)的标识，是生产经营者的表征或者标识。[①]《民法典》第 110 条第 2 款规定：法人、非法人组织享有名称权、名誉权、荣誉权等权利。可见，法人的企业名称权在我国民法中属于人身权的范畴。法人在登记主管机关辖区内对企业名称享有支配权和排斥权，《企业名称登记管理规定》第 6 条规定，企业只准使用一个名称，在登记主管机关辖区内不得与已登记注册的同行业企业名称相同或者近似。该条乃基于企业名称权的人身属性出发作出的规定，根据该条规定，企业名称权的排斥范围限定在名称的登记主管机关辖区内。

在企业名称的登记主管机关辖区之外，为防止他人攀附市场声誉或者造成市场混淆，企业名称主体可以排斥他人注册、使用相同或者近似的企业名称。这种情况通常是该企业名称(包括企业名称中的字号)具有较高的知名度，他人为攀附其市场声誉(搭便车)而注册、使用相同或者近似的企业名称，足以使相关公众产生市场混淆。[②] 在这种情况下，企业名称是作为商业标识受到反不正当竞争法的保护，是在财产权属性的框架内受到保护。有判决指出：受反不正当竞争法保护的企业名称，特别是字号，不同于一般意义上的人身权，是区别不同市场主体的商业标识。[③] 企业不得泛泛地基于名称权要求他人不得使用其名称，而只能分别在其人身权特定范围和反不正当竞争保护的框架中分别主张相应行为，否则只能作为一般数据的保护。

一、商标法保护

商号是企业名称中最具识别力的部分，又称字号。经过使用具有一定知名度的商号，能够指向特定的营业来源，蕴含营业主体的商誉，他人为攀附商誉而使用相同或近似的商号并导致市场混淆的行为受到反不正当竞争法禁止；在商标注册程序中，如果他人采用相同或近似的商号申请商标，那么符合一定条件的商号可以作为阻止他人商标申请的在先事由。

权益持有人可依照《商标法》第 32 条后段，即不得以不正当手段抢先注册他人已经使用并有一定影响的商标，行使其在先商号权益，具体分析如下。

第一，在先实际使用了该商号，即使用人通过实际使用在该商号中具有在先保护的利益。具体而言，该商号经过使用之后已经具有“一定影响”，即该商号是承载了财产利益的商业标识，《最高人民法院关于审理商标授权确权行政案件若干问题的规定》第 23 条第 2 款规定，在先使用人举证证明其在先商标有一定的持续使用时间、区域、销售量或者广告宣传的，人民法院可以认定为有一定影响。

第二，他人以不正当手段抢先将相同或近似的商号作为商标申请注册。《最高人民法院关于审理商标授权确权行政案件若干问题的规定》第 23 条第 1 款规定，在先使用人主

① 孔祥俊：《商标与不正当竞争法——原理和判例》，法律出版社 2009 年版，第 22 页。
② 孔祥俊：《商标与不正当竞争法——原理和判例》，法律出版社 2009 年版，第 25 页。
③ 最高人民法院(2005)民三监字第 15－1 号民事裁定书。

张商标申请人以不正当手段抢先注册其在先使用并有一定影响的商标的，如果在先使用商标已经有一定影响，而商标申请人明知或者应知该商标，即可推定其构成“以不正当手段抢先注册”，但商标申请人举证证明其没有利用在先使用商标商誉恶意的除外。

第三，核定使用的商品与商号持有人经营的商品或服务构成相同或类似，根据《最高人民法院关于审理商标授权确权行政案件若干问题的规定》第 23 条第 3 款，在先使用人主张商标申请人在与其不相类似的商品上申请注册其在先使用并有一定影响的商标，违反《商标法》第 32 条规定的，人民法院不予支持。由此可见，未注册商标在《商标法》框架中只能在相同或类似商品或服务中得到保护。

第四，如果核准该商标的注册申请，容易导致相关公众混淆误认。是否在个案中足以导致“混淆误认”，则可参照《商标法》第 57 条的相关规则进行判断。

二、反不正当竞争保护

基于与企业名称、商号相同的保护逻辑，企业名称的简称在满足特定条件的情况下也可以受到反不正当竞争法保护。

《商标法》第 32 条的规定只是保障了在先商号权利人阻止他人抢注商标，不可以作为该权利人在其主动提起的诉讼案件中予以援引的依据。但是，商号作为一种未注册商业标识，可以受到《反不正当竞争法》保护，持有人可以依据相关条款禁止他人作混淆性使用，从而主动地维护自己的商业权益。《反不正当竞争法》第 6 条第 2 项规定，经营者不得擅自使用他人有一定影响的企业名称（包括简称、字号等）、社会组织名称（包括简称等）、姓名（包括笔名、艺名、译名等），引人误认为是他人商品或者与他人存在特定联系。由此可见，在先商号权利人、企业简称权利人等都可以依据该条规定主张他人构成不正当竞争行为。本条适用的条件有四：一是被告的使用属于“擅自使用”，指应知或者明知是他人的商业标记而予以使用；二是原告对企业简称经过在先使用之后已经具有一定影响，并且相关公众已经能够稳定地将该企业简称与相应的企业主体之间对应起来；三是他人商业性使用与该企业简称相同或近似的商业标识；四是被告的该使用行为，容易导致相关公众混淆误认。

实践中存在如下具有争议的问题。

（一）是否要求同类商品或服务

实践中，究竟是否要求被告使用的商品或服务与原告经营的商品或服务构成相同或类似，存在争议。例如有观点认为应当如此要求，因为《商标法》第 32 条后段对在先商业标识的保护规定和《商标法》第 57 对注册商标的保护规定都有如此限制，这里对未注册商业标识的保护也应设定如此限制。我国台湾地区“公平交易法”第 22 条对仿冒行为均限定了“于同一或类似之商品或服务为相同或近似之使用”。

但是也有观点认为，我国《反不正当竞争法》第 6 条规定的“混淆”不仅包括“来源混淆”，而且包括“关联混淆”，后者是指类似或者相关商品或服务之间所产生的混淆类型。我国司法实践虽然坚持“相同或类似”的限定，但是凡消费者能够将其联系到一起的商品（认为有一定联系的商品），可以视情况纳入类似商品的范围。[①] 还有观点认为应当放弃商品或服务类别的限制，彰显反不正当竞争法作为行为法的本色。[②]

笔者赞同第二种观点。《商标法》通过商品类别的限定对商标专用权的范围进行控制；仿冒行为是一种不正当竞争行为，《反不正当竞争法》不是权利保护法，而是行为规制法，侧重对混淆行为的制止，不应参照《商标法》的规定。字号的保护范围可以在一定条件下跨类保护，通常是为了阻止恶意注册，实践中通常考虑双方当事人之间及其商品之间的关联度、业务往来情况、商号的显著性等。最高人民法院支持这种观点：两者分属于不同类别，在功能和用途方面有一定差异，但单子元器件通常是生产被异议商标指定使用商品的零配件，在整个生产环节具有一定的关联性。……TDK 株式会社的商号 TDK 是臆造词汇，具有较强的显著性……，从而为 TDK 商号提供了从第 9 类跨类到第 11 类的保护。[③] 这种观点同样可以在其他商业标识的反不正当竞争保护中适用，例如国家工商总局曾经在回复《反不正当竞争法》第 6 条是否可以跨类保护的问题时坚持了肯定性观点：仿冒知名商品特有名称包装装潢的不正当竞争行为一般发生在相同或类似商品上，但经营者在非相同、非类似商品上，擅自将他人知名商品特有的名称、包装、装潢作相同或者近似的使用，造成或者足以造成混淆或者误认的，亦违反《反不正当竞争法》第 2 条规定的市场竞争原则，可以按照本法第 5 条第 2 项的规定认定为不正当竞争行为。

“东阳正午阳光影视有限公司与北京叁零壹文化传播有限公司、梁某某、上海汉涛信息咨询有限公司著作权侵权及不正当竞争纠纷”案[④]

证据显示，《琅琊榜》小说以及原告参与摄制的《琅琊榜》电视剧在国内文娱市场获得多项荣誉，“琅琊榜”名称经原告的开发、利用和宣传，在文娱行业已具有较高的知名度和美誉度，构成具有一定影响的商品名称。涉案大众点评店铺在涉案密室主题产品名称、宣传海报，涉案门店在密室实景牌匾、卷轴道具上使用“琅琊榜”字样，会引起消费者误认为涉案密室系由原告开设或原告授权开设，且涉案密室亦是通过“琅琊榜”主题吸引消费者实际体验密室内容，故意攀附明显，用户评论中也已经大量出现“借用了琅琊榜的故事情节”“基本是按照琅琊榜剧情演绎而来”“剧情就是依据琅琊榜衍生的”“主题背景就是以琅琊榜为原型”“对琅琊榜有情结的朋友值得一来”等混淆性内容。因此，涉案密室对“琅琊

① 孔祥俊：《商标与不正当竞争法——原理和判例》，法律出版社 2009 年版，第 738 页。

② 孔祥俊：《论反不正当竞争法的新定位》，《中外法学》2017 年第 3 期。

③ 最高人民法院（2014）知行字第 58 号行政裁定书。

④ 上海市杨浦区人民法院（2021）沪 0110 民初 17435 号民事判决书；上海市高级人民法院 2022 年知识产权司法保护十大案件。

榜”名称的使用构成擅自使用他人有一定影响的商品名称的不正当竞争行为。

（二）是否要求主观状态

仿冒行为的构成是否要求对“攀附商誉的主观恶意”进行考察，在实践中有一定的争议。

假冒之诉源于普通法的欺骗侵权（tort of deceit），顾名思义，早期案例法均认为“欺诈故意”是假冒之诉的构成要件。直到假冒之诉的客体在20世纪初被归结为“原告的商誉”之后，由于假冒之诉被认为保护原告的财产权，被告的主观状态才不被认为具有必要性，[①]如今，被告善意地认为其使用行为不会带来混淆，或者误认为他有权使用这个名称或标记，都不是合法抗辩。[②] 对主观状态的不作要求使假冒之诉成为英美法系经济侵权（economic tort）行为类型中的特殊种类或例外情形，在后者的框架内，主观状态的要求被认为是平衡行为自由与法益保护这两个基本价值的缓冲器。[③]

但也有观点认为，《反不正当竞争法》对于“擅自使用”的要求，可以解释为知道他人的企业名称而予以适用，因此可以说具有恶意的要求。[④] 在司法实践中，法官常常会考察被告的主观状态，例如“在御生堂肠清茶产品已构成在先知名商品且其装潢为其特有装潢的情况下，康士源公司作为同行业经营者，其采用上述相近似的装潢，借靠他人知名商品声誉以获取不正当竞争优势的意图明显。”[⑤]笔者认为，基于字号或企业名称的法益成熟度和仿冒之诉的历史，过错不应成为仿冒之诉的构成要件，而只是作为参考因素，被告善意使用字号导致与在先商标权产生冲突的情形可能成为行为正当性论证的重要因素。

“自由鸟”案

一审严格保护在先商标权；二审作了利益平衡（在混淆可能性的环节），重点考察了如下因素：在先商标权没有知名度、被告没有攀附意图且善意使用、被告只是字号意义上使用（没有作为区分商品来源的标志）、保护善意积累的商誉的需要。二审法院在阐述被告的主观状态时，如此阐述：广东自由鸟公司并没有提供证据证实连云港自由鸟公司的前身新浦区自由鸟衣饰店在1996年登记成立时，涉案“自由鸟”商标即具有一定知名度和影响力，并已覆盖至连云港地区，因此，连云港自由鸟公司登记使用“自由鸟”字号时并没有

---

① Christopher Wadlow. *The Law of Unfair Competition* (fourth edition). Sweet & Maxwell, 2011, p.328.通常认为“假冒之诉”这一诉因是在1842年得到认可，但将商誉中的财产作为保护客体的观点是在1915年得到承认，参见Ian Tregoning. What's in a Name? Goodwill in Early Passing-off Case. *Monash U.L. Rev.*, Vol. 34, 2008, pp.75－76.

② Christopher Wadlow. *The Law of Unfair Competition* (fourth edition). Sweet & Maxwell, 2011, pp.328－329.

③ 英美法上所谓economic torts，由其名称可知在于保护经济利益，并有多数个别侵权行为，包括false deceit，passing off ...此等侵权行为均以故意或恶意为要件，参见王泽鉴：《侵权行为法（第一册）》，中国政法大学出版社2001年版，第178页。

④ 孔祥俊：《商标与不正当竞争法——原理和判例》，法律出版社2009年版，第756页。

⑤ 最高人民法院(2011)民提字第60号民事判决书。

攀附“自由鸟”商标声誉的故意。在长达十多年的经营过程中，连云港自由鸟公司一直系出于正常的营业需要正当善意地使用“自由鸟”字号，且在当地已经积累了一定的商誉。……在这种情况下，假如绝对地以在先商标权人广东自由鸟公司的利益作为唯一的衡量因素，认定连云港自由鸟公司及其前身新浦区自由鸟衣饰店已经使用十多年字号的行为构成商标侵权，将会给连云港自由鸟公司的正当权益及其已经累积的商誉造成不当损害，这对连云港自由鸟公司明显不公平。①

（三）字号使用的双轨评价与并轨建议

1. 字号使用的双轨评价

在学理和制度层面，字号和服务商标虽同属于商业标志，但两者具有不同的区分内容。一个企业名称在特定管辖区域内指向特定的经营主体，字号或商号则是这个企业名称中最具有识别力的部分。字号是用于识别市场主体的标志；服务商标则是用于识别服务来源的标志。《反不正当竞争法》第 6 条对两者分列第 1、2 项，即为此意。

正因为如此，司法实践中对“将他人商标用作字号”的行为分别作出了两种评价：一是将他人商标用作字号并突出使用，构成商标侵权。“突出使用字号”是典型的“不规范使用”的样态，产生了企业名称意义以外的商标意义，强化字号对于标识商品来源的作用，性质上是在商标意义上的使用，与商品或服务结合时属于商标侵权行为。《最高人民法院关于审理商标民事纠纷案件适用法律若干问题的解释》第 1 条第 1 项就明确了这种行为。“登记、使用企业名称的行为本身不具有恶意，仅在实际使用过程中，因企业名称的简化使用、突出使用等不规范使用行为，导致相关公众将其与他人注册商标产生混淆误认的，属于侵害商标权的行为，应判令相关企业规范使用其企业名称。”②突出使用的法律后果应该是规范使用，不宜将停止使用企业名称作为对应的法律后果。二是将他人商标用作字号并规范使用，行为人的目的在于攀附他人注册商标的商誉，可构成不正当竞争行为，依照《商标法》第 58 条处理。

2. 字号使用的并轨

在实践中，服务商标与字号之间的关系更为紧密，市场主体通常将服务商标与字号进行统一使用。字号是对市场主体的识别，是企业商誉或从事活动的载体。字号的保护规则与商标相同，也是基于财产（商誉）的保护及避免混淆。他人将商标作为字号进行使用的行为，在学理上对其性质作出区分具有一定意义，但对公众而言，其只会产生混淆可能性的认知，而不会对商标性使用和不正当竞争作出区分。对商标权利人而言，只要产生了混淆可能性，则涉案行为对其造成的市场损害就是相同的，不会因为商标性使用和字号性

① 江苏省高级人民法院（2009）苏民三终字第 0009 号民事判决书。

② 四川省高级人民法院（2014）川知民终字第 5 号民事判决书；四川省成都市中级人民法院（2013）成民初字第 415 号民事判决书。

使用而有本质不同，例如原告销售的奶茶的商标是 COCO，被告经营的奶茶店的字号是 COCO，即将他人的商标用作字号，由于相关公众很容易将两者联系起来，因此这种情况下区分字号意义上的使用和商标意义上的使用的价值不大。美国和欧洲法对这两种使用行为的评价做出了统一。

在美国，将他人的字号作为商标使用，可能构成商标侵权或不正当竞争；将他人商标作为字号使用，则可能构成商标侵权；使用他人字号注册公司本身，可能就构成不正当竞争，即使有些法院认为被告尚未实施与商品或服务相关的行为，但也颁发禁令禁止这种危险性。[①] 市场主体通常将字号也作为服务商标，其可选择字号或服务商标作为维权的基础。再如 2006 年《美国联邦反淡化法案》(*Federal Trademark Dilution Act*)第 2 条第 1 款规定了"在标识或者字号商务中的商业使用"(commercial use in commerce of a mark or trade name)，麦卡锡认为这意味着被控使用行为应为"商标或者字号使用"，"法案非常明确地指出，非商标性、非字号性使用被控标识的行为不构成淡化"，"该法案在对《兰哈姆法》43(c)(1)的介绍部分和 43(c)(2)(B)&(C)关于弱化、丑化的界定部分两次强调了这一点"。[②] 这一方面清楚地表明驰名商标反淡化背景中的"使用"亦为商标性使用；另一方面也说明字号使用与商标使用具有相同的性质。

欧盟法院对"与商品或服务相关的使用"要件把握更为严格，判例法曾经认为，"作为字号或企业名称"的使用并非商标使用，但是成员国具有在指令第 10(6)条规定框架中立法的自由。[③] 在现代营销方式和消费者认知的背景中，这种区分市场主体和商品来源的理论已经越发受到质疑。消费者自然会将商号与该企业提供的商品或服务联系起来，这在服务商标场合不可避免，商号本身可能就是服务商标。于是，欧盟法院在一系列案件中发展了一套更为灵活的标准，例如欧盟法院在 Celine 案中指出，即使商号并未被直接贴附在商品上，只要在商号与商品之间建立了一种联系，则构成了"与商品或服务相关的使用"。[④] 这个案件拓宽了商标使用的范畴，将字号使用也纳入其中，"作为字号的使用"不再成为商标侵权的抗辩事由，被告要证明的是：在商号与商品之间没有建立联系，这促使了《欧盟商标指令》的修改，"作为企业名称或其一部分的使用"被第 10(3)(d)条规定为商标使用行为，与"直接贴附、许诺销售或销售或为该目的的仓储、进口或出口、在广告或商业文件中的使用、在比较广告中的使用"具有同等地位。由于欧洲案例法曾经将域名视为商号，只要域名与商品或服务之间建立了一种联系，则这种域名的使用也构成 Celine 案的商标侵权。立法者认为这种方案已经可以解决域名使用的问题，因此没有在指令中增加一个独立的商标使用情形。[⑤]

---

① J. Thomas McCarthy. *McCarthy on Trademarks and Unfair Competition* (Fifth Edition), June 2020 Update.

② J. Thomas McCarthy. *McCarthy on Trademarks and Unfair Competition* (Fifth Edition), June 2020 Update.

③ Robelco v. Robeco, C-23/01. Para 33-34. Anheuser-Busch, para. 64.

④ C-17/06, para. 23.

⑤ Annette Kur, European Trademark Law, 437.

可见，欧美已经开始软化字号使用的规则，将其视为商标性使用的做法是比较合理的。同样的道理，将他人商标用作域名的行为，目前我国也按照商标侵权和不正当竞争的双轨制作出评价，但也没有必要对相同的损害人为割裂为“域名意义上的使用”和“商标意义上的使用”两种类型。我国台湾地区“商标法”第 62 条规定：“未得商标权人同意，有下列情形之一者，视为侵害商标权：……② 明知为他人之注册商标，而以该商标中之文字作为自己公司名称、商号名称、网域名称或其他表彰营业主体或来源之标识，致商品或服务相关消费者混淆误认者。”但是这个条文在 2011 年被删除，理由是：“实务上有商标权人滥行寄发存证信函之情形，且法院曾以商标注册需经公告，该公告之公示效果已足以使第三人知悉该注册商标之存在，而认定第三人符合‘明知’之主观要件，更加深商标权人滥用该款规定之情形”，可见，该条被删除的主要理由在于担心商标权被滥用，而不涉及上文所述之规范基础，因此需要批判性地看待 2011 年的修法。

综上，服务商标的使用和商品商标的使用在相关公众的认知角度有根本区别，字号或域名的使用则无根本差异，宜将字号或域名的使用共同视为商标使用，统一由《商标法》第 57 条处理。

第三节　域　　名

一、商标法保护

在互联网经济环境中，域名是经营者重要的经济资源，根据《互联网域名管理办法》第 55 条，域名是指互联网上识别和定位计算机的层次结构式的字符标识，与该计算机的 IP 地址相对应。从结构上看，域名分为顶级域名和二级域名。在顶级域名中，商业机构一般选择“.com”，教育机构选择“.edu”，政府机构选择“.gov”……从商标与反不正当竞争法的角度，二级域名是真正具有评价意义的部分。我国新修订的《反不正当竞争法》第 6 条明确将域名规定为一种商业标识，主要指作为商业标识的二级域名。

1998 年 11 月，美国商务部认可 ICANN(一个全球性的非盈利组织)为管理互联网名称和地址系统的机构，之后逐渐将互联网域名系统的管理权完全移交给 ICANN。从 2000 年开始，任何域名注册者都必须接受 ICANN 的《统一域名争议解决政策》(UDRP)作为域名合同的一部分，UDRP 适用于解决域名抢注纠纷的全球仲裁程序。UDRP 程序不解决域名的所有争议，也不像司法程序一样处理所有程序和事实问题，而是一种简单、快速、廉价的方法处理域名抢注，可以在首次提出投诉后 45 天内迅速解决争议。因此，只要能够确定存在恶意抢注、试图从商标获利的事实，依照 UDRP 程序即可转移域名；反之，如果一方拥有正当理由使用域名，则不能选择 UDRP 程序。在 UDRP 程序期间，域名

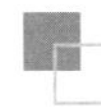

注册人可继续保有和使用其域名，但不得转让该域名。针对争议解决中心的决定，当事人可在当地法院起诉。UDPR 程序被认为是一种相对成功的实验。[①] 由中国民事主体发起程序的案件逐年攀升，2022 年达到 52 件。[②] UDPR 程序中的有关规定被我国最高人民法院所吸收。

域名是一种独立的商业标识，具有识别性，其并不指向商品或服务的来源，而指向一个网络实体或一种资源，不能把域名的使用或登记理所当然地认为属于商标使用行为。因此，商标权利人起诉被告的域名登记行为构成商标侵权时，还应当有其他事实证明被告存在商标使用行为。麦卡锡教授甚至认为，使用域名指向一个网络地址的行为，并非《兰哈姆法》中的“商品或服务”，而必须进一步考察该网站的内容。[③] 因此，商标使用行为的存在与否是区分域名商标侵权与不正当竞争的关键，只有当域名的使用用于电子商务、与商品或服务相结合时，才构成商标使用行为。

在商标使用行为之外，还需要考察混淆可能性、正当使用抗辩等商标侵权的构成要件，才能最终认定是否构成侵权。在判断混淆可能性的过程中，售前混淆的适用是一个焦点问题。售前混淆要求消费者在搜索之初有明确的搜索目的（搜索 Nike 的目的是买 Nike 商品）、产生混淆之后退出店铺的成本高昂，这些条件在域名使用的商标侵权案件中未必满足。商标侵权抗辩事由在涉域名案件中同样适用。被告在购买原告商品或服务之后，因对这些商品或服务不满而专门建立批评网站，尽管在网站的域名中使用了原告商标，但这种行为通常不被认为构成商标侵权。一方面，相关公众不会认为一个批评原告的网站会与原告之间存在赞助或关联关系；另一方面，原告所遭受的损害并非商标法救济的对象，被告的行为与商业无关。需要注意的是，如果被告建立了批评网站之后再从中谋利，则情形可能不同。

“Bosley”案

Michael Kremer 是一位对 Bosley Medical Institute 的毛发修复服务不满的顾客。他建立了网址 http://www.bosleymedical.com/，作为投诉 Bosley 的网站。美国第九巡回上诉法院认为，Kremer 不是 Bosley 的竞争者，而是一个批评者。Kremer 使用 Bosley 商标的行为与商品或服务的销售无关，而与 Bosley 商品或服务的评价或观点表达有关。《兰哈姆法》所要救济的损害并未在本案中出现，它无意禁止任何未经授权的商标使用行为。Bosley 的损害并非由一个竞争者使用 Bosley 商标销售类似商品所产生，而源自 Kremer 对 Bosley 服务的批评。Bosley 既不能把《兰哈姆法》作为 Kremer 批评的盾牌，也

---

① J. Thomas McCarthy. *McCarthy on Trademarks and Unfair Competition* (Fifth Edition), June 2020 Update.

② WIPO. Domain Name Dispute Resolution Statistics.

③ J. Thomas McCarthy. *McCarthy on Trademarks and Unfair Competition* (Fifth Edition), June 2020 Update.

不能把它作为让 Kremer 闭嘴的利剑。[①]

二、反不正当竞争保护

《商标法》第 32 条的规定只是保障了在先域名权益人阻止他人抢注商标，但不可以作为该权益持有人在其主动提起的诉讼案件中予以援引的依据。然而，域名作为一种未注册商业标识，可以受到《反不正当竞争法》保护，持有人可以依据相关条款禁止他人作混淆性使用，从而主动维护自己的商业权益。新修订的《反不正当竞争法》第 6 条第 3 项规定，经营者不得擅自使用他人有一定影响的域名主体部分、网站名称、网页等，使人误认为是他人商品或者与他人存在特定联系。根据《反不正当竞争法》第 6 条第 3 项，原告应当就如下要件事实承担举证责任：一是被告的使用属于"擅自使用"。二是原告对其域名经过在先使用之后已经具有一定影响，并且相关公众已经能够稳定地将该企业简称与相应的企业主体之间对应起来。三是他人商业性使用与该域名相同或近似的商业标识。四是被告的该使用行为，容易导致相关公众混淆误认。

从《反不正当竞争法》的上述规定看，域名的反不正当竞争保护不以使用在相同或类似商品为条件。最高人民法院曾经在 2001 年发布《关于审理涉及计算机网络域名民事纠纷案件使用法律若干问题的解释》(简称《域名不正当竞争司法解释》)，该解释第 4 条就域名权益的不正当竞争保护作出了明确规定，与《反不正当竞争法》规定的要件基本相同：人民法院审理域名纠纷案件，对符合以下各项条件的，应当认定被告注册、使用域名等行为构成侵权或者不正当竞争：① 原告请求保护的民事权益合法有效。② 被告域名或其主要部分构成对原告驰名商标的复制、模仿、翻译或音译；与原告的注册商标、域名等相同或近似，足以造成相关公众的误认。③ 被告对该域名或其主要部分不享有权益，也无注册、使用该域名的正当理由。④ 被告对该域名的注册、使用具有恶意。

(一) 关于"域名"中的合法权益

禁止域名抢注行为通常以保护某种合法的市场利益为前提条件。在注册商标的情况下，新《反不正当竞争法》虽然尝试切割注册商标和未注册商标的保护，但是并不绝对排斥注册商标的保护，注册商标的性质在不正当竞争的语境下是一种法益而不是作为一种专用权利存在，否则就构成商标侵权。《反不正当竞争法》即便在特定情形下对注册商标提供保护，也不是基于注册商标作为绝对权的排斥力。在涉及域名保护的情况下，则需要考察域名在性质上是否具有法益。一种新类型权利的确立必须经法律的公示，由于目前尚无法律法规对域名的法律性质作出明确规定，故不宜将"域名"称为"域名权"。正如其他商业标记，域名本身只是一个符号，域名注册行为不会带来一个法定的域名权。就任何未

① Bosley Medical Institute, Inc. v. Kremer, 403 F.3d 672 (9th Cir. 2005).

注册商标的权益形成而言，只有经使用行为才能在该商业标识上创造权益，因此，《反不正当竞争法》所保护的“域名”应该是发生实际使用的“域名”，而不只是完成注册但未投入实际使用的域名。商标与反不正当竞争法对在先域名权益的保护，并非旨在提供对域名标识的绝对、排他保护，而在于保护经过使用的在先域名与特定商品或服务来源之间的联系，避免因在后商标的注册、使用而可能引起的相关公众混淆误认的后果。

（二）关于“擅自使用”与“恶意”

《域名司法解释》第 4 条特意增加“恶意”的主观要件，这是区别于商标侵权的主要特征。有法官认为，《反不正当竞争法》第二章所列举的各项典型不正当竞争行为，多以“擅自”“贿赂”“虚假”等措辞强调行为人的主观故意。① 但也有学者认为，是否侵犯法益采用的是行为违法性而非结果违法性的判断模式，行为违法性的判断主要通过对过错的考量而实现，即违法性的概念被过错的概念所吸收；不正当竞争行为的认定对过错的要求与反不正当竞争法保护法益的成熟程度成反比关系，仿冒条款所保护的是未注册商标法益，其已经在很大程度上达到归属效能、排除效能和社会典型公开性这三个标准的要求，对过错的要求最低，过错仅作为行为构成中的参考因素。② 在域名相关的不正当竞争案件中，“恶意”是一个构成要件，这从 ICANN 的规定和美国打击域名抢注的历史中很容易得出。

《域名司法解释》第 5 条第 1 款对“恶意”的具体情形进行了界定：被告的行为被证明具有下列情形之一的，人民法院应当认定其具有恶意：① 为商业目的将他人驰名商标注册为域名的；② 为商业目的注册使用与原告的注册商标、域名等相同或近似的域名，故意造成与原告提供的产品、服务或者原告网站的混淆，误导网络用户访问其网站或其他在在线站点的；③ 曾要约高价出售、出租或者以其他方式转让域名获取不正当利益的；④ 注册域名后自己并不使用也未准备使用，而有意阻止权利人注册该域名的；⑤ 其他恶意情形的。从上述规定看，应认为《域名司法解释》第 4 条中的“恶意”比《反不正当竞争法》第 6 条中的“擅自使用”具有更严格的要求，商标侵权行为也是一种擅自使用他人商标的情形，但未必需要满足“恶意”的条件，理论上应该严谨区分两个概念。可以从认识因素和意志因素两个方面把握“恶意”的内涵，即主观上明知或应知他人商标或域名的存在，仍然积极地注册使用，例如易某某作为房地产行业从业人员，知道或者应该知道福房传媒设立的以提供房地产信息为主的网站名称为“福房网”、域名为 ffw.com.cn，但其仍注册与 ffw.com.cn 相近似的域名 fzffw.com，且易某某对该域名并无注册、使用的正当理由。易红波为商业目的使用 fzffw.com 域名，还将网站名称起名为“福房网”，提供房地站方面的信息，故意造成与福房传媒的网站混淆，引导网络用户访问其网站。③

---

① 曹丽萍：《网络不正当竞争行为的主观故意判断》，《人民司法》2019 年第 10 期。

② 王文敏：《反不正当竞争法中过错的地位及适用》，《法律科学》2021 年第 2 期。

③ 福建省高级人民法院(2010)闽民终字第 193 号民事判决书。

(三) 关于“正当理由”的具体情形

司法实践中的大多数案件，被告通常都会解释其具有使用域名的“正当性”，法院需要对被告的解释进行审查。由于域名保护的基本原理在于避免混淆，因此，关于商标侵权抗辩的典型事由也可在域名反不正当竞争案件中适用，例如被告抗辩其对域名的使用属于指示性使用，或者被告抗辩其使用的标志已经不具有显著性。与这些事由无关的抗辩则通常不能被接受。在《最高人民法院公报》刊载的一个案例中，被告称 philip 是其英文名，sc 是其居住地的缩写，is 是互联网系统或伺服器的缩写，所以，其新注册的域名 philipscis.com 具有正当理由，不构成对飞利浦公司的 Philips 商标的侵犯。法院认为：“为何要将英文名、居住地与互联网系统或伺服器的缩写连在一起注册为域名，蒋某某不能作出解释。因此蒋某某的解释过于牵强，不具有说服力。”①

“去哪儿网”不正当竞争纠纷

广州去哪公司网站 www.quna.com 和 www.mquna.com 首页的左上角及网站 www.123quna.com 首页的左上角和右下角均使用了“去哪？ Quna.com 众里寻它千百度”的标识，其中包含了“去哪”和“Quna.com”的字样。上述各网站网页中还分别使用了“去哪网航协官方代理资质验证”“去哪网重视任何建议与投诉，请联系我们”“去哪网提供商链接”“去哪机票预约”“去哪机票状态查询”“去哪机票走势”“去哪酒店直销注册”等文字。网站 www.123quna.com 网页中还使用了“手机版(m.quna.com)”“去哪酒店”“去哪机票搜索”“去哪开心”“去哪 BBS”“关于 Quna.com”“去哪酒店搜索”的文字，并包含了“去哪”“quna.com”的字样。另外，去哪网(www.quna.com)首页源代码中有<metaname=“keyword” content=“去哪、去哪儿……”>字样。北京趣拿公司主张广州去哪公司的上述行为构成对“去哪儿”或“Qunar”的仿冒，成立不正当竞争行为。

二审法院认为，《最高人民法院关于审理不正当竞争民事案件应用法律若干问题的解释》第 1、2 条规定，在中国境内具有一定的市场知名度、为相关公众所知悉的服务，应当认定为知名服务；具有区别服务来源的显著特征的服务的名称，应当认定为特有的名称。北京趣拿公司经营的网站“去哪儿”网，于 2005 年 6 月以域名 qunar.com 上线运营，并自 2005 年起使用“去哪儿”或“Qunar”作为北京趣拿公司公司的代称对外签署合作协议、网络服务合同或进行宣传。2005—2009 年，“去哪儿”“qunar.com”“去哪儿网”等服务标识通过较大范围的网络宣传、传播、长期使用，在中国境内具有一定的市场知名度，为相关公众所知悉。公司主营收入 2007 年度为 285 万余元，2008 年度为 380 万余元，2009 年度攀升为 1 078 万余元，2010 年度更达到 2 129 万余元，间接证实“去哪儿”“qunar.com”“去哪

① 《最高人民法院公报》2004 年第 9 期。

儿网”等服务标识知名度的提升，因此上述服务应当认定为知名服务。“去哪儿”“去哪儿网”“qunar.com”等服务标识不属于通用名称，而是具有区别服务来源的显著特征的服务名称，应当认定为《反不正当竞争法》规定的知名服务的特有名称。

广州去哪公司对域名“quna.com”享有合法权益，使用该域名有正当理由，广州去哪公司不构成不正当竞争行为。理由是：① 2003年6月6日，“quna.com”域名初次登记注册，而“qunar.com”域名被注册并创建网站的时间是2005年5月9日，较“quna.com”域名初次登记注册的时间要晚将近两年。因此，“quna.com”域名的注册是正当的。“quna.com”域名后经多次转让，于2009年5月9日由苑某某(广州去哪公司的法定代表人)受让取得，2009年7月3日由广州去哪公司受让取得，这种转让行为亦不违反法律规定。广州去哪公司使用合法受让的“quna.com”域名，法律不应干涉。② 2010年8月27日，北京趣拿公司曾就广州去哪公司的“quna.com”域名向亚洲域名争议解决中心北京秘书处提交投诉书，请求移转广州去哪公司名下的上述域名给北京趣拿公司。专家组认为，投诉人不能同时满足相关《统一域名争议解决政策》规定的三个条件，从而缺乏理由支持“裁决被投诉人将争议域名转移给投诉人”的请求，进一步证明了广州去哪公司使用“quna.com”域名有正当理由。③ 北京趣拿公司的“qunar.com”域名与广州去哪公司的“quna.com”域名因仅相差一个字母“r”，构成相近似，在使用过程中不免会产生混淆，双方对此均有容忍的义务。如果以两个域名在使用过程中产生混淆的结果，反推广州去哪公司使用“quna.com”域名存在恶意，进而推定广州去哪公司取得“quna.com”域名没有正当理由，因此构成不正当竞争行为，不符合推理逻辑。[①]

第四节 未注册商标

本书多处涉及未注册商标的保护，例如在商标注册程序中，《商标法》第32条后段是对未注册商标权益的保护；在商标侵权程序中，《商标法》第59条第3项是对未注册商标权益的保护。在这些场景中，未注册商标经过实际使用形成了具有一定影响的商誉，这些受保护的未注册商标产生了识别商品或服务来源的功能。当竞争者使用相同或近似的未注册商标导致市场混淆时，未注册商标持有人还可基于《反不正当竞争法》第6条第1项制止他人的混淆行为(假冒之诉)。根据该项规定，经营者不得擅自使用与他人有一定影响的商品名称、包装、装潢等相同或者近似的标识，引人误认为是他人商品或者与他人存在特定联系。本项在原理上与域名、企业名称等其他商业标识的保护相同。需要说明的是，因本项保护对象“名称、包装、装潢”使用在“商品或服务上”，是用于识别商品或服务的

① 广东省高级人民法院(2013)粤高法民三终字第565号民事判决书。

来源，因此本节称之为“未注册商标”(《反不正当竞争法》第 6 条设有四项，每项都有其调整对象，但本条以混淆机制为核心，调整的行为是具有识别性的使用行为)。

一、假冒之诉的构成

本项被称为混淆条款、假冒之诉。假冒之诉是英国普通法中最重要的诉讼工具之一，在传统意义上被表述为：此经营者的不实表征导致彼经营者的商誉受损；[①]或者任何人均无权通过欺诈的方式窃取他人贸易。[②] 这种传统定义在我国现行反不正当竞争法的体系中不合时宜，无法清晰区分仿冒行为与虚假宣传。从广义上说，仿冒行为是相关公众就商品或服务来源产生的“误解”，而虚假宣传应当排除这种类型的“误解”。本项在构成上需要重点解释“有一定影响”“特有”“名称、包装、装潢”“商标意义上的使用”[③]“混淆”。本书其他相关部分已经对这些要素作出解释，上文特别分析了第 6 条是否可以提供跨类保护的问题，这里再次强调特定条件下对未注册商标提供跨类保护并不会导致商业标识法律体系的内在不协调，《商标法》第 57 条基于权利保护法与《反不正当竞争法》第 6 条作为行为规制法天然地存在差异，权利保护法天然地追求稳定、确定，其内生逻辑就是通过财产边界的确定降低公示和保护成本，而行为规制法必然具有更高的不确定性，需要通过事后更高成本的协商和权衡划定行为边界，其属于责任规则。

第一，《反不正当竞争法》第 6 条所保护对象的本质特征是“识别性”。在外延上，不仅包括识别商品或服务来源的未注册商业标识，而且包括“虽未用于生产经营活动但具有商业价值的社会组织名称、公益组织名称等标识”，例如“高校的名称、医疗机构的名称”；“商品独特形状、节目栏目名称、企业标志、网店名称、自媒体名称、应用软件名称等”。[④]

第二，在涉及文学作品或影视作品的标题、特定元素的反不正当竞争保护时，知名度和显著性的认定有一定特性。对文学作品而言，其知名度的产生往往通过打造系列作品的方式而形成，系列作品的标题持续在有关读者群中产生影响力，渐渐形成品牌效应；对影视作品而言，则可能具有“一夜成名”的可能。广州知识产权法院在“喜剧之王”案中指出：在认定电影名称是否有一定影响时，不应过分强调宣传的持续时间或放映的持续时间等因素，而应当考察该电影投入市场前后的宣传情况、所获得的票房成绩、相关公众的评价以及是否具有持续的影响力等因素。[⑤]

第三，既然《反不正当竞争法》第 6 条中的“使用”是一种商标使用，则可以借鉴《商标

---

① Christopher Wadlow. *The Law of Passing-off: Unfair Competition by Misrepresentation* (fourth edition). Sweet & Maxwell, 2011, p.10.

② Reckitt & Colman [1990] 1 W.L.R. 491; [1990] 1 All E.R. 873.

③ 《最高人民法院关于适用〈中华人民共和国反不正当竞争法〉若干问题的解释》第 10 条：在中国境内将有一定影响的标识用于商品、商品包装或者容器以及商品交易文书上，或者广告宣传、展览以及其他商业活动中，用于识别商品来源的行为，人民法院可以认定为反不正当竞争法第六条规定的“使用”。

④ 陈学军、丁伟：《〈上海市反不正当竞争法条例〉释义》，中国工商出版社 2021 年版，第 29 页。

⑤ 广州知识产权法院(2020)粤 73 民终 2289 号民事判决书。

法》的有关原理解释。这里的“使用”包括生产行为和销售行为，但必须是一种自主性质的使用，单纯的被动使用不属于这里的“使用”。“未经许可制造标识物”“提供相关便利条件”则不应属于商标使用行为，在立法者未作拟制的情况下不宜将其认定为《反不正当竞争法》第6条的规制对象（提供相关便利条件，可作为共同侵权）。《上海市反不正当竞争条例》第8条第2款借鉴了《商标法》第57条第4项的规定，在混淆条款中吸收了单纯生产、销售标识的行为：“使用行为，包括生产、销售他人有一定影响的标识的行为。”国家市场监督管理总局在《网络反不正当竞争暂行规定》第7条第5项借鉴了《商标法》第57条第4项规定：“生产销售足以引人误认为是他人商品或者与他人存在特定联系的商品。”这些规定是否有《反不正当竞争法》的上位法支持，值得进一步商榷。

第四，混淆条款的特殊功能。在商标权利人不容易证明商品类似或者商标正处于注册阶段（尚未获得禁用权）、避免因注册商标之间的冲突而无法被法院受理（借注册商标之名行侵权之时）等情况下，选择本项作为诉讼基础成为一个比较常见的诉讼策略。在纽巴伦案中，权利人选择了仿冒混淆之诉，理由在于：“根据我国商标法相关规定，经审查异议不成立而准予注册的商标，商标注册申请人取得商标专用权的时间自初步审定公告三个月期满之日起计算。自该商标公告期满之日起至准予注册决定做出前，对他人在同一种或者类似商品上使用与该商标相同或相近似的标志，无法通过商标侵权进行法律救济。”[①]更重要的是，仿冒之诉的“穿透性”可以使原告在面对已经获得注册商标授权的被告时胜诉，被告商标已获注册并非仿冒之诉的抗辩事由。在纽巴伦案中，被告纽巴伦公司辩称：其作为斜杠N字母注册商标所有人，依法享有在核准商品类别使用注册商标的权利。法院认为，在后的标识与他人在先有一定影响的商品装潢构成近似且造成混淆的，即使该标识系注册商标，但因其侵害在先权益违背诚信原则，不论其是否已经通过行政程序予以撤销，均不得妨碍在先有一定影响的装潢业已形成的市场利益。[②]

中国法院第47号指导案件“费列罗”案[③]

费列罗公司于1946年在意大利成立，1982年其生产的费列罗巧克力投放市场，曾在亚洲多个国家和地区的电视、报刊、杂志发布广告。在我国台湾和香港地区，费列罗巧克力取名“金莎”巧克力，并分别于1990年6月和1993年在我国台湾和香港地区注册“金莎”商标。1984年2月，费列罗巧克力通过中国粮油食品进出口总公司采取寄售方式进入国内市场，主要在免税店和机场商店等当时政策所允许的场所销售，并延续到1993年。1986年10月，费列罗公司在中国注册了“FERRERO ROCHER”和图形（椭圆花边图案）以及其组合的系列商标，并在中国境内销售的巧克力商品上使用。费列罗巧克力使用的

① 上海市浦东新区人民法院(2017)沪0115民初1798号民事判决书。
② 上海市浦东新区人民法院(2017)沪0115民初1798号民事判决书。
③ 最高人民法院(2006)民三提字第3号民事判决书。

包装、装潢的主要特征是：① 每一粒球状巧克力用金色纸质包装；② 在金色球状包装上配以印有“FERRERO ROCHER”商标的椭圆形金边标签作为装潢；③ 每一粒金球状巧克力均有咖啡色纸质底托作为装潢；④ 若干形状的塑料透明包装，以呈现金球状内包装；⑤ 塑料透明包装上使用椭圆形金边图案作为装潢，椭圆形内配有产品图案和商标，并由商标处延伸出红金颜色的绶带状图案。费列罗巧克力产品的8粒装、16粒装、24粒装以及30粒装立体包装于1984年被世界知识产权组织申请为立体商标。费列罗公司自1993年开始，以广东、上海、北京地区为核心逐步加大费列罗巧克力在我国的报纸、期刊和室外广告的宣传力度，相继在一些大中城市设立专柜进行销售，并通过赞助商业和体育活动，提高其产品的知名度。2000年6月，“FERRERO ROCHER”商标被国家工商行政管理部门列入全国重点商标保护名录。我国广东、河北等地工商行政管理部门曾多次查处仿冒费列罗巧克力包装、装潢的行为。

蒙特莎公司是1991年12月张家港市乳品一厂与比利时费塔代尔有限公司合资成立的生产、销售各种花色巧克力的中外合资企业。张家港市乳品一厂自1990年开始生产“金莎”巧克力，并于1990年4月23日申请注册“金莎”文字商标，1991年4月经国家工商行政管理局商标局核准注册。2002年，张家港市乳品一厂向蒙特莎公司转让“金莎”商标，于2002年11月25日提出申请，并在2004年4月21日经国家工商管理总局商标局核准转让，由此蒙特莎公司开始生产、销售金莎巧克力。蒙特莎公司生产、销售金莎巧克力产品，其除将“金莎”更换为“金莎 TRESOR DORE”组合商标外，仍延续使用张家港市乳品一厂金莎巧克力产品使用的包装、装潢。被控侵权的金莎 TRESOR DORE 巧克力包装、装潢为：每粒金莎 TRESOR DORE 巧克力呈球状并均由金色锡纸包装；在每粒金球状包装顶部均配以印有“金莎 TRESOR DORE”商标的椭圆形金边标签；每粒金球状巧克力均配有底面平滑无褶皱、侧面带波浪褶皱的呈碗状的咖啡色纸质底托；外包装为透明塑料纸或塑料盒；外包装正中处使用椭圆金边图案，内配产品图案及金莎 TRESOR DORE 商标，并由此延伸出红金色绶带。以上特征与费列罗公司起诉中请求保护的包装、装潢在整体印象和主要部分方面近似。

最高人民法院认为：本案主要涉及费列罗巧克力是否在先知名商品，费列罗巧克力使用的包装、装潢是否特有的包装、装潢，以及蒙特莎公司生产的金莎 TRESOR DORE 巧克力使用包装、装潢是否构成不正当竞争行为等争议焦点问题。蒙特莎公司在其生产的金莎 TRESOR DORE 巧克力商品上，擅自使用与费列罗公司的费列罗巧克力特有的包装、装潢相近似的包装、装潢，足以引起相关公众对商品来源的混淆、误认，构成不正当竞争。

第一，关于商品的知名度。根据费列罗巧克力进入中国市场的时间、销售情况以及费列罗公司进行的多种宣传活动，认定其属于在中国境内的相关市场中具有较高知名度的知名商品。

第二，关于包装的特有性。盛装或者保护商品的容器等包装，以及在商品或者其包装上附加的文字、图案、色彩及其排列组合所构成的装潢，在其能够区别商品来源时，即属于《反不正当竞争法》保护的特有包装、装潢。费列罗公司请求保护的费列罗巧克力使用的包装、装潢系由一系列要素构成。如果仅以锡箔纸包裹球状巧克力，采用透明塑料外包装，呈现巧克力内包装等方式进行简单的组合，所形成的包装、装潢因无区别商品来源的显著特征而不具有特有性；而且这种组合中的各个要素也属于食品包装行业中通用的包装、装潢元素，不能被独占使用。但是，锡纸、纸托、塑料盒等包装材质与形状、颜色的排列组合有很大的选择空间；将商标标签附加在包装上，该标签的尺寸、图案、构图方法等亦有很大的设计自由度。在可以自由设计的范围内，将包装、装潢各要素独特排列组合，使其具有区别商品来源的显著特征，可以构成商品特有的包装、装潢。费列罗巧克力所使用的包装、装潢因其构成要素在文字、图形、色彩、形状、大小等方面的排列组合具有独特性，形成了显著的整体形象，且与商品的功能性无关，经过长时间使用和大量宣传，已足以使相关公众将上述包装、装潢的整体形象与费列罗公司的费列罗巧克力商品联系起来，具有识别其商品来源的作用，应当属于《反不正当竞争法》第 5 条第 2 项所保护的特有的包装、装潢。

第三，关于混淆可能性。对商品包装、装潢的设计，不同经营者之间可以相互学习、借鉴，并在此基础上进行创新设计，形成有明显区别各自商品的包装、装潢。这种做法是市场经营和竞争的必然要求。就本案而言，蒙特莎公司可以充分利用巧克力包装、装潢设计中的通用要素，自由设计与他人在先使用的特有包装、装潢具有明显区别的包装、装潢。但是，对他人具有识别商品来源意义的特有包装、装潢，则不能引起市场混淆、误认的全面模仿，否则就会构成不正当的市场竞争。我国《反不正当竞争法》规定的混淆、误认，是指足以使相关公众对商品的来源产生误认，包括误认为与知名商品的经营者具有许可使用、关联企业关系等特定联系。本案中，由于费列罗巧克力使用的包装、装潢的整体形象具有区别商品来源的显著特征，蒙特莎公司在其巧克力商品上使用的包装、装潢与费列罗巧克力特有包装、装潢，又达到在视觉上非常近似的程度。即使双方商品存在价格、质量、口味、消费层次等方面的差异和厂商名称、商标不同等因素，也未免会使相关公众易于误认金莎 TRESOR DORE 巧克力与费列罗巧克力存在某种经济上的联系。

二、假冒之诉的中立性

假冒之诉是为了保护商誉、鼓励投资。本书在讨论《商标法》第 10 条中的公序良俗条款时，曾经涉及竞争中性和内容审查的问题，商标法的适用需要尊重商业自治，给言论自由一定空间。《反不正当竞争法》本项所保护的“商誉”，与该问题也有相关性。笔者认为这里需要注意两点。

第一，区分企业的违法行为与企业的标志，不能因为企业实施了违法行为就否定商业标志中的商誉。违法行为通常会导致相关公众对企业商业标志的评价下降，“臭名昭著”之后，消费者无非“用脚投票”，这属于市场调节的范围，法律不必干预。只有当商业标志本身明显存在欺骗性或者明显存在不良影响时，其在任何场景中使用都可能导致这种评价时，才需要法律评价。但正如前文所述，只要相信相关公众的独立判断能力，就不宜对一个传递某种观点的商业标识宽泛地做出消极评价。

第二，商业标识在市场和社会中具有流变性，每个阶段可能承载的含义和评价不同，相关公众的认知水平也并非“铁板一块”，这与《商标法》第10条中的“不得注册”和“不得使用”的规定原理有相通之处。通常认为，第10条侧重于禁止他人注册，各国并不一概禁止这些标识的实际使用，原因在于商标的本质是语言符号，其含义始终处于流变之中，权利是利益认同的社会观点也在不断演化，“三里不同风，十里不同俗”，公序良俗是地方性知识，在许多情况下具有高度的语境依赖性。[①]《最高人民法院关于适用〈中华人民共和国反不正当竞争法〉若干问题的解释》第7条规定：《反不正当竞争法》第6条规定的标识或者其显著识别部分属于《商标法》第10条第1款规定的不得作为商标使用的标志，当事人请求依据《反不正当竞争法》第6条规定予以保护的，人民法院不予支持。笔者认为本条的根源在于《商标法》第10条第1款，对后者的理解应更具宽容的立场。

“鬼吹灯”案[②]

商标局认为“鬼吹灯”带有封建迷信色彩，用于商标易产生不良影响。徐州市中级人民法院认为，本条规定的意旨在于，即使商品属于知名商品、商品名称具备区别商品来源的显著特征，但如果该商品名称属于《中华人民共和国商标法》中不得作为商标使用之情形，当事人无权依照知名商品特有名称获得保护……某些标识在某一或某些商品类别上申请注册，具有不良影响，但在其他类别的商品上申请注册则不会产生不良影响，同一标识在申请商标注册时是否具有不良影响，有时与商品类别有关。因此商标局的驳回通知不能当然成为本案认定是否构成知名商品特有名称的依据。“鬼吹灯”标识作为小说名称是否具有封建迷信色彩，仍应从“鬼吹灯”一词的起源、作者在创作时使用“鬼吹灯”一词的目的、相关公众的一般认知、“鬼吹灯”标识作为涉案小说名称是否会对社会公共利益和公共秩序造成消极、负面的影响等方面予以综合判定。“鬼吹灯”一词在古籍、古诗中没有明显的封建迷信色彩，而从张牧野创作时使用“鬼吹灯”的主观目的、相关公众的一般认知以及对社会公共利益和公共秩序造成的影响看，“鬼吹灯”作为涉案小说名称使用并不带有封建迷信色彩。

---

① 谢晓尧：《法律语词的意义寻绎——以〈反不正当竞争法〉为文本》，《知识产权》2022年第6期。

② 徐州市中级人民法院(2017)苏03民初27号民事判决书。

以上“鬼吹灯”案的行政处理和司法处理意见不尽一致，表明两个机关在审查商业言论的尺度方面不相同。总体而言，我国行政和司法机关近年来对商业言论的审查尺度把握较为严格，同时降低了相关公众的理解水平，这会导致商标授权确权标准趋于严格、仿冒条款的适用也会带有浓厚的审查色彩，违背仿冒条款保护商业投资的初衷。

“叫了个鸡”案①

2016 年，原告通过招揽加盟商的方式，将“叫了个鸡项目”许可他人使用，收取加盟费和管理费。原告将“叫了个鸡”文字标识和“小鸡”图案使用于其官方网站、微信公众号的宣传推广中，并授权合作门店使用于其店招和对应的网络外卖平台店铺中。原告自称，截至 2018 年 3 月，其在全国范围内的合作门店有 800 余家。原告认为，被告擅自使用原告知名服务的“叫了个鸡”名称进行经营，造成了与原告的知名服务相混淆，使消费者产生误解，误以为被告的服务源于原告而进行消费，其行为违反诚实信用的原则，违背了公认的商业道德，严重损害了原告的合法权益，扰乱了正常的社会经济秩序，构成不正当竞争行为。

法院认为，反不正当竞争法如同其他知识产权法一样具有社会公益性，只保护具有合法性、正当性的利益。同时，其要求经营者应当遵法、信法、守法，依法从事生产经营活动，依法维护自身合法权益。在本案中，原告主张被告擅自使用原告知名服务特有的名称，造成与原告的知名服务相混淆，导致消费者的误认。根据相关法律，被告因使用商业标识而应承担不正当竞争责任的构成要件应为：一是原告拥有受法律保护的商业标识；二是被告使用与原告相同或相近的商业标识，容易使相关公众产生混淆和误认；三是被告存在过错。因此，原告的诉讼请求能否得到支持首先需要考察的是，原告是否拥有受法律保护的商业标识，换言之，原告主张保护的商业标识是否具有合法性、正当性。所谓合法性，即该商业标识不得违反法律的禁止性规定。所谓正当性应当包含两要素：一是显著性，即该商业标识可以区分或识别商品或者服务的来源；二是影响力，即该商业标识在相关市场上为相关公众所知悉。

原告主张保护的涉案服务名称“叫了个鸡”，由谓语动词“叫”、助词“了”、量词“个”和名词“鸡”四个汉字组成，“鸡”本身的含义为一种家禽，但在“叫了个”+“鸡”的特殊构词方式形成的语境下，容易使人将“鸡”与民间约定俗成的隐晦含义相联系，从而容易使人产生购买色情服务的低俗联想。原告在创业之初为博取消费者和合作伙伴的关注，通过官网、微信公众号、合作门店等，对外发布并大量使用“叫了个鸡”“没有性生活的鸡”“和她有一腿”等广告宣传语，并将“叫了个鸡”文字和“小鸡”图案组合使用于店招等处。作为以广大普通公众为消费群体、向其提供快餐服务的服务名称，如此意图迎合低级趣味、有伤社会

① 上海市浦东新区人民法院(2017)沪 0115 民初 74401 号民事判决书。

风化的不良商业标识，严重违背了社会公序良俗。事实上，在案证据显示，原告的行为的确引起了社会公众的哗然和不满，多家媒体纷纷给予谴责和批评。工商行政机关以原告的上述行为违反《广告法》为由，给予其行政处罚并责令整改。此后，即使原告的相关广告宣传语已被撤换，但“叫了个鸡”标识给相关公众带来的不良联想依旧存在。原告亦曾就“叫了个鸡”“叫了个鸡炸鸡店”的文字标识申请商标注册，皆因其易产生不良社会影响而被原国家工商行政管理总局商标局驳回并被禁止使用，故该文字标识为禁用标识，与该标识相关的服务名称不受《反不正当竞争法》保护。同理，原告通过将该禁用标识与“小鸡”图案组合的方式继续在商业经营中加以使用并不断宣传、推广的行为，亦不能因此而产生一个新的、合法的商业标识利益，原告的行为违背了经营者应当守法的竞争原则，应予禁止。《反不正当竞争法司法解释》第1条规定的认定“知名商品”的考量因素之一“作为知名商品受保护的情况”，在实践中通常表现为相关商品或服务在权威性评奖评优中的获奖纪录、媒体的赞誉报道等，是一种承载商誉的积极影响，而非基于社会负面评价而产生的消极影响，这也与我国民法、知识产权法一直以来所秉持的诚实信用、尊重和维护社会公序良俗等基本原则相一致。本案原告对“叫了个鸡”服务名称的使用的确承载了一定的社会评价，造成了一定的社会影响，但因该评价、影响均为基于前文所述之违法行为而获取的负面、消极的市场声誉，并非源自优质服务所产生的市场美誉，故不能归入商誉范畴，亦不能被理解为《反不正当竞争法》第5条规定的“知名服务”的应有之义。

参考文献

一、著作

[1] 孔祥俊：《商标与反不正当竞争法》，法律出版社2009年版。

[2] 王泽鉴：《侵权行为法》(第一册)，中国政法大学出版社2001年版。

[3] 陈学军、丁伟：《〈上海市反不正当竞争法条例〉释义》，中国工商出版社2021年版。

[4] 曾陈明汝：《商标法原理》，中国人民大学出版社2003年版。

[5] Christopher Wadlow. *The Law of Unfair Competition* (4th edition), Sweet & Maxwell, 2011.

[6] J. Thomas McCarthy. *McCarthy on Trademarks and Unfair Competition* (5th edition), June 2020 Update.

二、论文

[1] 王笑冰：《关联性要素与地理标志法的构造》，《法学研究》2015年第3期。

[2] 孔祥俊：《论反不正当竞争法的新定位》，《中外法学》2017年第3期。

[3] 曹丽萍：《网络不正当竞争行为的主观故意判断》，《人民司法》2019年第10期。

[4] 王文敏：《反不正当竞争法中过错的地位及适用》，《法律科学(西北政法大学学报)》2021年第2期。

[5] 谢晓尧:《法律语词的意义寻绎——以〈反不正当竞争法〉为文本》,《知识产权》2022 年第 6 期。

[6] 林广海、李德军:《销售者"叠加式"商标侵权应如何追责》,《中国知识产权报》2015 年 10 月 14 日,第 8 版。

三、其他文献

[1]《最高院驳回再审申请,"奥普 aopu"商标无效》, https://mp.weixin.qq.com/s/2vPeG0QVpqNQZMGYoaimAQ,最后访问日期:2017 年 8 月 10 日。

第九章 商标侵权的法律责任

根据不同的责任性质，商标侵权的法律责任可以分为民事责任、行政责任和刑事责任。

第一节　侵害商标权的民事责任

商标侵权民事责任承担方式主要有禁令（临时禁令、永久禁令）和损害赔偿，有时会涉及侵权不停止侵害、销毁侵权商品、消除影响。基于体例上的考虑，本节介绍禁令救济、侵权不停止侵害、销毁侵权商品、消除影响等四种民事责任。

一、诉前禁令

（一）历史沿革

诉前禁令的主要功能在于保全原状、防止对当事人造成无法挽回的损失。"在对诉讼的实体问题进行完整彻底的审理之前，发布诉讼禁令的唯一合法目的在于，防止对申请人造成无法挽回的损失。法院通常进行的描述是，诉讼禁令是为保全当事人之间的原状。……这种保全原状服务于两个目的：一是申请人的利益，防止实体判决之前其遭受无法挽回的损失；二是法院的利益，作为一种制止被申请人采取进一步行动的手段，防止法院在实体问题审理之后无法提供有效的救济。"①我国的诉前禁令制度最早出现在《海事诉讼特别程序法》中的海事强制令，知识产权领域的诉前禁令制度的源头则是TRIPS协定。TRIPS协定第50条规定，权利人为保护其权利而采取的临时措施包括临时禁令、财产保全和证据保全，其中临时禁令包括诉前禁令和诉中禁令。我国在2001年《商标法》中新增了诉前禁令制度。《商标法》第56条规定，商标注册人或者利害关系人有证据证明他人正在实施或者即将实施侵犯其注册商标专用权的行为，如不及时制止将会

① John F. Dobbyn. *Injunctions In A Nut Shell*. West publishing Co., 1974, pp.152－153.

使其合法权益受到难以弥补的损害的,可以依法在起诉前向人民法院申请采取责令停止有关行为和财产保全的措施。

之后,最高人民法院在2002年制定《关于诉前停止侵犯注册商标专用权行为和保全证据适用法律问题的解释》,对诉前禁令制度的管辖、申请人条件、证据、担保、时限、复议等进行了明确。《专利法》《著作权法》也引入了诉前禁令制度。2012年修订的《民事诉讼法》第101条规定了诉前行为保全制度,[①]把诉前禁令的适用范围从原先海事诉讼、知识产权诉讼领域拓展至其他民事纠纷领域,不仅可以适用于侵权之外的知识产权合同、权属纠纷,而且可以适用于不正当竞争和商业秘密纠纷。根据《商标法》及《关于诉前停止侵犯注册商标专用权行为和保全证据适用法律问题的解释》,商标诉前禁令的适用要件有:一是申请人为权利人或利害关系人;二是胜诉可能性,即有初步证据证明侵权行为可能成立;三是不立即采取措施可能使申请人的合法权益受到难以弥补的损害;四是申请人需提供相应担保;五是诉前禁令不得违反社会公共利益。在"中国好声音"案中,法院除了审查上述要件之外,还特别考虑当事人之间的损害平衡性,即不责令被申请人停止相关行为对申请人造成的损害大于责令被申请人停止相关行为对被申请人造成的损害。损害平衡性要件源自民法中的利益平衡原则,该要件在法院审查诉前禁令案件的司法实践中得到广泛认可。

(二)构成要件

2018年最高人民法院制定《关于审查知识产权纠纷行为保全案件适用法律若干问题的规定》(简称《知识产权保全规定》),该规定既总结和吸收了知识产权领域长期司法实践的经验,同时在审查要件上作了进一步的改进。该规定与原诉前禁令制度相比主要存在以下不同。

第一,将原来的"胜诉可能性"要件修改为"事实基础和法律依据"标准,即审查"申请人的请求是否具有事实基础和法律依据,包括请求保护的知识产权效力是否稳定",这样的表述既赋予了解释弹性,又强调了要件实质。当申请人在申请诉前禁令时,尚不满足很高的胜诉可能性标准,但可能会因被控侵权行为造成难以弥补的损害,且没有其他救济途径时,此时排除诉前禁令的救济将使申请人陷入困境,因此这一条件的修改对权利人具有重要意义。就知识产权效力稳定性进行审查时,需要对不同类型的知识产权区别对待,例如关于实用新型专利和外观设计专利的诉前禁令需要进一步的证据,防止权利滥用。《知识产权保全规定》第9条规定:申请人以实用新型或者外观设计专利权为依据申请行为

---

① 《民事诉讼法》第101条:"利害关系人因情况紧急,不立即申请保全将会使其合法权益受到难以弥补的损害的,可以在提起诉讼或者申请仲裁前向被保全财产所在地、被申请人住所地或者对案件有管辖权的人民法院申请采取保全措施。申请人应当提供担保,不提供担保的,裁定驳回申请。人民法院接受申请后,必须在48小时内作出裁定;裁定采取保全措施的,应当立即开始执行。申请人在人民法院采取保全措施后30日内不依法提起诉讼或者申请仲裁的,人民法院应当解除保全。"

保全的，应当提交由国务院专利行政部门作出的检索报告、专利权评价报告或者专利复审委员会维持该专利权有效的决定。申请人无正当理由拒不提交的，人民法院应当裁定驳回其申请。

第二，吸收了司法实践中的“损害平衡性”要件，避免权利人滥用诉前禁令，同时明确了采取诉前行为保全时应询问当事人（包括申请人和被申请人），仅在例外情形下不询问，这一规定有助于法官调查当事人间的损害平衡性。

第三，将紧迫性要件中的“难以弥补的损害”完善为“难以弥补的损害或者造成案件裁决难以执行等损害”，并对何为“情况紧急”和“难以弥补的损害”进行了进一步的明确。《知识产权保全规定》第 6 条规定：有下列情况之一，不立即采取行为保全措施即足以损害申请人利益的，应当认定属于《民事诉讼法》第 100、101 条规定的“情况紧急”：申请人的商业秘密即将被非法披露；申请人的发表权、隐私权等人身权利即将受到侵害；诉争的知识产权即将被非法处分；申请人的知识产权在展销会等时效性较强的场合正在或者即将受到侵害；时效性较强的热播节目正在或者即将受到侵害；其他需要立即采取行为保全措施的情况。第 10 条规定：在知识产权与不正当竞争纠纷行为保全案件中，有下列情形之一的，应当认定属于《民事诉讼法》第 101 条规定的“难以弥补的损害”：被申请人的行为将会侵害申请人享有的商誉或者发表权、隐私权等人身性质的权利且造成无法挽回的损害；被申请人的行为将会导致侵权行为难以控制且显著增加申请人损害；被申请人的侵害行为将会导致申请人的相关市场份额明显减少；对申请人造成其他难以弥补的损害。

行为保全对被申请人所造成的影响远大于财产保全，是否准许申请人的诉前禁令，既要考虑制度的及时性和便捷性，又要防止行为保全申请被滥用。通过以上修改和完善，2018 年《知识产权保全规定》确立的知识产权诉前禁令制度对相关要件的规定更加细致和完善，更具操作性，凸显诉前禁令制度最重要的效率优势，同时有助于平衡当事人利益，防止权利滥用。至此，我国知识产权诉前禁令的发放条件主要应考虑如下因素（四要素测试法）：申请人的请求是否具有事实基础和法律依据，包括请求保护的知识产权效力是否稳定；不采取行为保全措施是否会使申请人的合法权益受到难以弥补的损害或者造成案件裁决难以执行等损害；不采取行为保全措施对申请人造成的损害是否超过采取行为保全措施对被申请人造成的损害；采取行为保全措施是否损害社会公共利益。从以上规定的表述看，我国诉前禁令发布的四要素测试法与美国法类似，美国司法上采取移动尺度法对诉前禁令的发布进行审查，判例法上的“四个要素”只是为法院审查诉前禁令提供了参考，这四个要素并非独立的要件，四者之间相互作用和影响，法院需综合考虑四个要素对双方当事人的影响作出裁决，在总体上衡量天平会倾向于哪一方。

“中国好声音”案[①]

荷兰Talpa公司独创开发了“The Voice of ...”节目，并在中国注册了G1098388图形商标、G1089326号“The Voice of”图形商标。根据Talpa公司授权，上海灿星公司制作了第1—4期“中国好声音”节目并在2012—2015年播出。2016年前述授权到期后，Talpa公司将第5—8季“中国好声音”的节目模式及相关知识产权[包括注册商标G1098388、G1089326；节目名称英文“The Voice of China”、中文“中国好声音(ZhongGuoHaoShengYin)”相关标识等]独占授权给浙江唐德公司。然而，上海灿星公司认为“中国好声音”节目名称属于浙江卫视并已得到授权，便与世纪亮丽公司继续举行“2016中国好声音”节目并进行相关宣传。浙江唐德公司主张上海灿星公司和世纪丽亮公司的行为侵害了其享有独占许可使用权的注册商标专用权、未注册驰名商标权，并构成擅自使用知名服务特有名称的不正当竞争行为，向北京知识产权法院提出诉前保全申请，要求上海灿星公司和世纪丽亮公司立即停止相关涉嫌侵权行为。

北京知识产权法院认为：① 浙江唐德公司作为涉及Talpa公司相关知识产权的独占许可使用合同的被许可人，属于利害关系人，应有权提出包括本案申请在内的保全申请。② 被申请人上海灿星公司存在使用第G1098388号、第G1089326号注册商标及构成侵权的可能性。“中国好声音”和“The Voice of China”名称已具有较高的知名度和识别度，其被认定为电视文娱节目及其制作服务类的知名服务特有名称，存在较大可能性。根据Talpa公司与相关公司就制作播出第1—4季“中国好声音”的授权协议的约定来看，Talpa公司拥有有关“中国好声音”和“The Voice of China”节目名称权益的可能性较大。综上，申请人在本案中存在胜诉可能。③ 申请人提交的材料显示：“2016中国好声音”节目将于2016年6月录制、7月播出，时间紧迫，而可以预见的是该节目一旦录制完成并播出，将会产生较大范围的传播和扩散，对申请人享有的权利造成损害，如果不责令上海灿星公司和世纪丽亮公司立即停止涉案行为，将可能对浙江唐德公司的权益造成难以弥补的损害，因此具有紧迫性。④ 本案保全申请仅涉及停止对包含“中国好声音”“the Voice of China”字样的节目名称及有关标识的使用，并不影响更名后节目的制作和播出，损失数额是可以预见的。而如果不责令上海灿星公司和世纪丽亮公司停止涉案行为，其制作的“2016中国好声音”歌唱比赛选秀节目一旦制作完成并公开播出，对浙江唐德公司造成的损失难以计算。因此进行诉前保全符合损害平衡性。⑤ 没有证据表明本案责令被申请人停止相关行为会损害社会公共利益。⑥ 申请人提供了相应的担保。

二、侵权不停止侵害

“永久禁令是法院在对诉讼的实体问题进行全面审理之后，对申请人给予的全面禁令

① 北京知识产权法院(2016)京73行保1号民事裁定书。

救济。诉讼禁令是，为避免造成申请人无法挽回的损失，在诉讼期间法院作出永久禁令之前所发布的禁令。与此种目的对应，诉讼禁令限于特定期间或实体问题的审理期间。”①我国类似于永久禁令的制度是停止侵害的民事责任。《民法典》第 179 条将停止侵害作为民事责任的承担方式，但并未直接规定这是侵权责任的必然承担方式。如果以四要素测试法加以衡量判断，则侵权行为发生后未必一定以停止侵害作为责任承担方式。法律上对侵权责任承担方式的规定，应以最有效地消除侵权行为对被侵权人造成的不利影响为宗旨。②

(一) 专利和著作权侵权案件

对知识产权侵权不停止侵害的突破首先出现在专利领域。在我国早期的相关典型案例中，法院判决不停止侵害的主要理由有：公共利益、利益平衡、履行不能。2004 年广州市中级人民法院判决的“广州新白云机场幕墙专利侵权纠纷”，法院认为，被告新白云机场的幕墙侵犯了原告的实用新型专利权，但拆除幕墙会造成社会资源的严重浪费，故未支持原告停止侵权的诉请，变通为判令被告支付赔偿金及专利使用费。③ 2007 年上海市第二中级人民法院判决的“紧固件案”，④一审法院认为，“由于该批侵权产品已全部用于新虹桥大厦的墙体内并交付，故原告要求该被告停止侵权行为及销毁库存产品已无可能”。二审法院维持一审判决。2008 年福建省高级人民法院判决的“烟气脱硫专利权侵权案”，⑤一审法院认为被告侵犯了原告专利，但停止烟气脱硫设备的使用将对当地经济和民生产生不良的效果，为平衡权利人利益及社会公众利益，法院不支持原告的停止侵权诉请，改为判令被告支付相应专利使用费。最高人民法院二审维持了一审法院的前项判决。2006 年美国 e-Bay 案判决对我国产生了较大的影响。在该案中，美国联邦最高法院确定了判断永久禁令救济也应遵循“四要素测试法”，CAFC（美国联邦巡回上诉法院）错误地认为只有在保护公共利益等少数罕见情形才可以拒绝发布禁令，这种自动发放禁令（侵权成立则发放禁令）的做法走向了一个极端，不符合专利实施的现实需求，禁令威胁只不过是这些权利人谈判时的一个筹码而已；权利产生条款区别于权利救济条款，不能因为专利权是一个排他权就必然得出自动发放禁令的结论，权利救济需要根据衡平原则加以确定。⑥

我国最高人民法院于 2009 年发布了《关于当前经济形势下知识产权审判服务大局若干问题的意见》（简称《意见》），其中第 15 条规定：“如果停止有关行为会造成当事人之间

---

① John F. Dobbyn. *Injunctions in a Nut Shell*. West publishing Co., 1974, p.150.

② 程啸：《侵权责任法》，法律出版社 2015 年版，第 653 页。

③ 广州市中级人民法院（2004）穗中法民三知初字第 581 号民事判决书。

④ 上海市第二中级人民法院（2006）沪二中民五（知）初字第 12 号民事判决书；上海市高级人民法院（2007）沪高民三（知）终字第 12 号民事判决书。

⑤ 福建省高级人民法院（2001）闽知初字第 4 号民事判决书；最高人民法院（2008）民三终字第 8 号民事裁定书。

⑥ eBay Inc. v. MercExchange, L.L.C., 547 U.S. 388 (2006).

的重大利益失衡，或者有悖社会公共利益，或者实际上无法执行，可以根据案件具体情况进行利益衡量，不判决停止行为，而采取更充分的赔偿或者经济补偿等替代性措施了断纠纷。权利人长期放任侵权、怠于维权，在其请求停止侵害时，倘若责令停止有关行为会在当事人之间造成较大的利益不平衡，可以审慎地考虑不再责令停止行为，但不影响依法给予合理的赔偿。”在《意见》之后，2016 年最高人民法院发布的《关于审理侵犯专利权纠纷案件应用法律若干问题的解释(二)》进一步确定，可以在专利侵权案件中限制停止侵害的适用，其第 26 条规定：被告构成对专利权的侵犯，权利人请求判令其停止侵权行为的，人民法院应予支持，但基于国家利益、公共利益的考量，人民法院可以不判令被告停止被诉行为，而判令其支付相应的合理费用。

除了专利领域，在著作权领域亦有不少成立侵权不停止侵害的典型案例，基于公共利益考虑的案件有：2012 年山东省高级人民法院判决的“中国科学院海洋研究所等诉刘俊谦等侵犯著作权纠纷案”；[①]2014 年浙江省高级人民法院判决的“杭州聚合诉浙江移动等侵害计算机软件著作权纠纷案”。[②] 而 2013 年深圳市中级人民法院判决的“奥雅公司诉长城公司侵害著作权纠纷案”和[③] 2016 年杭州市中级人民法院判决的“大头儿子”案[④]则同时考虑了当事人之间的利益平衡和公共利益。

(二) 商标侵权案件

相较专利侵权案件、著作权侵权案件，商标侵权案件中判决侵权但不停止侵害的案件较少，原因可能在于商标具有与专利、著作权的不同特点。商标作为一种标识，很多时候可以从产品中剥离，停止使用商标可以不影响产品本身的实体价值或者服务本身的继续提供，因此难以认定停止侵害会造成损害公共利益或导致当事人利益失衡。

商标与专利、著作权的不同也体现在法律的规定上。《专利法》第 60 条规定，管理专利工作的部门在处理专利侵权纠纷时“可以责令侵权人立即停止侵权行为”；《著作权法》第 47、48 条规定构成著作权侵权的，“应当根据情况，承担停止侵害、消除影响、赔礼道歉、赔偿损失等民事责任”。前述《专利法》和《著作权法》的相关规定均可以明确解读为：停止侵权的适用为选择适用，而非当然适用。1982 年《商标法》第 39 条、1993 年《商标法》第 39 条的规定也是一样，有关工商行政管理部门在处理商标侵权纠纷时“有权责令侵权人立即停止侵权行为”。2001 年《商标法》第 53 条及 2013 年《商标法》第 60 条则变更了表述，工商行政管理部门处理商标侵权纠纷时，“认定侵权行为成立的，责令立即停止侵权行为”，没有明确表述是“可以”还是“应当”，但是按文义解释，应理解为“应当”适用停止侵

---

① 山东省高级人民法院(2012)鲁民三终字第 33 号民事判决书。
② 浙江省高级人民法院(2013)浙知终字第 289 号民事判决书。
③ 深圳市中级人民法院(2013)深中法知民终字第 290、291 号民事判决书。
④ 杭州市中级人民法院(2015)浙杭知终字第 356、357、358 号民事判决书。

权。事实上，《商标法》第三次修订时，曾在《修订草案征求意见稿》中将该表述修改为"工商行政管理部门处理时，认定侵权行为成立的，可以责令立即停止侵权行为"，[①]但是"可以"二字最终被删去，这表明立法者对于在商标侵权是否当然适用停止侵害亦存争议，于是采用模糊的表述来回避争论。

最高人民法院的意见可谓一以贯之，无论是 2009 年的《意见》第 15 条，还是在 2002 年发布的《关于审理商标民事纠纷案件适用法律若干问题的解释》（简称《商标案件解释》）第 21 条，均明确规定了停止侵害为选择适用。《商标案件解释》第 21 条的规定为：人民法院审理商标侵权案件时根据相关法律规定和案件具体情况，"可以判决侵权人承担停止侵害、排除妨碍、消除危险、赔偿损失、消除影响等民事责任"。关于商标侵权不停止侵害的考量因素，当前最直接的依据为《意见》第 15 条。根据该规定，可以判决不侵权的情形有：① 停止侵害将造成当事人之间重大利益失衡；② 停止侵害将损害公共利益；③ 执行不能。最高人民法院在"星河湾"案中以公共利益为由，不判令被告停止使用该小区名称，开启了商标侵权不停止侵害的先例。"星河湾"案的特别之处在于，一方面，商品房楼盘不同于其他商品，虽已售出，其名称依旧会显著地对外发挥标识作用，因此该案中权利人会请求涉案楼盘开发商停止使用相关名称；另一方面，涉案楼盘既已出售，小区的名称即与众多小区业主利益相关，因此法院会认为小区名称构成公共利益，判决不停止侵权。

"星河湾"案[②]

广州宏富房地产有限公司（简称宏富公司）拥有第 1946396 和 1948763 号"星河湾"组合商标，分别核定使用在第 36 类"不动产出租、不动产管理"等以及第 37 类"建筑"等服务项目，后转让给广州星河湾实业发展有限公司（简称星河湾公司）。天津市宏兴房地产开发有限公司（以下简称宏兴公司）在其建设的"星河湾花苑"小区入口标示小区名称为"星河湾"，并在 2004 年 5 月 20 日获批使用"星河湾花苑"这一地名。2011 年，宏富公司和星河湾公司以商标侵权和不正当竞争为由，将宏兴公司诉至天津市第一中级人民法院。

天津市第一中级人民法院认为，宏兴公司的行为未侵犯星河湾公司的商标专用权，亦未构成不正当竞争。原告不服一审判决，上诉至天津市高级人民法院，二审法院认为，消费者能区分商品来源不发生混淆，宏兴公司不构成商标侵权，维持一审判决。之后最高人民法院再审，在 2015 年 2 月 26 日作出判决。最高人民法院认为，宏兴公司未经授权，擅自将"星河湾花苑"作为楼盘标识使用，侵害了星河湾公司的商标专用权、企业名称权和宏富公司对该"星河湾"楼盘名称的知名商品特有名称的权利，构成侵犯商标权及不正当竞

① 《中华人民共和国商标法（修订草案征求意见稿）》第 64 条，http://www.chinanews.com/fz/2011/09-02/3302769.shtml，最后访问日期：2019 年 8 月 3 日。

② 最高人民法院(2013)民提字第 102 号民事判决书。

争,但考虑到包含"星河湾"字样的小区名称是经过民政部门批准且小区居民也已入住多年,如果判令停止使用该小区名称,会导致商标权人与公共利益及小区居民利益的失衡,故不再判令停止使用该小区名称,但在尚未出售的楼盘和将来拟开发的楼盘上不得使用相关"星河湾"名称作为其楼盘名称。

三、销毁侵权商品

《商标法》第 60 条第 2 款规定,工商行政管理部门处理时,认定侵权行为成立的,责令立即停止侵权行为,没收、销毁侵权商品和主要用于制造侵权商品、伪造注册商标标识的工具,违法经营额 5 万元以上的,可以处违法经营额 5 倍以下的罚款,没有违法经营额或者违法经营额不足 5 万元的,可以处 25 万元以下的罚款。《商标法》第 63 条第 4 款:人民法院审理商标纠纷案件,应权利人请求,对属于假冒注册商标的商品,除特殊情况外,责令销毁;对主要用于制造假冒注册商标的商品的材料、工具,责令销毁,且不予补偿;或者在特殊情况下,责令禁止前述材料、工具进入商业渠道,且不予补偿。假冒注册商标的商品不得在仅去除假冒注册商标后进入商业渠道。

从上述两个条文的规定看,销毁侵权商品或者主要用于制造侵权商品、伪造注册商标标识的工具(简称销毁侵权商品),具有双重性质,既可作为民事责任的承担方式,又可作为行政处罚措施。

(一) 历史沿革

销毁侵权商品的法律责任来自 TRIPS 协议第 46 条有关销毁侵权商品规定。该条规定:为了对侵权活动造成有效威慑,司法当局应有权在不进行任何补偿的情况下,将已经发现的正处于侵权状态的商品排除出商业渠道,排除程度以避免对权利持有人造成任何损害为限;或者只要不违背现行宪法的要求,应有权责令销毁该商品。司法当局还应有权在不进行任何补偿的情况下,责令将主要用于制作侵权商品的原料与工具排除出商业渠道,排除程度以尽可能减少进一步侵权的危险为限。在考虑这类请求时,应顾及第三方利益,以及侵权的严重程度和所下令使用的救济之间相协调的需要。对于假冒商标的商品,除了个别场合,仅将非法附着在商品上的商标拿掉,尚不足以允许这类商品投放商业渠道。在国内法中,关于销毁商标侵权商品的规定最早出现在 2001 年《商标法》第 53 条。2002 年《最高人民法院关于审理商标民事纠纷案件适用法律若干问题的解释》第 21 条也作出了相应规定:人民法院在审理侵犯注册商标专用权纠纷案件中,依据《民法通则》第 134 条、《商标法》第 53 条的规定和案件具体情况,可以判决侵权人承担停止侵害、排除妨碍、消除危险、赔偿损失、消除影响等民事责任,还可以作出罚款,收缴侵权商品、伪造的商标标识和专门用于生产侵权商品的材料、工具、设备等财物的民事制裁决定。

商标法及司法解释仅赋予行政机关、司法机关销毁或收缴侵权商品的权力，并未明确在民事诉讼中商标权人是否有权主张被告销毁侵权商品。2019年新修订的《商标法》，首次明确对于假冒注册商标的行为，商标权人在民事诉讼中可以请求法院判令被告销毁侵权商品，以及专门用于制造侵权商品的材料和工具。在2019年《商标法》上述条款修订之前，对于权利人在民事诉讼中主张被告销毁侵权商品、侵权标识或含有侵权标识的包装物，司法实践中的处理并不统一。有观点认为判令被告承担停止使用侵权标识，并停止销售侵权商品足以制止侵权行为，不再支持有关销毁侵权商品的诉请，主要理由有以下两个方面：首先，如果被告已经停止销售侵权商品，有关侵权商品不会再进入流通领域，因此不会对商标权人利益造成损害，没有必要再行判决销毁侵权商品。其次，侵权商品虽破坏了商标的识别功能，但其本身有经济价值，通过去除侵权商品上的商业标识，该些商品再行进入流通领域，并不侵害商标权的利益，基于节约资源的原则，可以采取销毁以外的处理方式，销毁侵权商品从经济角度考量并非最优的承担侵权责任的方式。原国家工商行政管理总局曾认为，"销毁"应为处理被没收的商标侵权商品的一种方式，但并非唯一方式。对依法予以没收的商标侵权商品，如具有使用价值且侵权商标与商品可以分离的，可以采取"销毁"以外的其他处理方式加以处置。①

（二）新规定及后续问题

2019年《商标法》第63条新增了两款关于假冒注册商品销毁的特别规定。对于上述条款的修改，国家知识产权局认为假冒注册商标行为极大侵害了消费者利益，严重干扰了市场环境，长期受到全社会的关注。这两款规定将销毁和禁止进入商业渠道作为最主要的处置手段，大幅提高了假冒注册商标行为人的违法成本，对其形成了有效威慑。同时，增加的规定与商标法现行规定的行政机关的处理手段相平衡，使商标权的保护更加全面。

此次立法修改显然更倾向于强化对商标权人利益保护的角度，实施最严格的知识产权保护，上述条款有效执行将会增加侵权成本。但在立法技术上，该条款在法律适用上仍然存在诸多不确定之处。首先，该条规定中的"假冒注册商标的商品"应作何理解。《商标法》第67条规定："销售明知是假冒注册商标的商品，构成犯罪的，除赔偿被侵权人的损失外，依法追究刑事责任。"依据我国《刑法》第214条"销售假冒注册商标的商品罪"的规定，假冒注册商标的商品系指在相同商品上使用与注册商标相同的商品。同时，《商标法》第60条规定工商部门可以销毁侵权商品，此处并未限定为假冒注册商标的商品。因此，对于该条款中"假冒注册商标的商品"概念，如果严格遵循刑法有关中相关概念的内涵进行界定，将会导致《商标法》第60条与第63条所规定的销毁对象不一致，这一问题还有待在

① 国家工商行政管理总局：《关于如何理解〈商标法〉第五十三条有关规定问题的答复》(2002-10-1)。

司法实践中进一步观察。其次,“特殊情况”判断标准。该条款中两次使用了“特殊情况”的表述,但未提示有关“特殊情况”判断可能考量的要素,某一情形是否满足“特殊情况”尚需在司法实践中进一步类型化。

“阿尔卑斯”案[①]

原告不凡帝意大利公司和不凡帝中国公司享有“阿尔卑斯 Alpenliebe”注册商标、知名商品“阿尔卑斯 Alpenliebe”草莓牛奶糖特有装潢的专用权和独占许可使用权,不凡帝中国公司自 1996 年 10 月起使用上述注册商标和商品装潢生产、销售“阿尔卑斯 Alpenliebe”系列奶糖,包括“阿尔卑斯 Alpenliebe”高级牛奶糖和草莓牛奶糖。被告许福记公司成立于 1996 年 10 月,自 1999 年 11 月起生产、销售“珠穆郎玛 Zomliamma”高级牛奶糖和草莓牛奶糖。2000 年 6 月 5 日,晋江市工商局作出《行政处罚决定》,认定许福记公司在“珠穆郎玛 Zomliamma”系列奶糖包装袋和包装纸上使用的装潢与“阿尔卑斯 Alpenliebe”系列奶糖包装袋和包装纸上的装潢整体上近似,足以造成购买者误认;许福记公司的商品使用与知名商品近似的装潢,造成与他人知名商品相混淆。2003 年 2 月到 3 月,原告在市场上购买“珠穆郎玛 Zomliamma”高级牛奶糖和草莓牛奶糖进行取证,并诉至上海市第二中级人民法院。

法院认为,许福记公司在 2000 年 6 月 5 日晋江市工商局作出行政处罚决定后继续生产、销售使用侵权标识和侵权装潢的“珠穆郎玛 Zomliamma”草莓牛奶糖的行为,以及被告土特产商店、永金批发部销售该侵权商品的行为,共同侵犯了原告的注册商标专用权和知名商品特有装潢权。因此,判决被告从市场上撤回使用侵权标识的商品包装、销毁库存的使用侵权标识的商品包装、销毁印制侵权标识的印刷制版,并赔偿原告的经济损失。

四、消除影响

最高人民法院《关于审理商标民事纠纷案件适用法律若干问题的解释》第 21 条规定,法院在审理侵犯注册商标专用权纠纷案件中,可以判决侵权人承担停止侵害、排除妨碍、消除危险、赔偿损失、消除影响等民事责任。

与《民法典》第 179 条相比,上述司法解释没有包含赔礼道歉。商标侵权案件中能否适用赔礼道歉的民事责任,司法实践中有不同做法,主流意见认为不可适用,例如“由于赔礼道歉的主要功能在于使受害人的精神得到安抚,仅适用于自然人人身权利或者精神权利受到侵害的情形,不适用于财产权受到侵害的情形。商标侵权纠纷涉及的是财产性权

---

① 上海市第二中级人民法院(2003)沪二中民五(知)初字第 80 号民事判决书。

益，因此，原告要求被告公开赔礼道歉缺乏法律依据。”[①]在“王将”商标案中，“李某某诉请大连王将公司赔礼道歉，因李某某享有的商标权系一种财产权利，不具有人身或精神权利的内容，且也没有证据证明大连王将公司前述侵权行为损害了李某某的人身或精神权利，故对李某某的该项请求，不予支持。”[②]

事实上，消除影响与赔礼道歉具有相同性质，《民法典》第1000条规定：行为人因侵害人格权承担消除影响、恢复名誉、赔礼道歉等民事责任的，应当与行为的具体方式和造成的影响范围相当。行为人拒不承担前款规定的民事责任的，人民法院可以采取在报刊、网络等媒体上发布公告或者公布生效裁判文书等方式执行，产生的费用由行为人负担。需要说明，尽管消除影响和赔礼道歉在《民法典》中均作为人格权受侵害的责任承担方式，但两者在适用范围方面存在区别。学术界有观点认为，“在知识产权侵权民事责任中，如果侵权行为造成权利人（法人或者自然人）名誉或者商业信誉受损，权利人得请求消除影响，从而恢复名誉或者商业信誉；如果侵权行为造成权利人（自然人）‘名誉感’受损，权利人得请求赔礼道歉。消除影响可采取登报声明的方式进行，赔礼道歉则不要求公开进行。”[③]这种观点区分消除影响和赔礼道歉，认为赔礼道歉专用于自然人人格权受侵害的情形，而消除影响则不限于此。从这个角度，不应狭隘地理解最高人民法院上述司法解释的规定，即上述司法解释中“等”字应作开放解读，包含自然人商标权受到侵害时主张赔礼道歉的情形，但不包含法人或其他组织商标权受到侵害的情形。

第二节　侵害商标权的刑事责任

在所有的知识产权法律责任承担方式中，刑事责任最具威慑力，能够从源头上遏制侵权行为的发生。如果需要加强源头性打击，权利人通常会选择刑事救济方式。

一、假冒注册商标罪

（一）本罪规定的沿革

我国刑法中关于侵犯知识产权犯罪的规定，早在1979年《刑法》中就已经出现了，不过1979年《刑法》只规定了假冒注册商标罪，并未规定侵犯专利或著作权的相关罪名。我国在1997年重新修订《刑法》时，为了符合TRIPS协议第61条关于刑事程序的规定，专

---

① 上海市浦东新区人民法院(2012)浦民三(知)初字第563号民事判决书。

② 最高人民法院(2010)民提字第15号民事判决书。

③ 张晓都：《知识产权侵权民事责任中消除影响与赔礼道歉责任方式的确定》，《中国专利与商标》2004年第4期。

门在第三章第七节中规定了7种侵犯知识产权犯罪，其中前3种均为侵犯商标权的犯罪，分别为假冒注册商标罪；销售假冒注册商标的商品罪；非法制造、销售非法制造的注册商标标识罪。从7个知识产权相关的刑事罪名中与商标有关的占了三个的角度分析，商标犯罪是知识产权犯罪的主要类型，也是重点打击对象。之后，为了应对实践中处理知识产权刑事案件出现的问题，加强对知识产权的刑事保护，我国先后制定了一系列司法解释，包括2004年12月《关于办理侵犯知识产权刑事案件具体应用法律若干问题的解释》（简称《知识产权刑案解释》）；2007年4月《关于办理侵犯知识产权刑事案件具体应用法律若干问题的解释（二）》（简称《知识产权刑案解释（二）》）；2011年1月《关于办理侵犯知识产权刑事案件适用法律若干问题的意见》（简称《知识产权刑案意见》）。2020年，最高人民法院和最高人民检察院发布《关于办理侵犯知识产权刑事案件具体应用法律若干问题的解释（三）》（简称《知产刑案解释（三）》）。2023年，最高人民法院和最高人民检察院发布了《关于办理侵犯知识产权刑事案件适用法律若干问题的解释（征求意见稿）》。《知识产权刑案解释》明确了商标侵权犯罪的成立标准以及"相同的商标""使用""明知"等概念，《知识产权刑案解释（二）》主要明确了知识产权刑事案件的缓刑、罚金标准、自诉、单位犯罪的相关问题；《知识产权刑案意见》则对知识产权刑事案件的管辖、取证相关的一些问题，"同一种商品""与其注册商标相同的商标"的认定，以及尚未附着侵权标识、尚未销售或部分销售的侵权商品的量刑问题进行了明确；《知产刑案解释（三）》进一步调整了"相同商标"的认定。

（二）本罪的构成要件

《刑法》第213条规定：未经注册商标所有人许可，在同一种商品上使用与其注册商标相同的商标，情节严重的，处3年以下有期徒刑或者拘役，并处或者单处罚金；情节特别严重的，处3年以上7年以下有期徒刑，并处罚金。

第一，对于上述规定中的"未经许可"，一般观点认为除了通常意义上的未经许可，也包括虽然获得了注册商标专用权人的许可，但是超出许可范围（包括商品种类、时间、地域）使用注册商标的行为。

第二，对于"同一种商品"的理解，《知识产权刑案意见》第5条规定："名称相同的商品以及名称不同但指同一事物的商品，可以认定为'同一种商品'。'名称'是指国家工商行政管理总局商标局在商标注册工作中对商品使用的名称，通常即《商标注册用商品和服务国际分类》中规定的商品名称。'名称不同但指同一事物的商品'是指在功能、用途、主要原料、消费对象、销售渠道等方面相同或者基本相同，相关公众一般认为是同一种事物的商品。认定'同一种商品'，应当在权利人注册商标核定使用的商品和行为人实际生产销售的商品之间进行比较。"例如，注册商标核定使用的商品为《类似商品和服务区分表》第9类090342计算机存储装置，被控侵权商品使用名称为移动硬盘，且在《类似商品和服务区分表》中没有对应记载，相关公众一般认为两者是同一事物的，可以认定为同一种商品。权利人超过注册商标核定使用范围使用注册商标的，行为人在该种商品上使用相同商标的，不构成“在同一种商品上使用与注册商标相同的商标”。①

第三，对于“相同的商标”，《知产刑案解释（三）》第 1 条规定，具有下列情形之一的，可以认定为《刑法》第 213 条规定的“与其注册商标相同的商标”：改变注册商标的字体、字母大小写或者文字横竖排列，与注册商标之间基本无差别的；改变注册商标的文字、字母、数字等之间的间距，与注册商标之间基本无差别的；改变注册商标颜色，不影响体现注册商标显著特征的；在注册商标上仅增加商品通用名称、型号等缺乏显著特征要素，不影响体现注册商标显著特征的；与立体注册商标的三维标志及平面要素基本无差别的；其他与注册商标基本无差别、足以对公众产生误导的商标。

从前述规定可以看出，认定“相同的商标”的核心在于基本无差别、足以对公众产生误导，两个要素都需要满足，缺一不可。只是在字体、大小写、排列、间距和颜色等外观上的因素作出了调整，或者即便改变了内容但没有改变原商标的显著性部位，都应认定为“相同的商标”，除非这种调整达到了外观上有明显差别的程度。② 判断是否构成“相同的商标”，应当将被控侵权商标与权利人商标注册证中核定使用的注册商标进行对比。权利人不规范使用注册商标的，侵权商标与不规范使用的注册商标相同，但与商标注册证中核定使用的注册商标不完全相同，同时也不构成在视觉上基本无差别、足以对公众产生误导的，不应当认定为“相同的商标”。③

第四，假冒注册商标罪的入罪标准，即“情节严重”及“情节特别严重”的标准，规定在《知识产权刑案解释》第 1 条。假冒注册商标构成“情节严重”的情形有：“① 非法经营数额在 5 万元以上或者违法所得数额在 3 万元以上的；② 假冒两种以上注册商标，非法经营数额在 3 万元以上或者违法所得数额在 2 万元以上的；③ 其他情节严重的情形。”假冒注册商标“情节提别严重”的情形有：“① 非法经营数额在 25 万元以上或者违法所得数额在 15 万元以上的；② 假冒两种以上注册商标，非法经营数额在 15 万元以上或者违法所得数额在 10 万元以上的；③ 其他情节特别严重的情形。”

关于“假冒两种以上注册商标”的认定，在“同一件商品”上假冒两个以上注册商标的，一般不属于《知识产权刑案解释》第 1 条关于“假冒两种以上注册商标”的情形，即权利人在同一件商品上同时使用两个以上不同注册商标，犯罪嫌疑人、被告人以假冒该商品为目的原样仿冒的，基于其假冒行为均指向同一特定商品来源，故不应当认定其构成假冒两种以上注册商标。例如正品酒瓶上分别附着有文字商标、文字加图形组合商标，侵权商品照

① 《江苏省高级人民法院、江苏省人民检察院、江苏省公安厅关于知识产权刑事案件适用法律若干问题的讨论纪要》，苏高法〔2013〕275 号。

② 南京铁路运输法院（2015）宁铁知刑初字第 00004 号判决。

③ 《江苏省高级人民法院、江苏省人民检察院、江苏省公安厅关于知识产权刑事案件适用法律若干问题的讨论纪要》，苏高法〔2013〕275 号。

此原样仿冒，一般应当认定为“假冒一种注册商标”。[①] 关于“非法经营数额”的理解，参照江苏省高级人民法院前述会议纪要的规定，非法经营数额是指侵权产品的价值，有以下三种认定方式：① 已销售的侵权产品价值，按照实际销售的价格计算；② 未销售的侵权产品价值，按照标价或者已经查清的侵权产品的实际销售平均价格计算；③ 侵权产品没有标价或者无法查清其实际销售价格的，按照被侵权产品的市场中间价格计算。

二、销售假冒注册商标的商品罪

《刑法》第 214 条（销售假冒注册商标的商品罪）规定：“销售明知是假冒注册商标的商品，销售金额数额较大的，处 3 年以下有期徒刑或者拘役，并处或者单处罚金；销售金额数额巨大的，处 3 年以上 7 年以下有期徒刑，并处罚金。”

首先，销售假冒注册商标的商品罪的主观故意在于“明知”，即明知是假冒注册商标的商品仍进行销售，刑法中的故意可分为直接故意和间接故意。对于行为人销售假冒注册商标的商品时是否明知的认定，应当根据案件的客观事实，只要能证明其知道或应当知道销售的是假冒注册商标的商品的，即可以认定为明知。例如在实践中，行为人在购进假冒注册商标的商品时，进价一般明显偏低，进货渠道一般也不正当，行为人应当能够认识假冒注册商标的性质，但为了获取销售此类假冒商品获取高额利润，对其行为采取放任态度，在此情形下即使行为人以事前不知作为抗辩理由，也应认定为行为人在主观方面存在间接故意。[②]

其次，是对于“销售”的理解。通常意义上销售，即卖出货物，包括自产自销和购进后卖出，但是自产自销假冒注册商标的商品应构成假冒注册商标罪，因此销售假冒注册商标罪中的销售应单指购进后卖出的行为，包括批发、零售、代销，既可以是对外销售，也可以是对内销售。此外，搭赠假冒注册商标的商品或者以假冒注册商标的商品支付债务的行为也可以认定为本罪中的销售行为。一般的无偿赠送不构成销售，但是搭赠行为以购买销售方指定的其他商品为前提条件，是整体销售行为的组成部分，表面上是赠送，实则包含了隐形的对价。而以商品支付债务的行为应属于广义的销售行为，从侵害法益角度看，用假冒注册商标的商品支付债务的行为与本罪中的其他销售行为，在侵犯他人的注册商标专用权这一法益上没有本质区别。

再次，对于假冒注册商标商品尚未销售的，按照犯罪未遂处理。关于尚未销售的假冒注册商标的商品，最早规定在 2010 年 5 月最高人民检察院、公安部印发的《关于公安机关管辖的刑事案件立案追诉标准的规定（二）》第 70 条：“销售明知是假冒注册商标的商品，

---

① 《江苏省高级人民法院、江苏省人民检察院、江苏省公安厅关于知识产权刑事案件适用法律若干问题的讨论纪要》，苏高法〔2013〕275 号。

② 柏浪涛：《销售假冒注册商标的商品罪研究》，《刑事法判解》2005 年第 8 期，第 19 页。

涉嫌下列情形之一的，应予立案追诉：① 销售金额在 5 万元以上的；② 尚未销售，货值金额在 15 万元以上的；③ 销售金额不满 5 万元，但已销售金额与尚未销售的货值金额合计在 15 万元以上的。”在此之前，法院在处理此类情形时亦认定为销售假冒注册商标的商品罪犯罪未遂，只是在对于不同案值的处理上没有确立统一标准。2011 年 1 月出台的《知识产权刑案意见》第 8 条在前述《关于公安机关管辖的刑事案件立案追诉标准的规定(二)》第 70 条的基础上，对尚未销售的假冒注册商标的商品处理作出了更加明确细致的规定：“销售明知是假冒注册商标的商品，具有下列情形之一的，依照刑法第 214 条的规定，以销售假冒注册商标的商品罪(未遂)定罪处罚：① 假冒注册商标的商品尚未销售，货值金额在 15 万元以上的；② 假冒注册商标的商品部分销售，已销售金额不满 5 万元，但与尚未销售的假冒注册商标的商品的货值金额合计在 15 万元以上的。假冒注册商标的商品尚未销售，货值金额分别达到 15 万元以上不满 25 万元、25 万元以上的，分别依照刑法第 214 条规定的各法定刑幅度定罪处罚。销售金额和未销售货值金额分别达到不同的法定刑幅度或者均达到同一法定刑幅度的，在处罚较重的法定刑或者同一法定刑幅度内酌情从重处罚。”

三、非法制造或者销售非法制造的标识罪

非法制造、销售非法制造的注册商标标识罪，是涉及注册商标犯罪的另一罪名。《刑法》第 215 条规定：伪造、擅自制造他人注册商标标识或者销售伪造、擅自制造的注册商标标识，情节严重的，处 3 年以下有期徒刑、拘役或者管制，并处或者单处罚金；情节特别严重的，处 3 年以上 7 年以下有期徒刑，并处罚金。该罪可以进一步拆分为非法制造注册商标标识罪和销售非法制造的注册商标标识罪。非法制造注册商标行为包括未经委托或许可制造他人注册商标标识的行为，亦包括虽然接受了商标权人委托，但是超出委托的数量制造注册商标标识的行为。一般而言，成立该罪的行为人应具有非法营利目的。

伪造、擅自制造他人注册商标标识或者销售伪造、擅自制造的注册商标标识，构成“情节严重”的情形有：“① 伪造、擅自制造或者销售伪造、擅自制造的注册商标标识数量在 2 万件以上，或者非法经营数额在 5 万元以上，或者违法所得数额在 3 万元以上的；② 伪造、擅自制造或者销售伪造、擅自制造两种以上注册商标标识数量在 1 万件以上，或者非法经营数额在 3 万元以上，或者违法所得数额在 2 万元以上的；③ 其他情节严重的情形。”伪造、擅自制造他人注册商标标识或者销售伪造、擅自制造的注册商标标识，构成“情节特别严重”的情形有：“① 伪造、擅自制造或者销售伪造、擅自制造的注册商标标识数量在 10 万件以上，或者非法经营数额在 25 万元以上，或者违法所得数额在 15 万元以上的；② 伪造、擅自制造或者销售伪造、擅自制造两种以上注册商标标识数量在 5 万件以上，或者非法经营数额在 15 万元以上，或者违法所得数额在 10 万元以上的；③ 其他情节特别严重的情形。”

江苏省高级人民法院在前述会议纪要中认为，非法制造、销售非法制造的注册商标标识犯罪中，计算“商标标识数量”应当以《知产刑案解释》第 12 条第 3 款规定的“标有完整商标图样的一份标识，一般应当认定为一件商业标识”的规定为计算原则。在计算非法制造、销售非法制造的注册商标标识数量时，一般应当将每一件完整且可以独立使用的侵权商标标识作累加计算。例如，一瓶酒的外包装盒、瓶贴、瓶盖上分别附着相同或者不同的商标标识，在计算商标件数时，应当计算为三件。在同一载体上印制数个相同或者不同的商标标识，且上述商标标识不能独立使用的，一般应当计算为一件商标标识。例如，在一个皮具商品的外包装纸上同时印有数个相同或者不同的商标标识的，在计算商标标识数量时，应当计算为一件。

实践中，本罪与假冒注册商标罪通常交织，一些案件中可构成数罪，一些案件中只构成一罪，需要对案涉行为的特征和实质进行审查。假冒注册商标罪以商标侵权行为的构成为前提，行为人通常从事了降低商品质量和混淆来源的行为。以假冒注册商标为目的，实施伪造、擅自制造注册商标标识行为，同时构成假冒注册商标罪和非法制造注册商标标识罪，且法定刑相同的，一般应当以假冒注册商标罪从重处罚。同时构成假冒注册商标罪和非法制造注册商标标识罪，且法定刑不同的，应当以法定刑较重的罪名处罚。①

第三节　侵害商标权的行政责任

商标侵权的行政救济方式，具有成本低、效率高的显著特点。行政机关一旦启动行政查处程序，在案件取证方面具有明显优势。

一、商标侵权的行政执法

在我国的商标权保护体系中，行政保护的地位从 1982 年第一部《商标法》中就已确立。1982 年《商标法》第 39 条规定：“有本法第 38 条所列侵犯注册商标专用权行为之一的，被侵权人可以向侵权人所在地的县级以上工商行政管理部门要求处理。有关工商行政管理部门有权责令侵权人立即停止侵权行为，赔偿被侵权人的损失，赔偿额为侵权人在侵权期间因侵权所获得的利润或者被侵权人在被侵权期间因被侵权所受到的损失；对情节严重的，可以并处罚款。当事人不服的，可以在收到通知 15 天内，向人民法院起诉；期满不起诉又不履行的，由有关工商行政管理部门申请人民法院强制执行。对侵犯注册商

① 《江苏省高级人民法院、江苏省人民检察院、江苏省公安厅关于知识产权刑事案件适用法律若干问题的讨论纪要》，苏高法〔2013〕275 号。

标专用权的，被侵权人也可以直接向人民法院起诉。”该条明确规定工商行政管理部门可以依申请处理侵犯商标专用权的纠纷。该条规定延续到了1993年《商标法》第39条，在商标侵权保护的规定中行政保护条款依然位于司法保护条款之前，2001年为了适应TRIPS协议的相关规定，我国重新修订的《商标法》第53条才将司法保护条款列在行政保护条款之前。但是，商标行政保护的重要性并未下降，2001年《商标法》第54条新增了工商行政管理部门可以依职权查处商标侵权行为的规定，2013年修法提高了对商标侵权行为罚款的具体幅度，进一步提升了商标行政保护的地位。

（一）现行法的主要规定

《商标法》第60条规定（依当事人请求启动查处程序）："有本法第57条所列侵犯注册商标专用权行为之一，引起纠纷的，由当事人协商解决；不愿协商或者协商不成的，商标注册人或者利害关系人可以向人民法院起诉，也可以请求工商行政管理部门处理。"工商行政管理部门处理时，认定侵权行为成立的，责令立即停止侵权行为，没收、销毁侵权商品和主要用于制造侵权商品、伪造注册商标标识的工具，违法经营额5万元以上的，可以处违法经营额5倍以下的罚款，没有违法经营额或者违法经营额不足5万元的，可以处25万元以下的罚款。对5年内实施两次以上商标侵权行为或者有其他严重情节的，应当从重处罚。销售不知道是侵犯注册商标专用权的商品，能证明该商品是自己合法取得并说明提供者的，由工商行政管理部门责令停止销售。对侵犯商标专用权的赔偿数额的争议，当事人既可以请求进行处理的工商行政管理部门调解，也可以依照《中华人民共和国民事诉讼法》向人民法院起诉。经工商行政管理部门调解，当事人未达成协议或者调解书生效后不履行的，当事人可以依照《中华人民共和国民事诉讼法》向人民法院起诉。

《商标法》第61条规定（依照职权启动查处程序）："对侵犯注册商标专用权的行为，工商行政管理部门有权依法查处；涉嫌犯罪的，应当及时移送司法机关依法处理。"

《商标法》第62条规定（查处的职权类型）："县级以上工商行政管理部门根据已经取得的违法嫌疑证据或者举报，对涉嫌侵犯他人注册商标专用权的行为进行查处时，可以行使下列职权：① 询问有关当事人，调查与侵犯他人注册商标专用权有关的情况；② 查阅、复制当事人与侵权活动有关的合同、发票、账簿以及其他有关资料；③ 对当事人涉嫌从事侵犯他人注册商标专用权活动的场所实施现场检查；④ 检查与侵权活动有关的物品；对有证据证明是侵犯他人注册商标专用权的物品，可以查封或者扣押。"工商行政管理部门依法行使前款规定的职权时，当事人应当予以协助、配合，不得拒绝、阻挠。在查处商标侵权案件过程中，对商标权属存在争议或者权利人同时向人民法院提起商标侵权诉讼的，工商行政管理部门可以中止案件的查处。中止原因消除后，应当恢复或者终结案件查处程序。

（二）其他行政执法依据

根据《商标法》相关规定，我国工商行政管理部门有权对两类事项依法进行查处，相应的法律条款既是对工商行政管理部门的授权条款，也是法院对工商行政管理部门的查处行为进行合法性审查的条款。首先，工商行政管理部门可以依申请或者依职权对商标侵权行为进行调查处理（《商标法》第60、61和62条）。相对于民事诉讼权利人需要自行调查取证，工商行政管理部门可依据职权进行调查取证，可以利用询问、查阅、复制、检查、查封与扣押等手段，行政保护的救济成本更低更简便。行政机关制止侵权的手段也较为多样，包括责令停止侵权行为、收缴、销毁、罚款等。其次，除了查处《商标法》第57条规定的侵权注册商标专用权的行为，工商行政管理部门还担负查处商标不规范使用行为的职责，这些不规范使用商标的行为主要包括：① 在使用注册商标的过程中，自行改变注册商标、注册人名义、地址或者其他注册事项（《商标法》第49条第1款）；② 在法律、行政法规规定必须使用注册商标的商品上未使用注册商标的（《商标法》第6条、第51条）；③ 将未注册商标冒充注册商标使用或违反《商标法》第10条，将不得作为商标使用的标志作为商标使用（《商标法》第52条）；④ 将“驰名商标”字样用于商品、商品包装或者容器上，或者用于广告宣传、展览以及其他商业活动中（《商标法》第53条第1款）；⑤ 针对代理机构以不正当手段招揽业务等行为的查处（《商标法》第68条）。

除工商行政管理部门之外，海关也依法行使对商标侵权行为的行政查处权。海关主要依据《海关法》及《知识产权海关保护条例》的相关规定，履行对进出口货物检查和知识产权保护的职责。货物进出地的海关可以扣留涉嫌侵权货物，扣留的前提是知识产权人提出申请（《知识产权海关保护条例》第4条：知识产权权利人请求海关实施知识产权保护的，应当向海关提出采取保护措施的申请；第12条：知识产权权利人发现侵权嫌疑货物即将进出口的，可以向货物进出境地海关提出扣留侵权嫌疑货物的申请），并提供担保（第14条），权利人未提出申请或未提供担保的海关不得扣留货物。海关实行知识产权备案制度，知识产权人可以向海关总署备案相关知识产权，自海关总署准予备案之日起生效，有效期为10年。备案不是保护的前提，但是海关发现进出口货物有侵犯备案知识产权嫌疑的，会主动通知权利人，更有利于及时发现和制止侵权。被扣留的侵权嫌疑货物，经海关调查后认定侵犯知识产权的，由海关予以没收。

二、商标执法的行政诉讼

根据《行政诉讼法》的相关规定，当事人不服行政机关的具体行政行为，可以向法院提起行政诉讼。在审查行政机关的具体行政行为合法性时，法院应当依据《商标法》上述相关条文。尽管《商标法》第1、7、10条及其相关条文中有“消费者”的表述，但《商标法》不直接保护消费者的利益，[①]例如消费者不能因为在购物过程中的知情权或者公平交易权等受到损害而要求工商行政管理部门查处，除非案涉行为属于商标侵权行为或者不规范使用商标的行为。

"龙井茶"案[②]

上海市浦东新区知识产权局作出《行政处罚决定书》认定："龙井茶 Longjing Tea"是浙江省农业技术推广中心在中国注册的地理标志证明商标。特威茶餐饮管理(上海)有限公司(简称特威茶公司)未经许可在茶叶外包装上贴附标有"龙井茶""盛玺龙井茶"字样的中文标签起到了标识商品的原产地等特定品质的作用，特威茶公司向浦东知识产权局提供的证据不足以证明其具备使用"龙井茶"地理标志证明商标的条件，构成对浙江省农业技术推广中心享有的"龙井茶 Longjing Tea"注册商标专用权的侵害。同时，在自贸试验区内发生的侵犯商标权的行为，不能排除我国《商标法》等法律的适用。对进口商品贴附中文标签并在中国境内进行销售的，其行为应受我国法律的规制。因此，特威茶公司的行为构成商标侵权，责令没收侵权茶叶并处罚款 54 万余元。特威茶公司不服，向上海市浦东新区人民政府申请行政复议。浦东新区政府经审查后维持了被告浦东知识产权局作出的上述行政处罚决定。特威茶公司向法院起诉，认为浦东知识产权局作出的行政处罚事实不清、适用法律不当，浦东新区政府作出的行政复议决定对此予以维持亦没有事实和法律依据，请求判令撤销《行政处罚决定书》及《行政复议决定书》。

一审法院经审理认为，特威茶公司实施了贴附中文标签的行为，其将"盛玺龙井茶""龙井茶"作为商品名称使用，容易使相关公众对茶叶来源产生误认，误认为特威茶公司销售的茶叶来源于龙井茶种植地域范围，具有地理标志商品的特定品质。浦东知识产权局对特威茶公司涉案行为作出的认定定性准确，证据充分，符合法律规定，浦东新区政府所作复议决定合法。特威茶公司的诉称理由不成立。二审法院经审理认为一审判决认定事实清楚，法律适用正确，裁判结果并无不当，故判决驳回上诉，维持原判。

参考文献

一、著作

[1] John F. Dobbyn. *Injunctions in a Nut Shell*. West publishing Co., 1974.

① 关于商标法与反不正当竞争法中的消费者利益，参见刘维、陈鹏宇：《论数字时代反不正当竞争法中的消费者利益》，《知识产权》2023 年第 7 期。

② 《重点关注！2022 年上海知识产权保护十大典型案例公布》，"上海知识产权"微信公众号，最后访问日期：2023 年 12 月 9 日。

[2] 程啸：《侵权责任法》，法律出版社 2015 年版。

二、论文

[1] 刘维、陈鹏宇：《论数字时代反不正当竞争法中的消费者利益》，《知识产权》2023 年第 7 期。
[2] 柏浪涛：《销售假冒注册商标的商品罪研究》，《刑事法判解》2005 年第 8 期。
[3] 张晓都：《知识产权侵权民事责任中消除影响与赔礼道歉责任方式的确定》，《中国专利与商标》2004 年第 4 期。

三、其他文献

[1]《重点关注！2022 年上海知识产权保护十大典型案例公布》，“上海知识产权”微信公众号，最后访问日期：2023 年 12 月 9 日。
[2]《中华人民共和国商标法（修订草案征求意见稿）》第 64 条，中国新闻网，http://www.chinanews.com/fz/2011/09-02/3302769.shtml，最后访问日期：2019 年 8 月 3 日。

第十章 商标侵权损害赔偿

能够在诉讼中获赔是权利人寻求民事救济的重要优势。知识产权是一种财产权，知识产权侵权损害赔偿属于民事侵权损害赔偿的一种类型，遵循损害赔偿法的基本原理，例如以填补损害(完全赔偿原则)为基本原理，因果关系具有限定侵权责任的确定和损害赔偿数额的双重功能等。知识产权侵权损害赔偿制度又具有其独特性，这主要源于知识产品的无形性、知识产权的政策性，导致损害赔偿数额很难精确地计算，于是存在诸多特色的规则，知识产权侵权损害赔偿同时具有补偿和预防功能。

《商标法》第 63 条第 1 款规定：侵犯商标专用权的赔偿数额，按照权利人因被侵权所受到的实际损失确定；实际损失难以确定的，可以按照侵权人因侵权所获得的利益确定；权利人的损失或者侵权人获得的利益难以确定的，参照该商标许可使用费的倍数合理确定。对恶意侵犯商标专用权，情节严重的，可以在按照上述方法确定数额的 1 倍以上 5 倍以下确定赔偿数额。赔偿数额应当包括权利人为制止侵权行为所支付的合理开支。本条第 3 款规定，权利人因被侵权所受到的实际损失、侵权人因侵权所获得的利益、注册商标许可使用费难以确定的，由人民法院根据侵权行为的情节判决给予 500 万元以下的赔偿。

上述条款规定了商标侵权损害赔偿的四种方式：实际损失、侵权获利、许可费用的合理倍数、法定赔偿。从本条表述顺序看，这四种赔偿方式存在先后适用顺序，只有在无法适用前一种赔偿方式时，才能适用后一种赔偿方式。但是根据《最高人民法院关于审理商标民事纠纷案件适用法律若干问题的解释》(《商标民事纠纷司法解释》2020 年)第 13 条规定，权利人可以选择赔偿方式：人民法院依据《商标法》第 56 条第 1 款的规定确定侵权人的赔偿责任时，可以根据权利人选择的计算方法计算赔偿数额。换言之，权利人可以在起诉、证据交换或法庭辩论阶段选择确定侵权损害赔偿的计算方式。对此，《北京高院关于侵害知识产权及不正当竞争案件确定损害赔偿的指导意见及法定赔偿的裁判标准》第 1.2 条第 2 段规定："当事人选择后序赔偿计算方法的，可以推定前序赔偿计算方法难以确定赔偿数额，但有相反证据的除外"，这是比较合理的。本书按照《商标法》规定的四种赔偿方式逐次介绍。

第一节　实 际 损 失

在财产损害赔偿中，填补损害是基本原则。"无论何种民事权益遭受侵害，财产损害赔偿都只是用来填补被侵权人因侵权行为所受之经济利益损失。"[1]因此，在计算商标侵权损害赔偿数额的方式中，实际损失的赔偿方式位列第一顺位，这符合民事侵权损害赔偿的填平原则。民事责任着重于损害之填补，损害纵因行为人之过失所酿成，其严重性与故意引起者并无不同，均应予以填补，[2]此所谓完全赔偿原则。在损害赔偿法上，尽管法国法、德国法及英国法、美国法所设计之损害赔偿制度，彼此并不一致，但同样尊奉同一之最高指导原则，即损害赔偿之最高指导原则在于赔偿被害人所受之损害，俾于赔偿之结果，有如损害事故未曾发生者然。[3]

一、基本构成

(一) 销量损失

因商标侵权行为所遭受的损失，通常是指因相关公众的混淆所产生的贸易转移的损害，即在侵权行为持续期间，因侵权行为导致权利人商品销售量的减少额×这些商品(权利人商品)的利润率，这是计算实际损失的基本公式，也是实际损失的基本构成。如果权利人无法证明其商品销售减少量，则以侵权商品销售量作为替代。《商标民事纠纷司法解释》第 15 条规定：《商标法》第 56 条第 1 款规定的因被侵权所受到的损失，可以根据权利人因侵权所造成商品销售减少量或者侵权商品销售量与该注册商标商品的单位利润乘积计算。

在我国的司法实践中，"实际损失"这一赔偿方法的适用比例非常低。主要障碍在于，第一，由于在现代市场经济中，单纯由权利人垄断市场的情形(市场中只有权利人一个商家，侵权人商品销量的增加等于权利人销量的减少)比较罕见，更何况权利人商品销量的变动还受到其他市场因素的影响。因此，权利人的实际损失与侵权行为之间的因果关系往往难以完全对应。权利人商品销售量的减少，可能会源于多种原因，例如市场竞争的加剧、权利人商品的价格策略及营销策略的调整、消费者的偏好转变等，不可能将所有的商品减少量都归因于侵权行为，商标使用行为对权利人商品销售下降存在一个贡献率问题。因此，多数情形都需要以侵权商品销售量作为计算依据，这实际上是一种"权宜之计"，理

---

① 程啸：《侵权责任法》，法律出版社 2015 年版，第 679 页。
② 曾世雄：《损害赔偿法原理》，中国政法大学出版社 2001 年版，第 15 页。
③ 曾世雄：《损害赔偿法原理》，中国政法大学出版社 2001 年版，第 16 页。

论上确实无法精确地将侵权商品销售量等同于权利人商品销售量，但为了鼓励适用实际损失的赔偿方式，大体上可以将两者相互替代，本质上与酌定赔偿相当，通过一种规则设计的方法消解技术上的不可能，实现公平与效率的平衡。民事程序法中的优势证明理论、高度盖然性理论、举证妨碍规则、大致推定理论[①]等都以这种精神为内核，并非不要求原告取证，而是在原告举出优势证据的情况下大体可以推断出待证事实的成立。如果非要严格恪守财务上的精确计算、“100％还原真相”，那就一定需要牺牲效率价值，导致几乎所有的案件都只能适用法定赔偿的方式；相反，如果能够适当地转变观点、接受技术上的少量“不完美”，就可以大幅提高实际损失、侵权获利的赔偿方式，使原告的获赔更接近“事实”。

第二，注册商标商品的单位利润也较难计算，究竟是否应当将公司的经营管理成本平摊到商品上（毛利润率还是营业利润率），存在一定争议。关于单位利润，存在“毛利润率”和“营业利润率”之分。所谓毛利润率，即毛利润除以营业收入，毛利润（销售利润）则为营业收入扣除主营业务成本；营业利润指的是营业收入－营业成本－营业税金及附加－销售费用－管理费用－财务费用－资产减值损失＋公允价值变动损益（－公允价值变动损失）＋投资收益（－投资损失），营业利润率为营业利润除以营业收入。参照《关于审理专利纠纷案件适用法律问题的若干规定》第 20 条第 3 款规定，侵权人的侵权获利一般按照侵权人的营业利润计算，对于完全以侵权为业的侵权人，可以按照销售利润计算。这一规定的精神（以营业利润率为原则，以毛利润率为例外）应该也能在商标侵权案件中适用，例如广东省高级人民法院在广州红日燃具有限公司与广东智美电器股份有限公司等侵害商标权纠纷案中指出：“权利人的实际损失应当根据营业利润计算。广州红日公司毛利润实际是主营产品销售利润，并未扣减相关销售、管理和财务费用，故广州红日公司主张其两年利润损失共计 7 113 万元并不准确。”[②]但是，营业利润率的计算难度非常大，如何将经营管理成本平摊到每个商品上，显然在技术上很难实现。此时如果止步不前，又会导致法定赔偿。可以考虑在原告举出毛利率的基础上，通过转移举证责任，由被告举证营业利润，从而适用实际损失或侵权获利的计算方式。实践中，有些法院转变了理念、采取了上述做法，例如深圳市中级人民法院在“小米案”中指出：“当原告无法证明营业利润率时，法院可以参考同类型企业的毛利润率，原告提出的营业利润率并未减去被告的劳务营业成本、管理费用、销售费用等经营性开支，直接以这种方式计算对被告不公平；小熊电器股份公司的经营范围与被告类似，尽管其为生产型企业，与被告不同，但被告没有提交反证证

---

① 龙云辉：《现代型诉讼中的证明负担减轻》，www.procedurallaw.cn/info/1023/3184.htm，最后访问日期：2023 年 11 月 23 日。运用具有高度盖然性的经验规则，从案件的客观情况直接推认过失及因果关系等要件事实的证明方法称为大致推定或表见证明。大致推定是日本民事司法实务中针对侵权行为的“过失”发展起来的法理，而表见证明则是德国判例所形成的有关过失及因果关系的法理，两者虽然起源及对象范围有所区别，但无本质不同。

② 广东省高级人民法院（2019）粤民终 477 号民事判决书。

明该毛利率与被告毛利率存在明显差距，因此可以参照使用，本院推定被告的毛利率为30.78%。”[①]

此外，权利人、法官和学术界倾向于更重视行为的定性研究，通常容易忽略损害赔偿的理论和实务研究。当事人对赔偿证据的收集意识不强（普遍怠于举证）、法院认定损失事实的标准过严、被动性比较突出（一审法院担心被改判）。由于多方面的因素，知识产权市场价值评估机制尚未发挥应有作用，缺乏科学、合理的知识产权价值评估体系，也导致知识产权损害赔偿精确计算的难度较大。

（二）价格侵蚀的损失

权利人的实际损失，除了商品销售额的减少之外，还可能包括其他损失。根据完全赔偿原则，这些损害也应一并由被告承担。北京市高级人民法院指出，可以综合如下因素考虑实际损失：权利人客户或者用户减少情况；权利人广告收益减少情况；权利人为恢复商誉所支付的合理费用；权利人为其权利客体支出的创作；研发成本情况；权利人网站中相关内容的点击、下载、浏览量情况；权利许可使用合同或者转让合同因侵权导致不能履行或者难以正常履行产生的预期利益损失。[②]

在美国发生的一个商业秘密盗用案件中，地方法院指出原告的实际损失包括流失的销售额（lost sales）和价格侵蚀（price erosion），后者包括历史价格侵蚀（historical price erosion）和将来价格侵蚀（future price erosion）。“流失的销售额”是指由于被告因不法行为进入市场所导致原告市场份额的下降；由于被告借这种方式进入市场，原告做出降价的回应，这是历史价格侵蚀。又由于原告将来需要相当长一段时间以重新确立其价格和市场空缺，被告还应赔偿这种将来价格侵蚀。[③] 我国有法院在商标侵权案件中采取这种方式，法院首先阐述了侵权产品与权利人产品之间的高度替代性，即实际损失与侵权行为之间具有因果关系；然后分别阐述了销售流失而损失的利润、因价格侵蚀而损失的利润、未来销售利润的损失以及商誉损害。[④]

“巴洛克”案

被告被诉有如下侵权行为：在其生产的地板、宣传册、对外的广告宣传、公司门头、公司网站上单独或组合使用涉案标识；使用与巴洛克木业公司相同或相近似的包装、品名、宣传材料等；以低于巴洛克木业公司的价格，私下向巴洛克木业公司的经销商发货；将其经销商门店与巴洛克木业公司的门店设于同一商场等。门迪尼商行和世象公司系浙江巴

① 深圳市中级人民法院(2020)粤03民初7080号民事判决书。

② 《北京高院关于侵害知识产权民事案件适用惩罚性赔偿审理指南》第3.5条。

③ Roton Barrier, Inc. v. Stanley Works, 79 F.3d 1112, 1120 (1996).

④ 苏州市中级人民法院(2016)苏05民初第41号民事判决书。

洛克公司的经销商，销售涉案被控侵权地板，并将涉案商标、字号大量用于宣传。期间，浙江巴洛克公司曾因销售被控侵权产品被多地工商行政部门予以行政处罚，亦有消费者因误将浙江巴洛克公司的产品当作巴洛克木业公司产品购买后向行政部门举报投诉的记录。

法院指出，巴洛克木业公司遭受了实际损害，且该损害与浙江巴洛克公司的侵权行为之间存在因果关系。根据本案查明的事实，浙江巴洛克公司和巴洛克木业公司经营的是同一种商品，且两公司大部分产品的品名、规格完全相同。2015 年 8 月—2016 年，浙江巴洛克公司在全国各地开设 48 家店铺，且位置或与巴洛克木业公司的店铺在同一商场，或在其附近区域，各店铺不仅以生活家巴洛克旗下的系列品牌进行宣传，而且以低于巴洛克木业公司的价格销售被控侵权产品，导致消费者的混淆和误认，抢占了巴洛克木业公司的市场份额。另根据查明的事实，自 2015 年 2 月，浙江巴洛克公司以低于巴洛克木业公司的价格向其经销商私下发货，订货量约为 1 万平方，巴洛克木业公司整年的销售收入自此开始下降。这两个时间点具有非巧合般的一致性。2015 年，巴洛克木业公司的地板外销收入同比增长了 59.4%，而同年内销收入却下降了 10.71%。结合浙江巴洛克公司不具备从事出口业务资质的情况，其侵权行为不会影响巴洛克木业公司的外销，只会对其内销产生影响，这就能很好地解释为何巴洛克木业公司外销收入明显增长内销却明显下降的原因。因此，巴洛克木业公司的销量与该公司此前销售数据、外销产品数据的对比分析，进一步印证了巴洛克木业公司的损失与浙江巴洛克公司的侵权行为之间存在因果关系。

巴洛克公司的实际损失包括因销售流失而损失的利润、因价格侵蚀而损失的利润、未来销售利润的损失、商誉损害。

第一，因销售流失而造成的损失，是指侵权行为导致巴洛克木业公司未能实现其原本能够实现的销售业务而损失的利润。计算公式为：损失的利润＝损失的销售额×被侵权产品的净利润率。一审法院参照行业地位、业务结构、公司规模均与巴洛克木业公司相似的同行企业同时期利润率，对本案中巴洛克木业公司主张的 10%的净利润率予以认可。因此，2015 年巴洛克木业公司销售利润实际损失为：2015 年度比 2014 年度地板内销减少的销售收入×10%的净利润率，即(4 343.54 万元×10%)＝434.354 万元。2016 年浙江巴洛克公司在全国各地开设的门店数量远远多于 2015 年，侵权时间跨度也大于 2015 年。据此可以相信，2016 年涉案侵权行为给巴洛克木业公司造成的实际损失远大于 2015 年。

第二，因价格侵蚀而损失的利润，是指侵权产品的竞争迫使巴洛克木业公司降低价格或者无法实现较高的价格而导致销售利润的损失。巴洛克木业公司为了应对浙江巴洛克公司的低价销售给其经销商带来的冲击，应各经销商的要求，两次采取降价措施，降价中降幅最小的为 5 元/平米。巴洛克木业公司的当庭陈述与其经销商到庭陈述的内容相互

印证,可以认定巴洛克木业公司2015年10月—2016年上半年,销售总量约232万平方米,降价幅度为20—25元/平米。即使仅按照巴洛克木业公司降价通知中所列的降幅最小的5元/平米来计算,其因价格下调而损失的利润是:232万平米×5元/平米=1 160万元,已超过1 000万元。

第三,未来利润的损失,是指未来销售流失和未来价格侵蚀导致的利润。对于权利人而言,主张未来利润损失赔偿的关键在于证明,如果没有侵权行为,其可以确定地获取此种利润。这种确定性和损失的利润,通常可以从权利人原有的商业关系中得到证明。本案中,巴洛克木业公司和其湖北孝感、湖南湘潭、江西丰城的经销商保持了长期的供销关系,在与巴洛克木业公司合作的几年中,这三家经销商没有寻找另一家厂商来代替巴洛克木业公司。但是自浙江巴洛克公司销售被诉侵权产品之后,这几家经销商转而从浙江巴洛克公司处购买价格更低的被诉侵权产品,并中断了与巴洛克木业公司持续几年的良好合作关系。据此可以判定,如果浙江巴洛克公司不生产、销售被诉侵权产品,这三家经销商极有可能会继续保持与巴洛克木业公司的经销合作关系。因此,对于巴洛克木业公司而言,此部分的未来利润损失也是确定无疑存在的。

第四,商誉是指企业拥有的一种利益,源于该企业的名誉与顾客的联系以及使顾客的联系得以保持的条件。商誉的实质在于其所蕴含的消费者对于该企业的信任利益。商誉受损不仅影响企业的获利能力,而且会在一定程度上改变相关市场的竞争格局。本案中,在江苏连云港、淮安、黑龙江均有消费者因误将浙江巴洛克公司的地板当作巴洛克木业公司的地板进行购买。更严重的是,有消费者从巴洛克木业公司正品经销门店中购买到了浙江巴洛克公司的地板,购买后不仅发现正品门店混售侵权产品,而且所销售的侵权产品还存在质量问题,向媒体进行曝光后,由巴洛克木业公司的经销商赔偿消费者25 000元。以上的种种投诉与举报,不仅对巴洛克木业公司品牌形象造成重大影响,而且对巴洛克木业公司通过长久努力积累起来的商业信誉造成损害,最终影响巴洛克木业公司的市场份额与竞争格局。

二、酌定赔偿

酌定赔偿方法是大致推定理论的产物,权利人应当围绕实际损失或侵权获利的计算公式提供证据。从最高人民法院的态度看,这种酌定赔偿或裁量性赔偿方式应当属于实际损失或侵权获利的赔偿方法,只是在证明标准的把握上有所松动,最高人民法院对这种方法的倡导应该是符合证明责任原理的。

(一) 法律性质

最高人民法院最早在《关于当前经济形势下知识产权审判服务大局若干问题的意见》(2009年)第16条中指出:"积极引导当事人选用侵权受损或者侵权获利方法赔偿,尽可能避免简单适用法定赔偿方法。对于难以证明侵权受损或侵权获利的具体数额，但有证据证明前述数额明显超过法定赔偿最高限额的，应当综合全案的证据情况，在法定最高限额以上合理确定赔偿额。”之后，最高人民法院知识产权审判庭庭长在2013年3月份的全国知识产权审判工作会议上指出：“要正确把握法定赔偿与酌定赔偿的关系，酌定赔偿是法官在一定事实和数据基础上，根据具体案情酌定实际损失或侵权所得的赔偿数额，其不受法定赔偿最高或者最低限额的限制。积极适用以相关数据为基础的酌定赔偿制度，在计算赔偿所需的部分数据确有证据支持的基础上，可以根据案情运用自由裁量权确定计算赔偿所需的其他数据，酌定公平合理的赔偿数额”。“在专利侵权案件审理中，尽管法律规定了1万元的最低法定赔偿数额，如果确有证据表明权利人的损失不足1万元，当然可以在1万元以下公平合理地酌定赔偿数额。这种根据实际损失确定赔偿数额的方式是一种运用自由裁量权的酌定赔偿，不是法定赔偿。如果硬要将其纳入法定赔偿范畴，那就会与法律规定相抵触。”“有一定的证据能够证明实际损失或侵权获利超过或者低于法定赔偿数额，但该实际损失或侵权获利又确无证据精确证明时，可以在法定赔偿的最高额以上或者最低额以下适当酌定赔偿数额。上述酌定赔偿不是在适用法定赔偿，而是实际损失或侵权获利的确定，不能因法定赔偿中有酌情考虑，就将上述酌定赔偿混同于法定赔偿。另外，当侵权产品的数量已经确定，但利润难以精确查明时，可以参考同类或类似产品的平均单位利润酌定该侵权产品的单位利润，并计算出侵权获利的数额，上述过程虽有酌定，但仍属于侵权获利数额的确定，而非适用法定赔偿”。①

“奇虎与腾讯反垄断”案

一审法院认为，从优势证据规则出发，虽然无法确定原告所遭遇的经济损失的具体数额，但可以确定该数额已经远远超过50万元法定赔偿限额的情形下，酌情确定两被告应连带赔偿两原告经济损失及合理维权费用共计500万元。二审法院认为，证据至少足以表明，上诉人发布扣扣保镖的行为给被上诉人造成的损失已经明显超过了法定赔偿的最高限额，本案依法不适用法定赔偿额的计算方法，而应当综合案件的具体证据情况，在法定赔偿最高限额以上合理确定赔偿额。本案中，一审法院在确定赔偿数额时，全面考虑了以下因素：① 上诉人实施的侵权行为给被上诉人造成的损失包括业务收入、广告收入、社区增值业务收入和游戏收入，QQ.com网站的流量减少，QQ新产品推广渠道受阻，被上诉人品牌和企业声誉因商业诋毁而受损；② 互联网环境下侵权行为迅速扩大及蔓延；③ 被上诉人商标和公司声誉的市场价值；④ 上诉人具有明显的侵权主观恶意；⑤ 被上诉人为维权支出的合理费用等。本院认为，一审法院在综合考虑上述因素并根据本案证据确定被上诉人遭受的经济损失数额已经远超法定赔偿限额的情形下，将本案赔偿数额确

① 《最高人民法院知识产权审判庭庭长孔祥俊在全国知识产权审判工作会议的总结讲话》，2013年3月。

定为500万元并无不当。

(二) 基本原理

酌定赔偿不是法定赔偿，已经在司法实践中形成共识，符合证据法原理。运用这种方法和背后的理念，可以大幅降低法定赔偿的适用比例。《北京高院关于侵害知识产权及不正当竞争案件确定损害赔偿的指导意见及法定赔偿的裁判标准》第1.8条第1段明确指出：裁量性赔偿不是法定赔偿，属于对权利人的实际损失或侵权人的获利的概括计算。山东省高级人民法院《关于审理侵害知识产权民事案件适用惩罚性赔偿的裁判指引》第11条第3款规定：原告提交的证据可以证明损害赔偿大概数额，但损害赔偿的具体数额仍难以确定的，人民法院在计算赔偿所需的部分数据确有证据支持的基础上，可以根据案情运用裁量权确定计算赔偿所需的其他数据，概括地确定惩罚性赔偿数额的计算基数。

在证据法中，民事侵权的证明标准应当与赔偿证明标准没有根本区别，本质上都是在追求事实真相与追求效率之间取得平衡。既然民事侵权证明采取了优势证据标准，赔偿证明也可以采取这种标准，同时充分发挥当事人之间争辩机制的功能。最高人民法院民一庭曾经指出侵权损害赔偿数额的酌定属于法官自由心证的范畴："有一种观点认为，运用自由心证原则只限于侵权事实难以确定的情况。如果侵权事实已经确定，只是侵权赔偿数额难以确定时，则是法官自由裁量的问题。经过讨论，多数人认为，自由心证和自由裁量是由密切联系的，没有限制在特定的领域。自由心证原则适用于侵权事实的确定和侵权赔偿数额的确定等领域，而不只适用于侵权事实的确定领域。对于能否适用自由心证原则确定侵权赔偿数额问题，大家原则同意一些高级人民法院民一庭提出的倾向性观点，即在已经能认定损害确实存在，只是具体数额尚难以确定或者无法确定的情况下，法官可以结合一些间接证据和案件其他事实，遵循法官职业道德，运用逻辑推理和日常生活经验，进行自由心证，适当确定侵权人应当承担的赔偿数额。但这一规则只适用于侵害人身权和财产权的民事案件，不适用于合同纠纷等其他民事案件。"①这种观点应当是准确的，可以在知识产权侵权损害赔偿领域中适用，以优势证据为标准确定酌定赔偿的数额，作为后续惩罚性赔偿的基数。

第二节　侵权获利

侵权损害赔偿以填补原告的实际损失为原则。之所以将侵权获利作为损害赔偿的计

---

① 程新文：《侵权事实存在，但侵权造成的损害数额大小无法确定或者难以确定的，应如何处理》，最高人民法院民事审判第一庭：《中国民事审判前沿》(第1集)，法律出版社2005年版，第157—158页。

算方法，一般认为存在三种理论依据：一是如果当事人之间存在竞争关系，则可以用侵权利润粗略地估算原告遭受的损害；二是避免侵权侵权人获得不当得利；三是威慑未来的侵权行为。[①] 美国《蓝哈姆法》第35条(a)将侵权利润作为损害赔偿的第一顺位计算方式。严格来说，“侵权获利”不能精确地反映原告所遭受的损失，立法将其作为计算损害赔偿的方式也是大致推定理论的运用。

一、基本构成

我国立法和司法对侵权获利基本构成和计算公式有高度共识。立法者指出：侵权人在侵权期间从每件侵权商品获得的利润×在市场上销售的商品数额，所得之积为侵权人在侵权期间所得利润，即侵权人在侵权期间因侵权所获得的利益。[②]《最高人民法院关于审理商标民事纠纷案件适用法律若干问题的解释(2020年修正)》第14条规定，《商标法》第63条第1款规定的侵权所获得的利益，可以根据侵权商品销售量与该商品单位利润的乘积计算；该商品单位利润无法查明的，按照注册商标商品的单位利润计算。

在具体操作过程中，一般可以综合运用如下方法获取商品销量数据：① 侵权人持有的材料：财务账簿、会计凭证、销售台账、利润报表、销售合同、进出货单据、销售专户银行流水等有关财务、销售数据资料、招股说明书、年度报告(审计报告和财务报告)等公开披露的相关数据。② 权利人通常向第三方平台调取被告商品的网络销售数据。③ 通过请求工商行政管理部门启动行政执法程序，固定现场生产销售的侵权产品数量。通过获取刑事案件笔录等证据中被告自认的销量数据。④ 通过海关、税务、行业协会等其他部门获得销量数据。在“卡波案”中，原告申请法院向海关调取侵权产品出口额作为侵权获利；[③]在“香兰素案”中，宁波市环保局批准被告香兰素生产线的年产量最终作为法院认定销量的重要依据之一；[④]在“新安化工诉金帆达草甘膦专利侵权案”中，法院根据会计事务所出具的审计报告、向浙江省农药协会报送的草甘膦数量等确定获利超过2 000万元。此外，还可以通过向税务部门调取纳税情况、增值税发票开具及认证情况等税务资料推算商品销量情况，“卡波案”就运用了这种方法。[⑤]

在计算商品的单位利润时，除了上述规定指出了侵权商品单位利润和注册商标商品的单位利润之外，还可以参考如下因素：当事人公开宣传、披露的利润情况；主管部门、行业协会、第三方平台等发布的统计报告或者行业报告显示的利润情况；相同或者可替代商

---

① J. Thomas McCarthy. *McCarthy on Trademarks and Unfair Competition* (Fourth Edition). Deerfield, IL: Clark Boardman Callaghan, 1996.

② 全国人民代表大会常务委员会法制工作委员会：《中华人民共和国商标法释义》，法律出版社2013年版，第122页。

③ 最高人民法院(2019)最高法知民终562号民事判决书。

④ 浙江省高级人民法院(2018)浙民初25号民事判决书。

⑤ 最高人民法院(2019)最高法知民终562号民事判决书。

品的利润情况；当事人自认的商品单位利润情况；当事人在行政审批、投融资过程中披露的利润情况。[①] 在“惠氏案”中，法院根据原告提交的年度报告认定同行业用品毛利率计算被告侵权获利；[②]在“小米科技案”中，法院根据原告提交的美的、格力年度报告中的小家电行业毛利率确定侵权获利。[③]

最后还要合理利用现有的机制。由于侵权产品的销量数据和商品的单位利润数据均掌握在被告手中，为了降低原告的举证责任，《商标法》第 63 条第 2 款还规定举证妨碍规则，即在权利人已经尽力举证，而与侵权行为相关的账簿、资料主要由侵权人掌握的情况下，可以责令侵权人提供与侵权行为相关的账簿、资料；侵权人不提供或者提供虚假的账簿、资料的，人民法院可以参考权利人的主张和提供的证据判定赔偿数额。此外，在实际操作中还需要综合运用证据保全制度、证据调取制度(法院调取或申请法院出具调查令)、举证责任转移制度、司法审计、评估机制等。

“新百伦”案[④]

新平衡公司系涉案第 4207906 号“NEW BALANCE”、第 G944507 号“ ”注册商标权利人，上述商标均在有效期内，其所享有的商标专用权依法应受法律保护。该两商标核定使用商品均为第 25 类运动鞋等商品，被控侵权产品亦属运动鞋类，其所标注的“ ”标识与“N15”商标差别很大，而与“ ”商标相似，基于“ ”商标本身的显著性以及极高的知名度，极易使相关公众对商品来源产生误认或认为其与 New Balance 运动鞋存在特定的联系，故深圳新平衡公司、新钮佰伦鞋厂、搏斯达克公司在其生产、销售的被控侵权产品上使用与“ ”商标近似的商标容易导致混淆的，构成对“ ”商标的侵害，吴江新平衡鞋店销售上述侵害注册商标专用权商品，亦构成对“ ”商标的侵害。

实际损失

1. 关于本案被控侵权行为的起止时间

可以确定被控侵权行为自 2014 年 12 月已经开始，至 2015 年 4 月被控侵权产品在全国推广和销售，直至本案诉讼期间被控侵权行为仍在持续。

2. 关于被控侵权产品 2015 和 2016 年的销量

有充分理由认定深圳新平衡公司、新钮佰伦鞋厂、搏斯达克公司、郑某某在 2015、2016 年生产、销售被控侵权产品的量至少在 100 万双。① 被控侵权人在其官网、微信等网络平台和产品手册上宣传其年生产规模超过 200 万双；② 工商局已对其中两家门店进

① 北京市高级人民法院《关于侵害知识产权民事案件适用惩罚性赔偿审理指南》第 3.7 条。
② 浙江省高级人民法院(2021)浙民终 294 号民事判决书。
③ 深圳市中级人民法院(2020)粤民初 7080 号民事判决书。
④ 苏州市中级人民法院(2016)苏 05 民初 537 号民事判决书。

行过行政处罚，处于淡季期间单个门店半年的进货量在数百双以上，旺季期间单店两个月进货量就达一千多双。据此推算，每个店每年的平均进货量在3 000多双。每个经销门店一年的进货量乘以全国的门店数，计算出被控侵权产品平均一年的销量已远超100万双。

3. 关于New Balance运动鞋的单位利润问题

新百伦公司2013—2015年的平均营业利润率与同行业的安踏、特步、匹克公司接近。对于新百伦公司而言，其主营业务为运动鞋，占到所有产品的90%以上，因此，运动鞋对其公司整体利润率的贡献最大，又基于运动鞋服行业鞋类产品利润率与公司整体利润率相差不大的行业规律，New Balance运动鞋的利润率可以参考新百伦公司整体利润率进行确定。2015和2016年新百伦公司因侵权所受的损失＝侵权商品销售量×该注册商标商品的单位利润，即侵权商品销售量×New Balance运动鞋单价×利润率。New Balance运动鞋大部分的售价在500元以上，仅按照其在网上的最低售价269元计算，无论是乘以其净利润率还是营业利润率，计算结果均远超1 000万元。

侵权获利

按照郑某某陈述的每双鞋获利十几元的标准，销售被控侵权产品的获利超过1 000万。而潘某某陈述加盟new boom品牌省级代理商需缴纳50万元加盟费和保证金，市级代理商为10万元，江苏、安徽、浙江、江西为市代，河北、云南、贵州为省代，而仅根据微信、微博上的开业宣传情况统计，在江苏、安徽、浙江、江西的26个城市有门店，共计260万加盟费，河北、云南、贵州3个省代的加盟费为150万元，合计410万元，尚且不包括其余8个省份和3个直辖市加盟商所缴纳的加盟费。销售获利和收取的加盟费两者合计远超新百伦公司主张的1 000万元。

需特别提及的是，浙江平阳市场监督管理局在查处new boom平阳门店的过程中查明，深圳新平衡公司销售给平阳店被控侵权产品的均价为375元。而新百伦公司在福建仓库公证购买到单价最高的被控侵权产品为148元。两者价格相减，被控侵权人就侵权产品的单位利润超200元，远高于郑某某自认的每双获利十几元。另外，同为福建的同行业企业，安踏、特步、匹克公司的上市财务报告显示，鞋类产品的平均毛利率为42%左右。而被控侵权人系以侵权为业，且多以私人账户结算，企业税收、广告支出、管理费用等各方面的经营成本均远低于上市公司，而产品的零售价却与New Balance运动鞋相差不大，由此有充分理由认定被控侵权人的利润率应远高于行业平均利润率和新百伦公司的利润率。按照新百伦公司在被控侵权人仓库购买到的最低售价98元计算，销售被控侵权产品每双的利润为41.16元，也高于郑朝忠自述的每双十几元。

搏斯达克公司、吴江新平衡鞋店认为新百伦公司关于New Balance运动鞋利润率的主张和关于被控侵权产品利润率的主张均不能成立，但是经本院要求仍拒绝提供其持有的销售被控侵权产品利润等方面的证据，而深圳新平衡公司、新钮佰伦鞋厂、郑某某经本院合法传唤无正当理由未到庭，且未提交任何证据，故本院认为新百伦公司关于利润率的

上述主张有相应的证据予以支持，在各被告未提交相应反证予以反驳或推翻的情况，对新百伦公司的主张依法予以支持。

综上所述，无论是按照权利人因侵权所受实际损失还是按照被控侵权人的侵权获利，所确定的损害赔偿金额均超过了 1 000 万。

侵权商品利润率也属于酌定范畴，不应过分追求其精确性。

“童年时光”案[①]

光宇对童年时光适用惩罚性赔偿倍数的确定。原告在庭审中主张被告销售金额达 5.3亿余元，并以其在另案中作为原告时主张的利润率 41%计算被告获利达 2 亿余元，适用惩罚性赔偿并最终确定金额为 5 000 万元。对此，本院认为，综合考虑童年时光公司在本案中的主观过错程度和客观侵权情节，尤其是其侵权行为至今仍在持续，本院酌情确定对被告童年时光公司适用惩罚性赔偿的倍数为 1 倍，根据经统计被诉侵权产品销售金额 3 亿元，酌情确定被诉侵权产品利润率为 20%，计算本案的惩罚性赔偿金额为 3 亿元×20%×(1+1)=1.2 亿元。

二、商标的贡献率

知识产权贡献率对计算损害赔偿数额的影响，实际上属于因果关系问题。

“卡斯特”案

一审法院判决法国卡思黛乐公司向李某某、上海班提酒业有限公司赔偿近 4 000 万。二审法院认为，赔偿额的确定必须依据被诉侵权行为与损害结果或获利之间是否具有直接的因果关系加以确定，销售利润并不等于侵权所得，两者应作严格区分。虽然建发公司曾向厦门海关提交的多份情况说明中列举了 7 个品种的葡萄酒售价及成本、利润，但并不能据此计算确定赔偿数额。法国公司与建发公司销售被诉侵权产品所获利润，并非主要由于使用了涉案被诉侵权标识“卡斯特”所致，应合理界定侵权行为对法国公司和建发公司获利所占原因力比例，对赔偿数额妥善作出认定和处理。本案所涉被诉侵权期间，正是国内红酒消费日益兴盛的时期，也是境外红酒的抢滩期，法国红酒本身的吸引力和对消费者的感召力及法国公司自有品牌的知名度等因素，对其获利的贡献应予以重点考量。根据现有证据难以确定法国公司、建发公司因侵权行为所获取的非法利润，也不能证明权利人因侵权行为所减少的销售额。在此情况下，综合本案事实，并考虑李某某、班提公司注册及使用商标的情况，双方当事人就涉案权利商标的转让磋商情况，侵权行为的性质、期

① 浙江省杭州市中级人民法院(2021)浙 01 民初 2987 号民事判决书。

间、后果等因素，以法定赔偿的上限50万元确定本案的赔偿数额为妥。[①]

(一) 相关规定

关于贡献率的规定，最早出现在最高人民法院《关于审理侵犯专利权纠纷案件应用法律若干问题的解释》〔(2009)21号〕第16条第2和3款："侵犯发明、实用新型专利权的产品系另一产品的零部件的，人民法院应当根据该零部件本身的价值及其在实现成品利润中的作用等因素合理确定赔偿数额。侵犯外观设计专利权的产品为包装物的，人民法院应当按照包装物本身的价值及其在实现被包装产品利润中的作用等因素合理确定赔偿数额。"可见，"贡献率"只是在专利侵权案件中计算侵权获利时需要考虑的因素。北京市高级人民法院在《关于侵害知识产权民事案件适用惩罚性赔偿审理指南》第3.11条将"贡献率"推广到所有知识产权侵权损害赔偿的计算过程，但仍限定在侵权获利的计算场合：按照侵权获利方法确定惩罚性赔偿基数时，应根据案件具体情况，适当考量权利人知识产权对于商业价值的贡献程度或者比例，合理确定知识产权贡献度。山东省高级人民法院认为在计算实际损失的场合也应当考虑"贡献率"因素："人民法院在审查原告实际损失数额、被告违法所得数额或者因侵权所获得的利益时，应当考虑不同知识产权对产品的整体利润的贡献率。同一侵权产品同时侵犯数个知识产权的，人民法院应当区分涉案知识产权对产品的整体利润的贡献率，合理扣减其他权利以及生产要素等产生的利润。知识产权的贡献率应当根据其在侵权产品中所起作用进行确定。被告具有本指引第11条第1款情形，导致侵权获利无法精确计算的，人民法院对其提出考虑知识产权贡献率的抗辩不予支持。"[②]笔者赞同山东省高级人民法院的意见，权利人商品销售量的下降原因客观上可能存在多样性，同样应当考虑贡献率。

(二) 科学认识

商标对权利人自身经营价值或者被告收益究竟有多少贡献率，这在财务上很难计算，由此成为法院拒绝适用实际损失或者侵权获利赔偿方式的一个理由。

"德力西"案

温州市中级人民法院指出：原告虽提供了被告在公司登记机关的年度报告、利润表及同行业上市公司相关产品的毛利率等证据作为计算获利的依据或参考，但企业的经营发展和壮大是一个受多种因素综合影响的整体演变过程，有一定影响的企业字号等对企业的经营发展肯定会起到积极推动作用，但客观上尚不是推动企业发展壮大以及企业经

① 浙江省高级人民法院(2013)浙知终字第415号民事判决书。

② 山东省高级人民法院《关于审理侵害知识产权民事案件适用惩罚性赔偿的裁判指引》第15条。

营获利的全部因素。企业的发展及经营获利同时还会受到包括但不限于经营理念、经营模式、管理体系、人才储备、住所地招商政策、营商环境、资金链、技术、产品质量、竞争环境等多种因素的积极或消极影响。即使原告提供的上述证据能够大致推算出被告近几年的经营收益，但在原告没有提供证据证明被告使用“德力西”字号的行为与其经营收益之间的直接因果关系的情况下，“德力西”字号对被告经营收益的贡献度仍是无法估算或推定的。[①]

这种拒绝适用同样是对技术或财务的精确计算过于追求的结果，不可取。法院可以结合案件具体情况、行业整体情况、双方当事人的举证情况等因素大致推定贡献率，山东省高级人民法院在前述意见中认为被告举证妨碍因素可以排除贡献率的计算，这就是一种“大致推定”，比较合理。从司法实践情况看，商标或字号的“贡献率”在被告商标知名度更大(例如反向混淆案件)、涉案商品价值较高(例如房地产)的案件中的作用比较有限。如前者情形，广东省高级人民法院“纽巴伦案”将一审裁判中的9 800万改判为500万的重要参考因素是：鉴于新百伦公司企业本身的经营规模、市场销售量和较高的企业声誉……新百伦公司的经营获利并非全部源于侵害周乐伦“百伦”“新百伦”的商标，周某某无权对新百伦公司因其自身商标商誉或者其商品固有的价值而获取的利润进行索赔。[②] 后者情形，法院在“拉斐水岸楼盘与拉斐酒案”中认为，商品房作为大宗特殊商品，在销售过程中，相关公众一般会对楼盘所处地域、周边环境及配套设施、交通情况、楼盘开发者的信誉和实力、房屋质量、销售价格等因素予以考虑，上述因素对于消费者最终购买房屋更具有决定性作用，而商标标志在商品房销售中的贡献和作用通常较为有限，当然，亦不否认某楼盘品牌经过长期经营在相关公众中产生较强的影响力。[③]

“小 米”案

首先，涉案商品所在市场品牌繁多，相关公众具有选择商品的较高自由度，承载商誉的商标和字号对相关公众的购买决策造成较大影响；其次，被告深圳小米公司在电商销售涉案商品，电商平台销售具有更高的便利性和透明度，被告深圳小米公司的直接竞争者更多、用户黏性更弱、口碑效应加强，所以电商平台的流量累计更依赖于高水平的管理和运营，包括商品质量管控、服务水平管理、口碑评价的管理和运营、广告宣传的投入等。本案被告购买了关键词广告服务、生意参谋数据产品服务，运用了比一般经营者更多的运营和管理工具，且还向消费者提供小赠品、反馈卡、人品卡等，其对消费者意见的重视、对口碑的运营以及在维护客户方面进行了较大投入，因此酌定原告商标和字号的贡献率为

① 温州市中级人民法院(2021)浙03民初685号民事判决书。

② 广东省高级人民法院(2015)粤高法民三终字第444号民事判决书。

③ 北京知识产权法院(2017)京73民初1781号民事判决书；北京市高级人民法院(2020)京民终662号民事判决书。

50%，其中，原告商标权贡献率为30%，字号贡献率为20%，电商平台中的商标使用行为比字号使用行为对相关公众更具影响，商标侵权行为比其不正当竞争行为对获利贡献更大，深圳小米公司自身运营管理和其他因素贡献率为50%。[①]

第三节　许可费用的合理倍数

商标许可使用费的合理倍数是第三种赔偿方式，在我国司法实践中的运用较为少见。与侵权获利的计算方式一样，许可费合理倍数的引入客观上同样无法精确计算出权利人的实际损失，这些方式（包括法定赔偿）的引入只是为了降低损失计算的难度。这一赔偿方式的适用，应当满足如下条件：一是实际损失和侵权获利的赔偿方式均不能适用（权利人直接主张许可费用合理倍数的，推定无法适用前两种方式）；二是商标许可使用费具有合理性和可参照性；三是综合案件因素确定许可费用的合理倍数。

一、许可费基数的合理性

我国法院在适用此种方法过程中，对许可费基数的合理性存在多个角度的考量：① 在多数案件中，因权利人未提交实际履行许可合同的证据（使用费发票、纳税凭证等），法院未能适用该赔偿方法。② 法院通常还要审查许可合同当事人之间有无特定关联关系，如果有特定关联关系，则不予适用该赔偿方法；许可合同是否已经提交国家商标局备案，也是一个考量因素。③ 法院在这些案件中会进一步审查许可合同签订的时间和地点，以确定其是否具有可参照性。例如有的法院认为权利人提交的商标许可合同的实施地与案件发生地不同，并考虑了商标在不同地域的不同知名度以及商标许可的不同类型，因此对商标许可合同不予采信。[②] ④ 如果权利人提交的商标许可合同涉及多个商标，则该许可包的使用费不能等同于某个商标的许可使用费，法院也不予采信。[③] 综合这些因素，几乎导致法院无法适用此种损害赔偿的计算方法。

“开心人”案

一审法院认为，江西开心人公司未举证证明其因城市之光开心人公司侵权造成的实际损失以及城市之光开心人公司因侵权获利的金额。对于江西开心人公司主张以“开心人大药房”商标品牌特许经营在江西省内县级市场加盟费及管理费12万元作为赔偿依据，江西开心人公司至今未进入宁波市场进行经营，“开心人大药房”注册商标在宁波地区

① 深圳市中级人民法院(2020)粤03民初7080号民事判决书。
② 宁波市中级人民法院(2015)浙甬知终字第55号民事判决书。
③ 广州市越秀区人民法院(2016)粤0104民初1506号民事判决书。

内尚无较高知名度，该注册商标的品牌效应以及该商标在江西地区及宁波以外其他地区已经形成的市场信誉与其在宁波区域范围内并不相同；且江西开心人公司提供的特许经营合同系许可他人在江西省九江县内的涉案商标独家许可，除许可使用商标外，江西开心人公司收取的费用中还包括协助被特许人申报药店经营许可证、提供员工培训和资料、对被特许人经营活动进行辅导和督促等内容，故江西开心人公司提供的特许经营合同不具有可比性，不宜以江西开心人公司对第三人的特许经营加盟费及管理费作为标准确定赔偿数额。

二审法院认为，权利人因侵权受到的损失和侵权人的获利均难以确定。江西开心人公司上诉主张应按商标许可使用费的合理倍数来确定本案赔偿数额。本院认为，江西开心人公司未在宁波开设实体药店系事实，且根据上诉人提供的证据不足以证明江西开心人公司在城市之光开心人公司被诉侵权时间段通过互联网进入宁波市场经营。退一步讲，即使在被诉侵权时间段江西开心人公司通过互联网对宁波市场有所涉及，但“开心人大药房”注册商标在宁波地区的知名度和市场信誉与江西及其他地区仍不相同。江西开心人公司提供的特许经营合同系许可他人在江西省九江县内的涉案商标独家许可，且从特许经营协议的内容看，江西开心人公司对加盟商负有较多管理协助义务，而本案并未涉及，故特许经营协议与本案不具有可比性和关联性，原审未予采信并无不当。另外，特许经营协议往往存在地区性的差价，江西开心人公司提供的证据也难以证明在宁波地区市场条件下可适用该商标许可使用价格，故江西开心人公司要求按照特许经营协议确定赔偿数额的上诉理由不能成立，本院不予支持。

笔者认为，司法实践中的这种做法不符合此种计算方法的设立本意，这种计算方法并非以当事人实际发放品牌许可为前提，而是假定在许可关系发生时权利人可能给出的合理许可费，所以，需要参考各种因素进行判断合理许可费，这些因素并非用于否定此种方法而是用于正当化许可费基数，例如北京市高级人民法院在《关于侵害知识产权民事案件适用惩罚性赔偿审理指南》第 3.9 条指出：参照许可使用费的合理倍数或者权利使用费确定惩罚性赔偿的基数时，可以根据案件具体情况，综合考虑以下因素：① 许可使用合同的实际履行及相应证据情况；② 许可使用与侵权使用的可比性；③ 许可使用费是否受到诉讼、并购、破产、清算等因素的影响；④ 许可人与被许可人之间是否存在亲属关系、投资关系或者实际控制关系等；⑤ 同行业或者相关行业通常的许可使用费、权利使用费标准；⑥ 许可使用合同的备案情况。

还有美国法院提出考量许可费率的 15 个因素：[①]① 许可人在此前的许可协议中所接受的费率；② 被许可人已经支付的费率；③ 许可的性质和范围，例如是独占还是非独占；④ 许可人的许可策略；⑤ 许可人与被许可人之间的商业关系，例如是竞争关系还是伙

① Georgia Pacific v. U.S. Plywood Corp., F.Supp. 1116, 1120(*S.D.N.Y.* 1970).

件关系；⑥ 涉案商标对侵权人的特殊价值；⑦ 商标的有效期及许可期限；⑧ 侵权人使用行为的获利性；⑨ 涉案商标相对于在先商标的优势；⑩ 使用涉案商标的好处；⑪ 侵权人使用涉案商标的程度；⑫ 行业中的合理许可费率；⑬ 专家证人的意见；⑭ 在自愿协商环境下许可人和被许可人可能同意的金额。

许可费用合理倍数在美国和德国司法实践中得到了广泛的运用。普华永道的数据显示，2007—2016 年 61%实施主体之间的专利侵权纠纷以合理许可费为依据计算损害赔偿，是采用实际损失方式的 3 倍。报告指出了三个方面的原因，其中有 21%的案件涉及 NPE，这些专利非实施主体无法请求实际损失的损害；对有权主张实际损失的专利权人而言，他们不愿意对外披露用于实际损失计算的相关产品的成本和利润信息；市场竞争加剧和分销渠道的专业化，导致专利产品被替代的机会大大增加，即使没有被控侵权产品，消费者也可能不会购买专利产品，所以实际损失的方法很难成立。[①] 德国大多数著作权损害赔偿也都是在许可费推定的名义下确定的，当权利人主张以许可费方式计算损害时，权利人既不需要证明系争作品曾经被许可过，也不需要证明自己有发放许可的意愿或被告处于自己的潜在许可市场内。[②]《最高人民法院、最高人民检察院关于办理侵犯知识产权刑事案件具体应用法律若干问题的解释(三)》第 5 条第 1 项规定："以不正当手段获取权利人的商业秘密，尚未披露、使用或者允许他人使用的，损失数额可以根据该项商业秘密的合理许可使用费确定"。这体现了最高司法机构对许可费用合理倍数这种赔偿方式的倡导。

二、许可费倍数的合理性

就商标许可使用费的"合理倍数"，最高人民法院曾经在司法政策中指出：注意参照许可费计算赔偿时的可比性，充分考虑正常许可与侵权实施在实施方式、时间和规模等方面的区别，并体现侵权赔偿金适当高于正常许可费的精神。[③] 除此之外，最高人民法院指出了在专利侵权案件中关于使用费"合理倍数"的参考因素，在商标侵权案件中应该具有一定的参考意义。《最高人民法院关于审理专利纠纷案件适用法律问题的若干规定》第 21 条规定：被侵权人的损失或者侵权人获得的利益难以确定，有专利许可使用费可以参照的，人民法院可以根据专利权的类别、侵权人侵权的性质和情节、专利许可使用费的数额、该专利许可的性质、范围、时间等因素，参照该专利许可使用费的 1—3 倍合理确定赔偿数额。我国司法实践中有些法院正在积极探索。如"周六福"案中，一审法院以许可费基数作为侵权获利的内涵，并未按照许可费合理倍数的方法计算赔偿数额，二审法院考虑

① PWC. 2017 Patent Litigation Study—Change on the horizon，2017-Patent-Litigation-Study_PwC.pdf，ipwatchdog.com，最后访问日期：2023 年 11 月 25 日。

② 蒋舸：《知识产权法定赔偿向传统损害赔偿方式的回归》，《法商研究》2019 年第 2 期，第 189 页。

③ 《最高人民法院关于当前经济形势下知识产权审判服务大局若干问题的意见》，2009 年 4 月 21 日。

了重复赔偿、商业维权等因素，改为法定赔偿。在“万和”案，法院支持了许可费合理倍数的计算方法。

“周六福”案

周六福公司因商标侵权所受损失不明，要求按照被告获取的加盟费作为获利进行确定，一审法院予以准许。周六福珠宝金行微信公众号2021年5月1日发表的宣传文章显示，加盟商已达572家。根据涉案加盟协议，除去品牌保证金，加盟费、管理费、使用费、推广费应为被告的获利，该金额为5万—7万元，其中大部分为7万元，一审法院以中位数6万元为基数计算被告的获利为3 432万元，周六福公司主张的经济损失及维权合理开支共计3 000万元未超过被告的获利，一审法院予以照准。

上诉人认为该标准与事实不符，不能仅凭微信公众号和涉案加盟协议就认定上诉人的侵权获利。二审法院认为，该计算标准得出的赔偿数额与周六福公司在全国范围内已起诉的系列维权案中获得的赔偿款项构成部分重复赔偿……周六福公司在全国范围内针对加盟商的侵权行为启动了大批量系列维权诉讼，周六福公司自述其在全国起诉加盟商的案件数量达300余件，与上诉人上诉状中陈述的案件数量基本一致，上诉人该项被诉行为的责任已在另案中由其加盟商初步承担，为防止商标权利人以批量商业维权方式达到诉讼牟利的目的，并造成不良社会效果和负面影响，同时为避免同一行为被重复评判，本院对上诉人许可加盟商使用被诉侵权标识的行为不再重复评判及判赔，……仅针对上诉人自身使用被诉侵权标识的行为，即在其微信公众号、网站、经营场所、珠宝产品、招商加盟授权书中使用被诉侵权标识的行为判赔……本院采用法定赔偿方式确定赔偿数额……酌情确定赔偿数额为500万元。[①]

“万和”案[②]

因万和公司不能充分举证证明万先公司的侵权获利，且万先公司提交的会计账簿等存在不完整、不规范之处，万和公司因被侵权受到的实际损失或万先公司的违法所得或因侵权获得的利益均难以查明，故本案属于可参照商标许可使用费的倍数合理确定赔偿数额基数的情形。经本院核实，万和公司已提交合同、发票、银行转账凭证、公司记账凭证、被许可人官网截图等证明其与关联企业之间存在真实的商标许可合同关系，并逐年收取相应的商标许可使用费，虽然每年实际收取的商标许可使用费系根据年度收入乘以优惠利率，并非固定的数额，但万和公司主张以2019—2021年三年收取的总数除以3得出每年度的平均数额641 569.706 7元，并以该数额的2倍作为基数，具有合理性，本院予以支

① 湖北省高级人民法院(2022)鄂知民终2675号民事判决书。笔者对判决书中的判词顺序有所调整。

② 广东省高级人民法院(2021)粤民终4278号民事判决书。

持。至于侵权时长的计算，鉴于万先公司在本案中自认自2019年1月起开始使用被诉标识制造、销售被诉商品，及二审首次庭审中经本院核实京东商城仍有被诉商品在售的事实，本院认为万和公司主张以3年计算侵权时长有理。故此，本案赔偿数额基数应确定为(414 663.44+553 404+956 641.68)÷(3×2×3)=3 849 418.24元。

第四节　法定赔偿

法定赔偿并非财产型侵权损害赔偿的传统计算方法，我国最初的知识产权法中没有法定赔偿规则，1982年《商标法》、1984年《专利法》和1990年《著作权法》都只是规定了实际损失和侵权获利的损害赔偿计算方式。为了解决知识产权损害赔偿数额的计算难问题，2001年《商标法》开始引入法定赔偿规则。现行《商标法》将法定赔偿放于四种损害赔偿方式中的末位，立法者的理解是：对于大部分知识产权损害赔偿案件而言，不确定性都不成问题，只有高度不确定的损害赔偿案件才需要引入法定赔偿来解决。[①] 比较意外的是，法定赔偿在司法实践中成为一种主流的侵权损害赔偿方式。

一、酌定因素

法定赔偿是指知识产权人在遭受侵权后，其因侵权所受到的实际损失，侵权人因侵权所获得非法利益，以及权利交易的合理许可费均难以确定的情况下，法律直接规定侵权人应当承担的损害赔偿数额或者数额幅度，由法院在法律规定的数额幅度内综合考虑案件各种情节，运用自由裁量权确定侵权人应承担的具体赔偿数额的一种损害赔偿制度。[②] 在四种赔偿方式中，法定赔偿的适用比例最高。这一赔偿方式的适用，并不意味着权利人无需举证，也并不意味着法院可以任意做出裁量。司法政策指出："除法律另有规定外，在适用法定赔偿时，合理的维权成本应另行计赔。适用法定赔偿时要尽可能细化和具体说明各种实际考虑的酌定因素，使最终得出的赔偿结果合理可信。"[③]需要进一步完善法定赔偿方法的适用，防止法定赔偿的泛化、简单化和随意化。

《商标法》第63条第3款规定法定赔偿的适用应当根据"侵权行为的情节"，包括侵权人的主观过错程度、使用的侵权手段和方式、侵权行为持续的时间、给权利人造成损害的程度等。[④] 最高人民法院和一些地方高级人民法院的裁判指引中细化了酌定因素，但大同小异。一些法院通过典型案例的裁判试图进一步规范和细化法定赔偿的适用方式，例

① 蒋舸：《知识产权法定赔偿向传统损害赔偿方式的回归》，《法商研究》2019年第2期，第182、183页。

② 焦和平：《知识产权惩罚性赔偿与法定赔偿关系的立法选择》，《华东政法大学学报》2020年第4期，第131页。

③ 《最高人民法院关于当前经济形势下知识产权审判服务大局若干问题的意见》(法发〔2009〕23号)，第16条。

④ 全国人民代表大会常务委员会法制工作委员会：《中华人民共和国商标法释义》，法律出版社2013年版，第123页。

如浙江省高级人民法院提出“司法层次分析法”，类似动态系统理论，将酌定因素分为权利信息和侵权信息两大类，在对权利信息和侵权信息进行综合评估分析的基础上，对评估要素进行全面整合，设置相应权重指标系数，设定层级目标（例如高、较高、适中、较低、低），最终通过规范行使自由裁量权，来确定法定赔偿额度。其中，权利信息的层次分析因素是指权利主体和权利客体因素，包括主体信息、产业经营信息、权利类型、权利稳定情况、权利的使用情况、市场价值、剩余保护期限等。侵权信息的层次分析因素是指侵权主体和侵权行为因素，包括主观过错、行为情节、侵权类型、地域范围与时间、诉讼行为等。

“西门子商标侵权”案①

德国西门子公司的企业名称知名度高，其“SIEMENS”“西门子”商标曾被认定为驰名商标，其诉称新昌县西门子公司、吴某某等未经其许可使用“西门子”“SIEMIVES”标识，“新昌县西门子公司”企业名称、域名等构成商标侵权及不正当竞争，请求判令停止侵权，并共同赔偿经济损失200万元。法院认为，知识产权损害赔偿数额的确定要充分考虑知识产权市场价值的客观性和不确定性特点，既要以知识产权的市场价值为指引，力求准确反映被侵害知识产权的市场价值，又要充分顾及市场环境下侵权主体及侵权行为的各类对应因素。在确定赔偿数额时，可以根据法律规定和立法精神，合理设定相应的考量因素和层级区间，在全方位、多层次地评估分析权利信息（包括权利主体、权利客体考量因素）和侵权信息（包括侵权主体、侵权行为考量因素）的基础上，对权利信息和侵权信息的层级进行综合评判、相互修正，最终通过规范行使自由裁量权，合理确定赔偿额度，以增强法定赔偿数额认定的正当性、规范性和可预期性，维护统一透明、有序规范、公平竞争、充满活力的市场环境。

(1) 涉案商标和企业名称的显著性及知名度较强。“西门子”属于臆造词，“SIEMENS”也并非外文固有词汇，具有较突出的显著特征。西门子公司的第G637074号注册商标“SIEMENS”曾在第11类柜式和箱式冷冻机商品上被认定为驰名商标，第G637074号注册商标“SIEMENS”和第G683480号注册商标“西门子”曾在第9类控制器商品上被认定为驰名商标；西门子公司于1872年进入中国市场，自晚清、民国至今，特别是中华人民共和国成立以来，中国对“西门子”品牌进行了持续而广泛的宣传报道，《申报》《人民日报》的相关新闻报道数量分别达6 900余篇、500余篇即可以佐证；西门子公司于1989年在中国开始设立合资企业，后又设立了以“西门子”为字号的全资子公司及多家以“西门子”为字号的企业，并取得了一系列社会荣誉，使得西门子公司的商标和企业名称都已具有极高的社会知名度。商标和企业名称保护的强度与标识的显著性、知名度相适应，损害赔偿数额的确定要以商标和企业名称的市场价值为指引，显然涉案权利主体和权利客体的考量因

① 浙江省高级人民法院(2016)浙民终699号民事判决书。

素属于较高层级。

(2) 影响赔偿数额认定的侵权主体、侵权行为考量因素。① 涉案侵权行为是共同故意侵权。吴某某以新昌县西门子公司为工具，实施攀附西门子公司注册商标及企业名称的被诉侵权行为，吴某某与新昌县西门子公司具有实施侵权行为的共同故意。② 涉案侵权行为包括侵害西门子公司注册商标专用权的行为和擅自使用西门子公司企业名称的不正当竞争行为，从被诉企业名称到被诉标识、域名，实现了对西门子公司企业名称和驰名商标的全面攀附。③ 三被上诉人系侵权产品的制造商，属于源头侵权，“www.siemives.com”网页显示被诉侵权产品的种类、型号众多，且结合吴某某还成立了新昌县创维电器公司的情节可以认定，新昌县西门子公司是以生产、销售被诉侵权产品为主业。④ 侵权地域范围广。被诉侵权产品的销售地域范围已经不限于浙江省内，而是在全国发展了相应的经销商，销售地域范围延伸至江苏省、山西省等地。⑤ 侵权持续时间较长。由于三被上诉人并未提供相应的财务账簿等证据证明侵权行为的开始和终止时间，本院认定本案侵权行为自新昌县西门子公司成立之日即2014年4月14日开始，并持续至今。⑥ 各方当事人均未提供相应的证据证明被诉侵权产品的生产、销售数量，嵊州市市场监督管理局到邦代公司厂房检查时，查封煤气灶成品30只，外包装箱85只；新昌县西门子公司的无锡市经销商张某2015年7月7日—9月26日向吴某某支付的货款即达人民币5万余元。⑦ 被诉侵权产品的售价较低。西门子公司相关产品的销售价格较高，例如油烟机价格为每台人民币2 600—8 000元，而被诉侵权油烟机的价格是每台人民币1 400元，较大的价格差距使得被诉侵权产品更容易抢占西门子公司的市场份额。⑧ 结合西门子商标和企业名称的知名度，以及相关消费者混淆的事实，可以认定被诉侵权标识在被诉侵权产品获利中的贡献较大。⑨ 新昌县西门子公司的注册资本是人民币58万元，邦代公司的注册资本是人民币50万元。⑩ 邦代公司缺席一、二审审理，新昌县西门子公司缺席二审审理。缺席审理既意味着对抗辩权的放弃，也使法院难以对于侵权行为信息进行更为翔实的查明，可以适当降低相应的证明标准，在没有直接证据时，对间接证据的认定标准不宜过于苛刻。

为了规范法定赔偿的适用，法院应当在适用过程中充分说理，从当前审判实践的情况看，二审法院通常不会基于法定赔偿考量因素的不充分而作出改判(这或许是一审法院大量运用法定赔偿的重要原因之一)，但也有例外。

“汇源”案

一审法院综合考虑北京汇源公司两注册商标的较高知名度、菏泽汇源公司具有明显主观恶意、菏泽汇源公司生产销售范围以及相关公众造成实际混淆的后果等因素，酌定菏泽汇源公司赔偿北京汇源公司经济损失300万元。但是一审法院酌定赔偿额仅考虑了水果罐头的生产和销售量，而没有考虑冰糖山药罐头和八宝粥等两种侵权产品，同时考虑到

菏泽汇源公司主观恶意明显，为了让北京汇源公司利益得到补偿，让被诉侵权人菏泽汇源公司无利可图，根据北京汇源所提交的菏泽汇源公司销售额以及获利情况的证据，酌定菏泽汇源公司赔偿北京汇源公司经济损失 1 000 万元。[①]

二、功能定位

法定赔偿制度的功能是该制度中的基础法律问题，决定了该制度是否具有惩罚性色彩、能否作为惩罚性赔偿的计算基数。如果法定赔偿的制度目的无异于补偿性赔偿，理应作为惩罚性赔偿的基数；如果法定赔偿具有超出补偿性赔偿的制度目的，就应避免将其作为惩罚性赔偿的基数。[②]

由于在法定赔偿酌定因素中存在对侵权主观状态的考察，法定赔偿似乎具备了一定的惩罚性色彩。学术界有观点认为，法定赔偿酌定因素中的"故意"具有惩罚性，这是美国版权法不设有专门的惩罚性赔偿条款的原因（法定赔偿与惩罚性赔偿条款的融合模式）。[③] 我国现行《商标法》采取了法定赔偿与惩罚性赔偿条款的分立模式。近年来在不少案件中，法院在被告具有明显侵权恶意的案件中适用法定赔偿上限，使法定赔偿披上了惩罚性色彩，例如广东省高级人民法院在永泉案中分别就商标侵权和不正当竞争行为给予 500 万的法定赔偿，本案法院认可举证妨碍规则的适用，但认为难以确定具体侵权获利。法院指出无论采用计量性方式还是裁量性方式确定赔偿数额，均可体现合理的"惩罚"，对于侵权行为人具有明显主观恶意、侵权行为情节严重、由于权利人未明确主张适用惩罚性赔偿或无法确定赔偿计算基数等原因不可适用惩罚性赔偿的，可将侵权人的侵权故意和侵权行为情节作为惩罚性考量因素，在法定赔偿范围内从重赔偿。[④] 以上做法导致我国法定赔偿条款具备双重属性：在侵权人不具有主观恶意或者主观过错不严重的情形下适用法定赔偿确定赔偿数额时，法定赔偿条款具有补偿性规范的性质；在侵权人主观恶意明显或者主观过错严重时适用法定赔偿数额时，法定赔偿条款就具有惩罚性赔偿规范的性质。[⑤] 这种做法在实证层面降低了惩罚性赔偿的适用比例，进一步提升了法定赔偿的适用比例，持有这种观点的法官可以名正言顺地正当化法定赔偿的适用。

从法定赔偿制度的历史和构造看，法定赔偿具有补偿和预防双重功能。在补偿目的方面，法定赔偿与权利人实际损失有一定关系，或者说实际损失是确定法定赔偿的起点；在一些涉及平台刷单的案件中，即使能查明侵权人的实际损失，法院通常也不会适用实际损失的方法，而适用法定赔偿，理由在于侵权人通过在页面上使用侵权商标吸引流量，就

---

① 最高人民法院（2015）民三终字第 7 号民事判决书。

② 和育东：《知识产权侵权法定赔偿制度的异化与目的》，《清华法学》2020 年第 2 期，第 144 页。

③ 焦和平：《知识产权惩罚性赔偿与法定赔偿关系的立法选择》，《华东政法大学学报》2020 年第 4 期，第 132—133 页；袁秀挺：《知识产权惩罚性赔偿制度的司法适用》，《知识产权》2015 年第 7 期。

④ 广东省高级人民法院（2020）粤民终 1588 号民事判决书。

⑤ 彭敏：《著作权法中惩罚性赔偿制度的立法设计与司法适用》，《传播与版权》2016 年第 3 期。

不能在责任承担时抗辩完全剔除刷单的数据。在预防目的方面，法定赔偿数额会与实际损失有较大偏离，这除了通过牺牲补偿填平价值换得效率价值外，也体现了法定赔偿的预防目的，[①]预防功能在一定程度上也体现了惩戒功能。此外，《商标法》的立法者将"侵权人的主观过错"作为法定赔偿的酌定因素，在解释上应认为是法定赔偿预防功能的体现，允许法官在上下阈值之间根据各种因素确定法定赔偿数额。法定赔偿的适用之所以需要权利人提供证据，乃是其具有补偿功能的体现。

由于法定赔偿具有预防功能，其在性质上应区别于实际损失、侵权获利和许可费的合理倍数，法定赔偿不应作为惩罚性赔偿的计算基数。将法定赔偿限定于补偿性功能的观点，偏离了法定赔偿的制度初衷和功能价值。关于法定赔偿制度的优化思路，并不在于细化和规范酌定因素，一方面，应该意识到绝大多数知识产权损害赔偿本来就难以精细计算，也没有必要牺牲其他代价绝对追求"精确计算"，只有在传统赔偿方式中给予法院足够的自由裁量权，才不至于使法官被迫在法定赔偿的框架下寻求裁量空间。[②] 另一方面，应当准确认识法定赔偿的补偿和预防功能，法定赔偿条款与惩罚性赔偿条款的分立模式本身具有合理性，法定赔偿在一些比较特别的案件中确实有其适用的必要性。

第五节　惩罚性赔偿

一、构成要件

惩罚性赔偿制度，是为了实现对特定侵权行为的惩戒功能，防止特定侵权行为将来再次发生。惩罚性赔偿不是一项独立的请求权，依附于补偿性损害赔偿，必须以当事人提出明确申请为必要，这是各国通例；在当事人没有提出明确申请的情况下，法院可主动释明适用惩罚性赔偿的条件、范围和程序要求。[③] 我国《商标法》在2013年引入惩罚性赔偿制度，该法第63条第1款规定："对恶意侵犯商标专用权，情节严重的，可以在按照上述方法确定数额的1倍以上5倍以下确定赔偿数额。"可见，我国惩罚性赔偿的适用条件是：恶意侵权且情节严重，且能够按照实际损失、侵权获利或者许可费的合理倍数确定损害赔偿数额。

（一）恶意

侵权法中的过错要件是为了在行为自由与他人权益保护之间取得平衡，给一个理性

① 和育东：《知识产权侵权法定赔偿制度的异化与目的》，《清华法学》2020年第2期，第145页。
② 蒋舸：《知识产权法定赔偿向传统损害赔偿方式的回归》，《法商研究》2019年第2期，第182页。
③ 朱丹：《知识产权惩罚性赔偿制度研究》，法律出版社2016年版，第220页。

的行为人承担责任的预期。“知识产权惩罚性赔偿以主观故意或恶意为可责难性要件，能起到区分填平性赔偿与惩罚性赔偿的规范价值，主观可责难性是对行为人超出合理的或可预见性行为范围的主观否定，是要求行为人承担消除消极影响的额外代价的主观基础。”[①]《商标法》第 63 条中的“恶意”体现了行为人主观应受谴责性，是指明知某种情形存在，[②]如果一个诚实行事的人，不知道或无理由相信其主张没有依据，那么他就是善意的；反之，当该人应知其主张缺乏法律根据的事实，则不存在善意。[③]

按照最高人民法院的解释，惩罚性赔偿中的“恶意侵权”，即故意侵权。《最高人民法院关于审理侵害知识产权民事案件适用惩罚性赔偿的解释》第 1 条规定：“本解释所称故意，包括商标法第 63 条第 1 款和反不正当竞争法第 17 条第 3 款规定的恶意。”在内涵方面，这里的“故意”既可以包括“直接故意”和“间接故意”，也可以从认知层面的明知和意志层面的积极追求两个方面把握。直接故意是指行为人对于构成侵权行为之事实，明知并有意使其发生；间接故意是指行为人能预见其发生，而其发生并不违背行为人本意。[④] 仅知道他人在先权利的存在（认知因素），不足以认定其故意，还应考察意志因素（积极追求或放任行为的发生），例如继续实施侵权行为。在实践中，通常以表见证明（或推定）的方式认定间接故意，即某种事实的存在通常或大概率会发生另一事实，例如双方之间存在劳务或合作关系可认定一方知道另一方权利商标的存在，或者认定一方具有实施侵权行为的故意。

最高人民法院上述解释遵循了上述原理，第 3 条规定：“对于侵害知识产权的故意的认定，人民法院应当综合考虑被侵害知识产权客体类型、权利状态和相关产品知名度、被告与原告或者利害关系人之间的关系等因素。对于下列情形，人民法院可以初步认定被告具有侵害知识产权的故意：① [直接故意]被告经原告或者利害关系人通知、警告后，仍继续实施侵权行为的；② [直接故意的认知—明知故犯]被告或其法定代表人、管理人是原告或者利害关系人的法定代表人、管理人、实际控制人的；③ [间接故意的认知—理应知晓]被告与原告或者利害关系人之间存在劳动、劳务、合作、许可、经销、代理、代表等关系，且接触过被侵害的知识产权的；④ [间接故意的认知—理应知晓]被告与原告或者利害关系人之间有业务往来或者为达成合同等进行过磋商，且接触过被侵害的知识产权的；⑤ [直接故意]被告实施盗版、假冒注册商标行为的；⑥ 其他可以认定为故意的情形。”

美国法院对“恶意”的界定通常比较严格，法官需要查明行为人的动机。在一个案件中，地方法院认为被告的行为是故意和恶意的（willful and malicious），因此应当适用惩罚性赔偿。上诉法院认为，惩罚性赔偿在性质上具有刑罚特征（in penal），其目的是遏制被

---

① 倪主亮：《知识产权惩罚性赔偿主观要件的规范构造》，《法学评论》2023 年第 5 期，第 178 页。
② 王家福：《经济法律大辞典》，中国财政经济出版社 1992 年版，第 114 页。
③ 倪主亮：《知识产权惩罚性赔偿主观要件的规范构造》，《法学评论》2023 年第 5 期，第 178 页。
④ 王泽鉴：《损害赔偿》，北京大学出版社 2017 年版，第 239 页。

告及其他人在将来从事相同的侵犯行为；这种损害赔偿方式应当谨慎适用并限定在狭窄的范围(narrow limits)。伊利诺伊法院一直区分恶意的动机(motivation by malice)和竞争的动机(motivation by competition)，且只是在前者情形下支持惩罚性赔偿。其他法院也认为竞争行为在性质上是“无情的(ruthless)、中立的(unprincipled)、毫无慈悲心的(uncharitable)、不原谅人的(unforgiving)——因而是全社会的福利。”本案被告是基于同其最大对手竞争的动机，……我们认为地方法院的惩罚性赔偿滥用了裁量权。[①] 需要注意的是，如果行为人构成直接侵权，则其不能以追求竞争的动机实施侵权为由豁免责任，知识产权侵权的后果通常是相关产品市场份额的调整，侵权人一般基于获得市场份额、夹杂着竞争的动机，但竞争并不是豁免侵权责任的事由。

(二) 情节严重

“情节严重”，是指行为的性质或者侵权后果的严重。《最高人民法院关于审理侵害知识产权民事案件适用惩罚性赔偿的解释》第 4 条规定：“对于侵害知识产权情节严重的认定，人民法院应当综合考虑侵权手段、次数，侵权行为的持续时间、地域范围、规模、后果，侵权人在诉讼中的行为等因素。被告有下列情形的，人民法院可以认定为情节严重：① 因侵权被行政处罚或者法院裁判承担责任后，再次实施相同或者类似侵权行为；② 以侵害知识产权为业；③ 伪造、毁坏或者隐匿侵权证据；④ 拒不履行保全裁定；⑤ 侵权获利或者权利人受损巨大；⑥ 侵权行为可能危害国家安全、公共利益或者人身健康；⑦ 其他可以认定为情节严重的情形。”

以上“故意”和“情节严重”两个要件，性质上分别为主观和客观要件，不可混为一谈。“情节严重”属于违法性要求，不属于主观可责难性的要求；“尽管界定故意的标准应当是客观的，不以行为人自身感知与判断为标准，而是以一定社会的共同认知为评价标准，但是可责难的主观故意的本质却是主观的。”[②]最高人民法院上述司法解释中所列出的各种情形，与行为人的认知因素判断无关，而只涉及行为的违法性，多以行为造成的结果、行为本身的性质为特点。可作比较的典型规定，是刑法有关知识产权犯罪的构成要件通常有“情节严重”的规定，体现为“数额”或“结果”；《民法典》第 1207 条规定的惩罚性赔偿以“他人死亡或者健康严重损害”为后果要件。在原理和制度构成上区分主观恶意和情节严重是有必要的，惩罚性赔偿制度的初衷是惩戒主观恶意，使行为人在客观上丧失继续实施侵权行为的能力。

(三) 赔偿基数

“按照上述方法确定数额”，即惩罚性赔偿的适用以确定实际损失、侵权获利、许可费

---

① Roton Barrier, Inc. v. Stanley Works, 79 F.3d 1112, 1121-1122 (1996).

② 倪主亮：《知识产权惩罚性赔偿主观要件的规范构造》，《法学评论》2023 年第 5 期，第 185 页。

合理倍数为前提条件。我国法院认为，如果这一前提条件不能查明，……商标侵权损害赔偿中没有适用惩罚性赔偿方式的制度空间。[①]《最高人民法院关于审理侵害知识产权民事案件适用惩罚性赔偿的解释》第5条第1款规定："人民法院确定惩罚性赔偿数额时，应当分别依照相关法律，以原告实际损失数额、被告违法所得数额或者因侵权所获得的利益作为计算基数。该基数不包括原告为制止侵权所支付的合理开支；法律另有规定的，依照其规定。"由于酌定赔偿方法也属于"上述方法"，因此其可以作为适用惩罚性赔偿的基数。《山东高院关于审理侵害知识产权民事案件适用惩罚性赔偿的裁判指引》第11条第3款规定："原告提交的证据可以证明损害赔偿大概数额，但损害赔偿的具体数额仍难以确定的，人民法院在计算赔偿所需的部分数据确有证据支持的基础上，可以根据案情运用裁量权确定计算赔偿所需的其他数据，概括地确定惩罚性赔偿数额的计算基数。"

前已阐述，法定赔偿在法条文义和制度功能方面不能成为赔偿基数。在确定赔偿基数时，不能要求过于精细，应通过优势证据标准、发挥当事人之间争辩机制、拒证妨碍制度的作用。最高人民法院在一起案件中对一审法院因"不能确定赔偿基数而不适用惩罚性赔偿"的判决进行了改制，体现了最新加大适用惩罚性赔偿的司法政策：虽然惩罚性赔偿需要以确定的赔偿基数为前提，但是对于赔偿基数的计算精度不宜作过于严苛的要求，可以根据现有证据和案情裁量确定合理的赔偿基数，即可以在计算赔偿基数所需的部分数据确有证据支持的基础上，根据案情运用裁量权确定计算赔偿所需的其他数据，酌定公平合理的赔偿基数。[②] 需要注意的是，我国当前司法实践中的主要矛盾仍然是充分赔偿，即准确、科学地适用补偿性赔偿。惩罚性赔偿是刑事处罚的一种替代措施，不能期待通过大量适用惩罚性赔偿来解决赔偿不足的问题，否则，违背知识产权作为一种私权的属性。

"阿迪达斯诉正邦"案

一审法院认为，阿迪达斯公司主张以侵权人因侵权所获得的利益确定，但其提供的证据不足以证明正邦公司因侵权所获得的利益，故其要求依照正邦公司获利认定赔偿数额并适用惩罚性赔偿的依据不足。由于本案权利人因被侵权所受到的损失、侵权人因侵权所获得的利益以及商标许可使用费的数额均无法查明，本案应当适用法定赔偿。二审法院改判认为，人民法院应准确理解和把握"难以确定"的标准，不宜简单要求精确计算。综合案情，阿迪达斯公司提出的损害赔偿数额计算方式实为权利人的实际损失标准，其实际损失并未达到"难以确定"的标准。正邦公司主观恶意非常明显，被诉侵权行为持续时间长，后果恶劣，属于情节严重的情形。该院选取189元/双正品鞋单价作为计算依据，采信阿迪达斯公司提供的2017年度会计报表所显示的50.4%的毛利润率，并将正邦公司第三

---

① 广东省高级人民法院(2017)粤73民终1528号民事判决书。

② 最高人民法院(2022)最高法知民终2907号民事判决书。

次被查获的6 050双鞋帮计算为销售量，又考虑被诉侵权产品均为鞋帮产品，并非成品鞋，不能直接用于消费领域，酌情扣减40%，最终以阿迪达斯公司经济损失345 779.28元的3倍确定了1 037 337.84元的赔偿数额。[①]

如果能够查明实际损失或侵权获利的“部分数额”，则该部分数额可以作为惩罚性赔偿的计算基数，无法查明的部分继续适用法定赔偿。

上海知识产权法院指出：虽然赔偿数额按照权利人因被侵权所受到的实际损失难以确定，但根据在案证据可查实的为巨凯公司生产并出口的两笔订单金额，即其出口摩洛哥、印度的侵权缝纫机产品总金额为103 781美元，折合人民币662 332元，据此可确定其因出口的侵权行为所获得的部分利益。惩罚性赔偿是相对于补偿性赔偿而言的，补偿性赔偿的目的是填补权利人实际损失，而惩罚性赔偿的目的不仅在于填补权利人实际损失，而且通过责令侵权人支付高于甚至数倍高于实际损失或侵权获利的金额，加大对源头侵权、恶意侵权、重复侵权等具有严重恶劣情节侵权的打击力度，形成威慑从而阻吓侵权的发生，故惩罚性赔偿与补偿性赔偿具有倍比关系，后者是前者的计算基数。基数固然重要，但机械认为只要基数的全部数额不能查明就不能适用惩罚性赔偿，将严重影响该制度功能的发挥，使恶性侵权者轻易逃避法律惩罚。据此一审法院认为，既然基数全部数额查明时可以适用惩罚性赔偿，举重以明轻，部分数额能够确定时也可就该部分适用惩罚性赔偿，故本案针对巨凯公司向境外出口部分可适用惩罚性赔偿。[②]

二、赔偿倍数

“赔偿倍数”并非确定是否给予惩罚性赔偿的要件，而是体现了惩罚程度的因素。前述“故意侵权”和“情节严重”既是确定应给与惩罚评价的因素，也是确定赔偿倍数的因素。“赔偿倍数”属于法官裁量的范畴。

《最高人民法院关于审理侵害知识产权民事案件适用惩罚性赔偿的解释》第6条规定：“人民法院依法确定惩罚性赔偿的倍数时，应当综合考虑被告主观过错程度、侵权行为的情节严重程度等因素。因同一侵权行为已经被除以行政罚款或者刑事罚金且执行完毕，被告主张减免惩罚性赔偿责任的，人民法院不予支持，但在确定前款所称倍数时可以综合考虑。”另外，《山东高院关于审理侵害知识产权民事案件适用惩罚性赔偿的裁判指引》第20条规定：“人民法院在确定惩罚性赔偿倍数时，应当综合考虑被告主观故意及侵权情节严重程度等因素。被告属于帮助、教唆侵权的，确定惩罚性赔偿倍数时可以综合考虑适当降低。确定惩罚性赔偿倍数时还应当考虑知识产权客体的创新程度及相关产品的知名度等因素。涉及技术秘密、发明专利权的，惩罚性赔偿倍数可以适当提高；涉及实用

① 温州市中级人民法院(2020)浙03民终161号民事判决书。

② 上海知识产权法院(2022)沪73民终187号民事判决书。

新型专利权、外观设计专利权的，惩罚性赔偿倍数可以适当降低。涉及个案中认定驰名商标的、作品处于热播期或者热卖期的，惩罚性赔偿倍数可以适当提高。被告以其同一侵权行为已经被处以行政罚款或者刑事罚金且执行完毕为由，主张减免惩罚性赔偿责任的，人民法院不予支持，但确定惩罚性赔偿倍数时可以综合考虑适当降低。”从当前司法实践的适用情况看，多数案件的赔偿倍数在低位区间（1—2 倍），高位区间（4—5 倍）的案件不多，法院总体表现审慎。

“小米商标侵权”案①

关于赔偿损失及合理开支的数额，原告要求按照被告因侵权所获得的利益计算，并考虑驰名商标的显著性和知名度以及侵权时间、范围等因素，对被告中山奔腾公司、独领风骚公司、麦某某的恶意侵权行为适用惩罚性赔偿。

从销售情况看，京东网、淘宝网、苏宁易购、1 号店、拼多多等电商平台的 23 家店铺均销售被告中山奔腾公司、独领风骚公司制造的被控侵权产品，其中既有两被告的自营店铺，也有两被告自认为其经销商的店铺，另有其他店铺。被告中山奔腾公司还在线下实体经营场所直接销售被控侵权产品……销售两被告生产的被控侵权产品的店铺数量众多，销售范围广、数量多，产品种类多样，销售额巨大。根据原告以店铺中商品评论数量作为销售量进行的统计，以上店铺销售被控侵权产品的销售总额达 76 153 888.8 元。而向电商平台调取的数据显示，被告中山奔腾公司在京东网开设的索菲亚生活电器旗舰店（原名小米生活官方旗舰店）的销售总额为 13 836 546.66 元；被告独领风骚公司在淘宝网开设的 Beves 奔腾电器官方店（原名小米生活官方店）的销售总额 6 499 201.67 元。将原告根据评论数量计算的结果与调取的数据对比可见，以评论数量计算的销售量及销售额并不准确，远低于实际的销售量及销售额，原因是部分消费者在交易后未发表评论，故该部分交易在店铺的评论中未能体现。由此可以推断，以上店铺实际销售被控侵权产品的总额超过 76 153 888.8 元，即使只加上该两店铺的销售数据差额，销售总额也达 83 157 636 元。国内两大电器上市公司的年度报告显示，小家电行业的毛利率为 29.69%—37.01%。被告中山奔腾公司、独领风骚公司也为生产、销售小家电的企业，其规模虽小于上市公司，但其综合成本应小于上市公司，利润率应大于上市公司。以该两上市公司小家电毛利率的中间数 33.35% 作为两被告制造、销售被控侵权产品的利润率较为公平合理，据此计算，其利润为 27 733 071.6 元。

从被告的侵权行为看，被告中山奔腾公司侵权的意图明显，其从原告注册、使用“小米”商标后即摹仿该商标，申请注册“小米生活”商标，其后又申请注册原告已注册的“ ”“米家”等商标，使用与原告宣传语近似或基本相同的宣传语，使用与原告配色相同

① 南京市中级人民法院(2018)苏 01 民初 3207 号民事判决书。

的配色，申请与原告商标近似的域名，从 2017 年 2 月起制造、销售被控侵权产品；被告独领风骚公司虽注册成立的时间较晚，但其与被告中山奔腾公司间存在股东、法定代表人和业务上的关联关系，其使用与原告的“米家”商标相同的字号，使用被告中山奔腾公司注册的侵犯原告商标权的域名，两被告全面摹仿原告及其商标、产品，企图使相关公众误认为其与原告间存在某种特定的联系或商标许可使用关系，并且实际已使用，造成混淆。两被告的侵权行为具有极为明显的恶意，情节极为恶劣，所造成的后果亦十分严重，应当适用惩罚性赔偿。按两被告侵权获利数额的 2 倍计算，数额为 55 466 143.2 元；根据原告提供的证据，按照两被告商标许可使用的许可使用费及合作生产、销售产品的销售额计算，仅作为商标许可方的利润即超 1 000 万元，尚未考虑被控侵权产品销售所获利润，该部分应不低于商标许可方的利润，两者相加应与网店销售获利相当，同样按两倍计算，也超过原告要求赔偿经济损失的数额，故对原告要求两被告赔偿经济损失 5 000 万元的诉讼请求予以全额支持。原告为制止被告的侵权行为，支出律师费、公证费、财产保全保险费及文献检索费等费用共 414 198 元，有发票为证，且与其诉讼行为及提交的证据相对应，亦未超过相应标准，应予支持。

参考文献

一、著作

[1] 程啸：《侵权责任法》，法律出版社 2015 年版。

[2] 曾世雄：《损害赔偿法原理》，中国政法大学出版社 2001 年版。

[3] 全国人民代表大会常务委员会法制工作委员会：《中华人民共和国商标法释义》，法律出版社 2013 年版。

[4] 朱丹：《知识产权惩罚性赔偿制度研究》，法律出版社 2016 年版。

[5] 王家福：《经济法律大辞典》，中国财政经济出版社 1992 年版。

[6] 王泽鉴：《损害赔偿》，北京大学出版社 2017 年版。

二、论文

[1] 张晓都：《知识产权侵权民事责任中消除影响与赔礼道歉责任方式的确定》，《中国专利与商标》2004 年第 4 期。

[2] 柏浪涛：《销售假冒注册商标的商品罪研究》，《刑事法判解》2005 年第 1 期。

[3] 刘维、陈鹏宇：《论数字时代反不正当竞争法中的消费者利益》，《知识产权》2023 年第 7 期。

[4] 蒋舸：《知识产权法定赔偿向传统损害赔偿方式的回归》，《法商研究》2019 年第 2 期。

[5] 焦和平：《知识产权惩罚性赔偿与法定赔偿关系的立法选择》，《华东政法大学学报》2020 年第 4 期。

[6] 和育东：《知识产权侵权法定赔偿制度的异化与回归》，《清华法学》2020 年第 2 期。

[7] 袁秀挺:《知识产权惩罚性赔偿制度的司法适用》,《知识产权》2015 年第 7 期。

[8] 彭敏:《著作权法中惩罚性赔偿制度的立法设计与司法适用》,《传播与版权》2016 年第 3 期。

[9] 倪朱亮:《知识产权惩罚性赔偿主观要件的规范构造》,《法学评论》2023 年第 5 期。

三、其他文献

[1] 国家知识产权局:《商标法修改相关问题解读》,http://www.sipo.gov.cn/zcfg/zcjd/1139030.htm,最后访问日期:2019 年 5 月 9 日。

[2] PWC:《2017 Patent Litigation Study—Change on the horizon》,2017-Patent-Litigation-Study_PwC.pdf,ipwatchdog.com,最后访问日期:2023 年 11 月 25 日。

[3] 国务院法制办公室:《国务院法制办公室关于〈中华人民共和国商标法(修订草案征求意见稿)〉公开征求意见通知》,http://www.chinanews.com/fz/2011/09-02/3302769.shtml,最后访问日期:2019 年 8 月 3 日。

[4]《重点关注! 2022 年上海知识产权保护十大典型案例公布》,https://mp.weixin.qq.com/s/XI0Dwsbe12Ik2x7o8xBITA,最后访问日期:2023 年 12 月 9 日。